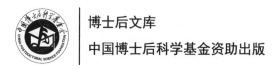

博士后文库

中国博士后科学基金资助出版

黄土高原南部地区土地资源利用与优化配置

李　强　著

科学出版社

北　京

内 容 简 介

本书在黄土高原综合自然指数分区研究的基础上，以黄土高原南部地区及其内部典型区为研究对象，通过野外实地调查，采用遥感（RS）和地理信息系统（GIS）集成技术与数理模型、空间统计分析等方法，在不同的时空尺度上分析研究区土地利用的时空差异性特征；并将空间抽样方法与 Binary Logistic 回归模型相结合，分析不同典型区土地利用特征尺度，进而对土地利用类型与其影响因素之间的关系做定量分析；同时针对不同类别典型区土地利用存在的问题，构建土地承载力评测模型，从定性与定量的角度对每个典型区的土地承载力进行动态测评；最后基于流域单元与都市经济区两类不同典型区，提出将灰色线性规划模型（GLP）分别与 CLUE-S 模型及 CA-Markov 模型相结合的两种方案，在对不同典型区土地利用进行数量控制与结构优化的基础上，利用两种方案将优化结果配置到空间单元上。

本书可供地学、资源环境、土地生态、城市生态、土地管理、区域发展、农林科学等领域的研究人员及高校师生阅读和参考。

图书在版编目（CIP）数据

黄土高原南部地区土地资源利用与优化配置/李强著. —北京：科学出版社，2016

（博士后文库）

ISBN 978-7-03-049077-3

I. ①黄… II. ①李… III. ①黄土高原-土地资源-资源利用-研究 ②黄土高原-土地资源-资源配置-研究 IV. ①F323.211

中国版本图书馆 CIP 数据核字（2016）第 142194 号

责任编辑：孟美岑 黄 敏 韩 鹏 / 责任校对：何艳萍
责任印制：徐晓晨 / 封面设计：陈 敬

科学出版社 出版

北京东黄城根北街 16 号
邮政编码：100717
http://www.sciencep.com

北京厚诚则铭印刷科技有限公司 印刷
科学出版社发行 各地新华书店经销

*

2016 年 6 月第 一 版 开本：720×1000 B5
2016 年 6 月第一次印刷 印张：22 1/4
字数：450 000

定价：178.00 元

（如有印装质量问题，我社负责调换）

《博士后文库》编委会名单

《博士后文库》序言

博士后制度已有一百多年的历史。世界上普遍认为，博士后研究经历不仅是博士们在取得博士学位后找到理想工作前的过渡阶段，而且也被看成是未来科学家职业生涯中必要的准备阶段。中国的博士后制度虽然起步晚，但已形成独具特色和相对独立、完善的人才培养和使用机制，成为造就高水平人才的重要途径，它已经并将继续为推进中国的科技教育事业和经济发展发挥越来越重要的作用。

中国博士后制度实施之初，国家就设立了博士后科学基金，专门资助博士后研究人员开展创新探索。与其他基金主要资助"项目"不同，博士后科学基金的资助目标是"人"，也就是通过评价博士后研究人员的创新能力给予基金资助。博士后科学基金针对博士后研究人员处于科研创新"黄金时期"的成长特点，通过竞争申请、独立使用基金，使博士后研究人员树立科研自信心，塑造独立科研人格。经过30年的发展，截至2015年年底，博士后科学基金资助总额约26.5亿元人民币，资助博士后研究人员5.3万余人，约占博士后招收人数的1/3。截至2014年年底，在我国具有博士后经历的院士中，博士后科学基金资助获得者占72.5%。博士后科学基金已成为激发博士后研究人员成才的一颗"金种子"。

在博士后科学基金的资助下，博士后研究人员取得了众多前沿的科研成果。将这些科研成果出版成书，既是对博士后研究人员创新能力的肯定，也可以激发在站博士后研究人员开展创新研究的热情，同时也可以使博士后科研成果在更广范围内传播，更好地为社会所利用，进一步提高博士后科学基金的资助效益。

中国博士后科学基金会从2013年起实施博士后优秀学术专著出版资助工作。经专家评审，评选出博士后优秀学术著作，中国博士后科学基金会资助出版费用。专著由科学出版社出版，统一命名为《博士后文库》。

资助出版工作是中国博士后科学基金会"十二五"期间进行基金资助改革的一项重要举措，虽然刚刚起步，但是我们对它寄予厚望。希望通过这项工作，使博士后研究人员的创新成果能够更好地服务于国家创新驱动发展战略，服务于创新型国家的建设，也希望更多的博士后研究人员借助这颗"金种子"迅速成长为国家需要的创新型、复合型、战略型人才。

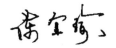

中国博士后科学基金会理事长

序　言

　　土地是一种非常特殊的资源，它既是自然环境要素发生和变化的重要载体，也是人类自身生存和繁衍的物质保障。土地利用变化与优化配置是两个不同背景的研究领域，两者的研究目的和研究内容存在一定的差异，但是两者之间又有着紧密联系。

　　黄土高原南部地区地形复杂，土地利用类型多样，区内自然环境变化和社会经济发展给土地生态系统带来巨大的压力，迫切需要深化研究。同时多学科交叉开展土地利用与优化配置研究，探讨土地利用变化影响机理及演变规律，定量分析土地利用时空差异性及其驱动因素并在此基础上对不同区域土地资源进行优化配置具有重要的理论和实践意义。

　　目前国内外针对不同时空尺度的土地利用变化及其影响机理、驱动机制研究还不是很充分，还未形成成熟的理论框架和较为完善的方法体系。同时针对黄土高原这一区域的土地资源优化配置研究还只是停留在定性和局部定量研究状态，而对于该区域大范围的土地利用变化，系统地考虑各种因素，对土地可持续利用与优化配置进行综合定量研究较少。

　　李强博士的研究工作正是在这样的背景下展开的。李强博士是一位长期扎根教学科研一线的优秀青年，长期从事资源环境管理的教学与研究工作。主持着国家自然科学基金、陕西省自然科学基础研究计划及陕西省社科基金等省部级项目。在《Journal of Geographical Sciences》、《地理学报》、《干旱区研究》等专业期刊发表学术论文。2014年被陕西省委组织部、省科技厅、教育厅和人社厅联合评选为陕西省青年科技新星。在任志远教授的指导下，李强在2012年完成博士论文《基于 GIS 的黄土高原南部地区土地资源利用与优化配置研究》。现在，他把博士论文和研究成果加以汇集和整理成书——《黄土高原南部地区土地资源利用与优化配置》出版问世，是值得庆幸的！

　　李强博士的这本学术专著在黄土高原综合自然指数分区研究的基础上，以黄土高原南部地区及其内部典型区为研究对象，通过野外实地调查，采用遥感和地理信息系统集成技术与数理模型、空间统计分析等方法，利用黄土高原南部地区三十年跨度的影像遥感解译结果，在不同的时空尺度上分析了研究区土地利用的时空差异性特征；并将空间抽样方法与二元逻辑斯蒂回归模型相结合，在分析不同研究区土地利用特征尺度的基础上，对黄土高原南部地区及四个典型区（晋东南经济区、大西安规划区、延河流域和千河流域）土地利用驱动机制作了定量分析；进而针对各个研究区土地利用存在的问题，构建评测模型对每个典型区的土地承载力进行了定性与定量相结合的动态评价；最后针对流域单元与都市经济区的两类不同典型区，提出将灰色线性规划模型分别与土地利用模式模型（CLUE-S）及耦合马尔科夫模型（CA-Markov）相结合的两套方案，在对研究区土地利用进行数量控制与结构优化的基础上，利用两种方案将优化结果配置到空间单元上。通过不同方案的研究实验和对比，实现以土地资源系统生态收益和经济收益之和最大化为目标的面向生态的土地资源优化配置方案。

该书的出版，对于土地利用与优化配置研究来说正当其时，也使我们更加全面与深入地了解黄土高原南部地区的土地资源状况与开发可能，这对研究区土地资源合理利用与地方经济社会科学发展都是十分重要的。

值此《黄土高原南部地区土地资源利用与优化配置》出版发行之际，我由衷地希望并相信，这本书必将为我国土地利用科学的研究与应用，为西北地区资源环境与经济社会发展提供重要理论支撑、实践参考与决策依据。

中国工程院院士、长安大学教授、博士生导师
国际干旱半干旱地区水资源与环境研究中心主任

2016 年 6 月 24 日于西安

前　言

土地是一种非常特殊的资源，它既是自然环境要素发生和变化的重要载体，也是人类自身生存和繁衍的物质保障。同时，作为具有自然属性和社会经济属性的共同体，土地资源在经济建设与社会发展中起着非常重要的基础性、战略性作用。土地资源利用是土地在人类活动的持续性或周期性干预下，进行自然再生产和经济再生产的复杂的社会经济过程，而土地资源优化配置是缓解人地矛盾、实现土地资源可持续利用的重要手段。

本书在黄土高原综合自然指数分区研究的基础上，以黄土高原南部地区及其内部典型区为研究对象，通过野外实地调查，采用遥感（RS）技术和地理信息系统（GIS）集成技术与数理模型、空间统计分析等方法，在 LUCC 理论、土地优化配置理论、空间分析理论和数理统计等理论支持下，利用黄土高原南部地区 1980～2010 年 30 年跨度的 TM 影像遥感解译结果，在不同的时空尺度上分析黄土高原南部地区及其典型区土地利用的时空差异性特征；并将空间抽样方法与 Binary Logistic 回归模型相结合，在分析不同研究区土地利用特征尺度的基础上，对黄土高原南部地区及四个典型区不同土地利用类型及其影响因素之间的关系做定量分析；进而根据不同类别典型区土地利用存在的问题，构建土地承载力评测模型，从定性与定量的角度对每个典型区的土地承载力进行动态测评，以揭示不同人口、粮食产量及土地资源消费水平下，土地承载力水平的时间变化与空间分布；最后针对基于流域单元与基于都市经济区的两类不同典型区，提出将灰色线性规划模型（GLP）分别与 CLUE-S 模型及 CA-Markov 模型相耦合的两种方案，结合土地适宜性评价研究，在对不同典型区土地利用进行数量控制与结构优化的基础上，利用两种方案将优化结果配置到空间单元上。

本书在以下方面有所创新和改进：①以小网格推算模型为理论基础，构建黄土高原主导气象要素关于经纬度和高度的数学模型及用于区域划分的综合指数模型，在 GIS 的支持下提出基于自然区划与行政单元相结合的黄土高原南部地区的范围界线；②以黄土高原南部地区为研究对象，系统、全面地分析了过去 30 年间的土地利用变化过程，并采取对典型地区土地利用对比分析的方法，剖析不同自然环境和社会经济发展水平下四个典型区的土地利用变化特点及时空差异；③将空间抽样方法引入到 Binary Logistic 回归分析中，对研究区不同土地利用类型特征尺度、时空差异及其影响因素进行定量分析，尝试构建基于空间约束性 Logistic 回归定量分析土地利用变化及其影响因素关系的新方案；④针对基于流域单元与基于都市经济区的两类不同典型区，提出将灰色线性规划模型（GLP）分别与CLUE-S 模型及 CA-Markov 模型相耦合的两种方案，结合土地适宜性评价研究，在对不同典型区土地利用进行数量控制与结构优化的基础上，利用 GIS 软件将优化结果配置到空间单元上，由此为研究区土地资源开发利用、生态环境保护和社会经济发展提供统一的研究思路。

　　本书出版得到中国博士后科学基金会 2014 年博士后优秀学术专著项目、国家自然科学基金青年科学基金项目 (41301618)、陕西省社会科学基金项目（13D019）以及陕西省青年科技新星项目（2015KJXX-45）的资助与支持，得到中国博士后科学基金会王添翼老师的大力帮助，在此一并致谢！

目　　录

《博士后文库》序言

序言

前言

第1章　绪论 ·· 1

1.1　研究背景和选题意义 ······························· 1

1.1.1　研究背景 ···································· 1

1.1.2　选题意义 ···································· 3

1.2　土地利用与优化配置的研究基础 ··············· 4

1.2.1　土地利用变化的内涵与特征 ············· 4

1.2.2　土地优化配置的内涵与特征 ············· 5

1.2.3　土地利用与优化配置的理论基础 ········ 6

1.2.4　土地利用与优化配置的方法基础 ········ 9

1.2.5　土地利用与优化配置的技术基础 ······· 11

1.3　国内外研究综述 ··································· 14

1.3.1　国外研究现状 ······························ 14

1.3.2　国内研究现状 ······························ 16

1.3.3　研究存在的主要问题 ····················· 19

1.3.4　土地利用与优化配置的研究趋势 ········ 20

1.4　研究方法与研究思路 ····························· 21

1.4.1　研究方法和研究手段 ····················· 21

1.4.2　研究思路与研究框架 ····················· 22

1.4.3　拟解决关键问题 ·························· 24

1.4.4　本书纲要 ································· 24

1.4.5　考察路线 ································· 25

第2章　研究区范围界定及其概况 ····················· 31

2.1　黄土高原地理概况 ································· 31

2.2　综合指数分区 ····································· 31

2.2.1　分区数据说明 ······························ 32

2.2.2　指数模型的构建 ·························· 32

   2.2.3 方差分析 ································· 34

   2.2.4 结果分析 ································· 35

   2.2.5 分析结果检验 ······························ 43

  2.3 黄土高原南部地区界线的确定 ····················· 45

  2.4 研究区概况 ······························· 48

   2.4.1 自然环境状况 ······························ 48

   2.4.2 社会经济概况 ······························ 52

第 3 章 **数据来源与预处理** ························· 54

  3.1 数据收集与整理 ···························· 54

   3.1.1 遥感数据 ································· 55

   3.1.2 非遥感数据 ······························ 55

   3.1.3 实地考察数据 ······························ 56

  3.2 技术平台选择 ····························· 58

  3.3 空间参考系 ······························· 59

  3.4 影像预处理 ······························· 60

   3.4.1 几何精校正 ······························ 60

   3.4.2 Landsat FLAASH 大气校正 ····················· 61

   3.4.3 波段选择与组合 ··························· 62

   3.4.4 影像拼接与裁剪 ··························· 64

  3.5 遥感图像解译 ····························· 66

   3.5.1 土地分类系统构建及解译标志的建立 ················ 66

   3.5.2 遥感影像分类过程 ·························· 68

   3.5.3 解译后处理及精度评价 ······················· 69

第 4 章 **土地利用时空差异性分析** ······················ 72

  4.1 黄土高原南部地区土地利用时空差异性分析 ·············· 73

   4.1.1 土地利用时间差异性分析 ····················· 74

   4.1.2 土地利用空间差异性分析 ····················· 76

  4.2 典型区的选取及特征 ························· 83

   4.2.1 基于流域单元的典型区选取 ···················· 83

   4.2.2 基于都市经济区的典型区选取 ··················· 88

  4.3 晋东南经济区土地利用时空差异性分析 ················ 93

   4.3.1 土地利用时间差异性分析 ····················· 93

   4.3.2 土地利用空间差异性分析 ····················· 95

  4.4 大西安规划区土地利用时空差异性分析 ···············100

4.4.1　土地利用时间差异性分析 ························100
4.4.2　土地利用空间差异性分析 ························102
4.5　延河流域及其下游段土地利用时空差异性分析 ···········107
4.5.1　土地利用时间差异性分析 ························107
4.5.2　土地利用空间差异性分析 ························111
4.6　千河流域土地利用时空差异性分析 ·····················117
4.6.1　土地利用时间差异性分析 ························117
4.6.2　土地利用空间差异性分析 ························119
4.7　本章小结 ···124

第5章　土地利用时空差异与影响因素定量分析 ···············127
5.1　分析方法与尺度选择 ···································128
5.1.1　Binary Logistic 回归 ··························128
5.1.2　空间约束性抽样 ································130
5.1.3　尺度选择 ·····································133
5.2　影响因素选择 ···138
5.2.1　影响因子选取及来源 ····························138
5.2.2　影响因素的栅格化与可视化表达 ··················139
5.3　晋东南经济区土地利用特征尺度 Logistic 回归 ··········151
5.3.1　Binary Logistic 回归统计参数计算 ···············151
5.3.2　不同土地利用类型及其影响因子分析 ··············153
5.3.3　回归方程的建立 ································157
5.3.4　回归结果检验 ··································157
5.3.5　空间分布概率 ··································159
5.4　大西安规划区土地利用特征尺度 Logistic 回归 ··········161
5.4.1　Binary Logistic 回归统计参数计算 ···············161
5.4.2　不同土地利用类型及其影响因子分析 ··············163
5.4.3　回归方程的建立 ································168
5.4.4　回归结果检验 ··································169
5.4.5　空间分布概率 ··································171
5.5　延河流域下游段土地利用特征尺度 Logistic 回归 ········172
5.5.1　Binary Logistic 回归统计参数计算 ···············172
5.5.2　不同土地利用类型及其影响因子分析 ··············174
5.5.3　Binary Logistic 回归方程的建立 ················178
5.5.4　回归结果检验 ··································179

　　　5.5.5　空间分布概率 ……………………………………………………180
　　5.6　千河流域土地利用特征尺度 Logistic 回归 …………………………182
　　　5.6.1　Binary Logistic 回归统计参数计算 …………………………182
　　　5.6.2　不同土地利用类型及其影响因子分析 ……………………184
　　　5.6.3　回归方程的建立 ……………………………………………189
　　　5.6.4　回归结果检验 ………………………………………………190
　　　5.6.5　空间分布概率 ………………………………………………192
　　5.7　黄土高原南部地区土地利用特征尺度 Logistic 回归 ………………193
　　　5.7.1　影响因子的选取与栅格化 …………………………………193
　　　5.7.2　结果分析 ……………………………………………………195
　　5.8　本章小结 ………………………………………………………………199

第6章　黄土高原南部典型区土地承载力测评 ………………………………201
　　6.1　土地承载力测评方法及模型 …………………………………………202
　　　6.1.1　土地承载力内涵 ……………………………………………202
　　　6.1.2　土地承载力类型 ……………………………………………202
　　　6.1.3　土地承载力特点 ……………………………………………203
　　　6.1.4　土地资源承载力测评模型 …………………………………204
　　　6.1.5　黄土高原南部地区典型区土地承载力测评标准 ………205
　　6.2　典型区土地资源利用存在的问题 ……………………………………205
　　　6.2.1　流域单元 ……………………………………………………205
　　　6.2.2　都市经济区 …………………………………………………206
　　6.3　晋东南经济区土地承载力测评及其时空特征 ………………………206
　　　6.3.1　研究区土地承载力动态测评 ………………………………207
　　　6.3.2　研究区土地承载力时空差异 ………………………………211
　　6.4　大西安规划区土地承载力测评及其时空特征 ………………………217
　　　6.4.1　研究区土地承载力动态测评 ………………………………217
　　　6.4.2　研究区土地承载力时空差异 ………………………………221
　　6.5　延河流域行政范围土地承载力测评及其时空特征 …………………227
　　　6.5.1　研究区土地承载力动态测评 ………………………………227
　　　6.5.2　研究区土地承载力时空差异 ………………………………230
　　6.6　千河流域行政范围土地承载力测评及其时空特征 …………………235
　　　6.6.1　研究区土地承载力动态测评 ………………………………235
　　　6.6.2　研究区土地承载力时空差异 ………………………………239
　　6.7　本章小结 ………………………………………………………………244

第7章　基于 CLUE-S 模型面向生态的土地利用优化配置 …………… 245
7.1　土地利用优化配置的指导原则 …………………… 246
7.2　土地资源配置决策方法 …………………… 246
　　7.2.1　单目标决策分析技术 …………………… 246
　　7.2.2　多目标决策分析技术 …………………… 247
7.3　土地资源配置模型 …………………… 248
　　7.3.1　基于 GLP 模型的总量控制 …………………… 248
　　7.3.2　基于 CLUE-S 模型的空间配置 …………………… 249
7.4　基于 GLP 模型的典型区土地利用需求测算与数量控制 …………… 255
　　7.4.1　晋东南经济区土地需求测算与数量控制 …………… 255
　　7.4.2　延河流域下游段土地需求测算与数量控制 …………… 259
7.5　典型区土地利用空间配置 …………………… 261
　　7.5.1　模型参数设置 …………………… 261
　　7.5.2　空间统计分析 …………………… 267
　　7.5.3　CLUE-S 模型运行结果 …………………… 272
7.6　本章小结 …………………… 280
第8章　基于适宜性评价与 CA-Markov 的土地利用优化配置 …………… 281
8.1　基于耦合模型的土地利用适宜性评价 …………………… 281
　　8.1.1　评价模型概述 …………………… 282
　　8.1.2　Logistic_AHP 耦合模型与综合评价方案 …………… 283
　　8.1.3　评价指标体系的构建 …………………… 284
　　8.1.4　土地利用适宜性分布图集的创建 …………… 292
8.2　基于 CA-Markov 的土地利用变化预测 …………………… 296
　　8.2.1　元胞自动机模型 …………………… 296
　　8.2.2　CA-Markov 模型 …………………… 298
　　8.2.3　基于 CA-Markov 模型的土地利用变化预测 …………… 300
8.3　土地利用数量控制与结构优化 …………………… 306
　　8.3.1　研究区土地优化配置的指导原则 …………… 306
　　8.3.2　基于灰色线性规划模型（GLP）的总量控制 …………… 307
　　8.3.3　大西安规划区 GLP 数量控制与结构优化 …………… 307
　　8.3.4　千河流域 GLP 数量控制与结构优化 …………… 310
8.4　优化方案的空间配置 …………………… 314
　　8.4.1　模型应用空间域的界定 …………………… 315
　　8.4.2　优化方案的空间布置 …………………… 315

8.5　本章小结 ……………………………………………………………… 318
第9章　结论与讨论 ………………………………………………………… 321
　　9.1　主要结论 …………………………………………………………… 321
　　9.2　创新点 ……………………………………………………………… 325
　　9.3　问题讨论 …………………………………………………………… 325
参考文献 ……………………………………………………………………… 327
附录 …………………………………………………………………………… 333
编后记 ………………………………………………………………………… 337

第1章 绪 论

1.1 研究背景和选题意义

1.1.1 研究背景

土地是一种非常特殊的资源，它既是自然环境要素发生和变化的重要载体，也是人类自身生存和繁衍的物质保障。同时，作为具有自然属性和社会经济属性的共同体[1]，土地这种宝贵资源在经济建设与社会发展中起着非常重要的基础性、战略性作用。人类经济活动的目的是使地球上有限的土地资源在时间和空间上最有效、最合理地加以组合或配置，使之得到充分而高效的利用，从而获得最大利益[2]。随着人类科技水平的不断提高和生产力的不断发展，土地利用的方式与强度也在不断发生改变，人类通过对与土地相关的自然资源的利用活动，改变着地球陆地表面的覆被状况，对区域水循环、环境质量、生物多样性和陆地生态系统的生产力和适应能力都产生了深刻的影响[3]，并且随着科学技术的迅速发展，人类对自然环境的干扰能力也在不断增强。

随着可持续发展思想的提出，促使土地资源的可持续利用和有效管理已经成为世界各国共同的关注目标[4]，随着土地可持续利用的概念的出现和国际上相关研究的蓬勃展开，土地可持续利用也成为我国土地科学研究的热点领域之一[5]。土地可持续利用强调的是土地处于可利用状态，并长期保持其生产力和生态稳定性，对特殊用地还要保证其特定用途，而对有限的土地资源进行合理规划，是实现土地可持续利用的重要途径。土地持续利用除了保护土地资源、保证其生产力的持续性外，还应协调各行业、各部门用地矛盾，使其用地结构能保证整个社会持续健康地发展[6]，土地资源优化配置是提高土地集约利用的重要手段与措施，也是实现土地可持续利用的重要保障，对科学而有效地利用土地资源可以起着很重要的作用[7]。

进入工业化时代以来，人类活动频繁，地球表面土地覆被改变剧烈，多重地影响着各空间尺度下的生物物理系统，而土地覆被变化所引起的向大气层排放的二氧化碳量，与工业发展过程中化石燃料使用的结果相当。作为地球表层系统最突出的景观标志——土地利用/覆盖变化（Land Use/Land Cover，LUCC）直接体现和反映了人类活动的影响水平。进入 20 世纪 90 年代，在"国际地圈与生物圈计划"（IGBP）和"全球环境变化人文计划"（IHDP）的积极推动下，全球土地利用/覆盖变化（LUCC）研究成为全球变化研究的重要组成部分。在该研究计划中，提出土地利用变化的机制、土地覆盖变化的机制，以及建立全球和区域尺度的模型三个研究重点[8]。

土地利用/覆盖变化与土地优化配置是两个不同背景的研究领域，两者的研究目的和研究内容都存在一定的差异，但是两者之间又有着紧密联系[9]。通过对区域土地利用/覆盖变化进行的研究，为土地优化配置提供研究区域完整的基础数据，可以了解区域土地利用背景、土地利用结构以及长期以来的变化趋势，从而为区域土地资源优化配置提供依据，在土地利用/覆盖变化的过程中，具有较强人为干预作用特点的土地优化配置是土地利用/覆盖变化的重要驱动因素，相比较而言，土地优化配置更注重土地利用的合理性和人地协调。

我国国土辽阔，但人多地少是我国基本国情，人均耕地资源相对不足，在过去较长时期内，我国人口增长速度较快，并且这一增长趋势在未来一段时期内还将保持其惯性，因此，我国是世界上人地矛盾最为突出的地区之一。随着社会经济持续快速的发展，对土地资源所造成的压力也不断增大，我国已进入快速城市化阶段，城市边缘地区土地利用效益低，无限制地扩张导致耕地面积急剧减少、土地生态环境持续恶化等问题，我国人口数量的增长对土地资源的压力也日益增加。为了科学合理地使用土地资源，促进土地的集约利用，缓解供需矛盾，我国近年来颁布了一系列相关的政策法规，如《国务院关于促进节约集约用地的通知》（国发〔2008〕3 号）、《全国土地利用总体规划纲要》（2006—2020 年）以及启动的社会主义新农村建设等农村土地集约利用的政策，同时启动了系列科研项目，如"十一五"国家科技支撑计划重大项目"村镇空间规划与土地利用关键技术研究""区域土地资源安全保障与调控关键技术研究"[10]等。

黄土高原南部地区地形地貌较复杂，土地景观类型丰富多样，区内城市相对密集，人口稠密，产业集聚，伴随着城市化、工业化水平的不断提高和人口的不断增加，给土地生态系统带来巨大的压力，社会经济发展中土地利用方式存在不合理现象、利用程度不够集约、存在牺牲生态环境效益获取经济效益的情况，社会经济发展的资源环境和土地生态成本较高[11]。区内干旱和气象灾害、水土流失、土壤侵蚀等自然灾害较严重，加之对区域土地资源的不合理利用，如大量优质农田转为非农用途、农村空心化现象等，使得人地矛盾愈加突出。严重阻碍当地经济的发展和人民生活水平的提高，迫切需要应用"3S"技术手段和相关理论对该区域进行土地利用变化及土地资源优化配置研究。

本书拟以黄土高原南部地区为研究区域，对该区域自然环境特征、社会经济发展等综合全面分析的基础上，在遥感（Remote Sensing，RS）和地理信息系统（Geography Information Systems，GIS）等方法和技术的支撑下，拟对黄土高原南部地区土地利用的结构特征和动态变化进行分析，并在可持续发展思想的指导下对土地利用进行优化配置，为研究区的土地利用规划提供一定科学依据，实现黄土高原南部地区社会经济和生态环境的协调发展。

1.1.2 选题意义

多学科交叉开展土地利用变化与优化配置研究，探讨土地利用变化影响机理及演变规律，定量分析土地利用时空差异性、土地利用变化及其影响因素之间的相互关系并在此基础上对不同区域土地利用进行优化配置研究具有重要的理论和实践意义。

国内外众多研究基于不同的学科，提出了各种理论，并运用相应的技术方法开展了一系列的土地利用变化与土地资源优化配置研究，但针对不同尺度区域的土地利用及其影响机理、土地利用变化及其驱动机制研究还不是很充分，目前还未形成成熟的理论框架和较完善的方法体系，针对不同研究区域的土地优化配置研究大多是从经济学的角度，运用统计学模型进行土地资源的数量与结构评价，并以此为基础提出优化与配置的数量和结构调整方案，而缺少利用 GIS 综合技术进行数量结构与空间配置相结合的整体优化策略。同时，目前针对黄土高原南部地区这一区域的土地资源优化配置研究还只是停留在定性和半定量研究状态，本区域的土地利用变化分析也只主要集中在局部地区，特别是黄土高原内部的生态脆弱区等[12]，而对于整个研究区大范围的土地利用变化研究较少，综合系统地考虑各种因素，对研究区土地可持续进行综合定量研究的较少。本书以黄土高原南部地区作为研究区域，还因为该区域兼有陇中高原、晋西陕北高原、渭河谷地和汾河谷地等多种地貌类型，具有典型复杂地理系统的特征，同时兼有关中-天水经济区、晋西-陕北能源高产区，以及陇中、陇东国家贫困区等不同经济发展地域，又具有典型的复杂社会经济特征，通过运用土地利用优化配置的相关研究理论、方法对该区域进行实证研究，可以检验各种相关理论和模型的适用性，并可以根据实际情况对相关研究方法和模型进行拓展，进而可以丰富和深化土地优化配置研究的方法应用和理论基础，这对与土地利用与优化配置研究以及土地变化科学研究都将具有重要的理论指导意义。

总体来看，黄土高原南部地区产业较为密集、城市化水平较高、自然条件较优越、农业相对发达，是西北地区重要的商品粮基地，是我国重要的科研、高等教育、国防科技工业和高新技术产业基地。经济的迅速发展使得土地资源成为最为稀缺的自然资源之一，开展土地利用与优化配置研究，制定合理的土地利用规划成为当务之急，另外伴随着国家西部大开发战略的实施，黄土高原南部地区相关建设规划的颁布及实施，国家将加大资金、人力等方面的投入，区内的土地利用方式和规模都将产生较为剧烈的变动。在发展经济的同时，若不关注区域生态环境问题和土地资源利用问题，若不进行科学研究和合理规划，势必造成土地资源的粗放利用，加剧生态安全状况恶化的趋势，如何确保区内土地资源能够高效、集约、合理的利用，是区内发展规划实施的首要任务。另外，从黄土高原南部地区的内部空间看，区域内各个地市与县区在自然环境、资源禀赋方面存在一定的差异，社会经济发展水平也有高有低，因此在研究区内部选择不同典型区，分析其在不同自然背景和人文要素组合情况下土地利用变化的时空差异，在全面而系统地分析不同典型区土地利用变化影响因素及其土地资源利用特征与社会经济发展现状的基础上，进行土地利用与优化配置研究，对研究区整体土地资源的合理开发利用和区域经济的可持续发展具有重要的现实意义。

1.2　土地利用与优化配置的研究基础

1.2.1　土地利用变化的内涵与特征

土地利用变化是土地在人类活动的持续或周期性干预下，进行自然再生产和经济再生产的复杂的社会经济过程，是一个由自然、经济、社会和生态等多种类型的子系统有机复合而成的生态经济系统的持续运动过程[13]，同时是一个把土地的自然生态系统变为人工生态系统的过程。

与土地利用变化联系非常紧密的一个概念是土地覆被变化。土地覆被是指自然营造物和人工建筑物所覆盖的地表诸要素的综合体，其形态和状态可在多种时空尺度上变化。土地覆被变化一方面是大气中温室气体重要的源和汇，另一方面对区域环境质量、生物多样性及陆地生态系统的生产力和适应能力有着深刻的影响。由此看来，土地利用变化侧重于土地的社会经济属性，而土地覆被变化侧重于土地的自然属性。

综上可知，土地利用变化是不同土地利用需求和土地利用类型的耦合，是当今经济社会中最活跃和最普遍的现象[14]。土地利用结构与变化是人地关系地域系统的平面投影[15]，土地利用变化体现了人类适应、利用和改造自然的"人-地"相互作用进程[16]，正成为从综合与系统的角度探讨人地关系地域系统的一个重要载体[17]。土地利用变化具有三个特征，具体见表1-1。

表 1-1 土地利用变化的特征

特征	描述
非线性特征	土地利用变化是一个复杂的非线性过程,导致土地利用发生变化的诸多因素间并非单纯的线性关系
动态性特征	土地利用变化具有动态性,其导致变化因素的量随时间变化而变化;因素间的相互关系随时间变化而变化
时延性特征	土地利用变化具有时延性,内部各因素之间相互影响,其因果关系往往有时间和空间上的分离,存在明显的时延
耦合性特征	土地利用变化以研究土地利用结构、功能和动态行为为特征,其突出特点是土地利用结构、功能与动态行为之间的相互耦合作用关系

1.2.2 土地优化配置的内涵与特征

土地优化配置研究已经有相当长的一段历史,发展至今,已经成为土地资源学、生态学、地理学、经济学等多个学科的重要研究内容之一,许多学者从各自的学科角度对土地优化配置赋予了不同的内涵,所表达的重点也不尽相同。

土地经济学上认为土地利用的配置是在地租的影响下进行安排布局的,如杜能的农业区位论、韦伯的工业区位论就是该种理念的主要论述。

周诚认为土地配置是各种不同经济用途的土地的空间格局,是一个由点、线、面、网构成的多层次、多类别、多部门、多项目交织的网络结构[18]。在该概念中,对土地优化配置的空间结构进行了阐述,并对传统的调整对象进行了抽象理解。

Plummer 在 1993 年给出了土地优化配置涵义的具体表述,认为土地利用结构优化是为了达到一定的生态经济最优目标,依据土地资源的自身特性和土地适宜性评价,对区域内土地资源的各种利用类型进行更加合理的数量安排和空间布局,以提高土地利用效率和效益,维持土地生态系统的相对平衡,实现土地资源的可持续利用[19]。

虽然这些表述对土地优化配置内涵的理解存在一定的差异,但是土地优化配置的主要内容还是针对有限的土地资源,遵循社会经济规律、自然生态规律,合理配置土地资源,让人口、资源与环境各要素有机结合,促进土地利用的社会经济效益和生态效益达到协调发展,值得注意的是,在对土地优化配置内涵的概括中,都强调了空间尺度,但任何事物都不是静止的,土地优化配置也不例外,在区域环境和条件不断发生改变的情况下,应根据实际变化,对土地优化配置的框架进行更改,因此除了空间尺度外,还需要考虑时间尺度[20]。

综合土地资源的特性,土地优化配置具有多种特征,具体见表 1-2。

表 1-2　土地优化配置的特征

特征	描述
整体性	土地利用是一个整体的系统，通过系统内社会经济的协调、各种土地利用类型和部门之间的协调，从而满足土地资源优化配置的要求，从系统的观点看，土地优化配置是不同尺度的土地利用结构与对应层次功能的匹配
灰色性	土地优化配置研究涉及各种自然要素和社会经济要素，而一些要素通常会具有不确定性，因此需要采用灰色理论和方法对这些数据进行处理和解释
多目标性	土地可以具有多种用途，因此也可以根据土地的适宜性特征建立多种目标，如生态系统服务、社会经济、旅游游憩等，在进行土地优化配置的过程中，应该围绕其主要目标进行土地利用结构调配
时空性	土地资源优化配置不只是从时间尺度上对土地利用进行规划，还应该包括对其进行空间上的调配，其调整规划的方案不是静止的，还应该具有适时调整的功能

1.2.3　土地利用与优化配置的理论基础

在长期的土地利用与优化配置研究实践中，许多研究者已经从相关学科中吸收并转化成一些与土地利用及优化配置相关的理论，为土地利用与优化配置实践提供了科学的指导思想。但现有的专门针对土地资源利用及其优化配置的模型应用性的较多、理论性的较少[21]。

1. 土地利用相关理论

1）可持续利用理论

土地可持续利用理论源于可持续发展理论，最早在新德里土地资源利用研讨会上提出，其理论核心强调两个关系："人地"关系和由此产生的"人人"关系[22]。土地可持续利用应是一种以资源环境的可持续性为基础、经济的合理性为核心、社会的公平性为目标，旨在获取最佳的经济效益、社会效益和生态效益的高度自觉的理性行为。

土地是可持续发展的基本资源条件之一，是社会经济发展的物质载体，发展的一切内容最终都要落实到土地资源开发的过程中。然而土地资源的不可再生性，土地资源的供给稀缺性决定了最大效益地利用土地是可持续发展的关键。土地可持续利用从一定程度而言就是在用地优化配置的基础上追求土地经济效益、社会效益和生态效益的最优化[23]。从可持续发展的角度出发，在土地资源承载力和容量有限的基础上，土地资源的分配和利用必须突破传统经济学上的经济地租范畴，表现在时间上，既要考虑眼前利益更要考虑长远利益；表现在空间上，要兼顾局部利益和全局利益，追求经济效益、社会效益和生态效益的最佳结构，以实现土地利用综合效益的最大化。

2）土地的供求理论

土地供给分为自然供给和经济供给[24]。土地自然供给是指土地天生的可供人类利用的部分，又称物理供给或实质供给，包括已利用的土地资源和未来一段时间可供利用的土地资源。土地的自然供给是相对稳定的。土地经济供给是指在自然供给的基础上，投入劳动进行开发整理后，成为人类可直接用于生产、生活、休闲娱乐的土地，又称为有效供给，受到人为因素或社会经济因素的影响。

土地需求是指人类为了生存和发展利用土地进行各种生产和消费活动的需求。经济发展对土地需求的影响巨大。经济发展必然引起对土地总量需求的增加，必然导致对土地需求结构的变化。为达到土地的供求平衡，可以通过土地资源优化配置，做好土地利用规划、提高土地利用效率等措施来实现。

3）系统论

贝塔朗菲的系统论反映了系统在发展演化过程中，要素间相关及要素影响系统、系统制约要素的内在关系[25]。土地利用系统是一个复杂大系统，它包括自然系统、经济系统和社会系统，要使土地利用系统保持平衡，必须协调三个系统的关系。土地利用效益也可以看作一个系统，它是对土地利用系统结果的反映，包括经济效益系统、社会效益系统和生态效益系统，要实现最佳的综合效益，就要照顾系统间的平衡。同样，土地利用结构的协调，不仅指系统内部，更包括系统本身与外部环境在时间和空间上的协调。在时间上的协调是指，社会经济发展目标系统对土地利用方式的需求在时间上的最佳匹配，可持续发展系统的有序性可用发展的社会、经济和环境综合效益的大小衡量。

4）协同论

哈肯的协同论认为，形成系统有序结构的机理，不在于系统现状是否平衡，也不在于系统距离平衡状态有多远，关键在于系统内部各个子系统相互关联的协同作用，这是形成系统有序结构的内在动因[26]。土地利用系统和土地利用效益系统都包含下属子系统，实现其有序的关键在于子系统之间是否协调。可持续的土地利用规划，应寻找一种最优的协调方法，以达到社会、经济和环境效益的综合平衡。合理的土地利用结构，可以产生结构效应，从而促使土地利用系统的功能增强与效率提高。

2. 土地优化配置相关理论

1）区位布局理论

土地利用空间优化配置最早来源于对城市土地利用所进行的布局，因此土地资源配置研究最早的理论基础起源于国外的区位布局理论，由 19 世纪 20 年代德国古典经济学家杜能发表的《孤立国》一书中研究的农业区位，到 19 世纪末，由英国社会活动家霍华德.E 提出的"田园城市"的理念，为城市土地优化布局和可持续利用提供了非常好的设想，并对以后世界各地的城市规划和发展起了非常大的作用，此后，还包括 20 世纪韦伯研究的工业布局、克里斯塔勒的中心地理论，以及在中心地理论的基础上，廖什提出的区位经济景观；胡佛的经济区位论等，除此之外，还发展了众多的土地利用模式，如全球土地利用的极地模式、城市土地利用的同心圆模式、扇形模式、多核模式等，20世纪50年代，法国经济学家佩鲁提出了增长极核理论，此后该理论成为城市增长和发展的理论依据，对于城镇扩展、城市边缘地带的区域规划和城镇建设用地的空间布局具有重要的理论指导价值[27]。

2）地理模拟系统

地理模拟系统（Geographical Simulation System，GSS）是指在计算机软硬件支持下，通过自下而上的虚拟模拟实验，对复杂系统进行模拟、预测、优化和显示的技术系统[28]。地理模拟系统可以从微观尺度分析地理事物的空间分布格局，从而揭示其形成机理。它融合了多个学科的理论，包括计算机仿真、人工智能、系统论、协同论等多种理论的集成，地理模拟系统的加入，使土地优化配置的方法论有了较大的进展，是土地利用优化过程有选择性吸收相关学科发展的最新研究理论，为其研究提供更为科学的方法，使以前停留在理论上的探讨向实际操作提供了新的理论依据。

3）景观生态学理论

景观生态学（Landscape Ecology）首先由德国生物地理学家 Troll 于 1939 年提出，其目的是协调统一生态学和地理学两个学科的研究[29]。土地是景观生态的载体，越来越多的研究把景观生态学的理论应用于土地利用分析和优化配置研究中，如运用景观生态指数对土地利用景观格局进行研究，为土地利用/覆盖变化研究提供新的视角和新的定量研究模型。一些学者也从景观生态学理论基础上提出了土地利用结构优化模型，目前已有的研究主要是把景观格局整体优化作为模型的核心。

4）可拓学理论

可拓学由蔡文等于 1983 年创立，是研究事物拓展的可能性和开拓创新的规律与方法，并用以解决矛盾问题[30]，可拓学自被提出以后，广泛地应用于许多研究领域，其基础理论包括物元可拓性理论、物元和物元变换理论、可拓集合理论、共轭分析理论等，土地资源具有可拓性，如发散性、可扩性、相关性和共轭性[31]，土地具有多宜性，经常是某一个地块，可能是耕地的最适宜区，但也会是建设用地、林地和草地等其他类型的最适宜区，因此就会出现城市扩展、生态建设和耕地保护的矛盾，其中的相关性等表示一种土地利用类型与相邻的类型密切相关，一种类型的变化常常会引起周围其他类型的土地利用的变化。因此，运用可拓学理论研究土地资源的可拓性，有利于揭示土地资源的特征及分析土地资源合理利用的影响因素，为处理土地资源优化配置中的不相容问题提供理论依据。

5）人地协调理论

人地协调理论作为地理学的基础理论，体现了地理学的研究视角和根本定位，人地协调理论强调的是人口、资源、环境的协调，土地是人类生存的基础，而人类应该主动认识所处的自然环境，并遵循其内在的规律有意识地去改变，人地协调的目的是人地系统中的各个组成要素能够达到一种理想的组合，也就是优化状态[32]。人地协调理论是实现资源合理利用、土地优化配置等多个目标的理论依据，土地资源的有限性和土地需求日益增加之间的矛盾，从人地关系理论上看，可以被认为是人类社会发展和自然环境之间的矛盾，从人地关系角度理解土地的可持续利用，可以更加深入地分析土地利用中存在的问题，从而可以提出基于人地协调发展的土地可持续利用对策与建议。

1.2.4 土地利用与优化配置的方法基础

1. 统计方法

统计学是运用概率论和数理统计原理、方法研究统计设计，数字资料的搜集、整理、分析和推断，从而掌握事物内在规律的一门学科。

统计学所要研究的对象是有变异的事物。区域土地利用是长期以来人类依据土地自然特性和社会需要，对土地进行改造、培育使用的结果，其在空间分布、规模分布、时间序列等诸多方面都可以理解为一种随机事件。

土地利用现状或者说土地利用过程中当前的稳定状态。土地利用现状既受土地自然属性的限制，又受人类开发利用、需求目的的影响。在不同的区域有着不同的类型和结构，它反映了每个地区不同的土地自然特点、土地生态环境、人们对土地的开发利用程度、土地的社会生产力与社会经济发展水平及其土地开发利用技术水准。对土地利用现状进行分析，既可以揭示社会经济发展状况对土地利用方式、规模、程度、利用水平和制约因素，又可以研究提出改变土地的利用方式、结构与布局、提高土地利用水平、拓展社会经济发展的空间途径和措施。现代统计学提供的统计度量指标和统计分析方法见表 1-3。

表 1-3 统计度量指标和统计分析方法[33]

类型		指标或方法	备注
统计描述	定量数据集中趋势度量	算术平均数、几何平均数、调和均数、中位数和众数	
	定量数据离散趋势度量	标准差、标准误差、变异系数、极差和四分位数间距	
	随机变量及其概率分布	离散型随机变量的概率分布	如二项分布、泊松分布、几何分布等
		连续变量的概率分布	如正态分布、t分布、卡方分布、F分布、对数正态分布、指数分布等

续表

	类型	指标或方法	备注
变量关系统计理论	指标间无自变量和因变量之分的统计分析方法	直线相关分析、典型相关分析	研究变量之间的相互关系
		聚类分析	研究多个变量内部或多个样品之间的亲疏关系
		线性结构的协方差分析	研究多个变量内部的各个复杂关系
		因子分析、主成分分析、对应分析	研究多个变量内部的从属关系，并寻找综合指标，降低变量维数
	指标间有自变量和因变量之分的统计方法	直线回归模型、曲线回归模型、多项式回归分析、多元线性回归分析、Logisitic 概率模型回归分析、对数线性模型分析	研究变量之间的依存关系
假设检验与区间估计	假设检验	定量数据分布类型的假设检验、定量数据方差的假设检验、定性数据分布情况或位置的假设检验、两种属性之间的独立性检验以及两种方法判断结果的一致性检验等	假设检验是选取各因素指标合理、不合理常用的方法
	区间估计	从点估计值和抽样标准值出发，按给定的概率值建立包含待估计参数的区间	给定的概率值称为置信度或置信水平

2. 数理模型

土地利用优化配置研究中常用的非空间模型包括灰色线性规划模型、系统动力学模型、多目标规划模型、灰色预测模型和马尔可夫模型等，非空间模型在数量分析与预测上具有一定的优势，但是存在着无法预测何处发生改变、如何改变等问题（表 1-4）。

表 1-4 主要的土地利用空间优化配置模型[34~43]

	模型名称	模型说明	模型备注
空间模拟模型	元胞自动机模型（CA）	CA 充分体现了复杂性科学的一个重要观点：局部规则（local rules）导致宏观格局的变化（global change），即有序性和自组织行为的出现，用来研究自组织系统的演变过程，具有强大的模拟复杂动态系统的能力，但 CA 模型强调的是生物物理对土地利用变化的作用，而对作为主要驱动因素的人类活动在模型中体现出不足	VonNeumann and Ulam, 1948; Wolfram, 1984
	CLUE-S 模型	属于动态的、多尺度的土地利用变化空间模拟模型，由需求模块、人口模块、产量模块和空间分配模块组成	Veldcamp et al., 1996; Koning et al., 1999; Verburg et al., 2002
	SLEUTH 模型（城市增长元胞自动机模型）	SLEUTH 模型主要用来模拟城市的扩展，影响和限制城市扩展的变量主要包括六个部分：坡度（slope）、土地利用（land use）、土地利用的排它性（exclusion）、城市规模（urban extent）、交通（transportation）、坡向（hillshade）	Clarke and Gaydos, 1997

续表

模型名称		模型说明	模型备注
空间模拟模型	多智能体主体系统（Multi-Agent System，MAS）	MAS 是复杂适应系统理论、人工生命以及分布式人工智能技术的融合，目前已成为复杂系统和模拟的重要手段。在其他土地利用模拟系统中，无法考虑土地利用变化中起重要作用的动态的社会环境变化以及它们的相互作用，如居民行为、政府决策，利用多智能体主体系统在模拟的过程中，既考虑了环境的影响及环境智能体中微观的决策行为，还具有强大的空间自组织能力	Allen，20 世纪 80 年代，Holland，Gell-Mann，20 世纪 90 年代初
	逻辑回归模型（LRA）	逻辑回归模型是研究两分类变量和多分类反应变量与多个影响因素之间关系的一种多变量分析方法，通过与影响土地利用空间布局和变化的因素进行拟合分析，与 GIS 结合可以较好地模拟土地利用格局	
数量优化模型	线性规划方法（LP）	灰色线性规划方法是在线性规划的方法的基础上建立起来的，弥补了线性规划只能进行静态研究的不足。是土地优化配置中较常使用的一种方法。灰色线性规划可以对约束条件的约束值进行预测，并且还可以通过设定不同的情景得出不同的优化配置方案	Dantzing，1947
	系统动力学方法(SD)	土地利用系统动力学模型是基于系统动力学理论建立的能够模拟土地利用变化的模型，能从宏观上反映土地利用系统的复杂行为，为决策者提供决策支持	Forrester，1956
	多目标规划方法（MPO）	根据决策者所设定的多个目标而建立多种方案，并且可以对多种方案进行比较，从而选出符合决策者要求的最佳方案，充分体现了决策者的意愿	Koopmans，1951；Johnsen，1968
	灰色预测方法（GM）	灰色模型是以时间序列的资料为基础，通过对无规律的数据进行转换，建立有规律的生成序列的回归方程，并应用该方程对事物的动态发展趋势进行预测的一种较为常见的数据分析方法	邓聚龙，1982
	马尔可夫方法（Markov）	马尔可夫方法是通过转移概率对土地利用变化过程中未来某个时刻的变动状况进行预测的一种方法	Turner，1987

1.2.5　土地利用与优化配置的技术基础

空间信息技术的发展推动了土地优化配置研究的向前进步。自 20 世纪 60 年代以来，遥感（RS）技术发展迅速，已经由航空遥感进入航天遥感阶段，经过几十年的发展，目前遥感技术已广泛应用于资源环境、水文、气象、地质和地理等领域，成为一门实用的、先进的空间探测技术。遥感技术的发展为土地利用/覆盖变化研究创造了有利条件，可以提供具有空间定位信息的土地利用和土地覆盖数据，随着地理信息系统（GIS）技术的发展，各种类型的 GIS 软件平台功能日趋强大，数据处理与分析功能趋于完善，通过与遥感技术的结合，为土地利用/覆盖变化研究提供了强有力的技术支持。近年来，GIS、RS 和 GPS（简称"3S"）的综合技术在土地利用优化配置研究中的应用也得到了较大的进展，土地优化配置的过程应该包括时间、空间、数量等多个角度，"3S"技术的发展使土地优化配置实现了从单独的数理模型到与空间信息技术相结合，由此不仅对区域土地资源数量上进行了优化配置，还可以对配置的结果进行空间定位，极大地提高了土地优化配置研究成果对实践的指导价值。计算机模拟与仿真技术被引入到研究中并逐渐走向成熟，以及景观生态空间格局优化理论的不断完善，为模拟区域空间演化过程与实施区域空间格局优化提供了必要的技术条件和理论参考，使得土地利用空间格局优化的深入研究有了较好的基础条件[44]。

1. 遥感技术

遥感技术是从远距离感知目标反射或自身辐射的电磁波、可见光、红外线目标进行探测和识别的技术[45]。例如，航空摄影就是一种遥感技术。人造地球卫星发射成功，大大推动了遥感技术的发展。现代遥感技术主要包括信息的获取、传输、存储和处理等环节。完成上述功能的全套系统称为遥感系统，其核心组成部分是获取信息的遥感器。遥感器的种类很多，主要有照相机、电视摄像机、多光谱扫描仪、成像光谱仪、微波辐射计、合成孔径雷达等。传输设备用于将遥感信息从远距离平台（如卫星）传回地面站。信息处理设备包括彩色合成仪、图像判读仪和数字图像处理机等。

2. 地理信息系统技术

地理信息系统技术是近些年迅速发展起来的一门空间信息分析技术，在资源与环境应用领域，它发挥着技术先导的作用。GIS 技术不仅可以有效地管理具有空间属性的各种资源环境信息，对资源环境管理和实践模式进行快速和重复的分析测试，便于制定决策、进行科学和政策的标准评价，而且可以有效地对多时期的资源环境状况及生产活动变化进行动态监测和分析比较，也可将数据收集、空间分析和决策过程综合为一个共同的信息流，明显地提高工作效率和经济效益，为解决资源环境问题及保障可持续发展提供技术支持。

GIS 技术最初在土地资源开发与管理上的应用主要是土地利用现状调查和城镇地籍调查图件和属性数据的存储、查询等管理工作[46]，基本上没有数据的空间分析及其他决策功能。随着技术的不断发展，目前在土地科学中的应用主要包括土地评价工作（包括土地的适宜性或多宜性评价、土地的生产潜力评价、土地持续利用评价、城市地价评估、耕地地价评价等）、土地利用规划（包括土地利用总体规划、土地利用多目标规划）、土地利用与土地覆被现状分类与制图，以及土地利用与土地覆被动态监测。

3. "3S" 综合技术

"3S" 综合技术是遥感技术（Remote sensing，RS）、地理信息系统（Geography information systems，GIS）和全球定位系统（Global positioning systems，GPS）的统称，是空间技术、传感器技术、卫星定位与导航技术和计算机技术、通信技术相结合，多学科高度集成的对空间信息进行采集、处理、管理、分析、表达、传播和应用的现代信息技术。

随着 21 世纪高新技术的迅猛发展，给土地科学技术带来革命性的变化，以 "3S" 综合技术为主体的现代先进技术在土地科学研究中得到了广泛应用。众多机构和学者开展了一系列试验研究[47]，为土地调查、评价、监测提供了一套操作性强、可推广的技术流程和方法。土地科学研究技术呈现集成化、综合化、数字化和交叉融合的发展态势。天基和地基监测技术、巨型计算机以及海量存储和信息交换技术的快速发展，给土地利用与优化配置研究提供难得的机遇。

4. 空间抽样技术

空间抽样理论是对具有空间相关性的各种资源和调查对象进行抽样设计的基础[48]。抽样调查是地理研究、资源评估、环境问题研究和社会经济问题研究的重要手段。对于地理分布的各种资源，由于调查数据往往具有空间相关性，传统的抽样调查理论无法满足日益增长的空间抽样需求。

空间抽样与传统的抽样统计的不同在于，它是以地理空间上分布且相互关联的区域为抽样目的的，是具有空间相关性分析的抽样。另外，空间抽样中样本容量的确定、样本空间布局的合理性及样本空间关联性等需引入传统统计抽样和地统计学等相关知识对其进行论证和优化。

5. 土地信息系统技术

土地信息系统（Land Information System，LIS），以计算机为核心，以土地资源详查、土壤普查、规划、计划、各种遥感图像、地形图、控制网点等为信息源，对土地资源信息进行获取、输入、存储、统计处理、分析、评析、输出、传输和应用的大型系统工程[49]。

土地信息系统能系统地获取一个区域内所有与土地有关的重要特征数据，并作为法律、管理和经济的基础。也就是说，土地信息系统就是把土地资源各要素的特性、权属及其空间分布等数据信息，存储在计算机中，在计算机软硬件支持下，实现土地信息的采集、修改、更新、删除、统计、评价、分析研究、预测和其他应用的技术系统。土地信息系统按数据特征和软硬件配套系统的不同，可分为统计型和空间型两种。统计型土地信息系统的信息源是各种统计数据，不涉及图形和国家信息的存储。空间型土地信息系统的信息源包括图形、图像、文字、字符、数字等，它不仅可以对图像进行数据存储、处理和分析，也可以对字符、数字进行同样的工作。土地信息系统是国家对土地利用状况进行动态检测的前提，也是保证科学管理的前提，它是高科技成果在土地管理上的成功运用。

1.3　国内外研究综述

1.3.1　国外研究现状

1. 土地利用变化研究

在 20 世纪 90 年代联合国制定的"21 世纪议程"中，有关土地利用/覆被变化的科学研究才正式开始。1994 年以东南亚国家为研究地区的"土地覆被评价和模拟"项目正式被联合国环境规划署启动，1995 年"欧洲和北亚地区的土地利用/覆被模拟"研究项目正式被国际应用系统研究所启动，它的研究目的主要是分析 1900~1990 年 90 年间欧洲和北亚地区的土地利用和土地覆被的时空动态变化特征及其环境影响效果，并预测在全球自然生态环境和社会经济大背景下，未来该地域 50 年内的土地利用和土地覆被变化的趋向，为制定相关的政治、经济决策提供科学的依据。1996 年美国有关科研机构也开展了北美地区土地覆被变化的科学研究。美国的土地利用/覆被变化科学研究将研究重点集中于对土地覆被变化的动态监控、土地覆被的变化量与温室气体释放量之间的相互作用机制以及如何减少温室气体的排放量三个方面。同时，欧洲联盟也正式提出了对欧洲地区的土地利用/覆被变化进行科学研究的正式计划[50,51]。

自 20 世纪 90 年代以来，土地利用/覆被变化的科学研究被人们正式地加强，并为此投入了大量的人力、物力和财力。IGBP 和 IHDP 共同在 1995 年启动了土地利用和土地覆被变化的科学研究计划，并于 1995 年和 1999 年共同发表了影响深远的、具有十分重要意义的提纲挈领性的两份文件。区域土地利用和土地覆被变化的驱动力、土地利用和土地覆被变化的过去和现在调查状况以及由此得到的土地利用和土地覆被变化的过程和结构组合状况、土地利用和土地覆被变化的人类响应程度三个方面被这两份文件强调并作为这一时期土地利用和土地覆被变化的科学研究重点，与此同时，全球性和区域性的土地利用和土地覆被变化的动态监测、综合模型、相应的管理数据库的研制开发和建设维护，以及对于热点地区和脆弱地区的重视等与上述问题有联系的方面也被包括。由此可见，这一时期土地利用和土地覆被变化研究计划从大的方向上遵循的是一种三段式的科学研究模式，这个三段式的研究模式就是：压力—状态—响应。其研究的对象主要集中于土地利用和土地覆被变化自身的发生、发展和变化规律上，它的终极目标是加强对于地域范围内的土地利用和土地覆被变化之间的相互作用机制的研究和理解，特别是应用数学建模的方法来体现[52~54]。

围绕着 IGBP 的第二阶段研究工作的陆续进行，土地利用和土地覆被变化科学研究项目的侧重点转向与多个科学研究领域相结合的全面的和综合的科学研究，特别是重点突出了与 GCTE 的综合和全面科学研究，"陆地与人类的生态环境系统"被作为其研究的对象，由此可见，IGBP 扩大了它的研究对象。"土地利用变化科学的新的科学模式"和"土地变化科学"的研究焦点随后于 2003 年被 IGBP 正式提出。覆被变化的驱动力机制问题的科学研究一直是人们关注的焦点问题。经济、社会、人口、生物自然和气候等是土地利用和土地覆被变化研究的驱动力因素构成的五个非常重要的方面。还有在这个基础上所做的更深层次的抽象和细分，如 IHDP 将土地利用和土地覆被变化的驱动力因素划分为间接因素与直接因素，并特别强调和指出间接因素与直接因素所包括的一些具体的驱动力因素。另外，因为土地利用与土地覆被变化的科学研究十分重视地域上的空间尺度的大小，所以土地利用与土地覆被变化驱动力因素的研究者或者研究在某一具体的地域空间范围上探讨驱动力因素的组成以及它们的权重的大小，或者研究在此基础上的随着研究范围的不断扩大，其驱动力因素构成的改变状况[55]。但是，一些问题还是存在于对土地利用和土地覆被变化的驱动力因素的科学研究中，如对于地方范围内的土地利用和土地覆被变化的驱动力因素来讲，源于全球范围内的驱动力因素或者代替它们，或者使它们重新组合，因此在地方范围内产生了某些全新的、与全球尺度上的某些因素相关联的土地利用和土地覆被变化的组合局面，而现在的某些研究在对土地利用和土地覆被变化的驱动力问题进行探讨时，总是基于一些十分简单的假设，从而导致得出的有关结论总是出现互相矛盾的情况。

2. 土地优化配置研究

国外对于土地优化配置的研究最早是在区位布局理论指导下的实践，主要包括基于政府决策行为的土地征用、规划增值调整和土地整理，详见表 1-5。

表 1-5　国外土地资源优化配置研究概览[56~58]

时间/年	机构/人员	研究内容	进展/代表作
2005	Edward, Ziegler Jr	在充分考虑地区特征和未来发展计划的基础上将城市分为特殊保护区、特殊目的发展区、特别发展区和混合用途区等	通过土地用途分区明确规定各分区范围、利用方式和允许开发的最大强度，并依法规条例予以实施，限制土地开发和产业发展
2009	Sadeghi, Jalili	运用线性规划方法对其土地利用格局进行调配，并进行敏感性分析	伊朗 Kermanshah 省的 Brimvand 流域研究案例

续表

时间/年	机构/人员	研究内容	进展/代表作
2003	Kralisch 等和 Riedel	将人工神经网络（ANN）和地理信息系统相结合，运用线性规划方法以获取最大综合效益	德国的流域和泰国北部山区的土地优化配置案例
2003	Benli 和 Kodal	运用线性和非线性的规划方法对土耳其 Anatolian 流域东南部地区，在适量而且有限的水资源供应条件下，探讨其农作物种植模式、水资源量和农业收入等方面	其研究报告表明在缺水灌溉条件下，非线性优化模型比线性优化的结果可以给农业带来更多的收入
2006	Huda Abdelwahab Sharaw	采用"损耗-收益"分析（CBA）的方法对其进行评价，该种评价方法的最大特点是对市场导向评价机制的排斥	从社会福利的独特角度对苏丹中部地区的土地进行优化配置研究
2002 2005	Mohseni Saravi 等	运用目标规划方法，分别基于经济、环境和社会准则对伊朗古列斯坦省的 Garmabdasht 流域的土地进行优化配置研究	研究的结果表明基于经济准则的配置可以满足所有其他方面的需求
1903 1920	霍华德	1903 年在距伦敦 56km 的地方购置土地，建立第一座田园城市——莱奇沃思（Letchworth），1920 年在距伦敦西北约 36km 的韦林（Welwyn）建立第二座田园城市	为了验证田园城市的理论并宣扬该理念
2004	Gonzalez, Alvarez 和 Crecente 等	通过探讨地块的形状和大小对各种类型的土地分布进行研究	以西班牙西北地区的 Galicia 为例，确定哪些地区急需土地整理
第二次世界大战后	荷兰	对农村地区通过土地整理处理农业、土地景观、自然资源保护及休闲用地之间的关系	促进了农村土地的综合利用开发
	日本	以提高农业生产力和高效集约利用土地为目的的进行土地资源配置	有效地消除城乡差别，改善人居环境
	德国	利用现代化的土地信息采集系统建立土地管理信息系统	为土地管理和整理提供实时动态的参考

1.3.2　国内研究现状

1. 土地利用变化研究

我国有关土地利用与土地覆被变化内容的研究由来已久。早在"八五"期间开始进行的"国家资源环境遥感宏观调查与动态分析"研究，全国主要城市开展了土地利用及其动态变化的遥感研究等工作；中国国家自然科学基金委员会在"十五"期间把"全球变化的区域响应研究"列为重点研究的综合领域；"十一五"期间国土资源部启动了中国的 LUCC 研究计划，吸引了国内外此方面研究机构与人员的广泛参与，包括国际合作项目，如中国农业科学院与瓦格宁根大学CLUE 项目合作进行中国耕地与土地利用空间预测的研究、中国科学院与 IIASA合作进行中国土地利用与食物安全的研究等；与此同时，部分研究所和大学也纷纷开展了这方面的研究，并取得了较大进展。目前，学术研究机构、政府部门等对土地利用/覆盖变化研究工作高度重视，研究主要集中在下列两大类地区：一是

"热点地区"，即人文和自然驱动力极为活跃的地区；二是"脆弱区"，对这类地区的 LUCC 的研究，有利于人们对脆弱性的认识、揭示脆弱区的形成演变机制、揭示各种自然和人文因素对土地利用可持续性的影响。最初的研究主要集中于分类、分区以及开发、管理等方面，如《1∶100 万中国土地利用图集》和《中国土地利用》的相继出版[59]。

近年来，随着国际上 LUCC 研究的大量开展以及各种研究计划的出台，我国将土地利用变化与全球变化联系起来，进行综合研究。研究主要包括：利用遥感影像对土地利用变化的监测分析、土地利用变化研究数据库的构建、土地利用变化对农业生态系统及全球变化的影响、土地利用变化驱动力研究以及土地利用变化建模等方面。中国农业科学院农业资源与农业区划研究所、农业部资源遥感与数字农业重点开放实验室成立了土地利用/土地覆被变化研究的专门小组，把土地利用/土地覆被变化作为一个长期的重要的研究领域，在土地资源与土地利用评价、土地利用区划、土地利用/土地覆被变化模拟与趋势预测、"3S"技术在土地利用/土地覆被变化研究中的应用等方面做了大量研究工作，在借鉴国外相关研究的基础上，提出了许多能反映我国实际情况的研究方法与模型，并取得了相应的系统性成果。

我国进行土地利用变化研究的主要单位及工作主要有：中国科学院系统承担的国家自然科学基金重大项目"中国陆地生态系统对全球变化响应的模式研究"和中国科学院重大项目"东亚季风变迁和全球变化研究"等相关项目，李秀彬研究员、赵士洞研究员、傅伯杰研究员、刘纪远研究员、严晓东研究员等利用不同方法进行了相关的研究[60,61]。北京师范大学资源科学研究所承担了"土地利用/土地覆被变化及其对农业生态系统影响机理的研究"与"NTEC 样带土地利用/土地覆被变化研究"两个重大基础研究项目。北京大学蔡运龙教授通过全球气候变化对农业生产影响的研究，对土地利用与土地覆被变化所引起的社会经济领域问题以及如何实现土地利用可持续发展问题进行了探讨。南京大学顾朝林教授结合对城市地理的研究，探讨城市边缘土地利用变化的动力学机制。此外，中国科学院生态环境研究中心、遥感应用研究所和土地管理部门也越来越重视土地利用/土地覆被变化研究。利用遥感数据和 GIS 软件并结合实地调查、采样和统计分析，研究黄河三角洲的土地利用/覆被的质量变化，北京地区（1975～1997 年）、海南岛（1986～2000 年）、晋陕蒙接壤地区（1986～2000 年）的 LUCC 研究都以 GIS 和 RS 技术为基础而开展的。近期出现的多源遥感数据融合应用于土地利用动态变化监测的案例也在探讨研究中，尝试采用变化矢量分析与分类后比较相结合的方法提高 LUCC 监测的精度。

2. 土地优化配置研究

相比较土地优化配置在国外主要是由政府主导的土地整理实践，我国学者从理论原则、模型构建、算法优化和 GIS 应用等方面，结合系统动力学、马尔可夫链理论、灰色线性规划模型和 GIS 地学分析，针对大区、省、市、县和流域等不同尺度的研究区域，进行土地利用优化配置的探索性研究（表 1-6）。

表 1-6　国内土地资源优化配置研究进展[62~77]

时间/年	研究人员	研究内容	进展/代表作
2000	龙花楼	对我国开发区土地资源的优化配置进行专门研究	提出基于系统科学、生态学、资源经济学等学科的理论和方法的优化配置可操作途径
2001	刘彦随	提出区域耕地容许转换量化模型，为多目标导向下的区域耕地资源优化配置提供了量化方法和决策依据	提出山地土地利用空间配置模式和优化利用方案《山地土地类型的结构分析与优化利用》
2001	郑新奇	探讨城市土地优化配置与集约利用评价的理论、方法、技术	以济南市为研究区进行实证研究
2004	王华春	分析中国快速城市化进程中的土地资源优化配置这一核心问题	认为市场化配置是实现城市国有土地资源优化配置的重要手段
2001	何书金等	提出因地制宜、发挥优势、突出综合效益和保护生态环境的土地持续利用优化原则与目标	《黄河三角洲土地持续利用优化分析》
2007	陈玉福、王业侨等	从优化城乡土地利用和土地资源管理的角度，探讨统筹城乡发展的途径	《海南城乡土地利用差异及其优化策略》
2006	傅瓦利	以重庆三峡库区开县为研究区域，在对其景观格局分析的基础上进行土地优化配置研究	对比区域土地优化配置前后的生态效应
2008	韦仕川、吴次芳等	运用比较优势的理论，从对各种类型的土地利用效益的比较优势出发，提出缓解社会经济发展和保护耕地之间矛盾的科学合理的建议	《中国东部沿海经济发达地区土地资源空间优化配置研究》
2006	苏伟、陈云浩等	以生态安全为目标，对土地利用进行土地优化配置	《生态安全条件下的土地利用格局优化模拟研究》
2008	金志丰、陈雯等	通过对宿迁市的主要土地利用类型的适宜性进行评价的基础上，进行土地利用的空间优化配置	《基于土地开发适宜性分区的土地空间配置》
2009	赵筱青	采用最小累计阻力模型（MCR）对土地利用进行功能分区并对生态格局进行划分，取得了良好的效果	《基于 GIS 支持下的土地资源空间格局生态优化》
2005	刘艳芳、李兴林等	以遗传法对海南省琼海市土地进行优化研究，并运用多目标的 Pareto 的方法对模型进行解算	《基于遗传法的土地利用结构优化研究》
2008	任奎、周生路等	以精明增长为指导理念和约束条件，采用灰色多目标规划，结合灰色关联分析，对土地进行优化配置研究	研究过程较好地把精明增长理念和土地利用规划定量地实现了融合
2009	汤洁等	以土壤有机碳最大化为优化目标，通过人为改变植被类型，达到土地优化的目的	《基于碳平衡的区域土地利用结构优化》
2009	牛继强、徐丰	提出基于遥感和绿当量的优化卷积算法和优化模型进行区域土地优化配置	根据该方法可以实现任意区域和尺度的土地利用结构优化
2009	张英等	建立"土地适宜性评价-土地利用结构优化-空间配置"三位一体的农业土地资源优化配置自动化系统	《农业土地利用优化配置系统的研建》
2009	徐昔保、杨桂山等	构建 GIS、CA 和 GA 的耦合城市土地利用优化模型	《兰州市城市土地利用优化研究》

综观土地优化配置的研究现状，土地优化配置的研究目的、研究方法和研究视角正越来越呈现出多元化的特征，根据其研究内容和研究方法归纳起来可以包括两个方面：一是根据各种土地利用的相关原则，评价区域内各种土地利用类型的适宜性，对区域土地进行合理规划，实现优化配置；二是基于区域土地利用的特征和存在的生态环境问题、社会经济问题，建立约束条件，如水资源约束、生态安全约束、社会公平约束，并根据一些经验统计模型对不同约束条件下的土地数量优化配置进行预测，通过构建空间模拟模型使数量配置结果落实到空间位置上，使土地利用结构在约束条件的限制下趋于合理，能够较好地优化区域土地利用格局。

1.3.3 研究存在的主要问题

1. 土地利用变化研究方面

1）土地利用系统整体研究相对较少

纵观国内外土地利用变化研究，无论是从其影响因素还是从驱动机制的研究上，都倾向于自然、社会以及经济等因素对土地利用的影响，而把土地利用变化及其影响因素作为一个整体的土地利用系统，将各种因变量与自变量联系起来进行全面、系统地互动研究还非常少，特别是在我国对于黄土高原这一特殊区域的研究来说，已有的研究大多是针对黄土高原内部的生态脆弱区（如陕北等区域）对其土地利用变化与生态环境之间的关系进行研究，而对于黄土高原南部地区，涉及土地利用变化与生态环境及社会经济发展多重关系的分析和研究较少。本书对于此区域及其内部典型区的研究也只是做了一些基础性工作，有关土地利用变化与社会经济发展及生态环境建设等多方面之间关系的研究还需要深入研究。

2）影响因子选择具有主观随意性

目前，在土地利用变化及其影响因素方面的研究还存在很多问题。除了数据质量与研究方法上还有待完善之外，大多数研究人员在选取土地利用变化影响因素时，特别是一些人文影响因子时，主观随意性较大。由于影响土地利用变化的社会经济指标很多，要想从中选取主要的影响因子并不是很容易，在选取指标时，研究者会潜意识地根据自己以往的经验选取指标，这势必对研究结果造成一定影响。

3）研究中缺少对不同地区不同尺度的对比分析

不同的研究区，由于自然条件、社会经济条件等存在巨大的差异，两者间土地利用变化的影响机理是否具有一定的关联性，这方面的研究较少，对于不同研究范围或同一研究范围内的不同区域，其土地利用变化与影响因素之间在不同时间尺度与空间尺度上进行对比研究也有待进一步深化。

2. 土地优化配置研究方面

1）没有形成完整而系统的研究理论

理论为研究的科学性提供重要的依据和指导作用，但是关于土地优化配置的理论研究较少，目前还没有形成与该项研究直接相关的主要研究理论。

2）定性研究和半定量研究的多，空间与定量配置相结合研究的少

目前，土地优化配置的研究主要是定性的分析、对策分析的研究比较多，即使是以往对土地进行空间上的调控，都是针对局部地区或者典型地区，在了解其基本情况下，凭借生产经验进行调控，因此利用传统的土地优化配置方法进行研究成果的实践指导价值具有很大的局限性，土地优化配置的最终目的是要实现土地资源的集约利用，促进人地协调发展，如果土地优化配置研究只停留在定性描述、定性分析、定性下结论的层面上，论证不充分，结论不确切，难以确定区域最佳优化方案和真正的决策方案，并为相关部门提供可操作的实施依据。

3）GIS 的空间动态模拟和优化方面的不足

GIS 已经是土地优化配置研究中的重要手段，其强大的数据处理与分析功能促进了土地优化配置向精确化、空间化的发展，但是当前的商业 GIS 还只是一个静态的系统，对于动态的时序分析显得不足，因此其空间模拟的能力显得较为薄弱，一些研究者为了提高其动态模拟能力，利用各种数理模型、动力学模型和 GIS 的耦合在一定程度上能够提高其分析和模拟的能力，但是还存在模型构建复杂、操作困难的缺陷，如很多模型需要通过编程才能实现模型的耦合，要求研究者具有一定的编程能力，不利于模型的推广和使用。而一些专门的学术性 GIS 软件，如 IDRISI 虽然提供了一些集成的模型，但是又不具有灵活性，无法根据实际情况对模型的参数进行调整。

4）综合优化研究的不足

许多研究都是对区域农业土地或者城镇土地进行优化调控研究，这两者的变化也常是区域土地利用变化的主要变化类型，而综合考虑多种类型结构比例平衡的土地利用优化模式的研究不多，如果只考虑一种主要土地利用类型的结构的调整，而忽视其他类型，则有可能出现整体结构失调的情况。

1.3.4　土地利用与优化配置的研究趋势

根据土地利用与优化配置研究的发展趋势，首先是在跨学科的综合研究的基础上，运用数理统计、"3S" 技术等多种技术方法的集成。

土地利用与优化配置的区域尺度和优化配置的目标将呈现多样化的趋势，针对生态脆弱区、城市扩展的边缘地带的土地利用及优化配置将显得尤为重要。

建立区域土地利用自动优化系统，在这个自动化的利用优化系统中，将使土

地利用与优化配置的研究工作不再变得困难，同时还融入专家知识，使之具有能够综合考虑各方面的意见，使利用及配置方案科学性和合理性得到增强，具有动态性、灵活性、系统性等性能。

1.4 研究方法与研究思路

1.4.1 研究方法和研究手段

1. 理论研究与实证分析相结合的研究方法

本书采用理论与实证相结合的研究方法，综合运用土地利用变化理论、可持续发展理论及人地协调理论等土地变化科学的基础理论，同时以黄土高原南部地区及其内部典型区为例进行实证研究；在具体的土地利用优化配置研究过程中，根据土地利用优化配置的理论、模型，以不同典型区作为研究区域，结合黄土高原南部地区总体区域特征，对各个典型区的土地优化配置进行实证研究。

2. 整体研究与局部分析相结合的研究方法

研究区黄土高原南部地区范围较大，内部不同区域自然环境要素与社会经济条件存在较大的时空差异，且 30 年来研究区土地利用方式、土地利用变化特征与强度在空间上的差异性也比较明显。因此，为了分析黄土高原南部地区不同自然背景和人文要素组合情况下，土地利用系统在研究时段内不同区域所表现出的差异性，并且为了更好地从不同尺度上对研究区开展土地利用与优化配置研究，本书利用整体与局部相结合的研究方法，选取两大类共四处典型区，探讨其土地利用变化的时空差异性，并以此为研究样区，在分析不同典型区土地利用变化影响因素及其土地承载力的基础上，按照流域单元与都市经济区两类样区对其土地利用变化进行动态模拟与优化配置研究。

3. 定性评价与定量分析方法

根据黄土高原南部地区的自然生态和社会经济概况，以及存在的土地利用问题，对研究区的土地可持续利用进行定性的分析和评价，以各种数理统计与 GIS 空间分析耦合等方法对土地利用时空变换及影像因素关系、土地承载力水平与适宜性程度等进行定量综合评价并实现优化配置。

4. 时间变化与空间分异相结合的研究方法

土地利用系统具有明显的时空演化特征，单一地从时间或空间的角度对其进行研究与分析很难得到全面系统的结果，本书以黄土高原南部地区不同土地利用系统的演变特征为切入点，采用时间变化与空间分异相结合的分析方法探讨整个研究区及不同典型区的土地利用变化特征与过程，同时对研究区土地承载力进行动态测评与时空差异性分析，以揭示不同人口、粮食产量及土地资源消费水平下，土地承载力水平的时间变化与空间分布。

5. 数理模型与"3S"技术相结合的研究方法

1）数理模型方法

在土地优化配置研究中采用数学模拟方法是非常必要的，通过采用合适的数学模拟方法，能够有效地掌握多方面的信息，并进行整理，以解决多目标、多方案、多种结构所提出的复杂要求，在使用数学模拟方法的过程中，通过与计算机技术相结合，使模拟结果能得到直观的显示。

2）遥感与 GPS 技术

综合运用多种遥感技术平台，结合影像数据处理与解译技术对黄土高原南部地区的多期多景遥感影像进行图像预处理、图像判读及图像解译以获取研究时段内整个黄土高原南部地区及典型区的土地利用基础数据；同时利用 GPS 技术获取实践调查过程中的采样点数据，以对遥感解译结果进行验证、评价和完善。

3）地理信息系统技术

采用地理信息系统进行空间数据处理、空间分析和专题地图的制作，其中空间数据的处理包括坐标变换、空间数据的矢栅转换、空间网格的方法实现多源数据的融合，通过运用地理信息系统空间数据处理的技术和方法建立黄土高原南部地区及典型区土地利用、自然生态、社会经济等方面的数据库，并利用 GIS 的空间叠加分析、空间统计分析、距离分析等空间分析技术对本书中的数据进行分析并进行模型的运算。

综上所述，本书将土地利用与优化配置数理模型与地理信息系统等"3S"技术相结合，综合处理土地利用系统的多源数据，对研究区研究时段不同区域的土地利用变化特征进行系统分析与定量刻画，并在此基础上基于不同耦合方案以实现对所选典型区的土地利用优化配置研究。

1.4.2　研究思路与研究框架

土地利用与优化配置涉及多个学科的相关知识，本书在借鉴各个相关学科在土地利用与优化配置研究优势的基础上，对黄土高原南部地区的土地利用系统进行分析，从而实现研究目的（图 1-1）。

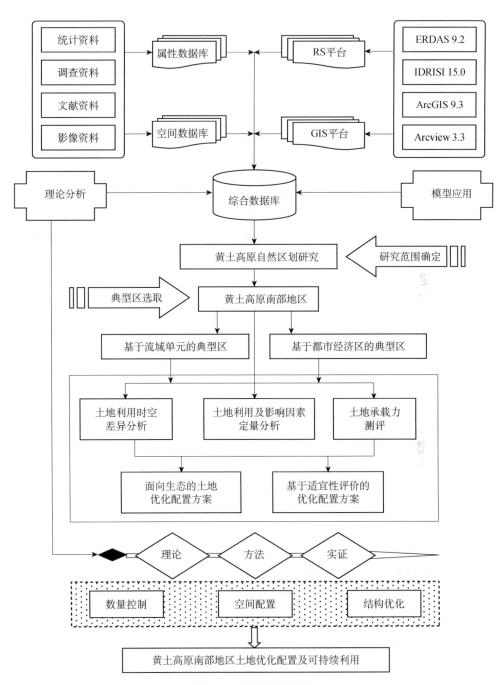

图 1-1 本书的研究思路

本书开始部分分析本书的选题背景和意义，并对土地利用及其优化配置的国内外研究现状进行综述，对土地利用与优化配置的相关理论、研究现状和发展趋势以及存在的问题进行逐一分析，在此基础上，提出研究目的和意义。在本书的研究过程中，首先利用构建的综合自然指数模型对黄土高原进行区域划分，确定研究区的整体范围与界线；以整个黄土高原南部地区 1980～2010 年 30 年的 TM 影像遥感解译结果为基础，选择基于流域单元与都市经济区的不同典型区，从每个研究区土地利用数量与结构的时间变化及不同土地利用结构的空间分异来剖析其土地利用变化特征与过程。尝试将空间抽样方法与 Binary Logistic 回归模型相结合，在分析不同研究区土地利用特征尺度的基础上，利用模型筛选黄土高原南部地区及典型区不同土地利用类型的影响因子，并对筛选出的影响因子的贡献率做定量分析，建立本书所需的基础数据库。在分析目前不同类别典型区土地利用存在问题的基础上，构建土地承载力评测模型，从定性与定量的角度对每个研究区的土地承载力进行动态测评与时空差异性分析，以揭示不同人口、粮食产量及土地资源消费水平下，土地承载力水平的时间变化与空间分布。针对基于流域单元与基于都市经济区的两类不同典型区，提出将灰色线性规划模型（GLP）分别与 CLUE-S 模型及 CA-Markov 模型相耦合的两种方案,结合土地适宜性评价研究，在对不同典型区土地利用进行数量控制与结构优化的基础上，利用两种方案将优化结果配置到空间单元上。通过不同典型区不同方案的研究实验和对比，以实现土地资源系统生态服务价值和经济收益之和最大化为目标的面向生态的土地资源优化配置方案。

1.4.3　拟解决关键问题

本书将在概述相关资料文献的基础上，针对目前的研究现状和存在的问题，结合研究的实际状况，提出本著作中需要解决的几个关键问题，并在此基础上尝试以解决。需要解决的几个关键问题包括：

一是研究区范围的确定及黄土高原内部综合指数分区的问题；
二是多源数据的兼容问题，特别是属性数据的空间化与栅格化；
三是不同研究区土地利用变化的尺度分析与特征尺度选择问题；
四是基于 Avenue 脚本语言设计空间抽样模块并与数理分析模型相结合的问题；
五是土地利用变化和优化结果的空间模拟。

1.4.4　本书纲要

本书分为 9 章，第 1 章对土地利用与优化配置的研究背景、选题意义、研究现状和相关研究理论进行综述；第 2 章为研究区范围确定及其区域特征，在构建模型对黄土高原进行综合指数分区的基础上提出研究区的范围界线；第 3 章为综合利用多种技术平台对黄土高原南部地区不同时期的遥感影像进行解译，最终生成研究区不同时期土地利用类型原始数据；第 4 章为对研究区土地利用时空差异进行分析；第 5 章为对研究中的多源数据进行融合，并利用基于空间约束抽样的 Logistic 回归分析研究土地利用与影响因素的定量关系；第 6 章为对研究区土地承载力水平的时间变化与空间分布进行研究；第 7 章为基于 CLUE-S 模型面向生态的典型区土地利用优化配置研究；第 8 章为基于土地适宜性评价与 CA-Markov 模型的典型区土地利用优化配置研究；第 9 章为本书的结论和讨论部分，总结本书所取得的主要研究成果和研究创新之处，对本书的不足进行探讨并提出未来需要进一步研究的问题。

1.4.5　考察路线

　　由于本书的研究区域范围较大，内容涉及的数据范围较广，为了对研究区域的总体情况进行把握，以及对包括土地利用方式和存在的问题、土地利用/覆盖的历史与现状、社会经济发展水平等的了解和对研究所需数据的验证核实等，并且为了研究结果能更好地与实际情况相符合和具有实践指导价值，因此在研究的准备阶段和本书撰写过程中，笔者与项目组成员先后三次赴黄土高原南部各个地区进行实地考察：第一次野外考察时间是 2009 年 5 月中旬，考察地点是关中西部及甘肃天水地区，具体包括宝鸡市、天水市，最西到达天水市武山县；第二次野外考察时间是 2009 年 7 月下旬到 10 月中旬，考察地点是黄土高原南部关中东部，包括韩城市、合阳县、大荔县、富平县、阎良区、灞桥区、咸阳市、铜川市、渭南市等；第三次野外考察时间是 2010 年 8 月下旬，考察地点是河南与山西，具体包括太原、临汾、运城、吕梁、晋中、阳泉、长治、晋城，三门峡、郑州、洛阳、济源。此外，笔者还在 2011 年 6 月随导师其他项目组成员前往陕北延安市考察安塞县、志丹县等地的土地利用状况。在野外考察的过程中，共记录了 278 个样本点经纬度坐标及土地利用类型，并对样本点处的景观进行了拍照存档，以便回到室内进行遥感影像判读时使用。具体考察路线如图 1-2 所示，典型景观照片见图 1-3。

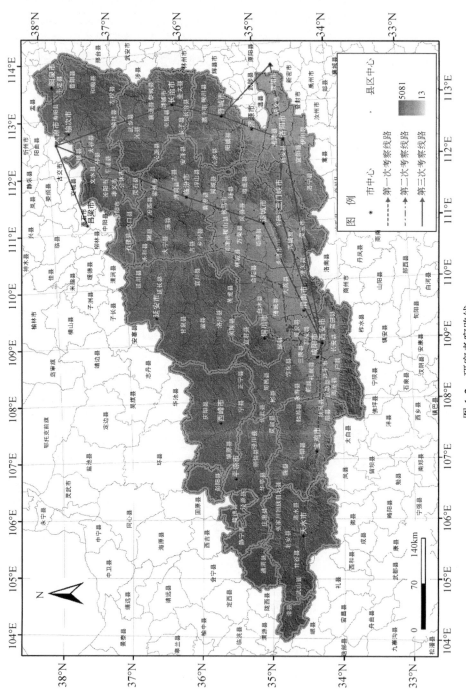

图 1-2　研究考察路线

(a) 山西太行山林地

(b) 吕梁山林地

（c）甘肃麦积山林地

（d）渭河天水段

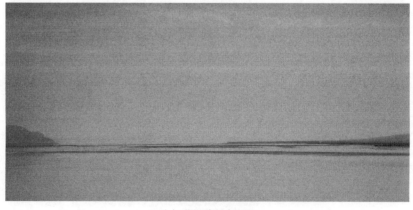

（e）黄河陕西合阳段

(f) 陕北延川黄土丘陵沟壑

(g) 黄河延川乾坤

(h) 宝鸡陇县固关

(i) 陕西秦岭北麓

(j) 宝鸡冯家山水库

(k) 陕西关中平原腹地

图 1-3　黄土高原南部地区土地利用/覆被图片

第2章 研究区范围界定及其概况

2.1 黄土高原地理概况

黄土高原是世界最大的黄土沉积区。位于中国中部偏北，34°N～40°N，103°E～114°E，东西 1 000 余千米，南北 700km。包括太行山以西、青海省日月山以东，秦岭以北、长城以南广大地区。跨山西、陕西、甘肃、青海、宁夏及河南等省（自治区），面积约 62.329 9 万 km²。按地形差别分陇中高原、陕北高原、山西高原和豫西山地等区。黄土高原地区总的地势是西北高、东南低。东南部主要为黄土丘陵沟壑区和黄土高原沟壑区，西北部主要为风沙、干旱草原和高地草原区；银川平原、河套平原、汾渭平原地形相对平缓。气候属大陆性季风气候，冬春季受极地干冷气团影响，寒冷干燥多风沙；夏秋季受西太平洋副热带高压和印度洋低压影响，炎热多暴雨。多年平均降水量为 466mm，总的趋势是从东南向西北递减。自南向北植被依次出现森林草原、草原和风沙草原。土壤依次为褐土、垆土、黄绵土和灰钙土。自然条件决定了本区具有脆弱性的特点，在人文因素和自然因素长期作用下，资源环境安全受到严重威胁。特别是土地资源和土地生态系统变化的速度不断加快，使水土流失加剧，灾害频繁发生，严重影响本区社会经济的发展，也给黄河中下游相关地区安全带来严重威胁，因此，长期以来是我国重点治理区。

2.2 综合指数分区

本书研究区范围的界定是建立在对黄土高原进行自然区划研究尝试的基础上。自然区划是全面认识自然环境的重要方法之一，是自然地理研究发展到一定阶段的产物，具有重要的理论和实践意义。一个正确反映客观存在的自然区划，不仅可以深化自然地理研究理论，而且可为全面评价、合理利用自然条件和自然资源提供科学依据。因此，自然区划既被看做现代自然地理学的重要组成部分，又被视为服务国家建设的一项基础研究工作[78]。刘胤汉和景贵和早在 1962 年就对中国自然区划问题提出了宝贵的意见[79,80]。随着技术的创新和数学方法的广泛应用，许多学者采用复杂的数学模型进行了相关研究，得出了一些成果。王希平和赵慧颖利用小网格推算模型对内蒙古呼伦贝尔市气候资源进行了综合区划[81]；方红等利用等级划分法和 GIS 技术，进行了烟草种植气候区划[82]；涂方旭和况雪源采用小网格气候分析方法，制作了广西甜橙、宽皮柑橘气候区划[83]；苏永秀等采用统计学方法建立了区划指标的空间分析模型，利用南宁市地形数据，对区划指标进行了小网格推算，实现了区划指标空间分布的细化[84]。但是目前结合植被类型、土壤类型以及土壤侵蚀进行自然区划的研究较少。

本书以小网格推算模型为理论基础，采用因子分析对主导因子进行提取并结合植被、土壤以及侵蚀特征，获得黄土高原主导气象要素关于经纬度和高度的数学模型和用于区划的综合指数模型，对该地区进行区域划分，然后运用方差分析对划分结果进行检验，希望对本区土地资源的合理开发、科学利用，人与自然的和谐发展，人口经济与资源环境的协调发展具有重要的实践和推动作用，对相关区域也具有广泛的应用价值。

2.2.1　分区数据说明

所用到的数据包括黄土高原以及周边各个气象站点 1971～2000 年逐日降水量、平均风速、最大风速、平均气温、平均气压、最低气温、最高气温、日照时数和相对湿度，以及黄土高原 2000 年遥感影像（TM）、土地利用类型图、土壤类型图和土壤侵蚀图和 DEM 等数据。本书气象数据来源于国家气象局气象中心资料室，其他图件均来自中国科学院水利部水土保持研究所。首先将各个气象站点的气象数据粗粒化为多年平均月数据，由此处理得到各气象要素年数据以及 4～9 月（生长季）的降水量和日照时数。对 TM 影像在 ERDAS 8.7 中进行预处理，包括对分幅影像的拼接、投影变换、几何校正以及裁剪。然后，建立模型计算归一化植被指数和土壤信息提取指数。

2.2.2　指数模型的构建

1. 气象指数

以小网格推算模型为依据，考虑到经纬度以及海拔对气象因子的影响，所以将经度、纬度、海拔三个地理因子作为自变量，气候因子分别作为因变量建立多元线性回归模型。模型为

$$F = a_0 + a_1\varphi + a_2E + a_3h \tag{2-1}$$

式中，F 为气象模型因变量；φ、E、h 分别为纬度、经度和海拔；a_0、a_1、a_2、a_3 为回归系数，可根据各个气象站的某要素值及该站的纬度、经度、海拔资料，用

最小二乘法确定。其中 φ、E、h 在图层计算中分别为纬度、经度图层和 DEM，经纬度图层由导入到 ArcGIS 中的交叉经纬度数据插值而成。各个气象模型的图层计算结果即表示各气象因子的空间分布[81]。

　　由于黄土高原地形起伏的空间变化具有由东南向西北递增的趋势，则将各气象模型图层与 DEM 栅格数据层作相关分析，由 ArcGIS 中的 Band Collection Statistics 功能实现。根据得出的相关系数对各个图层进行标准化，负相关则采取下限测度效果标准化，正相关则采用上限测度效果标准化，从而保证各个图层在同一方向上变化一致，具体标准化公式如下：

上限测度效果标准化：

$$\text{Iscore}_i = \frac{x_i - x_{\min}}{x_{\max} - x_{\min}} \qquad (2\text{-}2)$$

下限测度效果标准化：

$$\text{Iscore}_i = \frac{x_{\max} - x_i}{x_{\max} - x_{\min}} \qquad (2\text{-}3)$$

式中，Iscore_i 为第 i 个栅格的某一指数的标准化值；x_i 为第 i 个栅格的某一指数原始数值；$x_{\max}$ 和 $x_{\min}$ 分别为所有栅格中某一指数的最大值和最小值[85]。

　　据以上建模及标准化后，构建气象指数模型如下：

$$\text{MI} = \sum_{i=1}^{m} a_i \times F_i \qquad (2\text{-}4)$$

式中，MI 为气象指数；F_i 为 m 个气象要素；a_i 为 m 个气象要素对应的权重；权重由变异系数法确定。

2. 变异系数权重的计算

设有 n 个监测点，每个监测点有 m 个评价指标，则有评价指标特征值矩阵 A：

$$A = \begin{bmatrix} X_{11} & X_{12} & \cdots & X_{1m} \\ X_{21} & X_{22} & \cdots & X_{2m} \\ \vdots & \vdots & & \vdots \\ X_{n1} & X_{n2} & \cdots & X_{nm} \end{bmatrix} \quad (i=1,2,\cdots,n; j=1,2,\cdots,m) \qquad (2\text{-}5)$$

利用变异系数法来求各个评价指标的权重 W_j，计算第 j 个评价指标的变异系数：

$$\delta_j = \frac{D_j}{\overline{X_j}} \qquad (2\text{-}6)$$

计算第 j 个评价指标的权重：

$$W_j = \frac{\delta_j}{\sum_{i=1}^{m} \delta_j} \qquad (2\text{-}7)$$

式中，δ_j 为第 j 个评价指标的变异系数；D_j 为第 j 个评价指标特征值的均方差。

$$D_j = \sqrt{\frac{1}{n}\sum_{i=1}^{n}(X_{ij} - \overline{X_j})^2} \qquad (2\text{-}8)$$

式中，X_j 为第 j 个评价指标特征值的均值。

$$\overline{X_j} = \frac{1}{n}\sum_{i=1}^{n}X_{ij} \qquad (2\text{-}9)$$

3. 地被指数

$$LCI = NDVI \times LT_i \qquad (2\text{-}10)$$

式中，LCI 为地被指数；NDVI 为该单元格的归一化植被指数；LT_i 为各土地利用类型的权重。土地利用类型基于中国科学院 2000 年遥感影像解译获得，各类型的权重参考封志明等的研究[86,87]。

4. 土壤指数

$$ESI = (TM_5 / TM_7) / (TM_4 / TM_3) \qquad (2\text{-}11)$$

$$SI = ESI \times ST_i \qquad (2\text{-}12)$$

式中，ESI 为土壤信息提取指数；TM_i 为遥感影像对应波段反射值；SI 为土壤指数；ST_i 为各土壤类型的面积百分比。沙晋明等[88]认为$(TM_5/TM_7)/(TM_4/TM_3)$不仅突出了土壤信息，而且消除了植被和地形影响土壤侵蚀指数。

5. 侵蚀指数

$$C = \sum A_i S_i \qquad (2\text{-}13)$$

式中，C 为某一单元的土壤侵蚀综合指数；A_i 为该单元内第 i 级土壤侵蚀强度的面积百分比；S_i 为相应的土壤侵蚀强度指数值。

6. 综合指数

$$AI = \alpha \times NMI + \beta \times NLCI + \chi \times NEI + \delta \times NC \qquad (2\text{-}14)$$

式中，AI 为用于区域划分的综合指数；NMI 为各气象指数对应的标准化气象模型；NLCI、NEI 和 NC 分别为标准化地被指数、土壤指数和侵蚀指数；α、β、χ 和 δ 分别为对应的权重。标准化方法仍然根据与 DEM 得到相关系数计算，权重由 AHP 方法计算获得。

2.2.3　方差分析

单因子方差分析是比较总体中个体之间差异度的方法[89]，具体计算方法见表 2-1。

表 2-1　单因素方差分析表

来源	平方和	自由度	均方和	F 值
因素的影响	S_A	$r-1$	$S_A/(r-1)$	$[S_A/(r-1)]/[S_e/(n-1)]$
误差	S_e	$n-r$	$S_e/(n-1)$	
总和	S_T	$n-1$		

注：r 为水平；n 为所有样本数

$$S_T = \sum_{i=1}^{r}\sum_{j=1}^{n_i}(X_{ij}-\overline{X})^2 , \quad S_A = \sum_{i=1}^{r}n_i(\overline{X_i}-\overline{X})^2 , \quad S_e = \sum_{i=1}^{r}\sum_{j=1}^{n_i}(X_{ij}-\overline{X_j})^2 。$$

由此方法计算出的 F 值所对应的 Sig（显著性水平）小于 0.05，则表明该因子总体差异是显著的，但不一定两两均值之间都有差异，因此为进一步揭示组中各均值对之间的差异特征，需要对其进行多重比较。常见的多重比较法，主要包括 Deng 的多重比较法、Fisher 的最小显著差异检验（LSD）、Tukey 的 HSD 检验、Scheffe 的 S 检验、Studen-Newman-keuls 检验（SNK）和 Duncan 的新的多范围检验法，这些方法的区别在于它们分析均值的方法及控制错误的方式不同[90]。

2.2.4　结果分析

1. 地被指数分析

在一定地区依据植被类型及其地理分布特征划分出彼此有区别，但内部有相对一致性的植被组合。植被分区在空间上是完整的、连续的和不重复出现的植被类型或其组合的地理单位。从理论意义来说，通过植被区划所展现的地球各地区的植被地域分异，可以指示植被地理分布的规律性及其与环境的关系，提供区域或全球的植被地理图式；还可以借以确定某一地区在植被带中的位置及其与周围分区的相应关系，从而能更深刻地认识该区的植被实质。在实践上，植被区划是综合自然区划、自然生态区划和农业区划的主要依据之一。地区植被的开发利用和经营保护，农、林、牧、副业的发展也应在植被分区的基础上进行。对于区域规划来说，植被分区也应是重要的科学依据之一。从图 2-1 可以看出，黄土高原植被覆盖分布方向性较强，由东南向西北植被覆盖在逐渐下降。其中关中盆地植被覆盖较好，另外内蒙古、山西、陕西延安和河南也有分布，标准化植被指数主要处于 0.59～0.67；山西大部分地区、陕北、宁夏南部以及甘肃东南部植被覆盖较差，标准化植被指数处于 0.50～0.59；内蒙古鄂尔多斯中西部、宁夏中部和甘肃定西地区植被覆盖相对最差,青海也有少许分布,标准化植被指数处于 0～0.50。这主要是地势由东南向西北升高，水汽减小的缘故。

2. 土壤指数分析

土壤区划是根据土被或土壤群体在地面组合的区域特征，按其相似性、差异

图 2-1　上限测度效果标准化地被指数

性和共轭性,进行地理区域上的划分。即根据各地区土被结构、分布规律、发生特性以及资源评价和生产性能,将具有相同和共轭关系的群体组合占据的区域,划为一个"土区",与相异的地域区分开,并根据差异程度大小,在不同级别中予以反映,成为一个多等级的区划系统。土壤区划是综合自然区划的重要组成部分,也是农业区划的基础工作。对于合理利用土壤资源、进行农业布局、发挥土壤生产潜力和提高土地利用率,具有指导作用。如图 2-2 所示,土壤指数空间分布较为零散,但在一定的方向上仍然具有差异性,由东南向西北土壤有机质含量减少、颜色变浅、质地变得轻粗。其中,山西、陕西关中和河南以及内蒙古、宁夏北部和青海的标准化土壤指数处于 0.945~1,土壤类型复杂多样,但是山西、陕西关中和河南的土壤类型有粗骨土、油楼土、垆楼土、黄绵土、灰黄绵土、善黄绵土、淡棕壤、褐土、淋溶褐土、淋溶灰褐土和棕钙土,内蒙古、宁夏北部和青海的土壤类型有石灰性粗骨土、淡棕钙土、栗钙土、淡栗钙土、淡灰钙土、淡灰钙土、黑钙土、流动风沙土、表锈灌淤土、亚高山草甸土和高山灌丛草甸土;甘肃、宁夏中南部和陕北的标准化土壤指数处于 0~0.945,土壤类型单一,主要为灰钙土、黄绵土、善黄绵土、沙黄绵土和灰黄绵土。

3. 侵蚀指数分析

划分土壤侵蚀类型的目的在于反映和揭示不同类型的侵蚀特征及其区域分异规律,以便采取适当措施防止或减轻侵蚀危害。土壤侵蚀类型的划分以外力性质

图 2-2　上限测度效果标准化土壤指数

为依据，通常分为水力侵蚀、重力侵蚀、冻融侵蚀和风力侵蚀等。其中水力侵蚀是最主要的一种形式，习惯上称为水土流失。水力侵蚀分为面蚀和沟蚀，重力侵蚀表现为滑坡、崩塌和山剥皮，风力侵蚀分悬移风蚀和推移风蚀。图 2-3 反映出，黄土高原侵蚀强度也同样有一定的方向性，从东南向西北递增，侵蚀类型也有所不同。其中陕西关中盆地侵蚀强度最弱，山西中南部也有零星分布，标准化侵蚀指数处于 0.039～0.157；山西与陕北交界处侵蚀强度较强，另外内蒙古、山西和甘肃也有分布，标准化侵蚀指数处于 0.157～0.275；甘肃定西地区、宁夏大部分地区和内蒙古的侵蚀强度明显增强，标准化侵蚀指数处于 0.745～0.811；内蒙古鄂尔多斯中南部以及与陕西交界处侵蚀强度最强，且集中分布。

4. 气象要素因子分析

由于气象因子的空间差异性比较明显，所以进行自然区划时，对气象因子的考虑是非常必要的。气象因子种类较多，而自然区划原则中强调因子的主导性，即选取反映地域分异主导因素的指标作为确定区界的主要依据，本书采用因子分析剔除年均最大风速和年均风速，从而以其他因子建立气象因子模型（图 2-4）。

根据变量之间的相关系数，结合 KMO 系数（KMO=0.722 8），以及 Bartlett 球型检验的卡方值，χ^2=789.402 2，d_f=66，$p<0.000 1$。因子间相关性较大，可以进行因子分析，计算各个指标的特征根、特征值和贡献率。通过累积贡献率可以看出第一、二主成分的累积贡献率高达 88.328 9%，通常认为提取的信息量大于 85%

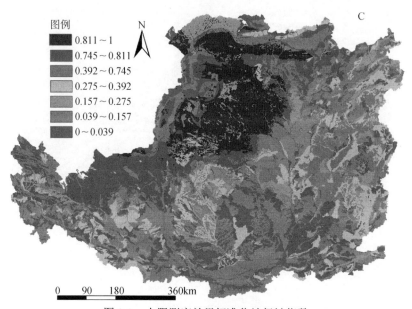

图 2-3　上限测度效果标准化地侵蚀指数

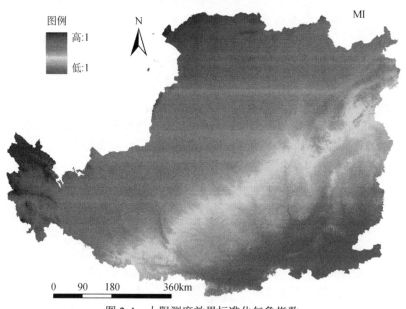

图 2-4　上限测度效果标准化气象指数

即包含了大部分信息，所以只要求出前两个主成分即可（表 2-2）。从主成分方差极大正交旋转提取的因子载荷可以看出：第一主因子在年均最低气温、年均最高气温、年均温、≥10 积温和年均气压这五个变量上有较大载荷；第二主因子在年均降水、4～9 月降水、年均日照时数、4～9 月日照时数和年均相对湿度有较大载荷。两个主成分的累计方差贡献率已达到 88.3289%。从而剔除年均最大风速和年均风速两个变量，采用其他变量进行分析。

表 2-2　各主成分的特征值和百分率与旋转后的因子载荷矩阵

主成分因子	主成分分析			旋转后的因子载荷矩阵	
	特征值	百分率/%	累计百分率/%	因子 1	因子 2
年均降水	7.610 8	63.423 4	63.423 4	0.152 3	−0.932 4
4～9 月降水	2.988 7	24.905 5	88.328 9	0.094 7	−0.916 2
年均最低气温	0.846 3	7.052 4	95.381 3	0.915 2	−0.356 9
年均最高气温	0.332 3	2.769 4	98.150 7	0.962 6	−0.214 0
年均温	0.116 8	0.973 5	99.124 2	0.956 9	−0.268 7
≥10 积温	0.035 6	0.296 4	99.420 6	0.986 0	−0.086 4
年均气压	0.027 1	0.226 0	99.646 5	0.935 5	−0.014 6
年均最大风速	0.025 8	0.215 3	99.861 9	−0.676 2	0.552 7
年均风速	0.012 7	0.105 7	99.967 6	−0.436 7	0.627 9
年均日照时数	0.002 0	0.017 1	99.984 7	−0.322 8	0.902 6
4～9 月日照时数	0.001 5	0.012 7	99.997 4	−0.113 2	0.941 2
年均相对湿度	0.000 3	0.002 6	100	0.156 3	−0.942 8

将因子分析得到的气候因子作为因变量，以经纬度和海拔为自变量建立多元线性回归模型，并对因子分析得到的气候因子以及经纬度和海拔进行上限测度效果标准化然后以标准化后的气候因子作为因变量，经纬度和海拔为自变量建立多元线性回归模型，将得出的自变量系数作为对因变量的影响程度，从而达到对各个因变量所对应的同一自变量的影响程度作比较。从表 2-3 可以看出，各个模型的复相关系数 R 都大于 0.85，$F>F_{0.01}$，模型达极显著水平。除年均最低、最高气温和年均温外，各个气象要素的时空变化十分显著：①在同经度、同纬度下，随着海拔的增加，年均降水、生长季降水（4～9 月）、年均日照时数和相对湿度均增加，变化率分别为 3.91mm/100m、3.91mm/100m、2.96h/100m 和 0.13%/100m，其他要素均在减小；②在同经度、同高度下，随着纬度增加，除年均日照时数和生长季日照时数以 168.741 1h/1°N 和 89.327 7h/1°N 的变化率增大外，其他要素均减小；③在同纬度、同高度下，随着经度增加，各个要素变化和同经度、同高度下的变化正好相反，即除年均日照时数和生长季日照时数以 33.666 7h/1°E 和 15.848 0h/1°E 的变化率减小外，其他要素均增大。

表 2-3　气象因子推算模型

气象因子 \ 回归系数/影响程度	a_0	a_1	a_2	a_3	复相关系数 R	$F(3.33)$
年均降水	−467.249 9	29.134 8/0.67	−62.363 5/0.77	0.039 1/0.43	0.902 3	48.211 9
4～9 月降水	−573.749 7	24.818 7/0.72	−48.575 9/0.76	0.039 1/0.54	0.875 0	35.934 8
年均最低气温	2.388 9	0.384 0/0.37	−1.034 6/0.53	−0.001 8/0.81	0.874 3	35.697 3
年均最高气温	23.737 0	0.164 4/0.20	−0.639 1/0.41	−0.001 8/1.01	0.856 1	30.186 3
年均温	10.035 3	0.284 5/0.32	−0.799 3/0.48	−0.001 8/0.96	0.872 9	35.225 1
≥10 积温	8 578.335 7	730.224 6/0.28	−1 264.950 2/0.26	−5.542 3/1.02	0.867 7	33.506 0
年均气压	−46.431 1	10.978 7/0.49	−5.892 9/0.14	−0.031 6/0.67	0.917 6	58.587 6
年均日照时数	−124.995 9	−33.666 7/0.33	168.741 1/0.89	0.029 6/0.14	0.931 8	72.503 7
4～9 月日照时数	−191.489 1	−15.848 0/0.34	89.327 7/1.02	−0.010 3/0.10	0.932 1	72.885 3
年均相对湿度	49.745 2	1.186 4/0.49	−3.289 4/0.73	0.001 3/0.25	0.881 7	38.420 1

综上并结合自变量的影响程度,经度因子对年均降水、4～9 月降水影响最显著,次之为年均相对湿度和气压, 这主要是西高东低的地势对水汽输送难易程度的反映, 随着经度的增大, 水汽含量越高, 越容易成云致雨;纬度因子对年均日照时数和 4～9 月日照时数影响最显著, 次之为年均降水和 4～9 月降水, 这主要是由南北天气的差异引起的, 北部地表多荒漠, 无阻挡物, 风力也大, 导致大气较稀薄, 晴天多, 日照时数多;南部地势缓和, 大气较厚, 污染物不易扩散, 大气能见度低, 雨天多, 日照时数少, 另外由南向北海拔逐渐增加的影响也较大;高度因子对年均温、年均最低和最高气温、≥10 积温影响较大, 次之为年均降水和 4～9 月降水, 年均温、年均最低最高气温的垂直递减率均约为 0.18℃/100m, 与自由大气平均温度递减率(0.65℃/100m)差别较大, 这可能是黄土高原特殊的地貌及经纬度和高度的组合不同所致。从而可以看出经纬度和海拔对黄土高原地区的自然因素影响举足轻重。

5. 综合指数分析

将因子分析得到的气候因子作为因变量, 以经纬度和海拔为自变量建立多元线性回归模型。以气象数据为基础, 根据变异系数法原理得到各个气象因子的权重, 从而获得气象指数模型;由于地被指数、土壤指数和侵蚀指数的权重难以用实际数据获得, 所以综合指数模型中各权重采用 AHP 计算得到, 其中比较矩阵难以获得,本书首先根据各因子重要性初步得到比较结果, 然后计算一致性比例 CR, 再根据实际情况对比较矩阵中各个比较结果进行调整, 直至 CR<0.1, 此时比较矩阵的一致性是可以接受的, 见表 2-4。

根据式(2-14)得到综合指数图层, 并运用聚类的方法, 将综合指数由低到高分为三个级别(图 2-5), 分别为 I ～III级不同类型自然区, 整体分布态势是:从东南向西北呈现层状分布(图 2-6)。进而通过 ArcGIS 的区域统计功能得出三个自然区不同气象因子及各指数的不同状态值(表 2-5)。

表 2-4　综合指数模型中各因子比较矩阵

	地被指数	土壤指数	侵蚀指数	气象指数	权重
地被指数	1	3	5	0.2	0.199 9
土壤指数	0.333 3	1	2	0.125	0.080 2
侵蚀指数	0.2	0.5	1	0.111 1	0.049 6
气象指数	5	8	9	1	0.670 3

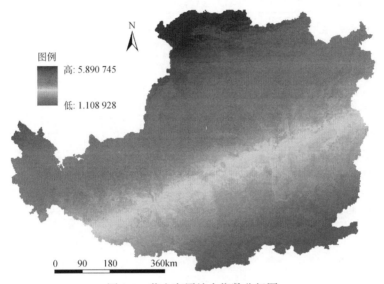

图 2-5　黄土高原综合指数分级图

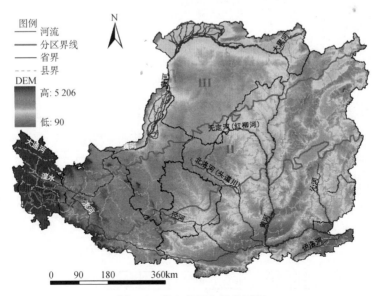

图 2-6　黄土高原自然分区图

表 2-5　三个自然区各气象因子及指数状态值

气象因子	等级	最小值	最大值	平均值
年均降水/mm	I	457.532	729.090	568.358
	II	299.969	573.536	431.948
	III	127.690	471.065	294.465
4~9 月降水/mm	I	385.861	612.599	475.787
	II	258.138	487.652	370.650
	III	126.537	414.472	261.706
年均最低气温/℃	I	0.163	9.789	6.066
	II	−4.265	6.869	2.690
	III	−6.751	3.574	0.544
年均最高气温/℃	I	12.402	19.949	17.276
	II	8.855	18.176	14.948
	III	7.214	15.855	13.695
年均温/℃	I	5.630	14.312	11.108
	II	1.650	11.984	8.306
	III	−0.335	9.281	6.667
≥10 积温/℃	I	21 393.600	46 819.500	38 246.300
	II	10 502.000	41 686.600	31 969.500
	III	6 937.710	36 329.300	29 220.200
年均气压/kPa	I	781.414	991.009	919.277
	II	703.266	968.656	875.007
	III	685.735	941.147	856.433
年均日照时数/h	I	1 882.180	2 513.460	2 184.090
	II	2 195.020	2 932.790	2 551.770
	III	2 517.250	3 255.730	2 885.440
4~9 月日照时数/h	I	1 071.910	1 404.430	1 220.800
	II	1 204.760	1 604.390	1 398.830
	III	1 321.980	1 781.080	1 574.530
年均相对湿度/%	I	59.315	72.278	65.026
	II	51.435	64.427	57.991
	III	42.759	59.669	51.030
地被指数	I	−0.3776	0.213 8	−0.035 8
	II	−0.3633	0.231 3	−0.063 3
	III	−0.3632	0.204 4	−0.078 0
土壤指数	I	0.000 000 54	0.270 0	0.007 8
	II	0.000 002 78	0.184 0	0.014 0
	III	0.000 000 01	0.152 4	0.010 8
侵蚀指数	I	0.000 0	0.259 2	0.032 1
	II	0.000 0	1.935 0	0.153 0
	III	0.000 0	1.935 0	0.418 4

Ⅰ级自然区：本区地形起伏变化较小，土地面积 223 758.252 5hm²，占黄土高原总面积的 30.602 3%，主要包括陕西的关中地区与延安南部、山西的南部（北缘基本上为太原盆地北端）、河南西北部和甘肃天水市、平凉市与定西地区。在三个自然区中，本区降水、气温、气压和相对湿度最高，日照时数最小；植被以栽培植被为主，占植被面积的 54.264 7%，其次是草丛和阔叶林，植被覆盖最好；土地利用以旱地面积最广，占总面积的 40.775 9%，次之为牧草地、林地和耕地；土壤以黄绵土分布最广，占土壤面积的 37.540 8%，其次是褐土和楼土；侵蚀类型主要是面蚀，占总侵蚀面积的 52.312 6%，其次是面蚀-沟蚀-重力侵蚀，流水侵蚀强度较小。

Ⅱ级自然区：本区地形起伏变化在三个自然区中居中，土地面积占黄土高原总面积的 38.279 0%，主要包括陕西的延安北部和榆林大部分地区、山西的北部、宁夏南部和甘肃的东南部分地区，青海也有少许分布。在三个自然区中，本区各种气象要素的状态居中；植被以栽培植被为主，占植被面积的 50.828 9%，其次是草原和草丛，阔叶林面积较Ⅰ级自然区显著减小，草原显著增大，植被覆盖较好；土地利用以牧草地分布最广，占总面积的 55.270 1%，旱地、林地和耕地明显较Ⅰ级自然区减小，其他用地有所上升；土壤仍以黄绵土分布最广，占土壤面积的 48.512 6%，其次是灰褐土、风沙土、粗骨土和黑垆土，楼土在此区不存在；侵蚀类型主要是面蚀-沟蚀-重力侵蚀，占总侵蚀面积的 52.312 6%，其次是面蚀-沟蚀-重力侵蚀，沟蚀-重力侵蚀强度较小。

Ⅲ级自然区：本区地形起伏变化在三个自然区中最大，土地面积占黄土高原总面积的 31.118 7%，主要包括内蒙古的鄂尔多斯高原和宁夏北部，另外陕西、山西、青海和甘肃也有少许分布。本区各个要素状况与Ⅰ级自然区相反，即降水、气温、气压和相对湿度最小，日照时数最高；植被以草原为主，占植被面积的 26.667 6%，其次是栽培植被和草甸，植被覆盖最差；土地利用仍以牧草地分布最广，占总面积的 70.911 3%，旱地较Ⅱ级自然区明显下降，其他用地仍在上升；土壤以风沙土分布最广，占土壤面积的 25.949 4%，其次是栗钙土、灰钙土和粗骨土，褐土和楼土在此区不存在，灰漠土和淡棕壤有少许分布；侵蚀类型主要是面蚀，占总侵蚀面积的 29.458 6%，其次是流水侵蚀。

综上所述，黄土高原综合指数分区呈现出从东南向西北的层状分布，气象要素大小按级区顺序递增或递减，随着此方向地形起伏逐渐增大，植被覆盖程度减小，土壤有机质含量减少、颜色变浅、质地变得轻粗，侵蚀强度也依次增强。

2.2.5 分析结果检验

在 Markway 软件中做单因素方差分析，分别检验三个自然区中各站点的气象要素均值是否存在差异性。从单因素方差分析结果（表略），可以得出在三个自然

区中 F 值的相互比较下，年均最低气温的 F 值（22.351 6）最大，次之为年均温（22.161 2℃）、年均最高气温（17.974 9℃）和年均日照（17.744 4h），可见，年均最低气温在三个自然区中均值的差异性最大，处于主导地位。并且年均降水、年均最高和最低气温、年均温、≥10 积温、年均日照、4～9 月日照和年均相对湿度的 F 值所对应的 sig 值均小于 0.01，反映出三个自然区中这 7 种气象要素间都存在极显著的差异；4～9 月降水和年均气压对应的 sig 值均小于 0.05，反映出三个自然区中这两种气象要素间均存在显著的差异。

通过单因素方差分析的检验能说明在三个自然区中各种气候要素的均值是完全不同的，但并不能说明三个自然区中两两完全不同，这就要用到方差分析中的多重比较。本书采用 LSD（Least Significant Difference）法检验成对均值差异是否显著（表 2-6）。

表 2-6　气象因子的多重方差比较

（I）分类	（J）分类	I	II	III
I	年均降水	—	0.065 9	0.002 6
	4～9 月降水	—	0.201 0	0.010 9
	年均最低气温	—	0.005 6	0.000 4
	年均最高气温	—	0.014 6	0.000 7
	年均温	—	0.004 4	0.000 5
	≥10 积温	—	0.014 5	0.005 3
	年均气压	—	0.076 2	0.027 8
	年均日照时数	—	0.015 9	0.000 8
	4～9 月日照时数	—	0.026 7	0.001 3
	年均相对湿度	—	0.043 6	0.001 6
II	年均降水	−87.630 8	—	0.037 1
	4～9 月降水	−43.143 9	—	0.051 1
	年均最低气温	−3.760 7	—	0.003 7
	年均最高气温	−2.092 4	—	0.004 8
	年均温	−3.047 2	—	0.004 0
	≥10 积温	−7 477.713 9	—	0.057 7
	年均气压	−45.871 6	—	0.211 3
	年均日照时数	469.300 8	—	0.002 6
	4～9 月日照时数	213.826 1	—	0.011 6
	年均相对湿度	−6.212 3	—	0.018 0
III	年均降水	−196.164 7	−108.533 9	—
	4～9 月降水	−130.188 9	−87.045 0	—
	年均最低气温	−5.992 1	−2.231 4	—
	年均最高气温	−3.963 8	−1.871 4	—
	年均温	−4.973 6	−1.926 4	—
	≥10 积温	−11 393.547 2	−3 915.833 3	—

（I）分类	（J）分类	I	II	III
III	年均气压	−76.393 0	−30.521 4	—
	年均日照时数	775.105 3	305.804 4	—
	4～9 月日照时数	372.738 9	158.912 8	—
	年均相对湿度	−12.287 7	−6.075 3	—

注：右上角粗体数字为显著水平，左下角斜体数字为均值差。

从三个自然区的多重分析来看，除 I 级自然区和 II 级自然区的年均降水、生长季降水和年均气压以及 II 级自然区和 III 级自然区的 4～9 月降水、≥10 积温和年均气压对应的 sig 值大于 0.05 外，其他要素两两之间的 sig 值都小于 0.05，则说明相邻自然区间降水和气压的差异不显著，而其他气候要素在三个自然区中两两之间存在显著性差异；其中三个自然区两两之间的 sig 值小于 0.01 的所占比例较大，说明整体上存在很大差异；从表 2-6 中可以看出，两两自然区之间年均最低气温、年均温、年均最高气温和年均日照对应的 sig 值均小于 0.01，同样反映出这四个要素在三个自然区间差异显著，处于主导地位。由此可以说明本书所构建的综合指数对黄土高原进行自然区域划分具有一定的科学性。

2.3　黄土高原南部地区界线的确定

对于黄土高原的范围界线学术界存在几种不同的说法，而黄土高原内部界线的划分更是一个尚未确定的问题，但对于黄土高原内部各种地理因素的分布存在明显的地域分异这一观点，众多研究者的看法是一致的。本书研究团队前期曾利用不同技术方法对黄土高原内部界线的划分进行过研究尝试，并构建了基于行政单元的黄土高原南部地区的区域范围（图 2-7）。而由前述 2.2 节可知，本书采用因子分析、综合指数计算和方差分析，构建黄土高原用于自然区划的综合指数模型，在 ArcGIS 软件的支持下，利用多年平均降水量、平均气温、相对湿度等多种气象数据及 DEM、土地利用类型图、土壤侵蚀图、土壤类型图等数据，尝试对黄土高原内部进行综合自然区域划分，得到黄土高原南部自然区划界线，然后将得到的自然界线与行政区划图进行叠加，并采取"宁多勿少"的原则，获取并修订项目组前期尝试构建的黄土高原南部地区行政区划范围，如图 2-8 所示。

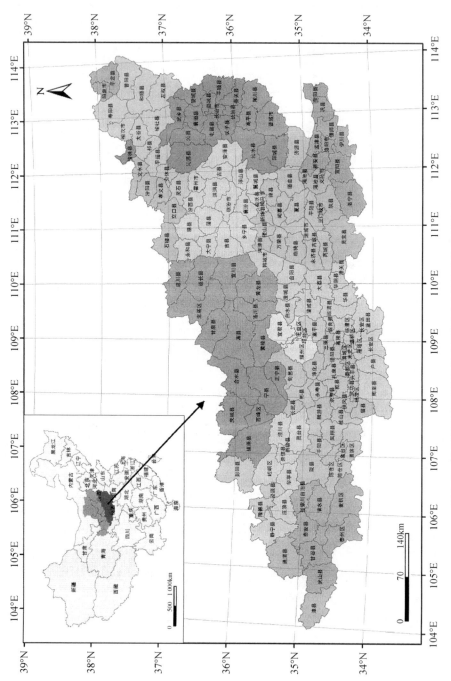

图 2-7 黄土高原南部地区行政区划图（项目组前期研究成果）

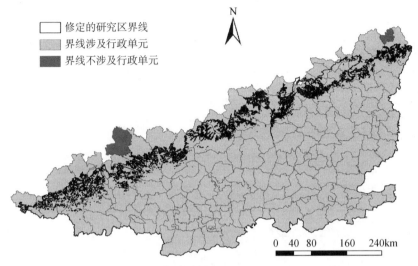

图 2-8　基于综合指数模型修订的黄土高原南部地区行政区划图

　　由图 2-7 和图 2-8 可知,黄土高原南部地区地处我国西北地区,位于 33°30′N～38°30′N, 103°30′E～114°30′E 之间。地跨山西、河南、陕西、甘肃和宁夏五个省（自治区）,包括 23 个不完全地市, 165 个区县（表 2-7）。

表 2-7　黄土高原南部地区行政区域

省级	地级	县级
宁夏	固原市	隆德县、泾源县
甘肃	庆阳市	合水县、庆城县、镇原县、西峰区、宁县、正宁县
	平凉市	崆峒区、泾川县、崇信县、华亭县、灵台县、静宁县、庄浪县
	定西市	通渭县、漳县
	天水市	张家川自治县、清水县、甘谷县、麦积区、秦州区、秦安县、武山县
陕西	西安市	临潼区、蓝田县、阎良区、高陵县、未央区、长安县、户县、周至县、灞桥区、新城区、碑林区、莲湖区、雁塔区
	铜川市	宜君县、王益区、耀州区、印台区
	宝鸡市	麟游县、扶风县、歧山县、眉县、凤翔县、陇县、千阳县、陈仓区、金台区、渭滨区
	咸阳市	淳化县、永寿县、三原县、礼泉县、乾县、泾阳县、渭城区、兴平县、武功县、杨凌区、旬邑县、长武县、彬县、秦都区
	渭南市	韩城市、澄城县、白水县、合阳县、蒲城县、富平县、大荔县、临渭区、华阴县、潼关县、华县
	延安市	宝塔区、延长县、甘泉县、宜川县、富县、洛川县、黄龙县、黄陵县、延川县
河南	郑州市	荥阳县、巩县
	三门峡	渑池县、陕县、义马市、湖滨区、灵宝县
	洛阳市	洛阳市市辖区、新安县、孟津县、偃师县、宜阳县、洛宁县、伊川县
	济源市（省辖县级市）	

续表

省级	地级	县级
山西	长治市	沁源县、潞城县、潞城县、平顺县、城区、郊区、长子县、壶关县、长治县、武乡县、沁县、黎城县、襄垣县
	晋城市	沁水县、高平县、陵川县、泽州区、阳城县
	临汾市	蒲县、古县、大宁县、洪洞县、安泽县、吉县、尧都区、乡宁县、浮山县、襄汾县、翼城县、曲沃县、侯马市、隰县、永和县、汾西县、霍州
	吕梁市	文水县、汾阳县、石楼县、交口县、孝义县
	太原市	清徐县
	阳泉市	平定县
	晋中市	寿阳县、榆次市、昔阳县、和顺县、太谷县、祁县、平遥县、左权县、介休县、灵石县、榆社县
	运城市	新绛县、稷山县、河津县、绛县、闻喜县、万荣县、垣曲县、盐湖区、夏县、临猗县、永济县、平陆县、芮城县

2.4 研究区概况

2.4.1 自然环境状况

1. 气候概况

黄土高原南部地处东部季风气候向西北大陆性气候过渡地带,具有大陆季风气候的特点,光能资源丰富,该地区的年日照总辐射量为 503.52~630.58MJ/m²,是我国光能最为丰富的地区之一,年均温度为 7.72~-14.31℃,温度的空间总体分布特征表现为自西北向东南地区递减,关中盆地和汉江谷地是研究区的两个主要暖区。全年 7 月的温度最高,部分地区的月均温可达到 28℃。气温的日较差较大,为 10~16℃,无霜期为 150~250d,该类气候适合植被的净初级生产。全年降水量为 390~710mm,研究区降雨由南向北递减,西安市、宝鸡市、郑州市等南部地区的年降水量较大,黄龙县与宜君县由于受到地势的影响降水量偏大,全年降雨集中地分布于 6 月、7 月。总体上来说,黄土高原南部地区地域跨度较大,水热组合的区域差异明显。

2. 地貌特征

黄土高原南部西起陇中高原,东到太行山,北界太原盆地,南抵秦岭,东南低西北高,最高海拔在陇东高原漳县,约为 3 941m,最低点在豫西伊洛河谷,海拔仅为 13m。黄土高原南部地区山河依次相间分布:渭河、六盘山、泾河、子午岭、洛河、黄龙山、黄河、火焰山、汾河、太岳山、沁水、太行山。主要包括的地形由西向东分别为陇中高原、晋西陕北高原、渭河谷地、汾河谷地等,处于我国第二阶梯上。陇中高原是一个新生代的凹陷盆地,地形较破碎,以梁、峁、沟谷地形为主。晋西陕北高原是黄土地貌最为典型的区域,地区丘陵起伏,经流水侵蚀作用,形成了破碎的梁峁丘陵,但有少数的黄土塬存在,如董志塬、洛川塬。渭河谷地地势地平,海拔不足 1 000m,但在河谷中沉积大量的黄土层。渭河谷地西起宝鸡,东至潼关,南依秦岭,北止于渭北黄土坮塬,东宽西窄,呈喇叭形分布。汾河谷地位于山西的中、南部,是一条北东-南西走向的断层地堑,其北部为太原盆地,南部为临汾盆地,与渭河谷地相接。具体地形如图 2-9 所示。

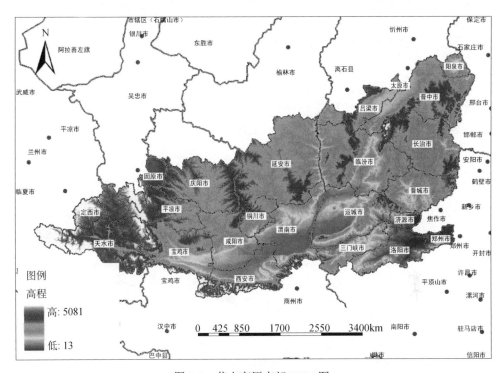

图 2-9　黄土高原南部 DEM 图

3. 土壤类型

黄土高原南部土壤类型复杂,种类多样,共包括 23 种土壤类型,65 个土壤亚类,既有干旱草原下形成的栗钙土又有亚热带湿润气候条件下形成的黄棕壤、黄褐土等类型,不同的土壤类型其空间分布特征明显,陕西北部地区多黄绵土、关中平原多塿土,秦岭地区的土壤类型多是淡棕壤、渭河、沁河、洛河以及泾河水域附近的土壤多是新积土。按土壤面积排序:黄绵土＞褐土＞塿土＞粗骨土＞灰褐土＞新积土＞黑垆土＞红土＞淡棕壤＞潮土＞石质土＞紫色土＞山地草甸土＞

水稻土>棕钙土>风沙土>灰钙土>灌淤土>盐土>灰漠土>沼泽土>亚高山草甸图，其土壤的具体面积见表2-8，空间分布如图2-10所示。

表2-8 黄土高原南部土壤类型及其面积一览表

土壤类型	土壤亚类	面积/km²	土壤类型	土壤亚类	面积/km²
潮土	潜育潮土等5类	6 676.08	灰钙土	淡灰钙土等5类	222.17
粗骨土	石灰性粗骨土等2类	15 356.31	灰褐土	石灰性灰褐土等3类	12 146.51
淡棕壤	漂白淡棕壤等2类	7 149.43	楼土	立茬楼土等5类	20 430.91
风沙土	固定风沙土等3类	226.96	山地草甸土	山地灌丛草甸土等3类	781.81
高山草甸土	高山灌丛草甸土等2类	28.51	石质土	石灰性石质土等2类	1 728.23
灌淤土	潮灌淤土等2类	134.32	水稻土	潴育性水稻土	333.04
褐土	石灰性褐土等3类	32 027.3	新积土	石灰性新积土等2类	11 387.62
黑垆土	紫黑垆土等5类	10 927.42	亚高山草甸土	亚高山草甸土	79.03
红土	粘红土等2类	9 562.19	盐土	干盐土等4类	104.82
黄绵土	灰黄绵土等4类	91 091.27	沼泽土	腐泥沼泽土等2类	84.81
紫色土	石灰性紫色土	1 038.65	棕钙土	潮棕钙土等4类	275.19
灰漠土	盐渍化灰漠土等2类	90.502			

注：此外还有滩地以及居民地的面积不计其内。

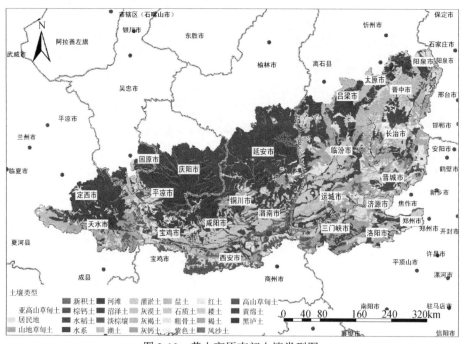

图2-10 黄土高原南部土壤类型图

4. 植被类型

由于黄土高原南部地跨近10个纬度，研究区的水热因子的时空分布组合复杂，其植被分布受到了地理位置、大气环流以及海拔三个要素的影响，植被类型表现复杂（图 2-11），包括：高山草甸、高寒落叶灌丛、落叶阔叶林、草甸草丛、盐地落叶灌丛、温性针叶林、温性落叶灌丛、温性落叶草丛、河湖滩地草甸、沙生植被、杂木林、木本栽培植被、寒温性针叶林、典型草原以及草本栽培植被等 17 个植被类型，其中陕西北部地区的黄龙山以及子午岭地区的均为落叶阔叶林带，该地区水热条件良好，是研究区植被覆盖率最高的地区之一。关中盆地、陇东地区以及太原盆地的主要植被类型为草本栽培植被，子午岭与黄龙山之间的洛河流域地区多分布温性草丛，如白羊草、赖草、铁杆蒿，在无定河流域由于地貌分割更为破碎，植物生长条件更为恶劣。多为耐寒、耐风的种类如大针茅、砂芦草等类型。秦岭北坡的水源条件良好均为落叶阔叶林，包括麻栎林、栓皮栎林、辽东栎林等类型。沁河流域地区的植被类型多是温性针叶林。豫北地区与关中地区相似，多是草本栽培植物。

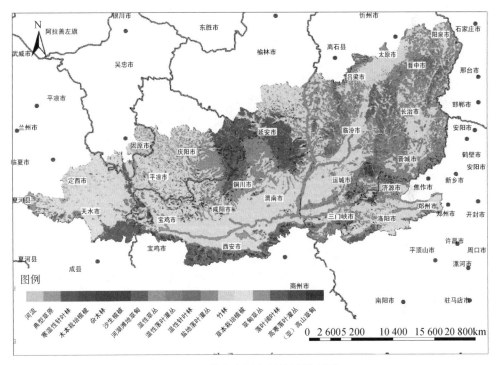

图 2-11　黄土高原南部植被类型图

5. 水文特征

黄土高原南部水系发达，一级河流有黄河，是山西省与陕西省的界河，流经济源市、三门峡市、运城市、延安市、吕梁市等城市。研究区的二级流域包括汾河、渭河、沁河、南洛河等河流。渭河，发源于鸟鼠山，全长818km，贯穿整个关中平原，是研究区的黄土丘陵区与渭河平原的分界线，是黄河的最大的二级支流。汾河是仅次于渭河的第二大支流，流经研究区内的运城市、临汾市、吕梁市。研究区的三级河流包括：渭河北岸的支流葫芦河、泾河、北洛河、清河，以及山西部分的浊漳河。泾河和洛河流域研究区内的水系发达，泾河的支流包括北岸的马莲河、茹河、蒲河、三水河、环江，右岸有泔河、黑河、达溪河。洛河的主要支流包括沮河、葫芦河等河流（图2-12）。

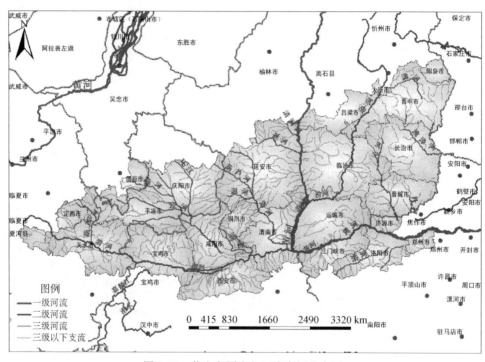

图2-12　黄土高原南部河流空间分布图

2.4.2　社会经济概况

1. 人口

黄土高原南部是中华民族的最早发祥地，农业发展历史悠久，因此人口、城镇密集。近百年来，该区的人口密度提高了2倍多，2005年总人口为6033.14万人，人口密度约为269.63人/km²，其中豫西晋东南地区和关中地区是黄土高原南部人口集中分布区。并且该区受传统观念影响较深，人口增长速度快，高密度的人口，使得该地区对粮食和燃料的需求量成倍增加，给环境造成了巨大的压力，加速了土地资源的退化。同时人口密度大，意味着该区的劳动力丰富，但主要以从事第一、二产业为主，劳动力综合素质相对于东部沿海地区低。

2. 经济

随着社会经济的发展，黄土高原南部地区整体经济实力也在不断地提高，2005年地区生产总值约为 9 393.01 亿元，城镇居民人均可支配收入 8 068.99 元，农村人均纯收入 2 656.53 元。但发展水平表现出明显的地区差异，经济发展呈现由东南向西北递减的趋势。其中关中平原地区和豫西工业发展历史悠久，发展基础好，且近年来旅游业等第三产业也呈现蓬勃发展态势，带动地区经济迅速发展，成为区域内经济发展水平最高的地区。特别是关中地区以西安为中心，形成西起宝鸡东到潼关，工业门类齐全的陕西"工业走廊"，其中电子、航空航天、精密仪器等工业在全国还处于领先地位。此外晋西、陕北高原是黄土高原能源集中分布的地区，因此煤炭资源和化工产业发展迅速，特别是近几年的能源开发使得经济快速发展。而陇中、陇东地区自然条件恶劣，交通不便，使得这些地区发展缓慢，是黄土高原地区也是国家贫困落后地区。

3. 交通

随着西部大开发和区域经济的发展，该区的交通运输状况得到快速发展。目前该区的交通运输网已经有铁路、公路、民航、黄河水运和管道五种交通运输方式。境外铁路运输以陇海线、同蒲线、太焦线为主；108、207、208、209、210、309、312 等国道贯穿境内，此外还有连云港—霍尔果斯、青岛—兰州、二连浩特—广州和包头—茂名的高速公路过境，以及多条省级公路构成主要交通干线网络。

4. 旅游和科教文化

该区自然资源和人文资源丰富多样，有得天独厚旅游资源。其中自然类旅游资源有运城"死海"、壶口瀑布、五老峰国家森林公园、太白山国家级自然保护区、华山等著名旅游风景区。此外由于该区是华夏文明的发祥地，历史上许多王朝都在此建都，如西安、咸阳、洛阳等在历史上相当长的时间内都是我国的政治、经济和文化中心，这些城市都保留了众多珍贵的历史文化资源，是我国乃至世界著名古都、历史文化名城，吸引着无数的中外游客。旅游业的蓬勃发展，为该区的经济发展和人民生活水平的提高起了重要的带动作用。

该区的科教文化事业也呈现快速发展状态，特别是西安、洛阳等城市的科教文化优势凸显，这些城市是全国高等教育、科研机构密集的地区，并且以这些科教文化资源为依托的高新技术开发区和高新产业开发带逐步形成，成为带动区域发展的一大支持力量。

第 3 章　数据来源与预处理

在土地资源利用与优化配置研究中，遥感影像是主要信息来源之一，遥感和地理信息系统等研究方法和技术的迅速发展为土地利用变化研究提供了方便、快捷的手段。本书著作的研究区范围面积达 22.38 万 km^2，依靠传统的土地利用调查手段，难以在短期内获取大范围的土地利用变化信息，而通过 RS 遥感和 GIS 的结合，可以为研究提供土地利用时空动态变化的数据以及空间上的定位信息。

基于 RS 和 GIS 相结合的土地利用/覆盖变化动态检测的常用方法可以分为三类：多时相光谱数据直接比较法、分类后结果比较法和混合法。

分类后结果比较法对各时相的遥感影像进行土地利用/覆盖分类，通过对各分类结果进行比较以检测变化信息，可以给出土地利用变化的定性（变化类别）、定量（变化数量）和定位（变化的空间位置）等信息，不受大气变化、季相变化等外界因素的影响[91]，不仅适用于拥有历史时期影像的情况，也可用于研究初期仅有土地利用/覆盖的空间数据而另一时期拥有遥感影像的情况[92]，但对影像分类精度的要求比较高，因为不同时相分类结果的误差积累会对最终的判别精度产生影响，而对于变化检测来说，不发生变化的信息占主流[93]。

混合法是综合上述两种方法，利用两种方法的优势互补，进行土地利用变化信息的提取，通过光谱比较提取变化的地区，再对变化地区进行分类比较，提取变化数量和类型信息。

本书根据已有的数据质量、研究尺度和研究目的，采用分类后结果比较法对黄土高原南部地区土地利用/覆盖变化信息进行提取。

3.1　数据收集与整理

本书在研究中所用到的数据主要包括遥感数据和非遥感数据，土地利用现状数据以及在实地考察过程中收集到的图片和样本采点数据。

3.1.1　遥感数据

鉴于研究区的范围及数据的可获取性，选取 1980 年、2000 年和 2010 年三期 TM 遥感影像数据进行解译，每期影像 18 景。在分析整个黄土高原南部地区土地利用变化时选择了 1980 年和 2010 年两期 TM 遥感影像数据，分析研究区 30 年来的土地利用时空差异特征。研究典型区的土地利用变化特征时选用了 2000 年（千河流域根据项目组已有研究数据选择 1996 年）和 2010 年的遥感影像数据。每景影像的空间分辨率为 30m，辐射分辨率为 8bit，包含 7 个波段。其中，1980 年和 2000 年的影像质量比较好，接收时间基本上是 8～9 月。而 2010 年的 TM 遥感影像比较新，所以在影像上进行了小部分的云雾处理（表 3-1）。综合来看，TM 遥感数据解译的精度能够满足 1∶100000 及更大比例尺土地利用图的制图要求，因此能够满足本书的研究需要。除 TM 遥感影像外，本书使用的遥感数据还有从国际科学数据服务平台网站(http://datamirror.csdb.cn/)下载的 30m 分辨率的 DEM 数据，本数据为迄今为止可免费获取的分辨率最高的 DEM 数据。

表 3-1　2010 年部分云量较高的遥感数据参数

轨道号	p126/r35	p126/r36	p127/r35	p127/r36	p128/r36
接收时间	2010.7.12	2010.9.27	2010.6.17	2010.6.17	2010.7.10
云量%	1	2	2	2	10

3.1.2　非遥感数据

本书中的非遥感数据主要包括地理志、各种图件、土地利用调查数据（表 3-2）、水文水资源数据、各行政区域的社会经济统计数据，以及各行政区划图、交通图等专题数据和野外调查数据，其中图件包括河南土地利用图（1∶150 万）、山西省土地利用现状图（1∶200 万）、吕梁市土地利用现状图、天水市地图集；土地利用数据包括长治市土地利用数据（1997～2008 年）、晋城市土地利用现状统计表、河南省土地利用现状（1996～1998 年）、晋中市土地资源数据（2003～2007 年）、临汾市土地利用现状（2008 年）、河南省土地利用现状数据册（2003～2008 年）；统计资料主要包括郑州市土地志、晋城市国土资源志及各研究区各省市的统计年鉴等。非遥感数据中土地利用相关图件、各类型土地利用数据和社会经济统计数据主要来源于各地市的统计年鉴和各省市相关部门，专题数据主要来源于中国科学院科学数据库。这些非遥感数据主要是作为遥感解译及精度评价的参照。

表 3-2　非遥感数据

数据类型	内容	时间段	比例尺	备注
土地利用调查数据	土地利用图	2000 年	1：10 万	中国科学院地球科学数据共享网；河南土地利用图（1：150 万）、山西省土地利用现状图（1：200 万）、吕梁市土地利用现状图、天水市地图集
	变更详查数据	2000 年以后	—	长治市土地利用数据（1997~2008 年）、晋城市土地利用现状统计表、河南省土地利用现状（1996~1998 年）、晋中市土地资源数据（2003~2007 年）、临汾市土地利用现状（2008 年）、河南省土地利用现状数据册（2003~2008 年）
	二调数据	2009 年以后	—	陕西省国土资源厅
水文水资源数据	水资源公报	2002~2009 年	—	主要来自于陕西省水文水资源勘测局；宝鸡市水资源公报（2002~2009 年）、宝鸡市江和水库大典（1980~2000 年）、宝鸡市各区县水文分区数据、渭南市灌溉分区图、渭南市水资源规划、渭南市水资源分布图、咸阳市水文手册、咸阳市地下水埋藏深度图、咸阳市水系图、咸阳市水资源分布图、五个地级市实用水文手册，以及 1990~2009 年居民用水、工业生产用水和农业生产用水等
	江河水库大典	1980~2000 年	—	
	水资源分布图	—		
植被数据	植被类型图	1990 年	1：100 万	中国科学院资源环境数据中心
	NDVI			详见遥感数据部分
土壤数据	土壤类型图	1987 年	1：100 万 1：250 万	《陕西土地资源》等
	土壤志	—	—	陕西省土壤志、郑州市土壤志、河南省土壤志、山西省土壤志、晋中土壤志、天水土壤志，以及中国土壤数据库所提供的氮磷钾含量数据、有机质含量数据、粒径数据、孔隙度数据和容重数据等
气象数据	—	—	—	黄土高原南部地区 38 个气象站点的年降雨量数据、分月降水量数据、各月的温度数据、日照时数据以及日照辐射数据
综合数据	地理志	1980 年		郑州市土地志、晋城市国土资源志、宝鸡市地理志、咸阳地理志、铜川地理志、西安地理志、渭南地理志
各种图件	行政区划图	2004 年	1：25 万	陕西省测绘局等
	地貌分区图	1987 年	1：250 万	《陕西土地资源》
其他数据	各种统计报表以及野外调查数据	—	—	文本及各种统计报表、GPS 采样点其他数据：人口数据、经济数据、水文图件、行政区划图等相关图件

3.1.3　实地考察数据

　　实地考察是著作写作的必要步骤，本书在写作的过程中，先后考察了研究区的大部分区域，获得了比较详尽的第一手资料。另外，考察的主要目的是采集 GPS 坐标数据，为遥感影像的处理及解译提供支持。考察路线图见第 1 章图 1-1。

　　本项目组先后三次对黄土高原南部地区进行了实地考察，并对相应的土地利用类型进行拍照记录，利用 GPS 采样点对 2010 年的遥感影像进行解译精度校正。在对 GPS 采样点进行选择时，主要是选择沿途交通条件比较好，地类区分比较明显的地物，这样有利于保障采样点的精度（表 3-3，表 3-4）。

表 3-3　黄土高原南部地区第一次野外调查采样点数据表（部分）

样点编号	经度/（°）	纬度/（°）	野外调查地物类型
1	108.89	34.27	建设用地
2	108.98	34.44	水域
3	108.00	34.41	耕地
4	109.22	34.66	建设用地
5	109.10	34.61	耕地
6	108.94	35.81	林地
7	108.07	34.23	水域
8	110.84	36.36	林地
9	109.58	34.96	建设用地
10	108.36	34.50	耕地
11	108.24	34.53	建设用地
12	109.49	34.95	耕地
13	107.24	34.45	水域
14	108.86	35.39	耕地
15	109.50	34.50	建设用地
16	110.65	36.37	林地
17	108.22	34.08	水域
18	109.93	36.28	草地
19	107.25	34.88	草地
20	106.66	34.87	水域
21	109.71	35.02	耕地
22	107.99	34.23	水域

表 3-4　黄土高原南部第二、三次考察随机采样点数据表（部分）

样点编号	经度/（°）	纬度/（°）	野外调查地物类型
1	107.281 8	34.379 8	建设用地
2	107.109 0	34.395 5	林地
3	107.496 5	34.362 0	草地
4	107.603 0	34.342 5	耕地
5	107.377 6	34.435 1	建设用地
6	107.387 4	34.487 4	耕地
7	107.394 3	34.520 5	建设用地
8	107.539 9	34.467 1	耕地
9	107.620 3	34.441 9	建设用地
10	107.727 9	34.353 8	草地

续表

样点编号	经度/（°）	纬度/（°）	野外调查地物类型
11	107.874 3	34.362 1	建设用地
12	108.046 7	34.108 6	草地
13	108.056 6	34.548 7	水域
14	108.245 0	34.527 7	建设用地
15	108.375 9	34.351 8	耕地
16	108.429 1	34.480 9	建设用地
17	108.170 1	34.687 6	耕地
18	108.208 3	34.684 1	草地
19	108.671 1	34.409 0	耕地
20	109.322 5	34.841 6	耕地
21	109.572 0	34.960 8	建设用地
22	109.788 9	35.093 1	草地
23	108.972 2	34.922 9	建设用地
24	108.957 7	34.716 9	草地
25	109.933 9	35.171 8	建设用地
26	110.180 4	35.229 6	耕地
27	110.433 1	35.535 5	耕地
28	109.598 2	34.394 9	耕地
29	109.383 5	34.402 7	建设用地
30	109.141 6	34.156 6	耕地

3.2　技术平台选择

在本书的刚开始起步阶段，面临的一个主要问题是，对于黄土高原南部地区这个涉及 5 个省，23 个不完全市，165 个区县的大范围区域，在进行遥感影像解译时，如何提高解译的精度，并且使解译的误差减小到最低，这个问题一直困扰着我们这个研究团队。所以笔者对当今广泛应用的 ERDAS 9.2、ENVI 4.7、PCI 9.0、IDRISI 15.0 四大遥感处理软件进行了一一试验，通过反复实践以及对比分析，最后采用多种技术平台相结合的方案。遥感影像的校正和波段选择与组合选用 ENVI 4.7 平台来处理；影像的拼接和剪裁在 ERDAS 9.2 平台中进行，最后选择 IDRISI 15.0 遥感处理平台对遥感影像进行解译。

IDRISI 这一软件集地理信息系统（GIS）和图像处理（Image Processing）功能于一身，依托克拉克大学（Clark University）研究计划的大力支持，为众多相关应用领域提供强有力的研究与开发工具。尤其在科学研究方面，IDRISI 坚持其"为通往空间分析研究前沿铺平捷径"（providing affordable access to the frontiers of spatial analysis）的传统理念，始终关注学科前沿理论、技术发展动向，不断吸收消化最新成果，并将其转化为扩展的功能模块嵌入到软件系统之中，再加上其一贯奉行非赢利目的的推广政策，使得该软件得到普遍的认可和广泛的使用。IDRISI 的栅格分析功能目前涵盖遥感与 GIS 领域所需技术各个方面并且它具数据库查询、空间建模、图像增强与分类等。

3.3　空间参考系

由于在后面进行统计计算时，涉及面积的量算以及投影的配准问题，所以要对各种类型的空间数据建立统一的基准面和投影坐标系统。本书的基础数据，如河流、道路、河道库区、自然保护区图层也是从全国 1∶25 万基础数据库中提取出来的，由于此数据是 MapInfo 格式的，所以要对此基础数据进行数据格式的转换，具体转换方式为：用 MapInfo 的数据转换模块 Universal Translator 将.tab 转换成.shp 格式，其中，source 中选择要转换的数据格式文件，destination 中选择转换成的文件格式 ESRI shape，同时要注意的一点是，保存路径必须是英文路径，中文路径会报错；而其他的交通图和纸质图有的是墨卡托投影，有的是高斯克吕格投影，因此，必须把投影转换到统一的投影坐标下方可进行后面的计算和分析。本书中所用的地理坐标系为 GCS_WGS_1984，基准面为 D_WGS_1984，投影坐标系为 Albers，详细的投影坐标参数如下：

Projected Coordinate System:	Southern Loess Plateau projections
Projection:	Albers
False_Easting:	500 000.000 000 00
False_Northing:	0.000 000 00
Central_Meridian:	108.000 000 00
Standard_Parallel_1:	33.000 000 00
Standard_Parallel_2:	38.000 000 00
Latitude_Of_Origin:	0.000 000 00
Linear Unit:	Meter
Geographic Coordinate System:	GCS_WGS_1984
Datum:	D_WGS_1984
Prime Meridian	Greenwich
Angular Unit:	Degree

3.4　影像预处理

　　为了消除遥感影像中存在的误差，同时增强识别效果，提高解译精度，在遥感数据分类前，需要进行预处理。处理流程如图 3-1 所示。

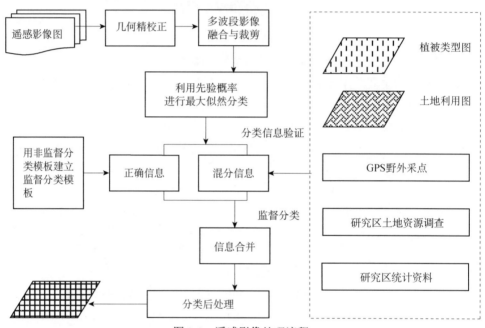

图 3-1　遥感影像处理流程

3.4.1　几何精校正

　　图像的几何校正就是用一种数学模型来近似描述遥感图像的几何畸变过程，并利用标准图像与畸变的遥感图像之间的一些对应点（地面控制点对）求这个几何畸变模型，然后利用此模型进行几何畸变的校正。其目的是改变原影像的几何变形，生成一幅符合某种地图投影或者图形表达要求的新图像[38]。在进行几何畸变的校正过程中多采用地面控制点的方法进行几何精校正，本书在进行几何校正的过程中，选用 1∶25 万比例尺的矢量图，在上面选取 20～30 个控制点，在控制点的选择过程中，主要选取具有明显特征的控制点，如道路和河流的交叉点，以此控制点为基础，对 1990 年、2000 年、2010 年的遥感影像进行精校正。本书在进行精校正的过程中选用的遥感处理软件为 ENVI 4.7，ENVI 4.7 中的几何校正提供了以下几种方法：①利用卫星自带地理定位文件进行几何校正；②Image to

Image 几何校正；③Image to Map 几何校正；④Image to Image 自动图像配准。

　　本书主要选了第二种方法，此方法主要是通过地面控制点对遥感图像几何进行平面化的过程，对于控制点的选择主要是从 1∶25 万矢量图上获取，实现过程主要是通过 ENVI 主菜单|Registration|Select GCPs：Image to Map，可以启动这种矫正方法，在进行重采样时主要使用了最邻近法，该种方法的优点是输出图像仍然保持原来的像元值，简单、处理速度快。这种方法最大可产生半个像元的位置偏差，可能造成输出图像中某些地物的不连贯，但是这种不连贯基本上可以满足本书的需要。

3.4.2　Landsat FLAASH 大气校正

　　大气校正的目的主要是消除大气和光照等因素对地物的影响，包括消除大气中水蒸气、氧气、二氧化碳、甲烷和臭氧对地物的影响，以提高解译的精度。一般来说，从 NASA/USGS/GLCF 以及中国科学院地球科学数据共享网提供的数据格式多以 GeoTIFF 为主，元数据文件以*_MTL.txt 或者*.met 格式提供，在进行大气校正之前，首先要进行 DN 值到绝对辐射量度值的转换过程。所以要对 TM 影像中 WaveLengths 进行设置，TM 影像中各波段的波长见表 3-5。

表 3-5　TM 影像波段范围

波段号	波长范围/μm	中间值/μm	波段对应颜色
1	0.45～0.52	0.485 0	蓝（B）
2	0.52～0.60	0.560 0	绿（G）
3	0.63～0.69	0.660 0	红（R）
4	0.76～0.90	0.830 0	近红外（NIR）
5	1.55～1.75	1.650 0	中红外（MIR）
7	2.08～2.35	2.215 0	中红外（MIR）

　　各波段的修改主要是通过主菜单点击 Edit Attributes 按钮，选取 WaveLengths 弹出窗口，用鼠标选中待改的波段号，输入波段范围的中间值，最后选择单位，MicroMeters，按 OK，再按 OK 键完成。

　　ENVI 中 Landsat FLAASH 大气校正主要包括两个步骤：首先是数据准备阶段，其次是输入 FLAASH 参数阶段。数据准备阶段主要的工作是数据的辐射定标，并且按照 FLAASH 对输入数据要求进行相关的处理，主要包括传感器定标、辐射亮度单位转换、储存顺序调整；而输入 FLAASH 参数阶段主要是设置文件输入输出以及传感器与图像目标信息等相关参数。另外对于数据量不是很大的 TM 影像，可以采用 ENVI 中的快速大气校正模块，此方法也不失为一种很好的选择。

3.4.3　波段选择与组合

TM 影像总共包括 7 个波段，影像的空间分辨率除 TM6 波段是 120m 以外，其他各个波段都为 30m。TM6 波段为红外波段，光谱的分辨率比较低，而且本书的研究也不涉及辐射方面的研究，所以在进行波段选择时，不予考虑，而 TM 影像的其他波段所含的信息量也多不相同，而且各个波段之间存在着一定程度的冗余性。TM 影像在进行波段选择时，遵循以下原则：①波段或波段组合信息含量要大；②所选的三个波段的相关性要弱；③目标地物类型在所选的波段组合内与背景有优良的可分性[94~97]。而关于波段的选择，目前主要有雪氏商值法、最佳指数因子法[98~100]，本书主要采用最佳指数法进行波段的选择。

最佳指数法（Optimum Index Factor，OIF），它是由美国的 Tokola 等[101]提出来的，他在波段选择是主要考虑以下三个方面的因素：①波段信息量的多少；②波段之间的相关性；③地物的光谱响应特性。在进行选择时所遵循的原则是信息含量大；波段间相关性小；地物光谱差异大、可分性好的波段。OIF 的计算公式为

$$OIF = \frac{\sum_{i=1}^{3} S_i}{\sum_{j=1}^{3} |R_{ij}|} \tag{3-1}$$

式中，S_i 为第 i 波段的标准差；R_{ij} 为 i,j 两波段的相关系数。

OIF 与某波段内的标准差成正比，而与波段之间的相关系数成反比，它是一个比较客观的统计量，可以用来选择波段组合，它是在数据统计分析的基础上，选择标准差大相关系数强的数据作为衡量标准。OIF 越大，则相应波段组合的信息含量越大，波段间的相关性越小，则波段组合为最优。

本书在进行波段优化组合时，以 2010 年的遥感影像为例，来说明波段优选的过程。各个波段的统计信息是通过 ArcGIS 9.3 进行统计得出的，而各个波段的相关性系数矩阵是通过遥感处理软件 ENVI 中实现的，将各个波段输入到 ENVI 4.7 的 Compute Statistics 窗口中，可以得出六个波段的相关系数矩阵（表 3-6）。

表 3-6　TM 各波段的特征值（2010 年）

波段	最小值	最大值	平均值	标准差
TM1	8.000 0	142.000 0	20.232 1	34.579 0
TM2	4.000 0	87.000 0	10.250 6	17.884 0
TM3	2.000 0	122.000 0	11.563 4	21.271 9
TM4	1.000 0	139.000 0	19.971 6	34.115 4
TM5	1.000 0	206.000 0	23.797 1	41.628 1
TM7	0.000 0	239.000 0	12.228 8	22.736 7

从各个波段的统计特征值中可以得出：

（1）平均值的大小顺序为：TM5>TM1>TM4>TM7>TM3>TM2；

（2）标准差的大小顺序为：TM5>TM1>TM4>TM7>TM3>TM2。

一般来说，遥感影像各波段灰度统计值的标准差越大，则此波段图像的颜色越丰富，地物的亮度值距离均值的离散程度也越大，图像层次易于分辨，越有利于遥感图像的解译与分类（表3-7）。

表 3-7　TM 各波段相关系数矩阵（2010 年）

相关系数	TM b1	TM b2	TM b3	TM b4	TM b5	TM b7
TM b1	1	0.991 113	0.964 682	0.960 3	0.979 985	0.954 822
TM b2	0.991 113	1	0.980 319	0.940 2	0.982 067	0.971 543
TM b3	0.964 682	0.980 319	1	0.882 8	0.950 593	0.983 308
TM b4	0.960 26	0.940 218	0.882 813	1.000 0	0.928 143	0.899 699
TM b5	0.979 985	0.982 067	0.920 593	0.958 1	1	0.984 133
TM b7	0.954 822	0.971 543	0.983 308	0.899 7	0.984 133	1

从相关系数矩阵可以看出，TM 影像的第二波段的相关系数最大，达到 0.991 13，而且标准差也最小，仅为 17.8840，所以在波段选择时，首先舍弃；第五波段与其他波段的相关系数相对来说比较小，而且波段的标准差最大，达到 41.6281，所以应该保留；第四波段的相关系数最小，为 0.960 26，所以应当优先考虑；而第七波段与其他波段的相关系数最小，但是此波段的标准差不是很大，因此，还要进一步进行讨论。

表 3-8　TM 影像最佳指数 OIF 计算结果（2010 年）

组合方案	$\sum_{i=1}^{3} S_i$	$\sum_{j=1}^{3} |R_{ij}|$	OIF	排序
1、4、5	110.322 5	2.868 4	38.461 5	1
3、4、5	97.015 4	2.761 5	35.130 8	2
4、5、7	98.480 2	2.812 0	35.021 7	3
1、5、7	98.943 8	2.918 9	33.897 2	4
1、3、5	97.479 0	2.895 3	33.668 5	5
2、4、5	93.627 5	2.850 4	32.846 8	6
1、4、7	91.431 1	2.814 8	32.482 5	7
1、2、5	94.091 1	2.953 2	31.861 1	8
1、2、4	86.578 4	2.891 6	29.941 4	9
3、5、7	85.636 7	2.918 0	29.347 4	10
1、3、4	89.966 3	2.807 8	32.042 1	11
2、5、7	82.248 8	2.937 7	27.997 3	12
2、3、5	80.784 0	2.947 8	27.405 2	13

续表

组合方案	$\sum\limits_{i=1}^{3} S_i$	$\sum\limits_{j=1}^{3} \lvert R_{ij} \rvert$	OIF	排序
3、4、7	78.124 0	2.765 8	28.246 2	14
1、3、7	78.587 6	2.902 8	27.072 9	15
2、4、7	74.736 1	2.811 5	26.582 7	16
2、3、4	73.271 3	2.803 4	26.137 1	17
1、2、7	75.199 7	2.917 5	25.775 6	18
1、2、3	73.734 9	2.936 1	25.113 1	19
2、3、7	61.892 6	2.935 2	21.086 5	20

从 OIF 的分析结果（表 3-8）可以看出，排在前两位的是 1、4、5 和 3、4、5 组合，从前面的分析可以看出，波段 4 和波段 5 需要选择，而从 OIF 的分析中可知，1、4、5 组合的 OIF 最大，这个结果与前面的波段组合结果也基本一致，而对于波段 1 和波段 3 如何选择的问题上，本书采取综合对比分析法，TM 影像的波段 3 为可见光波段，它基本上可以代替波段 1 和波段 2 的信息，而波段 5、波段 4、波段 3 三个波段分别赋予红、绿、蓝三种色谱，得到的假彩色便于人们进行观赏，而且符合人类的视觉习惯，本书在研究过程中，为了保证地物选择的准确性，最终选择波段 5、波段 4、波段 3 三个波段进行组合，并分别对其赋予红、绿、蓝三个色调。

3.4.4 影像拼接与裁剪

在影像进行裁剪前，首先要进行影像拼接，影像拼接的目的是将几副影像合成单张影像的过程。本书中遥感影像的拼接主要是在 ERDAS 中实现的，为了获得研究区色彩基本上一致的遥感影像，所以要对原图像进行直方图匹配，它是以标准图像的直方图为标准作变换，使两图像的直方图相同和近似，从而使两幅图像具有类似的色调和反差。本书把颜色、色调比较好的影像作为参考，将其他各景影像匹配到这个影像。本书在进行直方图匹配时，进行了两次匹配，经过两次匹配之后，颜色和色调达到了最佳的状态（图 3-2～图 3-4），具体实现过程体现在以下几个方面。

（1）在 ERDAS 中单 Main|Image Interpreter|Radiometric Enhancement|Histogram Matching，对每一景影像分别进行直方图匹配。

（2）对经过直方图匹配的影像进行二次匹配，主要是在 ERDAS 中的 Mosaic Images 模块下进行的，在进行拼接时，注意选择基准影像。

在进行影像裁剪时本书使用了 ENVI4.7 的裁剪工具进行处理，在进行裁剪前，还需要对遥感影像进行投影转换，由于本书中涉及土地利用类型面积量算与统计，

图 3-2　黄土高原南部地区 1980 年遥感影像

图 3-3　黄土高原南部地区 2000 年遥感影像

图 3-4　黄土高原南部地区 2010 年遥感影像

为了保证面积不发生变形，所以要对遥感影像进行投影转换，把原始的 UTM 投影转换成 Albers 投影。接下来就要对遥感影像进行裁剪，影像裁剪的目的是将研究区之外的区域去除，常用的方法是按照行政区划边界或自然边界进行图像的裁剪，本书是按照黄土台塬区的自然边界进行裁剪的。图像裁剪是用 ENVI 中的 MASK 功能菜单来实现的，掩膜（mask）是由 0 和 1 组成的一个二进制图像文件，当在某一功能中应用掩膜时，1 值区域被处理，被屏蔽的 0 值区域不被包括在内。在进行实现时，首先要创建台塬区的掩膜文件，即把矢量.shp 文件转换成 ENVI 中的 EVF 文件，然后对此掩膜文件建立 mask，最后 Apply Mask。具体实现过程如下：

（1）主菜单|File|Open Vector File，打开黄土台塬区的 Shapefile 矢量文件，导入到 Memory 中；

（2）单击主菜单|Basic Tool|Masking|Build Mask，使用上一步生成的矢量文件；

（3）在 Mask Definition 对话框中，单击 Options|Import EVFs，选择矢量文件，输出路径，完成掩膜文件的建立；

（4）选择主菜单|Basic Tools|Masking|Apply Mask，在 Select Input File 中选择裁剪图像文件，在 Select Mask Band 选择中，选择前面生成的掩膜文件即可。

3.5　遥感图像解译

遥感图像解译是根据图像的几何特征和物理性质，进行综合分析，从而揭示出物体或现象的质量和数量特征，以及它们之间的相互关系，进而研究其发生发展过程和分布规律，也就是说根据图像特征来识别它们所代表的物体或现象的性质。解译的本质从图像处理的角度来说就是图像分类，而遥感图像是通过亮度值或像元值的高低差异及空间变化来表示地物的差异，这也是区分不同图像地物的物理基础。遥感图像在进行解译时，分为计算机解译和人工解译两种，计算机解译分为监督分类和非监督分类，而人工解译主要是根据人的经验对图像进行分类，由于人工解译过程中存在误判、错判，使得解译的精度降低。所以，在现实的分类中，应该采用计算机与人工解译相结合的方法进行遥感影像的分类。

3.5.1　土地分类系统构建及解译标志的建立

土地利用分类体系是对一定时期的土地利用行为将土地利用行为分为若干类别。目前，在国外具有一定影响的是美国地质调查局（USGS）土地分类体系、欧洲环境机构（EEA）指定的 CORINE 土地分类系统、英国的 FLUS 和 NLUS、全球测图（GM）项目土地分类系统、联合国粮农组织（UNEP/FAO）的 LCCS[102]。

国内主要的土地分类系统包括以下几个方面。

（1）1984 年全国农业区划委员会颁布的《土地利用现状调查规程》；

（2）中国科学院 2000 年实行的土地利用分类系统，将土地利用分为 10 个一级类，42 个二级类型和 35 个三级类型，编制了全国 1∶100 万土地利用类型图；

（3）2007 年 8 月 5 日，第二次全国土地调查采用《土地利用现状分类》国家标准，此标准采用一级、二级两个层次的分类体系，共分为 12 个一级类、56 个二级类。其中，一级类包括耕地、园地、林地、草地、商服用地、工况仓储用地、住宅用地、公共管理与公共服务用地、特殊用地、交通运输用地、水域及水利设施用地、其他土地。

在本书中，为了保证解译的精度以及解译的工作量，本书采用中国科学院刘纪远等[103]提出的土地利用分类体系，将 TM 影像分为 6 个一级类，分别为耕地、林地、草地、水体、建设用地和未利用地。而在进行解译时，分类模板的选择对于解译的精度至关重要，模板选择的好坏直接决定着遥感图像解译的精度。在遥感图像上进行分类模板的选择时，要注意每个模板的选取都应该在图像中均匀分布，模板选择完之后，必须对选取的模板进行精度评价，只有进行精度评价之后的分类模板才能对遥感影像进行监督分类。

分类模板是监督分类的基础，一个高精度的分类模板是获得可靠分类结果的保证。在定义分类模板之前，必须建立土地利用类型的解译标志，用以区分不同地类。本书在对遥感影像进行详细分析，并参照中国科学院 1∶10 万土地利用数据及实地考察的基础上，确定不同地类的解译标志。以 2010 年的遥感影像为例，各地类的解译标志见表 3-9。

表 3-9 各土地利用类型解译标志（2010 年）

土地利用类型	综合地理景观标志	土地利用类型各属图像特征（5R4G3B 图像）
耕地	分布于河流两侧，以及平原地带和建筑物周围。因为不同的耕地种植的作物不一样，所以光谱特征也不太一样	
林地	主要分布于山地，呈现深绿色	
草地	夹杂分布于林地中，或者少量分布于平原与山地的交界处	
水域	分布于平原和山谷，呈狭长状或块状，蓝色或黑色	

续表

土地利用类型	综合地理景观标志	土地利用类型各属图像特征（5R4G3B 图像）
建筑用地	主要分布于比较开阔的地带、耕地周围、河流附近	
未利用地	主要分布于河流附近	

确定了各地类的解译标志，就可以定义分类模板。各地类的分类模板最好能够包含该地类所有光谱特征，并且能够在影像中均匀分布。然后必须对分类模板进行精度评价，只有分类模板的精度达到了分类要求，才能用这个模板对遥感影像进行分类。本书分类模板的精度评价采用的是可能性矩阵。一般来说，如果分类的总体误差矩阵值小于 85%，则分类模板的精度太低，需要重新建立。当然，也需要考虑具体地物的分类精度。本书在对模板进行多次纠正后，最终使模板的精度达到了分类要求。

3.5.2 遥感影像分类过程

遥感影像在进行监督分类时，所使用的软件比较多，有 ENVI、PCI、ERDAS、MapGIS K9 等，各个软件都有自己的优缺点，本书在进行综合对比分析之后，最后选用由美国克拉克大学克拉克实验室开发的 IDRISI 15.0 进行遥感图像的监督分类。监督分类的步骤可归纳为以下几个方面。

（1）找出图像中每一地物可识别的训练区；

（2）围绕训练区数字化多边形，给每一地物指定一个唯一标识；

（3）分析训练区中每一类标识中地物产生的光谱特性；

（4）把待分类图像的光谱特性与训练区中的光谱特性进行比较，把像元分给最接近的光谱特性的地物。

IDRISI 图像分类技术提供用于遥感图像计算机辅助解译的（state-of-art）工具。非监督分类聚类技术查找用于分析解译的土地覆盖类型反射模式。对于监督分类器，提供包括最大似然分类，平行六面体分类和最小距离分类器。同时还包括基于线性分析判别式 LDA（Linear Discriminant Analysis）的分类器分类方法和基于 back propogation 的神经网络分类器。IDRISI 包括基于线性混合模型的线性光谱限定非混合软分类器。一般线性光谱非混合软限定的潜在要素为波段数。为避免影响，IDRISI Andes 提供了几个程序，包括贝叶斯最大似然分类的概率计算，为了分离相似成分，线性光谱非混合方法估算各成分的比例。

IDRISI 15.0 遥感影像的监督分类具体实现过程如下：

1）确定训练区

（1）采用 RGB 合成影像对台塬区的影像进行合成，作为选择训练区的底图；

（2）在进行训练区的选择时，如果有 n 个波段，则每一类的类别训练区最少要为 $10n$；

（3）在 IDRISI 中用以下三个工具确定训练区 ⊕ ✗ ↱。

2）建立光谱特性（分析训练区信息）

（1）Image Processing|Signature Development|MAKESIG，此步主要是对产生特征文件进行光谱特性分析，用于生成分类用的 signature 文件；

（2）Image Processing|Signature Development|sigcomp，运行特征比较模块，选择使用特征组文件 trainingistes，此模块主要是对生成的 signature 文件进行检验和调整；另外一种检验文件分离性的方法是对 signature 文件进行 SCATTER 分析，实现过程为：Image Processing|Signature Development|SCATTER。

3）对图像进行分类

本书在对图像进行分类时，采用的是贝叶斯分类法，即 Image Processing | Soft Classifiers| BAYCLASS；此方法是对 MaxLIKE 方法的直接扩展，它遵循贝叶斯定律，所有像元都会归类到训练区所对应类杯中的某一类，即使计算出来的后验概率很小，可以区分出混合像元的组分信息。

4）对图像进行固化

由于在进行贝叶斯分类时，生成的图像是后验概率图，所以要对此概率图进行固化，在 IDRISi 中可以使用固化器来实现这一过程，固化器的输出结果是一定性的土地覆盖图，在该图中每个栅格单元赋予一个单独的类。具体实现过程如下：

（1）Image Processing|Hardeners|MAXBAY，运行 bay 模块，在 Insert layer group 中选择 bay 栅格组文件即可；

（2）分别用 spmaxlike 调色板显示 baymax 组文件，其中，baymax1 为概率最大值对贝叶斯分类模块的结果赋予类别的结果，其他以此类推。

5）图像后期处理

在应用监督分类后，分类的结果中不可避免地会产生面积很小的图斑，即椒盐噪声，在后面进行应用时，必须对这些椒盐噪声进行剔除或重分类，目前，常用的方法是 Majority/Minority 方法、聚类分析（Clump）和过滤处理（Sieve）。

3.5.3　解译后处理及精度评价

遥感图像在进行分类的过程中必然存在误判、漏判的现象，所以在应用图像进行后期分析时，必须对分类后的影像进行精度评价。精度评价常用的指标有用户精度、制图精度、错分误差、漏分误差、总体分类精度、Kappa 系数等[104]。精度评价的常用方法为首先进行抽样实地考察，再与分类结果进行比较，计算分类的准确率。

本书通过计算机随即抽样的方法，在影像上随机采样 300 个点左右，并根据野外采集的 GPS 样点信息，对研究区的影像进行精度评价，1980 年及 2010 年的评价结果见表 3-10 和表 3-11。

表 3-10　分类精度评价表（1980 年）

土地类型	耕地	林地	草地	水体	建设用地	未利用地
制作精度	0.715 7	0.809 3	0.701 7	0.815 5	0.836 4	0.733 9
用户精度	0.712 3	0.808 1	0.717 2	0.779 2	0.643 6	0.712
错分误差	0.287 7	0.191 9	0.282 8	0.220 8	0.356 4	0.288
漏分误差	0.284 3	0.190 7	0.298 3	0.184 5	0.163 6	0.266 1

注：总体分类精度=84.615 5%；Kappa 系数=0.759 5。

表 3-11　分类精度评价表（2010 年）

土地类型	耕地	林地	草地	水体	建设用地	未利用地
制作精度	0.754 3	0.721 2	0.763 1	0.810 4	0.846 1	0.632 4
用户精度	0.742 5	0.720 1	0.742 1	0.796 5	0.853 4	0.627 2
错分误差	0.214 3	0.198 4	0.214 1	0.192 5	0.312 1	0.241 2
漏分误差	0.203 3	0.154 2	0.195 6	0.154 2	0.301 1	0.241 3

注：总体分类精度=81.56%；Kappa 系数=0.786 1。

从分类精度表中（表 3-10，表 3-11）可以看出，解译精度基本上符合研究的需要，可以作为下一步研究的土地利用基础数据，分类后的解译结果如图 3-5 所示。

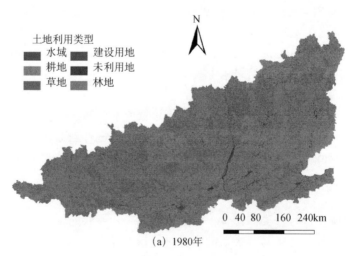

(a) 1980年

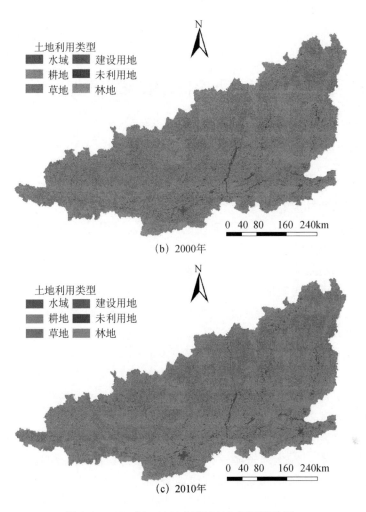

(b) 2000年

(c) 2010年

图 3-5　1980 年、2000 年和 2010 年解译结果

第4章　土地利用时空差异性分析

　　土地利用是土地在人类活动的持续或周期性干预下，进行自然再生产和经济再生产的复杂的社会经济过程，是一个由自然、经济、社会和生态等多种类型的子系统有机复合而成的生态经济系统的持续运动过程[13]，同时是一个把土地的自然生态系统变为人工生态系统的过程[13]。

　　与土地利用联系非常紧密的一个概念是土地覆被。土地覆被是指自然营造物和人工建筑物所覆盖的地表诸要素的综合体，其形态和状态可在多种时空尺度上变化。土地利用变化主要指土地的使用情况或社会、经济属性及权属状况，在空间上呈现边界清晰的类型状态变化，时间上受到人类土地利用方式转变速率的影响。如今土地覆盖变化受到多方面因素的影响，人类活动因素在各类影响因素中最为直接。土地利用变化主要体现在土地利用类型的转变、土地利用类型数量变化、土地利用程度变化、土地质量的转变、土地适宜性的转变、土地利用变化的空间差异等方面。

　　近年来，随着国家西部大开发重大战略决策的实施，黄土高原南部地区社会经济迅速发展，对土地资源的需求量不断增加，导致土地利用结构发生了巨大的改变，特别是黄土高原南部区内地势相对平坦的汾渭谷地，该区自然条件相对优越，开发历史悠久，人口相对密集，人类活动强烈，加之国家对该地区进行的新一轮开发和规划，如2008年颁布实施的"关中-天水经济区"规划，将导致该地区受到更为强烈的人为因素干扰，势必对土地利用变化造成重大的影响。另外，黄土高原南部地区还有比较典型的生态脆弱区，如延河流域和千河流域，尤其是流域内的黄土丘陵沟壑区水土流失严重，土壤侵蚀强烈，自提出"再造山川秀美"以来，该区域成为我国退耕还林还草等生态建设重点地区，因此也是土地资源利用与优化配置研究的热点地区。如何协调生态环境与社会经济发展之间的关系，使得土地利用既能满足经济发展的需要，又能确保生态环境在可以承受的压力阈值以内，这就使得分析黄土高原南部地区土地利用变化成为当务之急。

　　本章通过对该地区土地利用的时空差异性分析，深入了解该区域土地利用数量与结构及其时空动态变化规律和特征，找出目前土地利用过程中存在的问题，为黄土高原南部地区土地资源可持续利用提供依据，使土地利用数量、结构及空间配置趋于优化，促使社会经济和生态环境建设协调发展。

4.1　黄土高原南部地区土地利用时空差异性分析

土地利用时空差异性特征表现在多个方面，衡量指标也很多[51]。主要的参考指标有土地利用类型变化的幅度、土地利用变化动态度、土地利用程度变化、土地利用结构的时间变化、土地利用转移矩阵等。本章以整个黄土高原南部地区1980～2010 年 30 年的 TM 影像遥感解译结果为基础，从研究区土地利用数量与结构的时间变化及不同土地利用结构的空间分异来进行剖析。由于黄土高原南部地区范围较大且近 30 年研究区土地利用变化特征与强度的区域差异比较大，为了更好地分析土地利用变化状况，在研究区选择四处典型区，根据项目组前期的研究基础与数据资料，对不同典型区的土地利用变化特征进行时空差异性分析。为了便于比较不同尺度与区域的研究结构，将不同研究幅度与区域的土地利用类型统一分为六大类，分别为林地、草地、耕地、水域、建设用地、未利用地（表 4-1），分类结果见第 3 章图 3-3，其中各类土地利用类型的面积分布情况见表 4-2。

表 4-1　1980～2010 年黄土高原南部地区及典型区地类代码表

0	1	2	3	4	5
林地	草地	耕地	水域	建设用地	未利用地
常绿阔叶林 常绿针叶林 落叶针叶林 落叶阔叶林 针阔混交林	草甸草地 典型草地 荒漠草地 高寒草甸 高寒草原 灌丛草地	旱地 水浇地 水田	沼泽 近海湿地 内陆水体 河湖滩地 冰雪	城镇建设用地 农村聚落	裸岩 裸地 沙漠

表 4-2　黄土高原南部地区土地利用变化

土地利用 类型	1980 年面积 /km²	1980 年面积 比例/%	2010 年面积 /km²	2010 年面积 比例/%	1980～2010 年 面积变化/km²	1980～2010 年面 积比例变化/%
建设用地	3 555.991 2	1.589 2	4 831.725 4	2.159 4	1 275.734 2	0.570 1
林地	51 011.267 9	22.797 5	51 065.329 0	22.821 7	54.061 1	0.024 2
水域	2 418.712 6	1.080 9	2 433.793 0	1.087 7	15.080 4	0.006 7
耕地	100 004.811 9	44.693 2	98 527.724 6	44.033 1	−1 477.087 3	−0.660 1
草地	66 591.844 6	29.760 6	66 762.439 7	29.836 9	170.595 1	0.076 2
未利用地	175.624 4	0.078 5	137.240 9	0.061 3	−38.383 5	−0.017 2
合计	223 758.252 6	100.000 0	223 758.252 6	100.000 0	0.000 0	0.000 0

4.1.1　土地利用时间差异性分析

区域土地利用的时间差异性包括两个方面，即不同土地利用类型的数量变化与结构变化。对区域土地利用的绝对数量（面积）变化和相对数量（比例）变化等方面进行分析，有助于从总体上把握区域土地利用动态演变的趋势和特点。

1. 土地利用数量变化

基于 ArcGIS 9.3 建立的土地利用数据库分别统计研究时段初期 1980 年和末期 2010 年各土地利用类型的面积和比例，见表 4-2。

从表 4-2 可以看出，黄土高原南部地区土地利用类型比较完全，耕地比重最大，各个时期所占比重均大于 40%；草地、林地次之，各个时期所占比重均分别大于 25% 和 20%；建设用地面积相对较小，1980 年和 2010 年分别为 3 555.991 2km^2 和 4 831.725 4km^2，所占比重均不足 2.5%；水域面积也较小，各个时期所占比例均略高于 1%，而未利用地面积最小，1980 年和 2010 年分别为 175.624 4km^2 和 137.240 9km^2，所占比重均不足 0.1%。

总体上看，黄土高原南部地区 30 年来（1980～2010 年）各土地利用类型的面积都有所变化，其中耕地和未利用地呈现减少趋势，其他各类土地利用类型的面积均呈现增加趋势，其中建设用地增长趋势最为明显。

研究时段耕地面积和未利用地面积都有所减少，其中耕地减少得最多，由 1980 年的 100 004.811 9km^2 减少到 2010 年的 98 527.724 6km^2，共减少 1 477.087 3km^2，所占比例由 1980 年的 44.69% 减少到 2010 年的 44.03%，30 年来平均每年减少 49.24km^2，面积减少的比例占总面积的 0.66%。未利用地从 1980 年的 175.624 4km^2 减少到 2010 年的 137.240 9km^2，累计减少 38.383 5km^2，所占比例由 1980 年的 0.08% 减少到 2010 年的 0.06%，30 年来平均每年减少 1.28km^2，面积减少的比例占到总面积的 0.02%。

研究时段建设用地、草地、林地和水域的面积都是增加的，其中建设用地面积增加最多，由 1980 年的 3 555.991 2km^2 增加到 2010 年的 4 831.725 4km^2，累计增加 1 275.734 2km^2，所占比例由 1980 年的 1.59% 增加到 2010 年的 2.16%，30 年来平均每年增长 42.52km^2，面积增加的比例占到总面积的 0.57%。草地增加的面积仅次于建设用地，面积增加的比例占到总面积的 0.08%，由 1980 年的 66 591.844 6km^2 增加到 2010 年的 66 762.439 7km^2，累计增加 170.595 1km^2，所占比例由 1980 年的 29.76% 增加到 2010 年的 29.84%，30 年来平均每年增长 5.69km^2。而研究区水域面积增加得最少，由 1980 年的 2 418.712 6km^2 增加到 2010 年的 2 433.793 0km^2，累计增加 15.080 4km^2，所占比例由 1980 年的 1.08% 增加到 2010 年的 1.09%，30 年来平均每年增长 0.50km²，面积增加的比例占到总面积的 0.01%。

2. 土地利用结构变化分析

本书采用土地利用结构在某一研究时段内的变化贡献率[43]、变化强度指数[44]
来对研究区土地利用结构的时间差异性进行研究。

（1）变化贡献率是指某类土地利用变化面积占同期土地利用变化总面积的百
分比，公式如下：

$$A_i = \frac{|U_{bi} - U_{ai}|}{\sum |U_{bi} - U_{ai}|} \times 100\% \qquad (4-1)$$

式中，A_i 为研究时段内第 i 种土地利用类型的变化贡献率；U_{ai}、U_{bi} 分别为研究期
初和研究期末第 i 种土地利用类型的面积。

（2）变化强度指数是指某空间单元在研究时段内的土地利用变化面积占其土
地总面积的百分比。为了便于比较某一研究时段土地利用变化的强弱或趋势，可
计算各空间单元的变化强度指数，它实质就是用各空间单元的土地面积来对其变
化速度进行标准化处理，使其具有可比性，其公式为

$$T_i = \frac{|U_{bi} - U_{ai}|}{B} \times 100\% \quad (i = 0, 2, \cdots, 5) \qquad (4-2)$$

式中，T_i 为研究时段内第 i 种土地利用类型的变化强度；U_{ai} 和 U_{bi} 分别为研究期
初和研究期末第 i 种土地利用类型的面积；B 为研究时段内研究区总土地面积。

根据式（4-1）、式（4-2），计算出 30 年来黄土高原南部地区土地利用结构时
间变化分异指数表，见表 4-3。

表 4-3　1980～2010 年黄土高原南部地区土地利用结构时间变化分异指数

土地利用类型	1980 年面积/km²	2010 年面积/km²	1980～2010 年面积变化（绝对值）/km	变化贡献率	变化强度指数
建设用地	3 555.991 2	4 831.725 4	1 275.734 2	42.090 4	0.570 1
林地	51 011.267 9	51 065.329 0	54.061 1	1.783 6	0.024 2
水域	2 418.712 6	2 433.793 0	15.080 4	0.497 5	0.006 7
耕地	100 004.811 9	98 527.724 6	1 477.087 3	48.733 6	0.660 1
草地	66 591.844 6	66 762.439 7	170.595 1	5.628 5	0.076 2
未利用地	175.624 4	137.240 9	38.383 5	1.266 4	0.017 2
合计	223 758.252 6	223 758.252 6	3 030.941 6	100.000 0	—

从表 4-3 和图 4-1 的结果可以看出：1980～2010 年黄土高原南部地区土地利
用类型中面积变化最大的是耕地、建设用地和草地，其中建设用地变化的表现形
式为面积增加且增加得最多，30 年期间共增加了 1 275.734 2km²，对土地利用结构

的变化贡献率达到 42.09%，变化强度指数为 0.570 1。草地、林地和水域的变化均表现为面积增加，研究时段内分别增加了 170.595 1km²、54.061 1km² 和 15.080 4km²，对土地利用结构的变化贡献率分别达到 5.63%、1.78% 和 0.50%，变化强度指数分别为 0.076 2、0.024 2 和 0.006 7。耕地和未利用地变化的表现均为面积减少，减少最多的是耕地，30 年间耕地共减少了 1 477.087 3km²，对土地利用结构的变化贡献率达到了 48.73%，变化强度指数为 0.660 1 利用地共减少了 38.383 5km²，变化贡献率为 1.27%，变化强度指数为 0.017 2。

　　总体来看，研究区土地利用类型变化最大的是耕地，其次是建设用地和草地，变化贡献率分别为 48.73%、42.09% 和 5.63%，其他三类土地利用类型林地、未利用地和水域的变化较小，变化贡献率总共为 3.55%。以上结果反映出在黄土高原南部地区土地利用结构变化中起主导作用的土地利用类型是耕地，建设用地和草地次之。

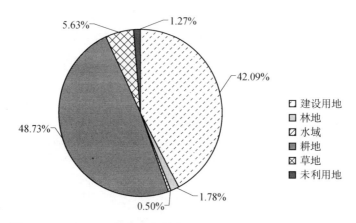

图 4-1　1980～2010 年黄土高原南部地区土地利用类型变化贡献率

4.1.2　土地利用空间差异性分析

　　区域土地利用变化除了在数量和结构方面具有时间差异外，在空间分布上也会发生相应的变化，在一个时段内，如果一种土地利用类型的部分面积转移到其他土地利用类型，则为转移部分，而其他土地类型转为该种土地类型，则为新增部分，其中不变的部分包括研究初期和研究末期没有发生变化的土地利用类型，还包括在研究时段内先转到其他类型，但是最终又转为原来土地利用类型的部分（图 4-2）。对土地利用空间变化进行分析可以更加深入了解区域土地利用动态变化的实际情况，如许多研究对耕地资源"占补平衡"政策存在着争议[54]，根据该政策，耕地资源在数量上得到了保证，但在操作过程中更多地无法保证耕地的质量，实际上，耕地的总量动态平衡涵盖了数量平衡和质量平衡的要求，其中包括空间和动态的概念[55]，从空间上分析耕地的动态变化，也是监测耕地质量变化的重要手段。在对区域土地利用变化的定量分析和研究中，一些专家和学者提出了动态度、相对变化率、邻接度、转移矩阵、重心模型等指数和模型，本书据指数模型的适用性以及研究区土地利用变化的实际情况，采用马尔科夫转移矩阵指数模型对黄土高原南部地区的土地利用空间差异性进行分析和研究。

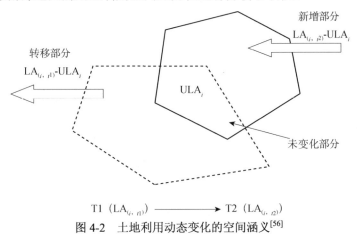

图 4-2 土地利用动态变化的空间涵义[56]

1. 土地利用转移矩阵

GIS 为土地利用空间变化研究提供了技术支持，运用 GIS 的空间分析功能对研究时段的任意两个时相的解译数据进行叠加分析和空间统计分析，能直观地成图表达并定量解释土地利用空间变化的过程，在对土地利用空间变化研究中，其定量测算模型通常采用马尔科夫土地利用转移矩阵，模型的表达式为

$$S_{ij} = \begin{bmatrix} S_{11} & S_{12} & \cdots & S_{1n} \\ S_{21} & S_{22} & \cdots & S_{2n} \\ \vdots & \vdots & & \vdots \\ S_{n1} & S_{n2} & \cdots & S_{nn} \end{bmatrix} \tag{4-3}$$

式中，S_{ij} 为 k 时期第 i 种土地利用类型转化为 $(k+1)$ 时期第 j 种土地利用类型的面积；为研究区域土地利用类型总数。转移矩阵的意义在于不仅可以反映研究初期、末期的土地利用类型结构，还可以反映研究时段内各土地利用类型的转移变化情况[57]。

马尔科夫转移矩阵是一种研究对象状态变化过程的方法，并且其状态的转移过程具有无后效性的特征。根据式（4-3），以 ArcGIS 软件作为技术平台，将 1980 年和 2010 年的两期土地利用数据进行空间叠加，建立土地利用类型面积变化的原始空间转移矩阵，同时计算出各种土地利用类型所对应的比例，公式如下：

$$B_{ij} = \frac{A_{ij}}{\sum_{j=1}^{6} A_{ij} \times 100\%} \tag{4-4}$$

$$C_{ij} = \frac{A_{ij}}{\sum\limits_{j=1}^{6} A_{ij} \times 100\%} \qquad (4\text{-}5)$$

式中，A_{ij} 为研究区域的原始转移矩阵各个行列的值；B_{ij} 为监测初期的第 i 种转化到监测末期的 j 类土地利用类型的比例；C_{ij} 为监测末期的第 j 类土地利用类型中从第 i 类土地利用类型流转过来的比例。

2. 空间差异性分析

区域土地利用除了在数量和结构方面具有时间差异外，在空间分布上也会发生相应的变化。本书基于 ArcGIS 软件对不同时相的土地利用分类图进行叠加运算（intersect），然后对属性表进行查询统计，可以计算出研究时段内的土地利用类型转移矩阵（表 3-7），生成黄土高原南部地区 1980～2010 年各地类的转移空间分布图（图 3-7），并以此作为研究切入点，对研究区的土地利用空间差异性进行分析，同时结合土地利用空间变化的涨势图和减势图（图 2-1，图 2-2）两种空间表达方式对黄土高原南部地区的土地利用变化的分布、流转方向以及相关细节进行描述。

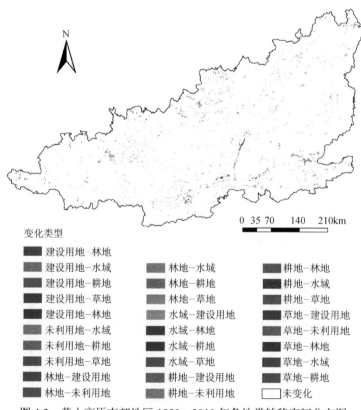

图 4-3　黄土高原南部地区 1980～2010 年各地类转移空间分布图

如图 4-3 所示，1980～2010 年 30 年间，黄土高原南部地区各土地利用类型的面积发生了较为明显的变化，图例中 "-" 前面代表 1980 年土地利用类型，"-" 后面代表 2010 年土地利用类型，如 "耕地-建设用地" 代表土地利用类型由耕地转变为建设用地。各地类相互间转移数量及比例特征详见研究区 1980～2010 年的土地利用变化转移矩阵（表 4-4）。

表 4-4　1980～2010 年黄土高原南部地区土地利用转移矩阵

1980～2010 年	建设用地	林地	水域	耕地	草地	未利用地	1980 年合计
建设用地 A/km²	3 551.710 0	0.010 8	0.564 2	2.872 7	0.833 5	0.000 0	3 555.991 2
转移率 B/%	99.879 6	0.000 3	0.015 9	0.080 8	0.023 4	0.000 0	100.000 0
贡献率 C/%	73.508 1	0.000 0	0.023 2	0.002 9	0.001 2	0.000 0	—
林地 A/km²	32.340 6	50 406.200 0	19.710 3	50.723 5	501.305 0	0.988 5	51 011.267 9
转移率 B/%	0.063 4	98.813 9	0.038 6	0.099 4	0.982 7	0.001 9	100.000 0
贡献率 C/%	0.669 3	98.709 2	0.809 9	0.051 5	0.750 9	0.720 3	—
水域 A/km²	10.551 8	1.333 9	2 068.060 0	307.347 0	31.419 9	0.000 0	2 418.712 6
转移率 B/%	0.436 3	0.055 1	85.502 5	12.707 0	1.299 0	0.000 0	100.000 0
贡献率 C/%	0.218 4	0.002 6	84.972 7	0.311 9	0.047 1	0.000 0	—
耕地 A/km²	1 157.070 0	303.093 0	262.494 0	97 427.050 0	852.928 0	2.176 9	100 004.811 9
转移率 B/%	1.157 0	0.303 1	0.262 5	97.422 4	0.852 9	0.002 2	100.000 0
贡献率 C/%	23.947 3	0.593 5	10.785 4	98.882 9	1.277 6	1.586 2	—
草地 A/km²	80.053 0	317.926 0	82.626 1	737.292 0	65 372.760 0	1.187 5	66 591.844 6
转移率 B/%	0.120 2	0.477 4	0.124 1	1.107 2	98.169 3	0.001 8	100.000 0
贡献率 C/%	1.656 8	0.622 6	3.395 0	0.748 3	97.918 5	0.865 3	—
未利用地 A/km²	0.000 0	36.765 3	0.338 4	2.439 4	3.193 3	132.888 0	175.624 4
转移率 B/%	0.000 0	20.934 1	0.192 7	1.389 0	1.818 3	75.666 0	100.000 0
贡献率 C/%	0.000 0	0.072 0	0.013 9	0.002 5	0.004 8	96.828 3	—
2010 年合计	4 831.725 4	51 065.329 0	2 433.793 0	98 527.724 6	66 762.439 7	137.240 9	223 758.252 5

注：表中行表示 k 时期第 i 种土地利用类型，列表示 $k+1$ 时期第 j 种土地利用类型；A 是原始土地利用变化转移矩阵，A_{ij} 表示由 k 时期第 i 种土地利用类型转变为 $k+1$ 时期第 j 种土地利用类型的面积。转移率 B_{ij} 表示 k 时期第 i 种土地利用类型转变为 $k+1$ 时期第 j 种土地利用类型的比例；贡献率 C_{ij} 表示 $k+1$ 时期第 j 种土地利用类型中由 k 时期第 i 种土地利用类型转化而来的比例。行、列合计分别表示 k 时期和 $k+1$ 时期各种土地利用类型的面积。

由表 4-4 和图 4-3 可以得知 30 年间黄土高原南部地区土地利用发生了较为明显的变化，其中变化最为剧烈的是耕地，从数量变化上看有 2 577.72km² 耕地转移为其他类别，其中转移为建设用地的面积最多，达到 1 157.07km²，占到 1980 年耕地总面积的 1.16%；其次是转移为草地，转移面积 852.93km²，占 1980 年耕地总面积的 0.85%；再次是转移为林地，转移面积为 303.09km²，占到 1980 年耕地总面积的 0.30%；耕地转为水域的面积为 262.49km²，占 1980 年耕地总面积的 0.26%；耕地转为未利用地的面积最小，仅为 2.18km²，占 1980 年耕地总面积的 0.002%，研究时段有 97 427.05km² 的耕地未发生变化，占到 1980 年耕地面积的

97.422 4%。从空间分布上看耕地变化较为剧烈的区域主要分布在陕西关中平原、山西汾河谷地和豫西北地区，其中最为明显的位于西安市的未央区、灞桥区、雁塔区、长安区、咸阳市的渭城区和秦都区、宝鸡市的渭滨区和金台区、渭南市的临渭区、澄城县、合阳县、韩城市、铜川市的耀州区等地。

除耕地有较为明显变化外，建设用地 30 年间也有较明显的增加态势，面积累计增加了 1 275.73km²。由 2010 年建设用地的数量结构可知，耕地转移为建设用地最多，面积为 1 157.07km²，占到 2010 年建设用地总面积的 23.95%；其次是草地，面积为 80.05km²，占到 2010 年建设用地总面积的 1.66%；再次是林地，面积为 32.34km²，占到 2010 年建设用地总面积的 0.67%；贡献最小的是水域，面积为 10.55km²，仅占 2010 年建设用地总面积的 0.22%。研究区建设用地面积增加区域小于耕地面积减少区域，说明此时段有相当部分耕地转移为林地和草地，可见研究区退耕还林还草（特别是还草）成效较明显。从空间分布上看转为建设用地较剧烈的区域除了前述的陕西关中平原都市经济区外，还主要集中分布在甘肃省和陕西省交界地带，主要有镇原县、宁县、泾川县、西峰区、长武县、彬县等；河南省境内建设用地变化较为剧烈的区域主要分布在洛阳市、孟津县、巩县及偃师县等区域；山西省境内建设用地变化较为剧烈的区域主要分布在晋城市、长治县、长治市等区县。

本书结合式（4-4）和式（4-5），以 ArcGIS 作为图形处理平台得到 1980～2010 年黄土高原南部地区土地利用类型面积涨势图（图 4-4）和黄土高原南部地区土地利用类型面积减势图（图 4-5）。

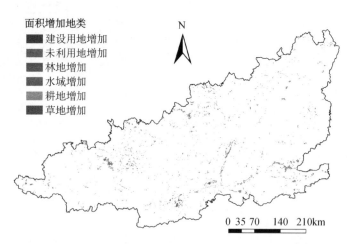

图 4-4　1980～2010 年黄土高原南部土地利用类型面积涨势图

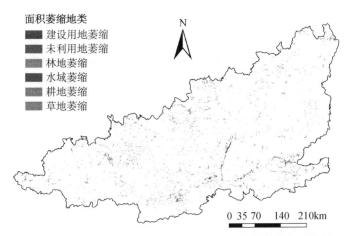

图 4-5　1980～2005 年黄土高原南部土地利用类型面积减势图

　　根据图 4-4 和图 4-5 可知，黄土高原南部地区的各种土地利用类型的空间变化特征如下：

　　（1）研究时段期初黄土高原南部地区的林地总面积为 51 011.267 9km²，占期初总面积的 22.80%，而到 2010 年增加到 51 065.329 0km²，占期末总面积的 22.82%，研究时段内 98.81%的林地没有发生变更，主要分布于陕西省秦岭北麓，陕西中北部与甘肃交界地区以及山西太行山及吕梁山地区，比较典型的区县有西安市的周至县、户县、蓝田县，宝鸡市的渭滨区、陈仓区，甘肃天水市的麦积区和秦州区，陕西省延安市南部及其与甘肃省西峰市交界地区，山西省晋东南地区的晋城市、阳城县及沁水县等地区。到 2010 年为止，有 1.19%的林地分别被转变成为草地、耕地、建设用地、水域以及未利用地，其中转变为草地的面积最大，约为 501.305 0km²，转移率为 0.98%。结合图 4-5 可知，甘肃省平凉市的崇信县、崆峒区及千河流域上游的华亭县是林地减少的典型区域，此外河南省三门峡市的灵宝县也有相当部分的林地减少区域。在林地转换成为其他土地类型的同时，有 303.093 0km²的耕地、317.926 0km²的草地和 36.765 3km²的未利用地转变成为林地，贡献率分别为 0.59%、0.62%和 0.07%，林地面积增加的区域主要分布在延安市和庆阳市的西北部地区。

　　（2）黄土高原南部地区的草地面积仅次于耕地面积，主要分布于山西省的中部、陕西省的北部以及甘肃省的东南部。1980 年草地的总面积为 66 591.844 6km²，约占期初总面积的 29.76%，2010 年草地的总面积为 66 762.439 7km²，约占期末总面积的 29.84%。研究时段内大部分草地没有发生变化，部分草地转变成为耕地、林地、水域及建设用地，其中转变成为耕地的面积最大，约为 737.292 0km²，转移率达到 1.11%，其次为转变成林地，转出面积达到了 317.926 0km²，转移率为 0.48%，

转成水域和建设用地的面积较小，合计约为 162.679 1km²。草地减少的典型区主
要分布在整个区的北部，如延安市、庆阳市、固原市以及平凉市等。与此同时，
在研究时段内耕地、林地、水域等土地利用类型转变成为草地，转入总量约为
1 219.084 6km²，草地增加的典型区主要分布在陕西省延安市的中部，甘肃省定西
市、平凉市、庆阳市及天水市等区域。

　　（3）作为保障人类生存的基本生产和生活资源，耕地总面积占黄土高原南部
地区的比例最大，从历史上看研究区是我国农业文明的重要发祥地，人类较早在
此区域进行农业垦殖活动。研究期初总面积为 100 004.811 9km²，占期初总面积的
44.69%，但由于城市建设及国家退耕还林还草政策等原因耕地面积有所缩减，到
2010 年从期初的 100 000km² 以上减少到 98 527.724 6km²，平均以每年 49.24km² 的
速度递减。减少的耕地主要流向建设用地、草地及林地，从 1980～2010 年耕地流
向建设用地的面积达到了 1 157.07km²，占期初耕地面积的 1.16%，占流出面积的
44.89%。耕地减少的区域主要分布于关中城市群，晋东南地区及豫西北的城市建
设区附近，如西安市、咸阳市、渭南市、晋城市、长治市及河南省的洛阳市附近。
研究时段内在耕地转出的同时，部分地区的草地、水域等类型的土地转变成耕地，
其中草地的贡献率较大，约为 0.75%，面积 737.292 0km²，水域的贡献率约为
0.31%，面积为 307.347 0km²，耕地增加的区域主要分布在延安市的西部以及庆
阳市的西南部等地区，另有零星分布于晋东南地区的长治市、长治县、晋城市及
壶关县的小部分地区。

　　（4）黄土高原南部地区水域面积总量变化不大，从期初的 2 418.712 6km² 到 2010
年缓慢地增加到 2 433.793 0km²，累计增加 15.080 4km²，所占比例由 1980 年的 1.08%
增加到 2010 年的 1.09%，30 年来平均每年增长 0.50km²。水体面积减少的显著区
域分布于渭河平原，水体面积增加的显著区域主要分布于运城市与济源市段的黄
河流域。

　　（5）黄土高原南部地区建设用地面积在研究时段内显著增加，其主要原因是
在研究区 30 年经济发展的同时，特别是近年来西部大开发的政策引导，城市迅速
扩张和工业化建设促使黄土高原南部地区土地利用方式发生显著变化，重要表现
即为研究区建设用地面积的显著增加。1980～2010 年，建设用地面积由期初的
3 555.991 2km² 增加到期末的 4 831.725 4km²，累计增加 1 275.734 2km²，所占比
例由 1980 年的 1.59% 增加到 2010 年的 2.16%，30 年来平均每年增长 42.52km²，
面积增加的比例占总面积的 0.57%。建设用地在 30 年间减少量只占期初总量的
0.12%，而其转入的主要来源有耕地、草地和林地，其中耕地的贡献率最大，达
到 23.95%，约为 1 157.07km²。建设用地增加的显著区域为关中城市群、中原城
市群、晋东南经济区以及太原等地区。

4.2　典型区的选取及特征

黄土高原南部地区范围较大，内部不同区域自然环境要素与社会经济条件存在较大的时空差异，且 30 年来研究区土地利用方式、土地利用变化特征与强度在空间上的差异性比较明显。因此，为了分析黄土高原南部地区不同自然背景和人文要素组合情况下，土地利用结构及其变化在研究时段内不同区域所表现出的差异性，并且为了更好地从不同尺度上对研究区的土地利用变化进行理解，本书选取两大类共四处典型区，探讨其土地利用变化的时空差异性，并以此为研究样区，在分析不同典型区土地利用变化影响因素及其土地承载力的基础上，按照流域单元与都市经济区两类样区对其土地利用变化进行动态模拟与优化配置研究。

研究区基于流域单元与都市经济区分为两类，基于流域单元的典型区选择黄土高原南部范围内的延河流域与千河流域，基于都市经济区的典型区选择晋东南经济区和大西安规划区（图 4-6）。典型区基本上均匀分布在黄土高原南部地区，既有不同的自然环境背景，其社会经济发展水平及速度也存在一定的差异。晋东南经济区和大西安规划区位于黄土高原南部区内地势相对平坦的河流谷地，该区自然条件相对优越，开发历史悠久，人口相对密集，人类活动强烈，加之国家对该地区进行的新一轮开发和规划，如 2008 年颁布实施的"关中天水经济区"规划，将导致该地区受到更为强烈的人为因素影响，势必对土地利用变化造成重大的影响。而延河流域与千河流域是黄土高原南部地区比较典型的生态脆弱区，尤其是黄土丘陵沟壑区水土流失严重，土壤侵蚀强烈，自提出"再造山川秀美"以来，该区域成为我国退耕还林还草等生态建设重点地区，因此是土地资源利用与优化配置研究的热点区域。本书在对整个黄土高原南部地区土地利用变化的时空差异性进行分析的基础上，选取此两类具有较好代表性的典型区域作为进一步研究对象，探讨小尺度下土地利用时空演变规律，并作为后续章节土地评价与优化配置的研究基础。

4.2.1　基于流域单元的典型区选取

1. 流域提取

本书研究中流域单元的提取是以 30m 分辨率的 DEM 数据为基础，借助 ArcGIS 9.3 软件的水文分析工具，通过填洼削峰、水流方向的确定、汇流累积量计算、水流网络的提取和流域分割等一系列过程来实现的[72~74]。最后得到千河流域与延河流域的流域范围和水系分布如图 4-7 和图 4-8 所示。

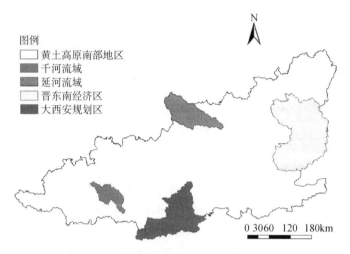

图 4-6　研究区整体范围及各典型区分布图

图 4-7　延河流域水系分布图

1）填洼削峰

受错误及真实地形凹凸起伏的影响，使理论上本应该是光滑的 DEM 存在一些凹陷或凸起区域，这就是通常所说的洼地或尖峰。这些凹凸区域的存在使得我们在进行水流流向计算时得到错误的或者不合理的水流方向。因此在进行水流方向确定之前先要对洼地进行填充，对尖峰进行消除。这一步骤主要通过 ArcGIS 9.3 的 Fill 工具来完成。

2）确定水流方向

地表径流总是由地势高的地方流向地势低的地方。对栅格数据来说，水流方

图例
高: 2 692
低: 543

0 4.5 9   18km

图 4-8　千河流域水系分布图

向是指水流从每个栅格单元流出时的指向。确定水流方向的方法很多，主要有单流向法和多流向法，一般采用的都是单流向法。单流向法中使用最普遍的方法是 D8 法，也就是通过计算中心格网与相邻 8 个格网间的最大距离权落差来确定水流方向。这一步主要通过 ArcGIS 9.3 的 Flow Direction 工具来完成。

　　3）汇流累积量计算

　　汇流累积量是在水流方向计算的基础上，计算上游水流沿水流方向汇集到该栅格的水流累积量，汇流累积量越大，代表该处越容易形成地表径流。形成径流的地方就是水流路径，若汇流累积量小于一定临界值，代表该地可能是流域的分水岭。此步骤通过 ArcGIS 9.3 的 Flow Accumulation 工具实现。

　　4）河网提取

　　河网提取是在汇流累积量计算的基础上实现的，目前河网提取常采用的方法是地表径流漫流模型。当汇流累积量超过一定阈值时就代表该处是潜在的水流路径，这些水流路径就组成了水流网络，也就是河网。河网提取可以通过 ArcGIS 9.3 的 Spatial Analysis 分析模块下的 Raster Calculator 来完成，也可以通过 Map Algebra 工具集中的 Multi Map output 工具中的相关命令来实现。

　　提取河网之后，还需要生成 Stream link 流域出口点数据，记录河网的节点信息。之后还要进行流域分级等操作，在这里不一一赘述。

　　5）流域的分割

　　流域就是一条河流的集水区域。生成一个简单的集水区，可以利用 ArcGIS 9.3

水文分析工具中的 watershed 工具,利用之前生成的水流方向数据和流域出口点数据,计算每个河流弧段的集水区域。

　　通过流域提取,最后确定千河流域总面积 3574.58km²,干流总长度 152.6km。从流域形态来看,千河中上游略呈扇形,中下游东西窄、南北长,约呈矩形,河流总体呈现羽状分布。

　　2. 典型区特征

　　1)特殊的地理位置

　　延河发源于靖边县天赐湾乡周山,由西北向东南流经志丹县、安塞县、宝塔区和延长县,最终汇入黄河,全长 286.9km,流域面积 7680km²,属于黄河一级支流(图 4-6,图 4-9)。延河流域(36°27′N~37°58′N,108°41′E~110°29′E)是黄河中游水土流失最严重的区域之一,其北部、西南部、南部分别与清涧河流域、北洛河流域和云岩河流域相接。海拔最高为 1731m,宝塔区平均海拔为958m。

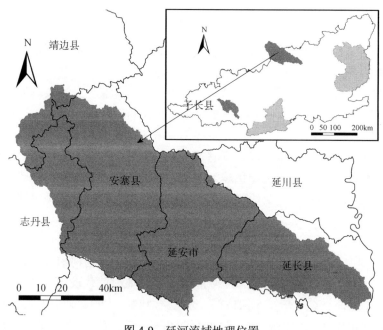

图 4-9　延河流域地理位置

　　千河位于黄土高原西南部(图 4-6,图 4-10),为渭河左岸的一大支流,黄河的二级支流,处于 106°28′E~107°18′E,34°20′N~35°11′N 之间,发源地是甘肃省张家川回族自治县,后流经甘肃省庆阳市华亭县,以及陕西省宝鸡市的陇县、千阳县、陈仓区、凤翔县,在宝鸡市金台区汇入渭河,流域总面积 3 574.58km²,干流总长度 152.6km，陕西省大型水库冯家山水库就位于千河的下游。

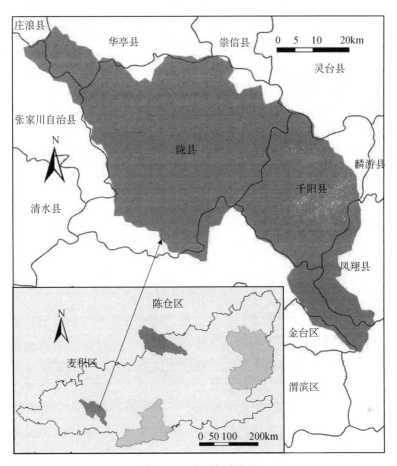

图 4-10　千河流域地理

从植被区划来看，千河流域属于暖温带落叶阔叶林向温带草原区过渡的地带；而延河流域地带性植被为森林草原，然而，随着人类活动影响的加剧，现存的天然林残存不多，少量的灌木林也呈块状分布，从而形成以干旱草本植物为优势种的现状。

从土壤区划来看，千河流域处于东部森林土壤区向西北草原、荒漠土壤区的过渡带；延河流域土壤可以分为 7 个土类，24 个土层，71 个土种。主要土类为黄土性土，占总面积的 88.4%，包括黄绵土、绵沙土、质绵土三个亚类，广泛分布于梁峁顶部、山坡、沟谷和湾塌地，是主要的耕作土壤。地带性土壤为黑垆土，占总面积的 0.27%，由于强烈的水土侵蚀作用，仅零星分布于梁峁顶部、分水岭及较大的沟谷台地。

从地貌地形来看，千河流域是陇中高原、陇东六盘山中低山区、陕北高原和关中盆地的交错地带。流域内总体地势西北高、东南低，西北部海拔最高处超过2 500m，东南最低处海拔为514m。上游地区位于陇中高原和六盘山山地边缘，因此在地貌形态上属于高原山地区，从植被生长状况来看，森林茂密，植被生长状况良好。中游地区为黄土高原沟垒区，植被覆盖率较低，水土流失较为严重，成为千河泥沙的主要来源区。而下游地区是渭河冲击平原台地区，地势平坦，水土流失问题较小。延河流域以安塞县的化子坪和宝塔区的甘谷驿为界，可以将流域划分成上游、中游、下游河区。上游为墚峁丘陵沟壑区，地形陡峭，河谷狭窄，植被稀少，侵蚀剧烈；中游为峁状丘陵沟壑区，河谷明显展宽，阶地发育；下游多为破碎塬区，冲沟发育。

对于千河与延河这两个流域单元来说，特殊的地理位置造就了区域内复杂的自然地理环境，从而使得其内部的土地利用在空间上呈现较为复杂的特点，因此选择这两个流域作为典型区研究具有重要的代表意义。

2）完整的自然地理单元

以往的土地利用研究多侧重于行政边界范围内的土地利用研究，而本书打破行政边界，以完整自然地理界线范围作为研究对象。虽然行政界限具有清晰、易于管理的特点，但是它往往把许多自然地理要素人为分割开来，影响了研究结果的准确性。本书以自然地域单元为研究对象，既保留了自然地理要素的完整性，同时在具体分析研究中又能兼顾人为因素的影响，如在驱动因子的提取时，距城市远近对土地利用方式的影响，并不是一定要计算流域内行政中心距各土地利用类型的距离，因为流域外一个距离较近的行政中心对流域边界处的土地利用方式的影响要比流域内距离较远的行政中心影响更大。所以本书选择千河流域与延河流域这两个自然地域单元作为研究对象在某种程度上更具科学性。

4.2.2　基于都市经济区的典型区选取

1. 范围选取

1）晋东南经济区

晋东南经济区包括长治、晋城两个二级经济区，以长治为中心，以太焦线为重点布局轴带，形成长治都市区和晋城城镇组群两个相对集中的城镇分布区（图4-11）。该经济区着力完善区域中心城市功能，优化区域经济结构，重点加强太行山区的生态环境建设、中部区域的环境治理和耕地资源保护，促进区域与城镇的可持续发展。

图 4-11　晋东南经济区地理位置

　　选取该地区的原因有两个方面：第一，从地形上看，晋东南地区呈现出整体性的特点，四周高山，中间盆地，间隙处为河谷，北部有蛛网式的浊漳河东出太行，南部有沁河及其支流丹河南下中原，太行、太岳、中条三山鼎立，把长治、晋城两地夹在其中，从而晋东南形成一个独立的地理单元。第二，晋东南地区从行政上一分为二，但它从经济、社会与文化联系上是不可分的。从历史沿革来看，都由春秋末年的上党郡开宗，虽然分分合合，但其内在联系从未打破。晋东南地区的称谓虽然已经淡化，晋城、长治两个名字脱颖而出，但它们无法从文化地理上替代"晋东南"这个概念。长治、晋城两地经济及社会文化来往仍无法分割，有着其他地方无法比拟的特殊关系。

　　因此，从自然条件与资源、经济发展与联系、历史基础与习惯等方面，晋东南经济区都适合作为一个独特的整体地域单元进行分析研究。

　　2）大西安规划区

　　在 2010 年 6 月 12 日召开的"大西安总体规划空间发展战略研究国际论坛"上，《大西安总体规划空间发展战略研究》首次亮相。规划正式提出，在关中-天水经济区规划实施的大背景下，西安面临千载难逢的好机遇，也迎接着前所未有的大挑战——10 年时间里，西安要建设成为面积 800km²、人口 1000 万以上的国际化大都市，形成整个国家经济战略化的平衡点、区域协调化的带动点、华夏历史文化的传承点。

大西安的规划范围包括西安市整个行政辖区，渭南市富平县，咸阳市秦都、渭城、泾阳、三原"两区两县"，面积 12 010km²（图 4-12）。

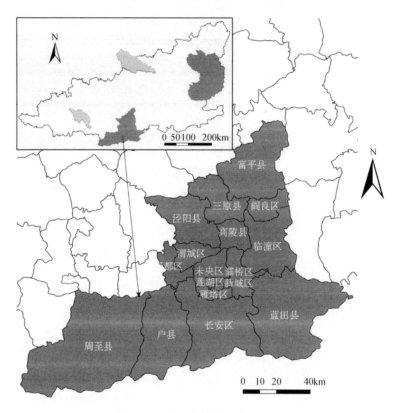

图 4-12　大西安规划区地理位置

我国国家区域总体战略当中，西部大开发无疑居于首要地位、基础地位和特殊地位。规划讨论稿认为，中西部地区是我国经济区域发展战略的平衡点，西安则是西部地区经济发展的中心之一。

西安建设国际化大都市，对于西部的引领辐射作用具有重要意义。自 2008年 5 月，国务院正式批复西安市新一轮城市总体规划，时隔一年，2010 年 6 月，国务院批准实施《关中-天水经济区发展规划》，再到 2010 年《大西安总体规划空间发展战略研究》中首次提出大西安规划区，可见西安的发展已经从地方布局上升到国家布局，提升了西安在国家战略中的地位，还开辟了西安发展的广阔空间。

在这一战略背景下，大西安规划区如何协调区域内土地利用、人口增长及经济发展之间的相互关系，合理设计大西安规划区的空间布局，以便能完成在国家战略层面上提出的 2020 年将大西安建设成为 800km²、1 000 万人口以上的国际化大都市的规划目标，这对于区域土地、人口、经济、生态复合系统研究，土地资源利用与优化配置研究提供了一个前所未有的机遇与挑战。本书典型区的选取就是在这样的发展背景下完成的。

以往关于"大西安"的概念及规划界线的研究有很多，但其范围大多是"西安-咸阳"两市的复合体内，以往对大西安的土地资源利用研究要么是针对西安市辖区，要么是研究"西咸一体化"范围，本书明确针对官方首次提出的大西安规划区范围，对其土地资源利用状况、土地利用变化及优化配置进行探讨与系统分析，更切合国家的战略背景与发展愿景，同时也可以为国家政策制定与发展规划提供理论依据。

近年来，随着国家西部大开发重大战略决策的实施，黄土高原南部地区社会经济迅速发展，对土地资源的需求量不断增加，导致土地利用结构发生了巨大的改变，而大西安规划区是黄土高原南部区内最典型的经济发展迅速、自然条件优越、开发历史悠久、人口相对密集、人类活动强烈的区域，加之前述发展战略与规划的提出，大西安规划区范围更加明确，发展必将更加迅速，这将导致该地区受到更为强烈的人为因素影响，势必对土地利用变化造成重大的影响。因此本书将大西安规划区作为黄土高原南部典型区，对其土地利用变化与配置进行研究将具有更大的研究意义。

2. 典型区特征

1）晋东南经济区

（1）自然环境特征。

晋东南经济区位于山西省东南部太行山区中段，位于 111°58′E～113°44′E，35°49′N～37°08′N 之间，地形结构为盆状形，四周由太行山、太岳山环绕。海拔最高 2 453m，最低 380m，从而构成全市复杂的自然地理条件。东部为太行山区，多是石灰岩地质构造，山大沟深，土层瘠薄，植被稀少；西部与太岳山区交接，山谷开阔，坡地平缓，土石交替，土层较厚；中部为上党盆地及部分沟川地和台地、垣地，地势平坦，土层深厚，地表侵蚀微弱。暖温带半湿润大陆性季风气候，气候温和始终雨热同季，年平均气温 8.6～11℃，极端最低气温−29.3℃，极端最高气温 37.6℃，年日照时数 2 418～2 616h，无霜期 151～184d，年降水量 550～650mm，全区降水的分布规律大体是南部大于北部，山地多于盆地，小区域气候特点明显。主要土壤类型有 8 个土类、11 个亚类、31 个土属、100 个土种。褐土为地带性土壤，面积最大，约占总面积的 70% 左右。耕地土壤以褐土、潮土为主。

土壤类型的垂直分布由高到低依次为褐土、山地褐土、山地淋溶褐土、棕色森林土和山地草甸土。全区河流分属黄、海两大水系。主要河流有浊漳河、沁河和丹河。浊漳河和沁河两大河流发源于此，属相对富水区，三大河流贯穿境内，为本区工农业生产布局提供了良好条件。

（2）社会经济特征。

山西省的晋东南经济区，包括原省直辖长治市和晋东南地区行署。原长治市管辖城区、郊区和长治县、潞城县。原晋东南地区行署管辖晋城市、沁水县、阳城县、高平县、陵川县、屯留县、长子县、壶关县、平顺县、黎城县、武乡县、襄垣县、沁县、沁源县。

晋东南的南北长约 200km，东西宽 100 多千米，总面积 23 475km²，2010 年总人口 9 万多。境内山岭连绵，东有太行山，西及西北有太岳山，西南部有中条山。平均海拔为 800～1 000m。山地、丘陵占到总土地面积的 85%，在群山环抱中有上党（长治）、泽州（晋城）、沁州（沁县）三个比较大的盆地，对晋东南的经济发展和内外经济联系有很大影响。

从全国来看，晋东南是中原经济区的一个重要组成部分。2010 年全区粮食总产量 283 581 万斤，是一个以重、农、轻为顺序的重型经济结构地区，能源和原材料工业占有很大比重，机械制造工业也有一定的基础。晋东南煤炭资源丰富，全区储煤面积达 1.4 万 km²，占到总面积的 60% 以上，属沁水煤田，其中无烟煤的累计探明储量即达 314.7 亿 t，占全国的 30% 左右。晋东南还是山西的富水地区，全区地表水、地下水总量，多年平均值为 33 亿 m³，目前开发利用很差，仅有 20% 左右。丰富的煤、水资源地域组合，使得晋东南成为山西省重要的煤、电和重化工的生产基地之一，特别是电力工业极有发展前途，同样，在中原经济区中，晋东南以上述优势，占有重要地位。随着太焦铁路、焦枝铁路和邯长铁路的建成通车，加强了晋东南煤炭外运能力，使得晋东南经济联系外向性的特点更加显著。

2）大西安规划区

大西安地区位于黄河流域关中平原中部，南依秦岭，北临渭北高原，渭河从中穿过，地理上处于中国经济地理几何中心，秦岭南北方分界线北侧的关中平原地区。这里原野坦荡，土地肥沃，自然环境十分优越。

大西安地区地势东南高，西北低，平均海拔 410m 左右。

大西安地区属于暖温带半湿润的季风气候区，雨量适中，四季分明。年平均气温为 15.5℃，年降水量平均为 5 600mm。年平均湿度为 69.6%。年平均降雪日为 13.8d。

秦岭山地以林地为主，渭河平原以耕地为主。土地资源贫乏，土地供需矛盾突出，经济作物与粮食争地现象严重。土地利用结构不尽合理，非农业建设占用耕地量较大，致使耕地面积减少，基本农田保护形势严峻。

研究区内河流大多属黄河流域渭河水系，区内共有 54 条较大的河流，其中过境河流 3 条，分别为渭河、径河、石川河。

大西安地区境内已发现的矿产资源共 47 种，其中金属矿产 21 种、非金属矿产 22 种、能源矿产 2 种、其他矿产 2 种。矿产自给率和利用率较低，属于矿产资源贫乏的城市，经济发展所需矿产资源主要依靠其他地区输入。

大西安地区森林覆盖率为 41.6%，但分布不均，主要集中在秦岭山地。随着天然林保护等重点林业工程的实施，森林面积不断扩大，森林群落结构趋于合理，水源涵养等生态功能有所增强。

大西安地区目前已基本形成门类较为齐全的工业体系和城市服务体系，成为我国重要的航空、航天、兵器、电子、通信、设备、输变电设备、仪器仪表的科研、生产基地和辐射北方中西部地区的金融、科技、教育、旅游、商贸中心。

4.3 晋东南经济区土地利用时空差异性分析

4.3.1 土地利用时间差异性分析

1. 土地利用数量变化

从表 4-5 可以看出，晋东南经济区土地利用类型比较完全（未利用地面积极小故忽略不计），耕地比重最大，各个时期所占比重均大于 40%；林地、草地次之，各个时期所占比重均分别大于 35% 和 15%；建设用地面积较小，2000 年和 2010 年分别为 315.79 km² 和 410.30 km²，所占比重均不足 2%；水域的面积最小，各个时期所占比例均不足 1%。

表 4-5 2000~2010 年各土地利用类型面积及百分比

土地利用类型	2000 年面积/km²	2000 年面积比例/%	2010 年面积/km²	2010 年面积比例/%	2000~2010 年面积变化/km²	2000~2010 年面积比例变化/%
建设用地	315.79	1.35	410.30	1.76	94.52	0.40
林地	8 657.25	37.09	8 632.62	36.98	−24.63	−0.11
水域	137.22	0.59	149.86	0.64	12.64	0.05
耕地	10 329.35	44.25	10 183.79	43.63	−145.56	−0.62
草地	3 901.41	16.71	3 964.43	16.98	63.03	0.27
合计	23 341.01	100.00	23 341.01	100.00	0.00	0.00

从总体上看，晋东南经济区 2000~2010 年各土地利用类型的面积都有所变化，其中耕地和林地呈现减少趋势，其他各类土地利用类型的面积均呈现增加趋

势，其中建设用地增长趋势最为明显。

　　研究时段耕地和林地面积都有所减少，其中耕地减少得最多，由 2000 年的 10 329.35km^2 减少为 2010 年的 10 183.79km^2，共减少 145.56km^2，所占比例由 2000 年的 44.25%减少到 2010 年的 43.63%，10 年来平均每年减少 14.56km^2，面积减少的比例占到总面积的 0.62%。林地从 2000 年的 8 657.25km^2 减少到 2010 年的 8 632.62km^2，累计减少 24.63km^2，所占比例由 2000 年的 37.09%减少到 2010 年的 36.98%，10 年来平均每年减少 2.46km^2，面积减少的比例占到总面积的 0.11%。

　　研究时段建设用地、草地和水域的面积都是增加的，其中建设用地面积增加最多，由 2000 年的 315.79km^2 增加到 2010 年的 410.30km^2，累计增加 94.52km^2，所占比例由 2000 年的 1.35%增加到 2010 年的 1.76%，10 年来平均每年增长 9.45km^2，面积增加的比例占到总面积的 0.40%。草地增加的面积仅次于建设用地，面积增加的比例占总面积的 0.27%，由 2000 年的 3 901.41km^2 增加到 2010 年的 3 964.43km^2，累计增加 63.03km^2，所占比例由 2000 年的 16.71%增加到 2010 年的 16.98%，10 年来平均每年增长 6.30km^2。而研究区水域的面积增加得最少，由 2000 年的 137.22km^2 增加到 2010 年的 149.86km^2，累计增加 12.64km^2，所占比例由 2000 年的 0.59%增加到 2010 年的 0.64%，10 年来平均每年增长 1.26km^2，面积增加的比例占到总面积的 0.05%。

2. 土地利用结构变化

　　本典型区采用土地利用结构在某一研究时段内的变化贡献率及变化强度指数来对其土地利用结构的时间差异性进行研究。

　　从表 4-6 和图 4-13 的结果可以看出：2000～2010 年晋东南经济区土地利用类型中面积变化最大的是耕地、建设用地和草地，其中建设用地变化的表现形式为面积增加且增加得最多，10 年间共增加了 94.516 4km^2，对土地利用结构的变化献率达到 27.77%，变化强度指数为 0.404 9。草地和水域的变化也表现为面积增加，研究时段内分别增加了 63.026 9km^2 和 12.640 1km^2，对土地利用结构的变化贡献率分别达到 18.52%和 3.71%，变化强度指数分别为 0.270 0 和 0.105 5。其余土地利用类型变化的表现均为面积减少，减少最多的是耕地，10 年间耕地共减少了 145.557 8km^2，对土地利用结构的变化贡献率达到了 42.77%，变化强度指数为 0.623 6。林地共减少了 24.625 5km^2，变化贡献率为 7.23%，变化强度指数为 0.105 5。

　　总体来看，研究区土地利用类型变化最大的是耕地，其次是建设用地和草地，变化贡献率分别为 42.77%、27.77%和 18.52%，其他两类土地利用类型林地和水域的变化较小，变化贡献率总共为 10.94%。以上结果反映出在晋东南经济区土地利用结构变化中起主导作用的土地利用类型是耕地，建设用地和草地次之。

表 4-6　2000～2010 年晋东南经济区土地利用结构时间变化分异指数

土地利用类型	2000 年面积/km²	2010 年面积/km²	2000～2010 年面积变化（绝对值）/km²	变化贡献率/%	变化强度指数
建设用地	315.786 0	410.302 4	94.516 4	27.769 0	0.404 9
林地	8 657.249 3	8 632.623 9	24.625 5	7.235 0	0.105 5
水域	137.216 4	149.856 4	12.640 1	3.713 7	0.054 2
耕地	10 329.352 7	10 183.794 9	145.557 8	42.765 0	0.623 6
草地	3 901.406 0	3 964.432 9	63.026 9	18.517 4	0.270 0
合计	23 341.010 5	23 341.010 5	340.366 6	100.000 0	—

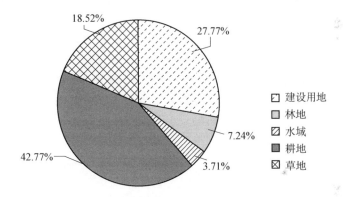

图 4-13　2000～2010 年晋东南经济区土地利用类型变化贡献率

4.3.2　土地利用空间差异性分析

1. 总体变化特征分析

　　由图 4-14 和表 4-7 可以得知 10 年间晋东南经济区土地利用发生了较为明显的变化，其中变化最为剧烈的是耕地，从数量变化上看有 147.35km² 的耕地转移为其他类别，其中转移为建设用地的面积最多，达到 93.87km²，占到 2000 年耕地总面积的 0.91%，其次是转移为林地，转移面积为 28.29km²，占 2000 年耕地总面积的 0.27%，再次是转移为水域，转移面积为 13.02km²，占到 2000 年耕地总面积的 0.13%，而耕地转为草地的面积最小，仅为 12.17km²，占 2000 年耕地总面积的 0.12%，研究时段有 10 182.00km² 的耕地未发生变化，占到 2000 年耕地面积的

98.57%。从空间分布上看耕地变化较为剧烈的区域主要分布在晋城市、长治县、长治市、长子县、壶关县、潞城县等。

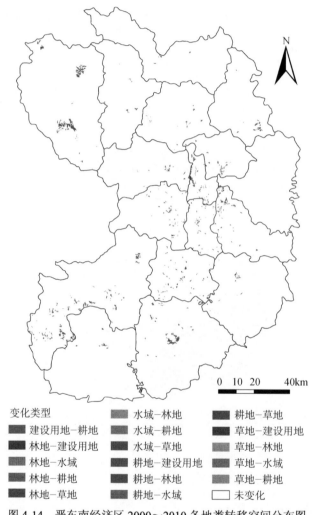

图 4-14　晋东南经济区 2000～2010 各地类转移空间分布图

除耕地有较为明显变化外，建设用地 10 年间也有较明显的增加态势，面积累计增加了 94.52km²。由 2010 年建设用地的数量结构可知，耕地转移为建设用地最多，面积为 93.87km²，占到 2010 年建设用地总面积的 22.88%，其次是林地，面积为 0.44km²，占到 2010 年建设用地总面积的 0.11%，贡献最小的是草地，面积为 0.32km²，占到 2010 年建设用地总面积的 0.08%。研究区建设用地面积增加区域小于耕地面积减少区域，说明此时段有相当部分耕地转移为林地和草地，可见研究区退耕还林还草（特别是还草）成效较明显。从空间分布上看转为建设用地较剧烈的区域主要集中在长治市区、晋城市辖区、长治县和泽州县等县区。

表4-7 2000～2010 年晋东南经济区土地利用变化转移矩阵

2000～2010 年	建设用地	林地	水体	耕地	草地	2000 年合计
建设用地 A/km²	315.673 00	0	0	0.113 01	0	315.786 01
转移率 B/%	99.964 212 16	0	0	0.035 787 842	0	100.000 0
贡献率 C/%	76.936 672 9	0	0	0.001 109 734	0	—
林地 A/km²	0.437 91	8 597.040 00	0.041 41	0.584 32	59.145 70	8 657.249 34
转移率 B/%	0.005 058 304	99.304 521 16	0.000 478 315	0.006 749 465	0.683 192 752	100.000 00
贡献率 C/%	0.106 728 603	99.587 797 89	0.027 632 383	0.005 737 724	1.491 908 206	—
水域 A/km²	0	0.433 23	136.577 00	0.152 22	0.053 92	137.216 37
转移率 B/%	0	0.315 726 18	99.534 043 35	0.110 937 202	0.039 293 271	100.000 00
贡献率 C/%	0	0.005 018 497	91.138 571 23	0.001 494 767	0.001 360 013	—
耕地 A/km²	93.870 30	28.293 40	13.015 70	10 182.000 00	12.173 30	10 329.352 70
转移率 B/%	0.908 772 338	0.273 912 614	0.126 006 928	98.573 456 59	0.117 851 528	100.000 00
贡献率 C/%	22.878 32	0.327 749 714	8.685 447 049	99.982 375 11	0.307 062 832	—
草地 A/km²	0.321 17	6.857 23	0.222 31	0.945 33	3 893.060 00	3 901.406 04
转移率 B/%	0.008 232 16	0.175 763 044	0.005 698 228	0.024 230 444	99.786 076 12	100.000 00
贡献率/%	0.078 276 417	0.079 433 902	0.148 349 333	0.009 282 669	98.199 668 95	—
2010 年合计	410.30	8 632.62	149.86	10 183.79	3 964.43	23 341.01

注：表中行表示 k 时期第 i 种土地利用类型，列表示 k+1 时期第 j 种土地利用类型；A 是原始土地利用变化转移矩阵，A_{ij} 表示由 k 时期第 i 种土地利用类型转变为 k+1 时期第 j 种土地利用类型的面积。转移率 B_{ij} 表示 k 时期第 i 种土地利用类型转变为 k+1 时期第 j 种土地利用类型的比例；贡献率 C_{ij} 表示 k+1 时期第 j 种土地利用类型中由 k 时期第 i 种土地利用类型转化而来的比例。行、列合计分别表示 k 时期和 k+1 时期各种土地利用类型的面积。

2. 不同地类空间变化特征分析

根据图 4-15 和图 4-16 可知，晋东南经济区的各种土地利用类型的空间变化特征如下。

（1）研究时段期初晋东南经济区的林地总面积为 8 657.25km²，占期初总面积的 37.09%，而到 2010 年减少为 8 632.62km²，占期末总面积的 36.98%，研究时段内 99.30% 的林地没有发生变更，主要分布于平顺县、壶关县的东部，晋城市区的东南部、阳城县的南部，沁水县和沁源县的大部分地区以及武乡县和黎城县的交界等地区。到 2010 年为止，有 0.7% 的林地分别被转变成为草地、耕地、建设用地及水域，其中转变为草地的面积最大，约为 59.15km²，转移率为 0.68%。结合图 4-16 可知，沁源县、黎城县的南部、沁水县的东北部及壶关县的北部靠近长治市区的部分是林地减少的典型区域。在林地转换成为其他土地类型的同时，有 28.29km² 的耕地、6.86km² 的草地及 0.43km² 的水域转变成为林地，贡献率分别为

图 4-15　2000～2010 年晋东南经济区土地利用类型面积涨势图

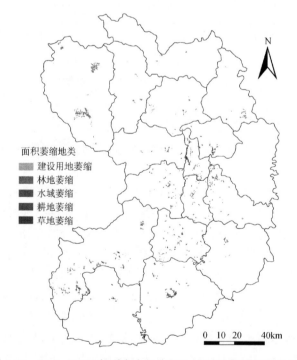

图 4-16　2000～2010 年晋东南经济区土地利用类型面积减势图

0.32%、0.07%和0.005%,林地面积增加的区域主要分布在沁水县的西南大部分地区和潞城县南部靠近长治市的区域。

(2)晋东南经济区的草地面积仅次于耕地面积与林地面积,主要分布于武乡县的北部,黎城县、平顺县的东部,沁水县的北部,沁源县的中部以及沁县与襄垣县交界地区。2000年草地总面积为3 901.41km²,约占期初总面积的16.71%,2010年草地总面积为3 964.43km²,约占期末总面积的16.98%。研究时段内大部分草地没有发生变化,部分草地转变成为林地、耕地、建设用地及水域,其中转变成为林地的面积最大,约为6.86km²,转移率达到0.18%,其次为转变成耕地,转出面积达到了0.95km²,转移率为0.02%,转成建设用地和水域的面积较小,合计约为 0.55km²。草地减少的典型区主要分布在潞城县的南部及沁水县的中部地区。与此同时,在研究时段内耕地、林地、水域等类型转变成为草地,转入总量约为71.37 km²,草地增加的典型区主要分布在沁源县的南部和东北部、黎城县的东南部、壶关县的北部以及零星分布于沁水县的中部和东北角等区域。

(3)作为保障人类生存的基本生产和生活资源,耕地总面积占晋东南经济区的比例最大,研究期初总面积为10 329.35km²,占期初总面积的44.25%,但由于城市建设及国家退耕还林还草政策等原因耕地面积有所缩减,到2010年从期初的10 329.35km²减少到10 183.79km²,平均以每年14.56km²的速度递减。减少的耕地主要流向建设用地及林地,从 2000~2010 年耕地流向建设用地的面积达到了93.87km²,占期初耕地面积的0.91%,占流出面积的63.71%。耕地减少的区域主要分布于长治市中部,长治县与壶关县的北部,晋城市的中部以及沁水县的东南部分地区。研究时段内在耕地转出的同时,部分地区的草地、林地等类型的土地转变成耕地,其中草地的贡献率较大,约为0.009 3%,面积为0.95km²,林地的贡献率约为0.005 7%,面积约为0.58km²,耕地增加的区域零星分布在长治市、长治县、晋城市以及壶关县的小部分地区。

(4)晋东南经济区水域面积总量变化不大,从期初的137.22km²到2010年缓慢地增加到149.86km²。水域面积减少的显著区域位于武乡县的中部和壶关县的南部,水域面积增加的显著区域分布于长治市和襄垣县的西部地区,主要位于漳泽水库以及浊漳西源和浊漳南源区域。

(5)晋东南经济区建设用地面积在研究时段内显著增加,其主要原因是在建设晋东南经济区等政策引导之下,城市的迅速扩张和工业化的发展促使晋东南经济区土地利用方式发生显著变化。2000~2010 年,由期初的315.79km²增加到期末的410.30km²,累计增加94.52km²,所占比例由2000年的1.35%增加到2010年的1.76%,10年来平均每年增长9.45km²。建设用地在10年间减少量只占总量的 0.03%,其转入的主要来源有耕地、林地和草地,其中耕地的贡献率最大,达到了22.88%,约为93.87km²。建设用地增加的显著区域为长治市、长治县、长子县和晋城市的中心城区以及阳城县、潞城县和陵川县的中心城区等地区。

4.4　大西安规划区土地利用时空差异性分析

4.4.1　土地利用时间差异性分析

1. 土地利用数量变化

从表 4-8 可以看出，大西安规划区土地利用类型比较完全，耕地比重最大，各个时期所占比重均大于 48%；林地、草地次之，各个时期所占比重均分别大于 23%和 17.5%；建设用地面积相对较小，2000 年和 2010 年分别为 1 100.20km^{2}和 1 216.01km^2，所占比重均不足 10%；水域面积 2000 年和 2010 年分别为 162.43km^{2}和 193.13km^2，所占比重均不足 1.5%；未利用地面积最小，各个时期所占比例均不足 0.1%。

表 4-8　大西安规划区 2000～2010 年各土地利用类型面积及百分比

土地利用类型	2000 年面积/km^2	2000 年面积比例/%	2010 年面积/km^2	2010 年面积比例/%	2000～2010 年面积变化/km^2	2000～2010 年面积比例变化/%
建设用地	1 100.20	8.36	1 216.01	9.24	115.81	0.88
林地	3 098.47	23.54	3 080.53	23.40	−17.93	−0.14
水域	162.43	1.23	193.13	1.47	30.70	0.23
耕地	6 429.96	48.85	6 347.80	48.22	−82.16	−0.62
草地	2 361.09	17.94	2 323.10	17.65	−37.98	−0.29
未利用地	11.16	0.08	2.72	0.02	−8.43	−0.06
合计	13 163.30	100.00	13 163.30	100.00	0.00	0.00

从总体上看，大西安规划区 2000～2010 年各土地利用类型的面积都有所变化，其中建设用地和水域呈现增加趋势，其他各类土地利用类型的面积，如耕地、林地、草地和未利用地均呈现减少趋势，其中建设用地增长趋势最为明显，耕地减少趋势最为明显。

研究时段建设用地和水域的面积都是增加的，其中建设用地面积增加最多，由期初的 1 100.20km^{2}增加到 2010 年的 1 216.01km^2，累计增加 115.81km^2，所占比例由 2000 年的 8.36%增加到 2010 年的 9.24%，10 年来平均每年增长 11.58km^2，面积增加的比例占总面积的 0.88%。水域增加的面积仅次于建设用地，面积增加的比例占总面积的 0.23%，由 2000 年的 162.43km^{2}增加到 2010 年的 193.13km^2，累计增加 30.70km^2，所占比例由期初的 1.23%增加到 2010 年的 1.47%，10 年来平均每年增长 3.07km^2。

研究时段耕地、草地、林地和未利用地面积都有所减少，其中耕地减少的最多，由 2000 年的 6 429.96km^2 减少为 2010 年的 6 347.80km^2，共减少 82.16km^2，所占比例由研究时段期初的 48.85%减少到 2010 年的 48.22%，10 年来平均每年减少 8.22km^2，面积减少的比例占总面积的 0.62%（与晋东南经济区一致）。草地从期初的 2 361.09km^2 减少到 2010 年的 2 323.10km^2，累计减少 37.98km^2，所占比例由 2000 年的 17.94%减少到 2010 年的 17.65%，10 年来平均每年减少 3.80km^2，面积减少的比例占总面积的 0.29%。林地从 2000 年的 3 098.47km^2 减少到 2010 年的 3 080.53km^2，累计减少 17.93km^2，所占比例由 2000 年的 23.54%减少到 2010 年的 23.40%，10 年来平均每年减少 1.79km^2，面积减少的比例占总面积的 0.14%。研究区未利用地减少得最少，从期初的 11.16km^2 减少到 2010 年的 2.72km^2，累计减少 8.43km^2，所占比例由 2000 年的 0.08%减少到 2010 年的 0.02%，10 年来平均每年减少 0.84km^2，面积减少的比例占总面积的 0.06%。

2. 土地利用结构变化

从表 4-9 和图 4-17 的结果可以看出：2000～2010 年大西安规划区土地利用类型中面积变化最大的是建设用地和耕地，其中建设用地变化趋势为增加，10 年间共增加了 115.81km^2，对土地利用结构的变化贡献率达到 39.52%，变化强度指数为 0.88。耕地和草地变化次之，但均表现为面积减少，研究时段内分别减少了 82.16km^2 和 37.98km^2，对土地利用结构的变化贡献率分别达到 28.04%和 12.96%，变化强度指数分别为 0.62 和 0.29。其余土地利用类型的面积变化相对较小，水域面积表现为增加，10 年间共增加了 30.70km^2，对土地利用结构的变化贡献率达到 10.48%，变化强度指数为 0.23。林地表现为面积有所减少，10 年间累计减少了 17.93km^2，对土地利用结构的变化贡献率达到了 6.12%，变化强度指数为 0.14。而未利用地的变化贡献率最小，仅有 2.88%，近 10 年间累计减少面积为 8.43km^2，变化强度指数为 0.06。

表 4-9　大西安规划区 2000～2010 年土地利用结构时间变化分异指数

土地利用类型	2000 年面积/km^2	2010 年面积/km^2	2000～2010 年面积变化（绝对值）/km	变化贡献率/%	变化强度指数
建设用地	1 100.20	1 216.01	115.81	39.52	0.88
林地	3 098.47	3 080.53	17.93	6.12	0.14
水域	162.43	193.13	30.70	10.48	0.23
耕地	6 429.96	6 347.80	82.16	28.04	0.62
草地	2 361.09	2 323.10	37.98	12.96	0.29
未利用地	11.16	2.72	8.43	2.88	0.06
合计	13 163.30	13 163.30	293.01	100.00	—

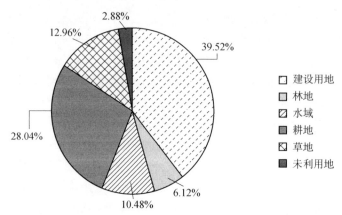

图 4-17　2000～2010 年大西安规划区土地利用类型变化贡献率

总体来看，研究区土地利用类型变化最大的是建设用地，其次是耕地，变化贡献率分别为 39.52% 和 28.04%，而其他几类土地利用类型草地、林地、水域和未利用地的变化较小，变化贡献率总共为 32.44%。以上结果反映出在大西安规划区土地利用结构变化中起主导作用的土地利用类型是建设用地，耕地和草地次之。

4.4.2　土地利用空间差异性分析

1. 总体变化特征分析

由图 4-18 和表 4-10 可以得知，10 年间大西安规划区土地利用发生了较为明显的变化，其中转变成其他土地类型最为剧烈的是耕地，从数量变化上看有 251.84km² 耕地转移为其他类别，其中转移为建设用地的面积最多，达到 101.04km²，占到 2000 年耕地总面积的 1.57%，其次是转移为草地，转移面积为 82.18km²，占 2000 年耕地总面积的 1.28%，再次是转移为林地，转移面积为 39.64km²，占到 2000 年耕地总面积的 0.62%，而耕地转为水域的面积最小，仅为 28.97km²，占 2000 年耕地总面积的 0.45%，研究时段有 6178.12km² 的耕地未发生变化，占到 2000 年耕地面积的 96.08%。从空间分布上看耕地变化较为剧烈的区域主要分布在雁塔区、长安区、灞桥区、未央区以及高陵县南部靠近渭城区等区域。

除耕地有较为明显变化外，建设用地 10 年间也有明显的增加态势，面积累计增加了 115.81 km²。由 2010 年建设用地的数量结构可知，耕地转移为建设用地最多，面积为 101.04km²，占到 2010 年建设用地总面积的 8.31%，其次是林地和草地，面积分别为 11.90km² 和 7.91km²，占到 2010 年建设用地总面积的 0.98% 和 0.65%，贡献最小的是水域，面积为 1.06km²，占到 2010 年建设用地总面积的 0.09%。研究区建设用地面积增加区域大于耕地面积减少区域，说明此时段研究区城市扩

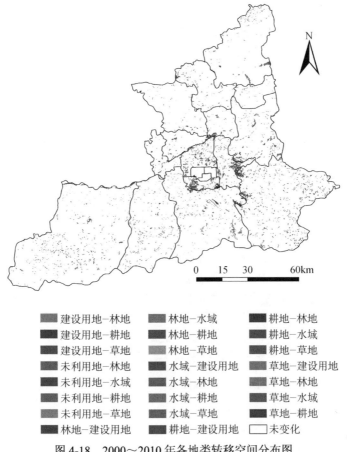

图 4-18　2000～2010 年各地类转移空间分布图

表 4-10　2000～2010 年大西安规划区土地利用变化转移矩阵

2000～2010 年	建设用地	林地	水域	耕地	草地	未利用地	2000 年合计
建设用地 A/km²	1 094.10	0.08	0.00	4.06	1.97	0.00	1 100.20
转移率 B/%	99.45	0.01	0.00	0.37	0.18	0.00	100.00
贡献率 C/%	89.97	0.00	0.00	0.06	0.08	0.00	—
林地 A/km²	11.90	2 998.03	3.25	47.89	37.39	0.00	3 098.47
转移率 B/%	0.38	96.76	0.10	1.55	1.21	0.00	100.00
贡献率 C/%	0.98	97.32	1.68	0.75	1.61	0.00	—
水域 A/km²	1.06	1.57	146.53	11.64	1.63	0.00	162.43
转移率 B/%	0.65	0.96	90.21	7.17	1.00	0.00	100.00
贡献率 C/%	0.09	0.05	75.87	0.18	0.07	0.00	—
耕地 A/km²	101.04	39.64	28.97	6 178.12	82.18	0.00	6 429.96
转移率 B/%	1.57	0.62	0.45	96.08	1.28	0.00	100.00
贡献率 C/%	8.31	1.29	15.00	97.33	3.54	0.00	—
草地 A/km²	7.91	41.22	13.10	99.08	2 199.77	0.00	2 361.09

续表

2000～2010 年	建设用地	林地	水域	耕地	草地	未利用地	2000年合计
转移率 B/%	0.34	1.75	0.56	4.20	93.17	0.00	100.00
贡献率 C/%	0.65	1.34	6.79	1.56	94.69	0.00	—
未利用地 A/km²	0.00	0.00	1.27	7.00	0.16	2.72	11.16
转移率 B/%	0.00	0.00	11.40	62.77	1.41	24.42	100.00
贡献率 C/%	0.00	0.00	0.66	0.11	0.01	100.00	—
2010 年合计	1 216.01	3 080.53	193.13	6 347.80	2 323.10	2.72	13 163.30

　　注：表中行表示 k 时期第 i 种土地利用类型，列表示 $k+1$ 时期第 j 种土地利用类刑；A 是原始土地利用变化转移矩阵，A_{ij} 表示由 k 时期第 i 种土地利用类型转变为 $k+1$ 时期第 j 种土地利用类型的面积。转移率 B_{ij} 表示 k 时期第 i 种土地利用类型转变为 $k+1$ 时期第 j 种土地利用类型的比例；贡献率 C_{ij} 表示 $k+1$ 时期第 j 种土地利用类型中由 k 时期第 i 种土地利用类型转化而来的比例。行、列合计分别表示 k 时期和 $k+1$ 时期各种土地利用类型的面积。

张的规模和程度较高，除部分区域耕地转变为建设用地外，还有相当部分林地、草地和水域被拓展成为建设用地，可见研究区城镇化与经济建设的成效较为明显。从空间分布上看，转为建设用地较剧烈的区域最为集中的是雁塔区和长安区，特别是西安高新技术开发区与长安区的交界地带，此外未央区、灞桥区、渭城区、秦都区以及高陵县与未央区、渭城区交界地带等区域也是建设用地变化较为剧烈的区域。

2. 不同地类空间变化特征分析

　　根据图 4-19 和图 4-20 可知，大西安规划区的各种土地利用类型的空间变化特征如下。

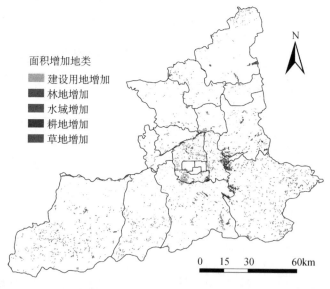

图 4-19　2000～2010 年大西安规划区土地利用类型面积涨势图

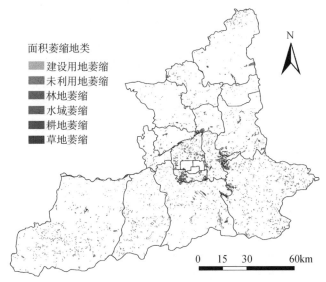

图 4-20　2000～2010 年大西安规划区土地利用类型面积减势图

（1）研究时段期初大西安规划区的林地总面积为 3 098.47km²，占期初总面积的 23.54%，而到 2010 年减少为 3 080.53km²，占期末总面积的 23.40%，研究时段内 96.76% 的林地，总面积为 2 998.03km²，没有发生变化，主要分布于周至县、户县和长安区的南部，即秦岭山麓地区，此外蓝田县的东部、临潼区的南部小部分区域以及泾阳县的西北角和富平县的北部区域是林地集中分布且变化不大的区域。到 2010 年为止，有 3.24% 的林地分别被转变成为耕地、草地、建设用地及水域，其中转变为耕地的面积最大，约为 47.89km²，转移率为 1.55%。结合图 4-20 可知，长安区西部、蓝田县东部以及周至县部分零星区域是林地减少的典型区域。在林地转换成为其他土地类型的同时，有 39.64km² 的耕地、41.22km² 的草地以及 1.57km² 的水域转变成为林地，贡献率分别为 1.29%、1.34% 和 0.05%，这与研究区退耕还林政策有一定关系。林地面积增加的区域主要分布在秦岭山麓，即周至县、户县、长安区及蓝田县的部分区域，此外雁塔区的东南角与长安区的交界处也有少量林地增加区域。

（2）大西安规划区的草地面积仅次于耕地与林地面积，主要分布于周至县、户县南部，长安区东南部，蓝田县及临潼区的南部，泾阳县、三原县与富平县的北部也有少量分布。2000 年草地的总面积为 2 361.09km²，约占期初总面积的 17.94%，2010 年草地的总面积为 2 323.10km²，约占期末总面积的 17.65%。研究时段内大部分草地没有发生变化，部分草地转变成为耕地、林地、水域及建设用地，其中转变成为耕地的面积最大，约为 99.08km²，转移率达到 4.2%，其次为转变成林地，转出面积达到了 41.22km²，转移率为 1.75%，转成建设用地和水域的面积较小，合计约为 21.01km²。草地减少的典型区主要分布在蓝田县与灞桥区、蓝田县与长安区交界地带，周至县、户县、长安区以及蓝田县境内，包括富平县与三原县北部也有零星草地减少典型区。与此同时，在研究时段内耕地、林地、建设用地、水域和未利用地等类型转变成为草地，转入总量约为 123.33km²，草地增加的典型区主要分布在长安县的东南部，富平县的南部，临潼区、灞桥区和蓝田县三地交界区域，此外周至县、户县境内也零星分布有草地增加的区域，这些与研究区的退耕还草政策有一定关系。

（3）作为保障人类生存的基本生产和生活资源，耕地总面积占大西安规划区的比例最大（这一特征与晋东南经济区一致），研究期初总面积为 6 429.96km²，占期初总面积的 48.85%，但由于城市建设及国家退耕还林还草政策等原因耕地面积有所缩减，到 2010 年从期初减少到了 6 347.80km²，平均以每年 8.22km² 的速度递减。减少的耕地主要流向建设用地、林地及草地，从 2000～2010 年耕地流向建设用地的面积达到了 101.04km²，占期初耕地面积的 1.57%，占流出面积的 40.12%。耕地减少的区域主要分布于雁塔区与长安区的东西交界地带，高陵县靠近渭城区与未央区的区域，富平县靠近阎良区的地带以及渭城区、秦都区的城郊地带。此外其他区县如周至县、户县、蓝田县等也有部分区域耕地减少相对明显。这一方面与研究区城市建设及城镇化有直接联系，另外与国家的退耕还林还草政策有关。研究时段内在耕地转出的同时，部分地区的草地、林地、水域等类型的土地转变成耕地，其中草地的贡献率较大，约为 1.56%，面积为 99.08km²，林地的贡献率约为 0.75%，面积约为 47.89km²，耕地增加的区域主要分布在蓝田县与长安区、蓝田县与灞桥区、临潼区交界的区域，此外在富平县与临潼区的东南部也有小部分耕地增加的区域。

（4）大西安规划区水域面积总量变化较明显，从期初的 162.43km² 到 2010 年增加到 193.13km²。研究时段内变化比例占总变化率的 23%，变化较为明显。水域面积增加的显著区位于武乡县的中部和壶关县的南部，水域面积增加的显著区域分布于渭河沿线，包括周至县、户县的北部边界区，秦都区、渭城区和未央区的渭河两岸，以及高陵县和临潼区北部的部分区域。

（5）大西安规划区建设用地面积在研究时段内显著增加，其主要原因是研究区既是国家重点建设的"关中-天水经济区"主要区域，同时又位于大西安都市圈建设区的核心区位，在国家和省级政策引导之下，城市的迅速扩张和工业化的发展促使大西安规划区土地利用方式发生显著变化。2000～2010 年，由期初的 1 100.20km² 增加到期末的 1 216.01km²，累计增加 115.81km²，所占比例由 2000 年的 8.36% 增加到 2010 年的 9.24%，10 年来平均每年增长 11.58km²。建设用地在近 10 年间减少量只占总量的 0.006%，其转入的主要来源有耕地、林地和草地，其中耕地的贡献率最大，达到了 8.31%，约为 101.04km²。建设用地增加的显著区域为雁塔区、碑林区、未央区、渭城区、秦都区、长安区以及高陵县南部靠近未央区的位置。此外，像周至县、户县的北部等其他区县的人口密集区也是建设用地显著扩张的区域。

4.5 延河流域及其下游段土地利用时空差异性分析

4.5.1 土地利用时间差异性分析

1. 土地利用数量变化分析

从表 4-11 可以看出，延河流域整体范围土地利用类型比较完全，草地比重最大，各个时期所占比重均大于 45%；其次为耕地，各个时期所占比重均大于 40%；建设用地面积较小，2000 年和 2010 年分别为 23.408 3km² 和 40.749 1km²，所占比重均不足 1%；未利用地面积最小，且研究时段内从数量上看并无明显变化。

表 4-11 2000~2010 年延河流域各土地利用类型面积及百分比

土地利用类型	2000 年面积/km²	2000 年面积比例/%	2010 年面积/km²	2010 年面积比例/%	2000~2010 年面积变化/km²	2000~2010 年面积比例变化/%
建设用地	23.408 3	0.305 0	40.749 1	0.530 9	17.340 8	0.225 9
林地	832.087 6	10.840 2	884.508 2	11.523 1	52.420 6	0.682 9
水域	26.982 3	0.351 5	25.128 3	0.327 4	−1.854 0	−0.024 2
耕地	3 319.739 1	43.248 5	3 204.319 8	41.744 9	−115.419 3	−1.503 6
草地	3 471.252 7	45.222 4	3 518.764 6	45.841 3	47.511 8	0.619 0
未利用地	2.493 6	0.032 5	2.493 6	0.032 5	0.000 0	0.000 0
合计	7 675.963 6	100.000 0	7 675.963 6	100.000 0	0.000 0	0.000 0

从总体上看，延河流域 2000~2010 年各土地利用类型（除未利用地外）的面积都有所变化，其中耕地和水域呈现减少趋势，其他各类土地利用类型除未利用地没有明显变化外，面积均呈现增加趋势，其中林地和草地增长趋势最为明显。

研究时段耕地由 2000 年的 3 319.739 1km² 减少为 2010 年的 3 204.319 8km²，共减少 115.419 3km²，所占比例由 2000 年的 43.25%减少到 2010 年的 41.74%，10 年来平均每年减少 11.54km²，面积减少的比例占总面积的 1.50%。研究区水域面积变化较小，10 年累计减少了 1.854 0km²。

研究时段草地、林地和建设用地的面积都是增加的，其中林地面积增加最多，由 2000 年的 832.087 6km² 增加到 2010 年的 884.508 2km²，累计增加 52.420 6km²，所占比例由 2000 年的 10.84%增加到 2010 年的 11.52%，10 年来平均每年增长 5.24km²，面积增加的比例占总面积的 0.68%。草地增加的面积仅次于林地，从 2000

年的 3 471.252 7km² 增加到 2010 年的 3 518.764 6km²，累计增加 47.511 8km²，所占比例由 2000 年的 45.22%增加到 2010 年的 45.84%，10 年来平均每年增加 4.75km²，面积增加的比例占总面积的 0.62%。建设用地面积增加的比例占总面积的 0.23%，由 2000 年的 23.408 3km² 增加到 2010 年的 40.749 1km²，累计增加 17.340 8km²，所占比例由 2000 年的 0.31%增加到 2010 年的 0.53%，10 年来平均每年增长 1.73km²。

相对于整个延河流域，流域下游段耕地比重最大，从表 4-12 可以看出，各个时期所占比重均大于 40%；草地、林地次之，各个时期所占比重分别大于 35%和 14%；建设用地面积较小，2000 年和 2010 年分别为 7.357 3km² 和 14.653 8km²，所占比重均不足 0.5%；未利用地的面积最小，且研究时段内从数量上看并无明显变化。

表 4-12　2000~2010 年延河流域下游段各土地利用类型面积及百分比

土地利用类型	2000 年面积/km²	2000 年面积比例/%	2010 年面积/km²	2010 年面积比例/%	2000~2010 年面积变化/km²	2000~2010 年面积比例变化/%
建设用地	7.357 3	0.190 2	14.653 8	0.378 9	7.296 4	0.188 7
林地	553.117 4	14.301 4	613.063 3	15.851 3	59.945 9	1.550 0
水域	20.177 1	0.521 7	20.599 7	0.532 6	0.422 5	0.010 9
耕地	1 818.193 2	47.011 1	1 739.503 7	44.976 5	−78.689 4	−2.034 6
草地	1 466.817 5	37.926 0	1 477.842 1	38.211 0	11.024 6	0.285 1
未利用地	1.917 9	0.049 6	1.917 9	0.049 6	0.000 0	0.000 0
合计	3 867.580 5	100.000 0	3 867.580 5	100.000 0	0.000 0	0.000 0

从总体上看，下游段 2000~2010 年各土地利用类型的面积都有所变化，其中耕地呈现减少趋势，其他各类土地利用类型除未利用地没有明显变化外，面积均呈现增加趋势，其中林地增长趋势最为明显。

研究时段下游段耕地面积由 2000 年的 1 818.193 2km² 减少为 2010 年的 1 739.503 7km²，共减少 78.689 4km²，所占比例由 2000 年的 47.01%减少到 2010 年的 44.98%，10 年来平均每年减少 7.87km²，面积减少的比例占到总面积的 2.03%。

研究时段草地、林地、建设用地和水域的面积都是增加的，其中林地面积增加最多，由 2000 年的 553.117 4km² 增加到 2010 年的 613.063 3km²，累计增加 59.945 9km²，所占比例由 2000 年的 14.30%增加到 2010 年的 15.85%，10 年来平均每年增长 5.99km²，面积增加的比例占总面积的 1.55%。草地增加的面积仅次于林地，从 2000 年的 1 466.817 5km² 增加到 2010 年的 1 477.842 1km²，累计增加 11.02km²，所占比例由 2000 年的 37.93%增加到 2010 年的 38.21%，10 年来平均每年增加 1.10km²，面积增加的比例占总面积的 0.29%。建设用地面积增加的比例占总面积的 0.19%，由 2000 年的 7.357 3km² 增加到 2010 年的 14.653 8km²，累计增加 7.30km²，所占比例由 2000 年的 0.19%增加到 2010 年的 0.38%，10 年来平均每年增长 0.73km²。而研究区水域面积增加得最少，由研究期初的 20.177 1km² 增加到 2010 年的 20.599 7km²，累计增加 0.42km², 所占比例由 2000 年的 0.52%增加到 2010 年的 0.53%, 10 年来平均每年增长 0.04km², 面积增加的比例占总面积的 0.01%。

2. 土地利用结构变化分析

从表 4-13 和图 4-21 的结果可以看出: 2000～2010 年延河流域整个范围土地利用类型中面积变化较大的是耕地、林地和草地, 其中耕地变化趋势为减少, 10 年间共减少了 115.419 3km², 对土地利用结构的变化贡献率达到 49.21%, 变化强度指数为 1.50。林地和草地变化次之, 但均表现为面积增加, 研究时段内分别增加了 52.420 6km² 和 47.511 8km², 对土地利用结构的变化贡献率分别达到 22.35% 和 20.26%, 变化强度指数分别为 0.68 和 0.62。其余土地利用类型的面积变化相对较小, 建设用地面积表现为增加, 10 年间共增加了 17.340 8km², 对土地利用结构的变化贡献率达到 7.39%, 变化强度指数为 0.23。水域的变化贡献率最小, 仅有 0.79%, 10 年间累计减少面积为 1.854 0km², 变化强度指数为 0.02。未利用地从面积数量上看没有明显变化。

表 4-13 2000～2010 年延河流域土地利用结构时间变化分异指数

土地利用类型	2000 年面积/km²	2010 年面积/km²	2000～2010 年面积变化（绝对值）/km	变化贡献率/%	变化强度指数
建设用地	23.408 3	40.749 1	17.340 8	7.393 3	0.225 9
林地	832.087 6	884.508 2	52.420 6	22.349 8	0.682 9
水域	26.982 3	25.128 3	1.854 0	0.790 4	0.024 2
耕地	3 319.739 1	3 204.319 8	115.419 3	49.209 6	1.503 6
草地	3 471.252 7	3 518.764 6	47.511 8	20.256 9	0.619 0
未利用地	2.493 6	2.493 6	0.000 0	0.000 0	0.000 0
合计	7 675.963 6	7 675.963 6	234.546 6	100.000 0	—

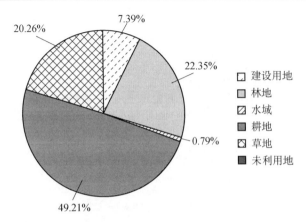

图 4-21 2000～2010 年延河流域土地利用类型变化贡献率

　　总体来看，研究区土地利用类型变化最大的是耕地，其次是林地和草地，变化贡献率分别为 49.21%、22.35%和 20.26%，而其他两类土地利用类型建设用地和水域的变化较小，变化贡献率总共为 8.18%。以上结果反映出在延河流域土地利用结构变化中起主导作用的土地利用类型是耕地，林地和草地次之。

　　而对于延河流域下游段来说，2000～2010 年其土地利用类型中面积变化较大的是耕地、林地和草地（表 4-14，图 4-22），其中耕地变化趋势为减少，10 年间共减少了 78.689 4km^2，对土地利用结构的变化贡献率达到 50.00%，变化强度指数为 2.03。林地和草地变化次之，但均表现为面积增加，研究时段内分别增加了59.945 9km^2 和 11.024 6km^2，对土地利用结构的变化贡献率分别达到 38.09%和7.00%，变化强度指数分别为 1.55 和 0.29。其余土地利用类型的面积变化相对较小，建设用地面积表现为增加，10 年间共增加了 7.296 4km^2，对土地利用结构的变化贡献率达到 4.64%，变化强度指数为 0.19。水域的变化贡献率最小，仅有 0.27%，10 年间累计减少面积为 0.422 5km^2，变化强度指数为 0.01。未利用地从面积数量上看没有明显变化。

表 4-14　2000～2010 年延河流域下游段土地利用结构时间变化分异指数

土地利用类型	2000 年面积/km^2	2010 年面积/km^2	2000～2010 年面积变化（绝对值）/km^2	变化贡献率/%	变化强度指数
建设用地	7.357 3	14.653 8	7.296 4	4.636 23	0.188 7
林地	553.117 4	613.063 3	59.945 9	38.090 16	1.550 0
水域	20.177 1	20.599 7	0.422 5	0.268 49	0.010 9
耕地	1 818.193 2	1 739.503 7	78.689 4	50.000 00	2.034 6
草地	1 466.817 5	1 477.842 1	11.024 6	7.005 12	0.285 1
未利用地	1.917 9	1.917 9	0.000 0	0.000 00	0.000 0
合计	3 867.580 5	3 867.580 5	157.38	100.000 00	—

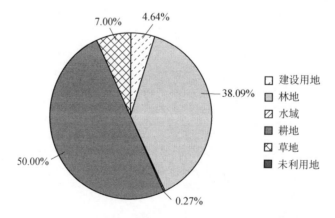

图 4-22　2000～2010 年延河流域下游段土地利用类型变化贡献率

　　总体来看，流域下游段土地利用类型变化最大的是耕地，其次是林地和草地，变化贡献率分别为 50.00%、38.09%和 7.00%，而其他两类土地利用类型建设用地和水域的变化较小，变化贡献率共为 4.91%。以上结果反映出在延河流域土地利用结构变化中起主导作用的土地利用类型是耕地，林地和草地次之。

4.5.2　土地利用空间差异性分析

1. 总体变化特征分析

　　由图 4-23 和表 4-15 可以得知 10 年间延河流域整体土地利用发生了较为明显的变化，其中变化最为剧烈的是耕地，从数量变化上看有 121.279 1km² 耕地转移为其他类别，其中转移为草地的面积最多，达到 69.154 2km²，占 2000 年耕地总面积的 2.08%，其次是转移为林地，转移面积为 35.108 6km²，占 2000 年耕地总面积的 1.06%，再次是转移为建设用地，转移面积为 16.928 4km²，占 2000 年耕地总面积的 0.51%，耕地转为水域的面积最小，仅为 0.088 0km²，占 2000 年耕地总面积的 0.002 6%，研究时段有 3 198.460 0km² 的耕地从数量上看未发生变化，占 2000 年耕地面积的 96.35%。

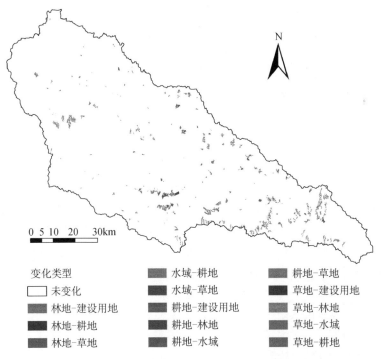

图 4-23　延河流域 2000～2010 年各地类转移空间分布图

表 4-15 2000～2010 年延河流域土地利用变化转移矩阵

2000～2010 年	建设用地	林地	水域	耕地	草地	未利用地	2000 年合计
建设用地 A/km²	23.408 3	0.000 0	0.000 0	0.000 0	0.000 0	0.000 0	23.408 3
转移率 B/%	100.000 0	0.000 0	0.000 0	0.000 0	0.000 0	0.000 0	100.000 0
贡献率 C/%	57.444 9	0.000 0	0.000 0	0.000 0	0.000 0	0.000 0	—
林地 A/km²	0.266 6	830.321 0	0.000 0	0.900 9	0.599 0	0.000 0	832.087 6
转移率 B/%	0.032 0	99.787 7	0.000 0	0.108 3	0.072 0	0.000 0	100.000 0
贡献率 C/%	0.654 3	93.873 7	0.000 0	0.028 1	0.017 0	0.000 0	—
水域 A/km²	0.000 0	0.000 0	24.756 1	1.424 9	0.801 3	0.000 0	26.982 3
转移率 B/%	0.000 0	0.000 0	91.749 4	5.280 8	2.969 8	0.000 0	100.000 0
贡献率 C/%	0.000 0	0.000 0	98.518 7	0.044 5	0.022 8	0.000 0	—
耕地 A/km²	16.928 4	35.108 6	0.088 0	3 198.460 0	69.154 2	0.000 0	3 319.739 1
转移率 B/%	0.509 9	1.057 6	0.002 6	96.346 7	2.083 1	0.000 0	100.000 0
贡献率 C/%	41.542 9	3.969 3	0.350 0	99.817 1	1.965 3	0.000 0	—
草地 A/km²	0.145 9	19.078 6	0.284 3	3.534 0	3 448.210 0	0.000 0	3 471.252 7
转移率 B/%	0.004 2	0.549 6	0.008 2	0.101 8	99.336 2	0.000 0	100.000 0
贡献率 C/%	0.357 9	2.157 0	1.131 3	0.110 3	97.994 9	0.000 0	—
未利用地 A/km²	0.000 0	0.000 0	0.000 0	0.000 0	0.000 0	2.493 6	2.493 6
转移率 B/%	0.000 0	0.000 0	0.000 0	0.000 0	0.000 0	100.000 0	100.000 0
贡献率 C/%	0.000 0	0.000 0	0.000 0	0.000 0	0.000 0	100.000 0	—
2010 年合计	40.749 1	884.508 2	25.128 3	3 204.319 8	3 518.764 6	2.493 6	7 675.963 6

注：表中行表示 k 时期第 i 种土地利用类型，列表示 $k+1$ 时期第 j 种土地利用类型；A 是原始土地利用变化转移矩阵，A_{ij} 表示由 k 时期第 i 种土地利用类型转变为 $k+1$ 时期第 j 种土地利用类型的面积。转移率 B_{ij} 表示 k 时期第 i 种土地利用类型转变为 $k+1$ 时期第 j 种土地利用类型的比例；贡献率 C_{ij} 表示 $k+1$ 时期第 j 种土地利用类型中由 k 时期第 i 种土地利用类型转化而来的比例。行、列合计分别表示 k 时期和 $k+1$ 时期各种土地利用类型的面积。

除耕地有较为明显变化外，整个流域林地面积 10 年间也有较明显的增加态势，面积累计增加了 52.420 6km²。由 2010 年林地的数量结构可知，耕地转移为林地最多，面积为 35.108 6km²，占 2010 年林地总面积的 3.97%，其次是草地，面积为 19.078 6km²，占 2010 年林地总面积的 2.16%。其他地类基本没有向林地转移。研究区耕地面积很大一部分转为林地，说明此时段研究区退耕还林还草成效较明显。

相对于整个延河流域，10 年间流域下游段土地利用发生了较为明显的变化（图 4-24，表 4-16），其中变化最为剧烈的是耕地，从数量变化上看有 83.183 2km² 耕地转移为其他类别，其中转移为林地的面积最多，达到 40.98km²，占 2000 年耕地总面积的 2.25%，其次是转移为草地，转移面积为 36.85km²，占 2000 年耕地总面积的 2.03%，再次是转移为建设用地，转移面积为 4.23km²，占 2000 年耕地总面积的 0.23%，而耕地转为水域的面积最小，仅为 1.12km²，占 2000 年耕地总面积的 0.06%，研究时段有 1 735.01km² 的耕地从数量上看未发生变化，占 2000 年耕地面积的 95.43%。从空间分布上看下游段耕地变化较为剧烈的区域主要分布在流域的东南部，包括延安市宝塔区的南部和延长县的中部地区，特别是延安市与延长县交界地带是流域下游段耕地变化较为剧烈的区域。

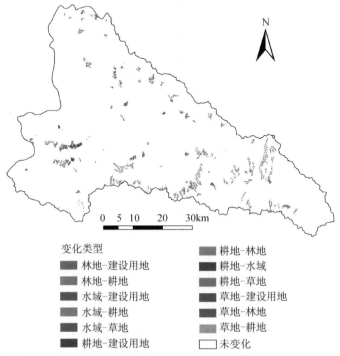

图 4-24　延河流域下游段 2000～2010 年各地类转移空间分布图

表 4-16　2000～2010 年延河流域下游段土地利用变化转移矩阵

2000～2010 年	建设用地	林地	水域	耕地	草地	未利用地	2000 年合计
建设用地 A/km²	7.357 3	0.000 0	0.000 0	0.000 0	0.000 0	0.000 0	7.357 3
转移率 B/%	100.000 0	0.000 0	0.000 0	0.000 0	0.000 0	0.000 0	100.000 0
贡献率 C/%	50.207 7	0.000 0	0.000 0	0.000 0	0.000 0	0.000 0	—
林地 A/m²	0.128 9	552.043 0	0.000 0	0.000 0	0.945 6	0.000 0	553.117 4
转移率 B/%	0.023 3	99.805 7	0.000 0	0.000 0	0.171 0	0.000 0	100.000 0
贡献率 C/%	0.879 4	90.046 7	0.000 0	0.000 0	0.064 0	0.000 0	—
水域 A/km²	0.247 3	0.000 0	19.479 0	0.405 3	0.045 5	0.000 0	20.177 1
转移率 B/%	1.225 6	0.000 0	96.540 1	2.008 5	0.225 7	0.000 0	100.000 0
贡献率 C/%	1.687 6	0.000 0	94.559 9	0.023 3	0.003 1	0.000 0	—
耕地 A/km²	4.228 3	40.983 2	1.120 7	1 735.010 0	36.851 0	0.000 0	1 818.193 2
转移率 B/%	0.232 6	2.254 1	0.061 6	95.425 0	2.026 8	0.000 0	100.000 0
贡献率 C/%	28.854 7	6.685 0	5.440 1	99.741 7	2.493 6	0.000 0	—
草地 A/km²	2.692 0	20.037 1	0.000 0	4.088 5	1 440.000 0	0.000 0	1 466.817 5
转移率 B/%	0.183 5	1.366 0	0.000 0	0.278 7	98.171 7	0.000 0	100.000 0
贡献率 C/%	18.370 6	3.268 4	0.000 0	0.235 0	97.439 4	0.000 0	—

续表

2000~2010 年	建设用地	林地	水域	耕地	草地	未利用地	2000 年合计
未利用地 A/km^2	0.000 0	0.000 0	0.000 0	0.000 0	0.000 0	1.917 9	1.917 9
转移率 B/%	0.000 0	0.000 0	0.000 0	0.000 0	0.000 0	100.000 0	100.000 0
贡献率 C/%	0.000 0	0.000 0	0.000 0	0.000 0	0.000 0	100.000 0	—
2010 年合计	14.653 8	613.063 3	20.599 7	1 739.503 7	1 477.842 1	1.917 9	3 867.580 5

注：表中行表示 k 时期第 i 种土地利用类型，列表示 $k+1$ 时期第 j 种土地利用类型；A 是原始土地利用变化转移矩阵，A_{ij} 表示由 k 时期第 i 种土地利用类型转变为 $k+1$ 时期第 j 种土地利用类型的面积。转移率 B_{ij} 表示 k 时期第 i 种土地利用类型转变为 $k+1$ 时期第 j 种土地利用类型的比例；贡献率 C_{ij} 表示 $k+1$ 时期第 j 种土地利用类型中由 k 时期第 i 种土地利用类型转化而来的比例。行、列合计分别表示 k 时期和 $k+1$ 时期各种土地利用类型的面积。

　　下游段林地面积 10 年间有较明显的增加态势，面积累计增加了 54.945 9km^2。由 2010 年林地的数量结构可知，耕地转移为林地最多，面积为 40.98km^2，占 2010 年林地总面积的 6.69%，其次是草地，面积为 20.04km^2，占 2010 年林地总面积的 3.27%。其他地类基本没有向林地转移。下游段耕地面积很大一部分转为林地，说明此时段此区退耕还林还草成效较明显。从空间分布上看转为林地变化较剧烈的区域主要集中在流域的两侧海拔相对较高的位置，包括延安市的北部，延长县的中部，特别是延安市中部也就是本流域下游段的西南角的位置是林地增加比较明显的区域。

2. 不同地类空间变化特征分析

　　本节利用 ArcGIS 软件生成延河流域及其下游段土地利用空间分异的涨势图和减势图，其中图 4-25 和图 4-26 反映了延河流域整体范围各种土地利用类型的空间变化特征，图 4-27 和图 4-28 反映了流域下游段各地类的空间分异及动态变化，以下主要针对黄土高原南部范围内的延河流域下游段来具体分析其土地利用类型的空间差异性。

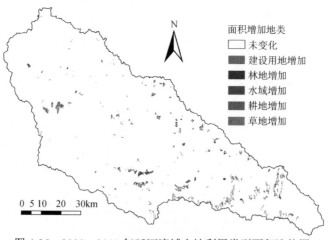

图 4-25　2000~2010 年延河流域土地利用类型面积涨势图

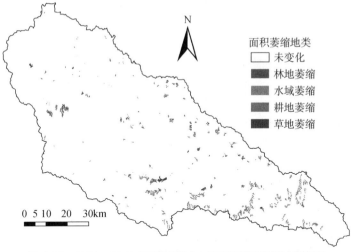

图 4-26　2000～2010 年延河流域土地利用类型面积减势图

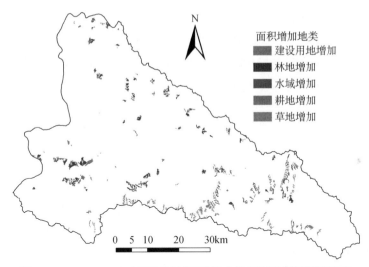

图 4-27　2000～2010 年延河流域下游段土地利用类型面积涨势图

（1）研究时段期初流域下游段的林地总面积为 553.117 4km²，占期初总面积的 14.3%，而到 2010 年增加为 613.063 3km²，占期末总面积的 15.85%，研究时段内 99.81%的林地没有发生变更，主要分布于研究区的南部，尤其是本游段的西南区域，从行政区域上看大体上为延安市和延长县交界的区域最为集中，此外本游段的北部延安市与延川县交界地带也有相当的林地分布。到 2010 年为止，有 0.19% 的林地分别被转变成为草地和建设用地，其中转变为建设用地的面积较大，约为 0.13km²，转移率为 0.02%。结合图 4-26 可知，延长县南部的少部分零星区域是林地减少的典型地区。在林地小范围地转换成为其他土地类型的同时，更为剧烈的

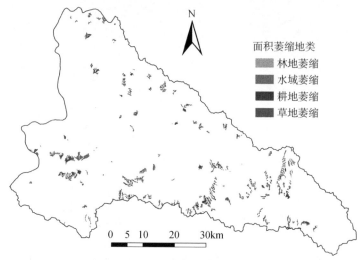

图 4-28　2000～2010 年延河流域下游段土地利用类型面积减势图

是，有 20.037 1km²的草地、40.983 2km²的耕地转变成为林地，贡献率分别为 3.27%
和 6.69%，林地面积增加的区域主要分布在本游段的南部，尤其是东南角和西南
角两个位置，包括延长县的中部和延安市的西部都是林地增加比较明显的区域。

　　（2）延河流域下游段的草地面积比林地面积要大，仅次于研究区的耕地面积。
主要分布于本游段范围内除西南部延安市与延长县交界地区外的大部分区域。
2000 年草地总面积为 1 466.817 5km²，约占期初总面积的 37.93%，2010 年草地总
面积为 1 477.842 1km²，约占期末总面积的 38.21%。研究时段内大部分的草地没有
发生变化，部分草地转变成为林地、耕地及水域，其中转变成为林地的面积最
大，约为 20.037 1km²，转移率达到 1.37%，其次为转变成耕地，转出面积达到了
4.088 5km²，转移率为 0.28%，转成建设用地的面积最小，约为 2.692 0km²。草地
减少的典型区主要分布在中南部及东北部，如北部与子长县交界地带和东部靠近
延川县的位置。此外延长县的北部及西南角与延安市交界地带也是草地减少的区
域。相比之下，在研究时段内更为剧烈的变化是耕地、林地、水域等类型转变成
为草地，转入总量约为 37.842 1km²，其中耕地转为草地的面积最大，为 36.851km²。
草地增加的典型区主要分布在本游段的南部，即延长县的中部和南部，尤其是延
长县南部靠近延安市的位置，此外延安市的北部也有零星草地增加区域。

　　（3）延河流域下游段耕地总面积在研究期初占延河流域下游段的比例最大，
面积为 1 818.193 2km²，占期初总面积的 47.01%，但由于城市建设及国家退耕还林
还草政策等原因耕地面积有所缩减，到 2010 年减少到了 1 739.503 7km²，总面积接
近于同期草地面积。减少的耕地主要流向林地、草地和建设用地，从 2000～2010
年耕地流向林地的面积为 40.983 2km²，占期初耕地面积的 2.25%。转为草地的面

积为 36.851km²,占期初耕地面积的 2.03%。耕地减少的区域主要分布于流域下游段的南部,包括延安市的西部和延长县的中部,延安市的北部靠近子长县的地区也有少量耕地减少区域。研究时段内在耕地转出的同时,部分地区的草地、水域等类型的土地转变成耕地,但总面积很小,其中草地的贡献率约为 0.24%,面积为 4.088 5km²,水域的贡献率约为 0.02%,面积约为 0.41km²,耕地增加的区域很小,零星分布在本游段的北部,即延安市靠近延川县的小部分地区。

(4)延河流域下游段水域面积总量变化不大,从期初的 20.177 1km²到 2010年缓慢地增加到 20.599 7km²。研究时段内水域面积增加的区域很不显著,分布于本游段南部,即延长县的零星区域。水域面积减少区域不显著,除了零星位于延安市的西部外,延长县的西部靠近宝塔区甘谷驿的位置也有一小面积分布区。

(5)延河流域下游段建设用地面积在研究时段内有所增加,总面积与晋东南经济区和大西安规划区这类都市经济区相比不是很显著,但增长的比例相对较大,增加了近一倍,说明研究区人口及经济压力对土地资源的供给提出了更高要求。2000~2010 年,建设用地的面积由期初的 7.357 3km² 增加到期末的 14.653 8km²,累计增加 7.296 4km²,所占比例由 2000 年的 0.19%增加到 2010 年的 0.38%,其转入的主要来源有耕地和草地,其中耕地的贡献率最大,达到了 28.85%,面积有 4.228 3km²。建设用地增加的区域主要集中在本游段西南部的延安市区,另外在延长县中部也有一小面积的区域为建设用地增加的区域。

4.6 千河流域土地利用时空差异性分析

4.6.1 土地利用时间差异性分析

1. 土地利用数量变化

从表 4-17 可以看出,千河流域土地利用类型比较完全,耕地和草地比重较大,各个时期所占比重均大于 35%;林地次之,各个时期所占比重均大于 20%;水域和建设用地面积较小,水域面积 1996 年和 2010 年分别为 48.65km² 和 51.16km²,所占比重均不足 1.5%,建设用地面积 1996 年和 2010 年分别为 16.66km² 和 22.90km²,所占比重均不足 1%;未利用地面积最小,且研究时段并没有发生明显变化。

从总体上看,千河流域 1996~2010 年各土地利用类型的面积都有所变化,其中耕地呈现减少趋势,其他各类土地利用类型(除未利用地没有发生变化外)的面积均呈现增加趋势,其中草地增长趋势最为明显。

表 4-17　1996~2010 年各土地利用类型面积及百分比

土地利用类型	1996 年面积/km²	2000 年面积比例/%	2010 年面积/km²	2010 年面积比例/%	1996~2010 年面积变化/km²	1996~2010 年面积比例变化/%
建设用地	16.66	0.48	22.90	0.66	6.24	0.18
林地	722.41	20.84	731.42	21.10	9.01	0.26
水域	48.65	1.40	51.16	1.48	2.50	0.07
耕地	1 346.75	38.84	1 299.71	37.49	−47.04	−1.36
草地	1 332.69	38.44	1 361.97	39.28	29.29	0.84
未利用地	0.08	0.00	0.08	0.00	0.00	0.00
合计	3 467.25	100.00	3 467.25	100.00	0.00	0.00

　　研究时段耕地面积减少得最为显著，由 1996 年的 1 346.75km² 减少为 2010 年的 1 299.71km²，共减少 47.04km²，所占比例由 1996 年的 38.84%减少到 2010 年的 37.49%，近 15 年来平均每年减少 3.36km²，面积减少的比例占总面积的 1.36%。

　　研究时段草地、林地、建设用地和水域的面积都是增加的，其中草地面积增加最多，由 1996 年的 1 332.69km² 增加到 2010 年的 1 361.97km²，累计增加 29.29km²，所占比例由 1996 年的 38.44%增加到 2010 年的 39.28%，且在研究期末超过了耕地所占比例，近 15 年来平均每年增长 2.09km²，面积增加的比例占总面积的 0.84%。林地增加的面积仅次于草地，从 1996 年的 722.41km² 增加到 2010 年的 731.42km²，累计增加 9.01km²，所占比例由 1996 年的 20.84%增加到 2010 年的 21.10%，近 15 年来平均每年增加 0.64km²，面积增加的比例占总面积的 0.26%。研究区水域面积增加得最少，由 1996 年的 48.65km² 增加到 2010 年的 51.16km²，累计增加 2.50km²，所占比例由 1996 年的 1.40%增加到 2010 年的 1.48%，近 15 年来平均每年增长 0.18km²，面积增加的比例占总面积的 0.07%。

2. 土地利用结构变化

　　从表 4-18 和图 4-29 的结果可以看出：1996~2010 年千河流域土地利用类型中面积变化最大的是耕地且耕地变化趋势为减少，近 15 年间共减少了 47.04km²，对土地利用结构的变化贡献率达到 50.00%，变化强度指数为 1.36。草地和林地变化次之，但均表现为面积增加，研究时段内分别增加了 29.29km² 和 9.01km²，对土地利用结构的变化贡献率分别达到 31.13%和 9.57%，变化强度指数分别为 0.84 和 0.26。其余土地利用类型的面积变化相对较小，建设用地面积表现为增加，近 15 年间共增加了 6.24km²，对土地利用结构的变化贡献率达到 6.63%，变化强度指数为 0.18。水域的变化贡献率最小，仅有 2.66%，近 15 年间累计增加面积为 2.5km²，变化强度指数为 0.07。

表 4-18　1996～2010 年千河流域土地利用结构时间变化分异指数

土地利用类型	1996 年面积/km²	2010 年面积/km²	1996～2010 年面积变化（绝对值）/km²	变化贡献率/%	变化强度指数
建设用地	16.66	22.90	6.24	6.63	0.18
林地	722.41	731.42	9.01	9.57	0.26
水域	48.65	51.16	2.50	2.66	0.07
耕地	1 346.75	1 299.71	47.04	50.00	1.36
草地	1 332.69	1 361.97	29.29	31.13	0.84
未利用地	0.08	0.08	0.00	0.00	0.00
合计	3 467.25	3 467.25	94.07	100.00	—

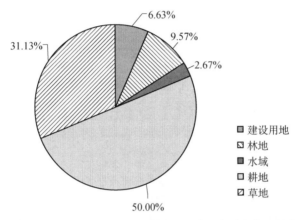

图 4-29　1996～2010 年千河流域土地利用类型变化贡献率

　　总体来看，研究区土地利用类型变化最大的是耕地，其次是草地和林地，变化贡献率分别为 50%、31.13%和 9.57%，而其他两类土地利用类型建设用地和水域的变化较小，变化贡献率共为 9.29%。以上结果反映出在千河流域土地利用结构变化中起主导作用的土地利用类型是耕地，草地和林地次之。

4.6.2　土地利用空间差异性分析

1. 总体变化特征分析

　　由图 4-30 和表 4-19 可以得知近 15 年间千河流域土地利用发生了较为明显的变化，其中变化最为剧烈的是耕地，从数量变化上看有 47.80km² 耕地转移为其他类别，其中转移为草地的面积最多，达到 34.34km²，占 1996 年耕地总面积的 2.55%，其次是转移为建设用地，转移面积为 6.07km²，占 1996 年耕地总面积的 0.45%，再次是转移为林地，转移面积为 4.77km²，占 1996 年耕地总面积的 0.35%，耕地转为水域的面积最小，仅为 2.63km²，占 1996 年耕地总面积的 0.19%，研究时段有 1 298.95km² 的耕地未发生变化，占到 1996 年耕地面积的 96.45%。从空间分布上看耕地变化较为剧烈的区域主要分布于千阳县，包括千阳县的中部和西南部地区，此外陇县的东南部和凤翔县与宝鸡市辖区交界地带是流域耕地变化较为剧烈的区域。

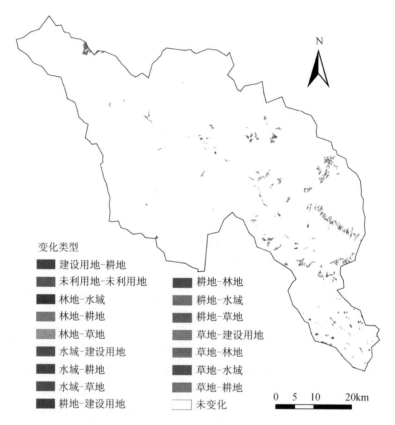

图 4-30　千河流域 1996～2010 年各地类转移空间分布图

表 4-19　1996～2010 年千河流域土地利用变化转移矩阵

1996～2010 年	建设用地	林地	水域	耕地	草地	未利用地	1996 年合计
建设用地 A/km²	16.662 8	0.000 0	0.000 0	0.000 0	0.000 0	0.000 0	16.662 8
转移率 B/%	100.000 0	0.000 0	0.000 0	0.000 0	0.000 0	0.000 0	100.000 0
贡献率 C/%	72.753 6	0.000 0	0.000 0	0.000 0	0.000 0	0.000 0	—
林地 A/km²	0.000 0	721.460 0	0.268 2	0.241 5	0.443 2	0.000 0	722.412 9
转移率 B/%	0.000 0	99.868 1	0.037 1	0.033 4	0.061 3	0.000 0	100.000 0
贡献率 C/%	0.000 0	98.638 3	0.524 3	0.018 6	0.032 5	0.000 0	—
水域 A/km²	0.123 1	0.000 0	48.105 2	0.188 9	0.234 3	0.000 0	48.651 5
转移率 B/%	0.253 0	0.000 0	98.877 1	0.388 3	0.481 6	0.000 0	100.000 0

续表

1996~2010 年	建设用地	林地	水域	耕地	草地	未利用地	1996 年合计
贡献率 C/%	0.537 3	0.000 0	94.037 4	0.014 5	0.017 2	0.000 0	—
耕地 A/km²	6.072 0	4.765 2	2.625 1	1 298.950 0	34.335 9	0.000 0	1 346.748 2
转移率 B/%	0.450 9	0.353 8	0.194 9	96.450 8	2.549 5	0.000 0	100.000 0
贡献率 C/%	26.511 7	0.651 5	5.131 6	99.941 1	2.521 0	0.000 0	—
草地 A/km²	0.045 2	5.194 4	0.156 9	0.331 4	1 326.960 0	0.000 0	1 332.687 9
转移率 B/%	0.003 4	0.389 8	0.011 8	0.024 9	99.570 2	0.000 0	100.000 0
贡献率 C/%	0.197 3	0.710 2	0.306 7	0.025 5	97.429 2	0.000 0	—
未利用地 A/km²	0.000 0	0.000 0	0.000 0	0.000 0	0.000 0	0.082 1	0.082 1
转移率 B/%	0.000 0	0.000 0	0.000 0	0.000 0	0.000 0	100.000 0	100.000 0
贡献率 C/%	0.000 0	0.000 0	0.000 0	0.000 0	0.000 0	100.000 0	—
2010 年合计	22.903 0	731.419 6	51.155 4	1 299.711 8	1 361.973 4	0.082 1	3 467.245 4

注：表中行表示 k 时期第 i 种土地利用类型，列表示 $k+1$ 时期第 j 种土地利用类型；A 是原始土地利用变化转移矩阵，A_{ij} 表示由 k 时期第 i 种土地利用类型转变为 $k+1$ 时期第 j 种土地利用类型的面积。转移率 B_{ij} 表示 k 时期第 i 种土地利用类型转变为 $k+1$ 时期第 j 种土地利用类型的比例；贡献率 C_{ij} 表示 $k+1$ 时期第 j 种土地利用类型中由 k 时期第 i 种土地利用类型转化而来的比例。行、列合计分别表示 k 时期和 $k+1$ 时期各种土地利用类型的面积。

除耕地有较为明显变化外，本流域草地面积近 15 年间也有较明显的增加态势，面积累计增加了 29.29km²。由 2010 年草地的数量结构可知，耕地转移为草地最多，面积为 34.34km²，占 2010 年草地总面积的 2.52%，其次是林地，面积为 0.44km²，占 2010 年草地总面积的 0.03%，贡献最小的是水域，面积为 0.23km²，占 2010 年草地总面积的 0.02%。研究区耕地面积很大一部分转为草地，说明此时段研究区退耕还林还草（特别是还草）成效较明显。从空间分布上看转为草地变化较剧烈的区域主要集中在千阳县的中部和西南部，凤翔县的西北部以及陇县的部分区域。

2. 不同地类空间变化特征分析

根据图 4-31 和图 4-32 可知，千河流域的各种土地利用类型的空间变化特征如下。

（1）研究时段期初千河流域的林地总面积为 722.41km²，占期初总面积的 20.84%，到 2010 年增加为 731.42km²，占期末总面积的 21.10%，研究时段内 99.97% 的林地没有发生变更，主要分布于流域的西南部，大体上为陇县的西部以及华亭县的西南角最为集中，此外陇县的东南以及千阳县的东部也有相当的林地分布。到 2010 年为止，有 0.03% 的林地分别被转变成为草地、水域和耕地，其中转变为草地的面积最大，约为 0.44km²，转移率为 0.06%。结合图 4-32 可知，陇县和千阳县的少部分零星区域是林地减少的典型区域。在林地转换成为其他土地类型的

图 4-31　1996～2010 年千河流域土地利用类型面积涨势图

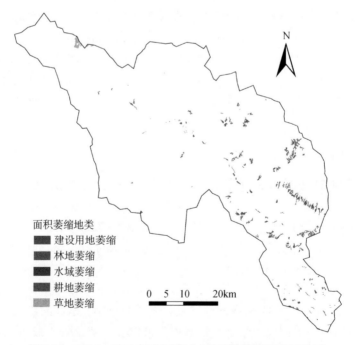

图 4-32　1996～2010 年千河流域土地利用类型面积减势图

同时，更为剧烈的是，有 5.19km²的草地、4.77km²的耕地转变成为林地，贡献率分别为 0.71%和 0.65%，林地面积增加的区域主要分布在陇县的东部、千阳县的西南部、华亭县的西南角以及凤翔县的西部部分区域。

（2）千河流域的草地面积大于林地面积，分布于流域范围内除中部和西南部部分区域外的大部分区域，包括陇县、千阳县的大部分地区，流域南部凤翔县的西部，流域北部甘肃省华亭县的西部以及张家川回族自治县的东部边界区域。1996 年草地总面积为 1 332.69km²，约占期初总面积的 38.44%，2010 年草地总面积为 1 361.97km²，约占期末总面积的 39.28%。研究时段内大部分草地没有发生变化，部分草地转变成为林地、耕地及水域，其中转变成为林地的面积最大，约为5.19km²，转移率达到 0.39%，其次为转变成耕地，转出面积达到了 0.33km²，转移率为 0.02%，转成水域的面积最小，约为 0.16km²。草地减少的典型区主要分布在华亭县西南角的流域边界区域，还包括千阳县和凤翔县西部的零星区域。相比之下，在研究时段内更为剧烈的变化是耕地、林地、水域等类型转变成为草地，转入总量约为 35.01 km²，其中耕地转为草地的面积最大。草地增加的典型区主要分布在千阳县的大部分地区，包括其西南部和中部的条带型区域及其东北角位置，此外陇县中部也有零星草地增加区域。

（3）千河流域耕地总面积在研究期初占千河流域的比例最大，面积为1 346.75km²，占期初总面积的 38.84%，但由于城市建设及国家退耕还林还草政策等原因耕地面积有所缩减，到 2010 年减少到了 1 299.71km²，总面积小于同期草地面积。减少的耕地主要流向草地、建设用地和林地，1996～2010 年耕地流向草地的面积为 34.34km²，占期初耕地面积的 2.55%。转为建设用地的面积为 6.07km²，占期初耕地面积的 0.45%。耕地减少的区域主要分布在流域的东南部，包括凤翔县河宝鸡市辖区的交界地带、千阳县的大部分区域及陇县的中部部分地区。研究时段内在耕地转出的同时，部分地区的草地、林地等类型的土地转变成耕地，其中草地的贡献率较大，约为 0.03%，面积为 0.33km²，林地的贡献率约为 0.19%，面积约为 0.24km²，耕地增加的区域很小，零星分布在流域的南部，包括宝鸡市辖区的流域边界区和千阳县西北角的小部分地区。

（4）千河流域水域面积总量变化不大，从期初的 48 365km²到 2010 年缓慢地增加到 51.16km²。研究时段内水域面积增加的显著区域分布流域千河沿线地带，主要包括陇县和千阳县的河流两岸区域。水域面积减少极不显著的区域，零星位于陇县中部和千阳县的南部。

（5）千河流域建设用地面积在研究时段内有所增加，但与晋东南经济区和大西安规划区这类都市经济区相比不是很显著。1996～2010 年，建设用地面积由期初的 16.66km²增加到期末的 22.90km²，累计增加 6.24km²，所占比例由 1996 年的0.48%增加到 2010 年的 0.66%，近 15 年来平均每年增长 0.45km²，其转入的主要来源有耕地和草地，其中耕地的贡献率最大，达到了 26.51%，但仅有 6.07km²。建设用地增加的区域主要有三个：流域南部的凤翔县与宝鸡市辖区的交界地带、千阳县的中南部以及陇县的中部地区。

4.7　本 章 小 结

本章以整个黄土高原南部地区 1980～2010 年 30 年的 TM 影像遥感解译结果为基础，从研究区土地利用数量与结构的时间变化及不同土地利用结构的空间分异来进行剖析。由于黄土高原南部地区范围较大且近 30 年研究区土地利用变化特征与强度的区域差异比较大，为了更好地分析土地利用变化状况，在研究区选择四处典型区，根据项目组前期的研究基础与数据资料，对不同典型区的土地利用变化特征进行时空差异性分析。

根据解译所获取的数据，采用整体与局部相结合的方法，从时间与空间相联系的角度，首先分析整个黄土高原南部地区 1980～2010 年 30 年的不同土地利用类型的动态变化情况。研究过程中利用绝对数量（面积）变化、相对数量（比例）变化以及变化贡献率、变化强度指数等来分别对研究区土地利用的数量和结构变化进行时间差异性的比较分析，继而利用马尔科夫转移矩阵指数模型对黄土高原南部地区的土地利用空间差异性进行分析和研究，同时结合土地利用空间变化的涨势图和减势图两种空间表达方式对黄土高原南部地区的土地利用变化的分布、流转方向以及相关细节进行描述。主要结论体现在以下几个方面。

黄土高原南部地区土地利用类型比较完全，耕地比重最大，各个时期所占比重均大于 40%，草地、林地次之。从总体上看，黄土高原南部地区 30 年来（1980～2010 年）各土地利用类型的面积都有所变化，其中耕地和未利用地呈现减少趋势，其他各类土地利用类型的面积均呈现增加趋势，其中建设用地增长趋势最为明显。

从数量上看，研究时段耕地面积共减少 1 477.087 3km²，所占比例由 1980 年的 44.69% 减少到 2010 年的 44.03%，30 年来平均每年减少 49.24km²。研究时段建设用地的面积累计增加 1 275.734 2km²，所占比例由 1980 年的 1.59% 增加到 2010 年的 2.16%，30 年来平均每年增长 42.52km²，面积增加的比例占总面积的 0.57%。草地增加的面积仅次于建设用地，30 年来累计增加 170.595 1km²。

从结构上看，研究区土地利用类型变化最大的是耕地，其次是建设用地和草地，变化贡献率分别为 48.73%、42.09% 和 5.63%，其他三类土地利用类型林地、未利用地和水域的变化较小，变化贡献率总共为 3.55%。以上结果反映出在黄土高原南部地区土地利用结构变化中起主导作用的土地利用类型是耕地，建设用地和草地次之。

土地利用转移矩阵的分析结果表明，30 年间黄土高原南部地区土地利用变化最为剧烈的是耕地，从数量变化上看有 2 577.72km^2 耕地转移为其他类别，其中转移为建设用地的面积最多，达到 1 157.07km^2；其次是转移为草地，转移面积为852.93km^2。建设用地的扩张、生态脆弱区退耕还林还草政策实施、农业产业结构调整是导致耕地面积减少的主要原因。从空间分布上看耕地变化较为剧烈的区域主要分布在陕西关中平原、山西汾河谷地和豫西北地区，其中最为明显的位于西安市的未央区、灞桥区、雁塔区、长安区、咸阳市的渭城区和秦都区、宝鸡市的渭滨区和金台区、渭南市的临渭区、澄城县、合阳县、韩城市、铜川市的耀州区等地。除耕地有较为明显变化外，建设用地 30 年间也有较明显的增加态势，面积累计增加了 1 275.73km^2。由 2010 年建设用地的数量结构可知，耕地转移为建设用地最多，占到 2010 年建设用地总面积的 23.95%；其次是草地，面积为 80.05km^2。研究区建设用地面积增加区域小于耕地面积减少区域，说明此时段有相当部分耕地转移为林地和草地，可见研究区退耕还林还草（特别是还草）成效较明显。从空间分布上看，转为建设用地较剧烈的区域除了前述的陕西关中平原都市经济区外，还主要集分布在甘肃省和陕西省交界地带，主要有镇原县、宁县、泾川县、西峰区、长武县、彬县等；河南省境内建设用地变化较为剧烈的区域主要分布在洛阳市、孟津县、巩县及偃师县等区域；山西省境内建设用地变化较为剧烈的区域主要分布在晋城市、长治县、长治市等区县。

在从总体上把握黄土高原南部地区土地利用动态演变的趋势和特点的基础上，本章分别对不同典型区的土地利用变化特征进行时空差异性分析。

从选取的两类典型区的土地利用变化的情况分析可以看出，在研究时段内，各个典型区的土地利用变化总体上都是呈现耕地面积减少、建设用地增加的趋势，但是耕地减少的原因不尽相同，基于流域单元的两个典型区耕地面积减少主要是在生态环境建设的政策（如退耕还林还草）主导下的结果，其次是由于建设用地的扩展，如延河流域下游段耕地面积从研究期初的 1 818.193 2km^2，到 2010 年减少到了 1 739.503 7km^2，总面积接近于同期草地面积。减少的耕地按面积大小依次流向林地、草地和建设用地，耕地流向林地的面积为 40.983 2km^2，占期初耕地面积的 2.25%。转为草地的面积为 36.851km^2，占期初耕地面积的 2.03%。而千河流域减少的耕地按面积大小依次流向草地、建设用地和林地，1996～2010 年耕地流向草地的面积为 34.34km^2，占期初耕地面积的 2.55%。转为建设用地的面积为6.07km^2，占期初耕地面积的 0.45%。

相比之下，两个都市经济区耕地面积的减少主要是建设用地的增长速度较快造成的。其中，晋东南经济区耕地总面积到 2010 年从期初的 10 329.35km^{2}减少到了 10 183.79km^2，平均以每年 14.56km^{2}的速度递减。减少的耕地主要流向建设用地及林地，2000～2010 年耕地流向建设用地的面积达到了 93.87km^2，占期初耕地面积的 0.91%,流向林地的面积为 28.29km²,占期初耕地面积的 0.27%。而大西安规划区耕地总面积由研究期初的 6 429.96km²,减少到 2010 年的 6 347.80km²,平均以每年 8.22km²的速度递减。减少的耕地按面积大小依次流向建设用地、草地及林地,2000~2010 年耕地流向建设用地的面积达到了 101.04km²,占期初耕地面积的 1.57%;而流向林地及草地的面积分别为 82.18km²和 39.64km²,占期初耕地面积的 1.28%和 0.62%。

第5章 土地利用时空差异与影响
因素定量分析

    土地利用的时空差异性主要受自然和人文两方面因素的影响，有研究者将影响因素阐述为三类，即非生物因素（物理因素）、生物因素和人为因素，其中非生物因素和人为因素不论尺度大小均起作用，而生物因素通常只在较小的尺度上影响土地利用的时空差异 [105]。大尺度上的非生物因素，如地形、地貌、气候等为土地利用变化提供了物理模板，生物的和人为的过程通常在非生物因素奠定的基础上相互作用而影响土地利用的时空变化。

    在客观现实中，土地利用的时空差异往往是多种自然人文因素交织在一起共同作用的结果，故具有复杂性、多源性的特点。土地利用变化的原因和机制在不同尺度上往往是不一样的。即不同因素在土地利用变化过程中的重要性随尺度而异。如温度与降水决定了主要植被的空间分异，而区域生态系统类型明显地受到海拔和其他地形特征的影响。非生物因素是土地利用变化的基础，但随着人口的不断增长导致对土地需求的增加，人类社会在现有的科学技术条件下对周围的土地覆被进行不断地开发和改造，如大规模的围海造田、大规模的植树造林、对未利用土地进行开发利用等，人类活动影响对土地利用变化起到的作用越来越重要，在考虑自然因素对其影响的同时必须同时考虑人文因素的影响。因此，本章在充分考虑黄土高原南部地区及不同典型区土地利用特征的基础上，有针对性地选取了一些自然与人文影响因素，如地形因素、气象因素、水文因素、人口因素、交通因素、经济发展因素等。如何定量刻画土地利用变化与影响因素之间的关系目前成为土地利用研究以及土地变化科学研究的热点问题之一[106~113]。

    本章在充分考虑所选因素的数据可获得性与空间表达的可能程度的基础上，利用 Binary Logistic 回归分析方法对研究区不同土地利用类型时空差异及其影响因素进行定量分析，同时为了有效避免土地利用类型空间自相关的影响，将空间抽样方法引入到 Binary Logistic 回归分析中，尝试构建基于空间约束性 Logistic 回归分析土地利用变化及其影响因素关系的新方案。利用该方案筛选了黄土高原南部地区及四个典型区不同土地利用类型的影响因子，并对筛选出的影响因子的贡献率做了定量分析，由此刻画出不同土地利用类型的空间分布概率，从而揭示了各种自然环境、社会经济因子及其组合对不同土地利用类型在不同空间位置上的影响程度。该研究结果不仅为分析研究区土地利用变化的内在机制提供了参考，而且对于研究土地资源管理、土地利用规划、土地资源的合理开发以及优化配置都具有一定的指导意义。

5.1　分析方法与尺度选择

对土地利用变化与影响因素间的关系进行定量分析的方法有很多，最常用到的是传统的回归分析方法。在回归分析中，因变量 y 可能有两种情形：①y 是一个定量的变量，这时就用通常的 regress 函数对 y 进行回归，即传统的回归分析，也称经典回归分析；②y 是一个定性的变量，如 $y=0$ 或 $y=1$，这时就不能用通常的 regress 函数对 y 进行回归，而是使用所谓的 Logistic 回归。

经典的回归分析方法虽然能在一定程度上揭示土地利用变化及其影响因素间的关系，但由于土地利用类型作为因变量，是一种非常典型的二分类定性变量，经典回归分析方法对其变化结果两种可能性的刻画略显不足，而且由于经典回归当中所用数据基本上是以行政单元统计得到的，行政单元内部的空间差异无法表达，另外从较小尺度刻画土地利用变化与各影响因素间关系的可靠性欠佳，因此本书引入 Binary Logistic 回归分析方法对不同土地利用类型时空差异及其影响因素进行定量分析，同时为了有效避免土地利用类型空间自相关的影响，将空间抽样方法引入到 Binary Logistic 回归分析中，尝试构建基于空间约束性 Logistic 回归分析土地利用变化及其影响因素关系的新方案。

5.1.1　Binary Logistic 回归

在一般回归模型中，因变量为区间（定量）变量，并且理论上要求其服从正态分布等 LINE（线性、独立、正态、等方差）假定条件。而 Logistic 回归与其主要区别在于因变量的类型不同。采用 Logistic 回归，可以预测一个分类变量的每一分类所发生的概率，因变量为分类变量，自变量可以为区间变量，也可以为分类变量，还可以是区间与分类变量的混合。根据因变量取值类别不同，又可以分为 Binary Logistic 回归分析和 Multinomial Logistic 回归，Multinomial Logistic 回归模型中因变量可以取多个值，而 Binary Logistic 回归模型中因变量为二元值。具体描述如下：

设因变量 y 是一个二分类变量，其取值为 $y=1$ 或 $y=0$。影响 y 取值的 n 个自变量分别为 $X_1, X_2, \cdots, X_n$。在 n 个自变量（即影响因素）作用下事件发生的条件概

率为 $p=p(Y=1 \mid X_1, X_2, \cdots, X_n)$，则 Logistic 回归模型可表示为

$$p = \frac{\exp(\beta_0 + \beta_1 X_1 + \beta_2 X_2 + \cdots + \beta_n X_n)}{1 + \exp(\beta_0 + \beta_1 X_1 + \beta_2 X_2 + \cdots + \beta_n X_n)} \tag{5-1}$$

式中，β_0 为常数项；$\beta_i(i=1, 2, \cdots, n)$ 为偏回归系数。

设 $Z=\beta_0+\beta_1 X_1+\beta_2 X_2+\cdots+\beta_n X_n$，则 Z 与 P 之间关系的 Logistic 曲线如图 5-1 所示。

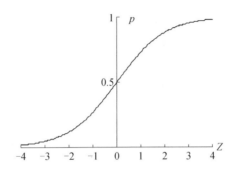

图 5-1 Logistic 函数图形

可以看出，当 Z 趋于 $+\infty$ 时，p 值接近 1；当 Z 趋于 $-\infty$ 时，p 值接近 0；p 值为 0～1，并且以点（0，0.5）为中心随 Z 值的变化呈对称的 S 形变化。

对 p 进行对数变换，可以将 Logistic 回归模型表示成如下的线性形式：

$$\log\left(\frac{p}{1-p}\right) = \beta_0 + \beta_1 X_1 + \beta_2 X_2 + \cdots + \beta_n X_n \tag{5-2}$$

式中，常数项 β_0 表示当各种影响因素为 0 时，事件发生与不发生概率之比的自然对数值；偏回归系数 $\beta_i(i=1, 2, \cdots, n)$ 表示在其他自变量固定的条件下，第 j 个自变量每改变一个单位，Logit(p) 的变化量。它与发生比（优势比）OR（Odds Ratio）有对应关系。

因为 Binary Logistic 回归的因变量为二级计分或二类评定的回归分析，可以引入到土地利用变化预测与驱动机制分析等研究实践中，用来表示一种利用决策、一种变化结果的两种可能性。Binary Logistic 回归克服了线性回归的许多限制条件。因变量不必呈正态分布；对于每一个自变量水平，因变量不必是等方差，即 Binary Logistic 回归没有方差齐性的假定；Logistic 回归也不假定残差项服从正态分布。Binary Logistic 回归不像一般的线性回归，它不要求因变量与自变量之间呈线性关系，但是 Binary Logistic 回归需要根据实际意义编码，通常将因变量 y 编码为 0 和 1 来表示两类互斥的事件。本书应用 Binary Logistic 回归对不同土地利用类型与其自然人文影响因子进行定量分析，每一种土地利用类型对应于 14 个影响因子。通过 Binary Logistic 逐步回归的方法可以筛选出对土地利用变化影响较为显著的因子，同时剔除不显著的因子。

5.1.2　空间约束性抽样

　　土地利用变化涵括复杂的自然与人文系统，其影响因素绝大多数都具有分类变量和连续变量的混合效应，通过 Logistic 回归，可得到各影响因素的重要性和贡献率，并能够通过模型的应用对土地利用的时空差异进行分析。然而由于海量数据和计算的复杂性，进行 Logistic 回归分析前需对研究单元进行抽样。抽样调查是地理研究、资源评估、环境问题研究和社会经济问题研究的重要手段。然而对于空间分布的各种资源，由于原始数据往往具有空间相关性，传统的抽样调查理论无法满足日益增长的空间抽样需求。空间抽样理论是对具有空间相关性的各种资源和调查对象进行抽样设计的基础。

　　目前 Logistic 回归模型在土地利用变化及其影响因素分析中很少考虑到空间自相关的特性。如果模型没有考虑空间自相关的特性，将使得回归系数偏离实际值，降低模型的解释能力；而直接在模型中引入复杂的空间结构又会导致数据量过大并且计算复杂。

　　比较典型的是由 Besag 首先提出的 Autologistic 模型[114]，该模型主要是在传统的 Logistic 模型基础之上以空间权重的形式引入空间自相关因子，从而解决了空间统计分析问题中固有的空间自相关效应的影响。为了引入空间自相关因子，将每种土地利用类型出现的条件概率定义为各种影响因素和一个表示空间自相关性的虚拟变量的函数形式，其概率表达如下：

$$p = \frac{\exp(\beta_0 + \beta_1 X_1 + \beta_2 X_2 + \cdots + \beta_m X_m + r \sum W_{m,n})}{1 + \exp(\beta_0 + \beta_1 X_1 + \beta_2 X_2 + \cdots + \beta_m X_m + r \sum W_{m,n})} \tag{5-3}$$

式中，$W_{m,n}$ 为时空点 m 和 n 的空间权重函数。

　　空间权重函数 $W_{m,n}$ 的选择可以根据实际情况自行确定，但一般都用空间权重矩阵来衡量。由于土地利用变化模型中分析与测算的网格数目 $m \times n$ 通常比较大，因此式中的 $W_{m,n}$ 矩阵将变得非常巨大。例如，一个大小为 $N=1\,219 \times 626$ 的区域，将需要构造一个元素大小为 5.8×10^{11} 的权系数矩阵，直接造成了存储和计算的困难。考虑到权系数 $W_{m,n}$ 是系数矩阵，如果对任何一个样点只把周围 7×7 窗口内除本身外的 48 个网格作为"相邻"网格，$W_{m,n}$ 矩阵仍然约有 3.6×10^7 个元素需要存储和计算，这说明在模型中直接考虑空间自相关回归结构是很困难的也不现实的。

　　本书利用 ESRI 的 ArcView GIS 3.3 及其 Avenue 脚本语言为平台，开发基于空间约束的复合抽样模块，并将其引入到土地利用变化及其影响因素的 Logistic 回归分析中。通过实验分析，利用本方案测算的研究结果有效地降低了土地利用及其影响因素之间的空间相关性，特别是对于大范围或空间自相关较明显区域的土地利用时空差异，此方案具有更高的测算可靠性。

具体来说，如果抽样对象与地理空间有关，那么就要对抽样过程进行更多的调整，以对地理维度加以考虑。为配合地理空间中观测单位的选取而设计的抽样方法称为空间抽样（spatial sampling）。

在空间抽样框架中，可以通过随机选取观测点来进行随机抽样。当在计算机环境下或在地理信息系统（GIS）中实施这一过程时，随机观测点通常通过分别取自两组随机数的 x 坐标值和 y 坐标值来确定，如图 5-2（a）所示。如果 x 坐标值和 y 坐标值均是随机确定的，那么就认为由各对坐标值所确定的点是随机分布的。其最简单的形式是，通过系统抽样选取规则分布的地点，以确保覆盖整个研究区域，如图 5-2（b）所示。在此图中，一个观测点与其周围沿 x 轴和 y 轴方向四个相邻观测点之间的距离均相等或大致相等。而这一距离同它与周围沿对角线方向四个相邻观测点之间的距离不等。如果研究者希望在空间系统抽样框架中，观测单位规则分布，且与周边各观测单位的距离均相等，那么所得到的图形将是可以组成六边形的一个个三角格子。

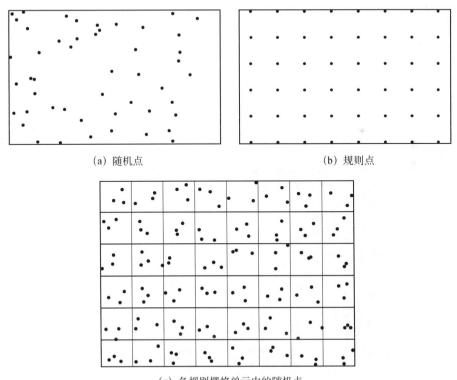

（a）随机点　　　　　　　　　　　　　（b）规则点

（c）各规则栅格单元内的随机点

图 5-2　空间抽样方法选择

　　有了这两种一般空间抽样方法，就可以构造更多的变异形式。本书尝试将随机抽样和系统抽样结合起来，先对地理空间进行系统划分，然后再在分割开的各个子区域中分别进行随机抽样。在划分过程中保证各子区域必须互相独立，并且合在一起要能覆盖整个总体。图 5-2（c）便是将随机抽样和系统抽样结合起来，先将整个区域划分成若干子区域，然后再在各子区域内进行随机抽样。

　　基于上述概念模型，本书基于 ESRI 的 ArcView GIS 3.3 及其 Avenue 脚本语言为平台，开发基于空间约束的复合抽样模块，其抽样对话框及模块加载界面如图 5-3～图 5-5 所示。

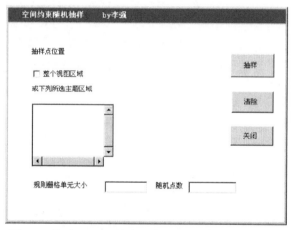

图 5-3　基于 Avenue 脚本语言的空间抽样模块对话框

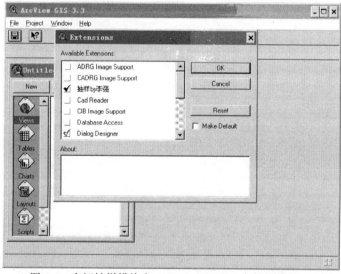

图 5-4　空间抽样模块在 ArcView GIS 3.3 中的加载界面

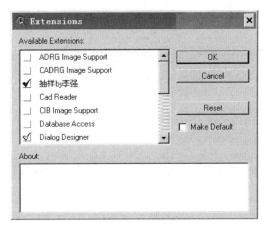

图 5-5　Extensions 对话框中已加载模块

基于空间抽样的 Logistic 回归分析之前，首先将研究区的不同土地利用类型如耕地、林地、草地和建设用地等离散成二值图，即出现的地类给代码"1"，如果不是此地类则给代码"0"。在 ArcMap 中实现时，如果是矢量数据，首先对属性表中某一地类赋值为"1"，而非此地类则赋值为"0"，最后对此地类矢量图进行栅格化处理，并按特征尺度进行重采样，这样就得到了研究区的二值土地利用类型图；如果是栅格数据可以首先对其重分类 Resample，再重采样到特征尺度即可。而对于影响因子也需要对其进行聚合分析生成研究区的特征尺度因子图。此后根据不同研究区域的范围大小及对应于特征尺度的栅格数目对土地利用类型数据和影响因子数据进行空间约束性抽样，本章根据前人的研究成果[115]，对不同研究区利用空间抽样模块选取了栅格总数 20%的样点数据进行 Logistic 回归统计分析。

5.1.3　尺度选择

目前，在进行土地利用多尺度分析时，常用的尺度聚合方法有面积最大值方法（Rule of Maximum Area）、中心值方法（Rule of Centric Cell）。面积最大值的原则是从转换的网格中选取网格数量最多的类型作为输出网格的类型；而中心值原则适合于具有连续分布特征的地理要素，如人口密度图、降水量分布图等。

而本书在进行尺度聚合时选用 ArcMap 中的 Aggregate 命令进行尺度的聚合。在进行数据聚合时，分别对原始 30m×30m 的数据进行 3×3、4×4、6×6、7×7、8×8、10×10、12×12、14×14、20×20、24×24、30×30 的方式进行聚合，聚合时采用平均值聚合法，经此步骤，可以将原始数据转化成 30～900m 12 个尺度上的数据，在此基础上进行下一步的 Logistic 回归。转换尺度如图 5-6 所示。

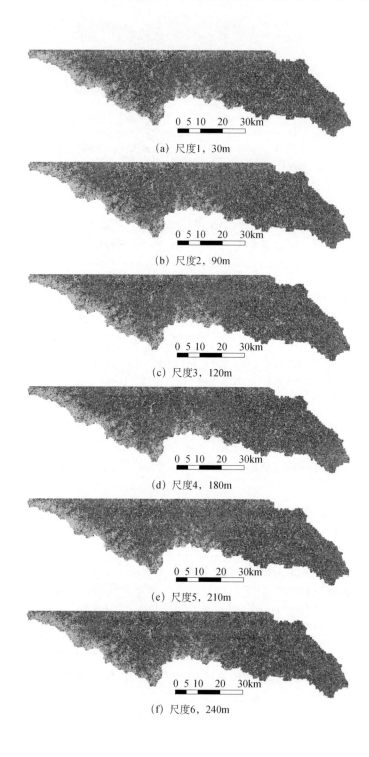

（a）尺度1，30m

（b）尺度2，90m

（c）尺度3，120m

（d）尺度4，180m

（e）尺度5，210m

（f）尺度6，240m

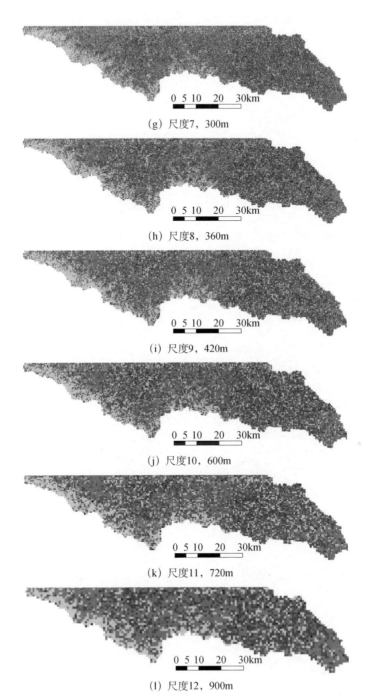

(g) 尺度7，300m

(h) 尺度8，360m

(i) 尺度9，420m

(j) 尺度10，600m

(k) 尺度11，720m

(l) 尺度12，900m

图 5-6　土地利用时空差异与影响因素分析尺度示意图（截选自延河流域局部）

　　重复上述过程并且对结果分别进行 Binary Logistic 回归，就可得出研究区 12 个尺度的 Logistic 回归结果，并且对每一结果进行 ROC 检验，可以得到研究区 12 种尺度下的 ROC 值的分布规律图（图 5-7）。

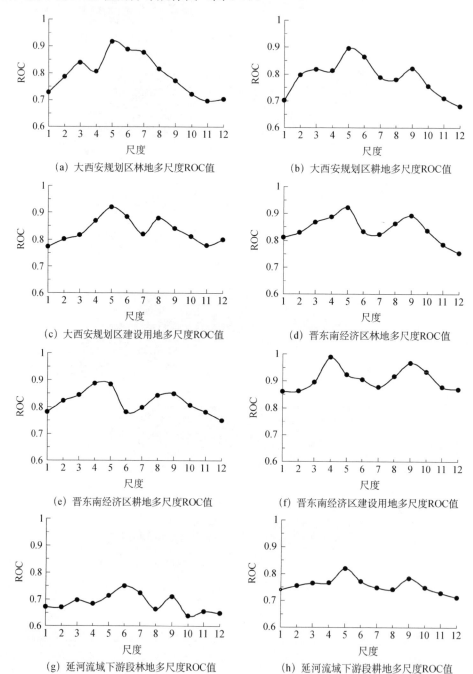

(a) 大西安规划区林地多尺度ROC值　　　　　　(b) 大西安规划区耕地多尺度ROC值

(c) 大西安规划区建设用地多尺度ROC值　　　　(d) 晋东南经济区林地多尺度ROC值

(e) 晋东南经济区耕地多尺度ROC值　　　　　　(f) 晋东南经济区建设用地多尺度ROC值

(g) 延河流域下游段林地多尺度ROC值　　　　　(h) 延河流域下游段耕地多尺度ROC值

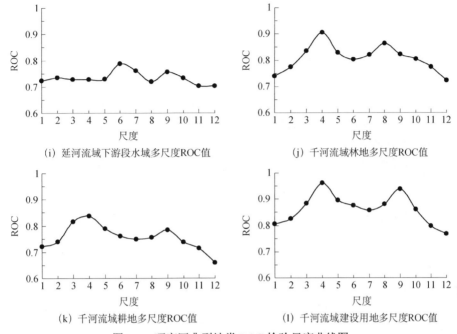

（i）延河流域下游段水域多尺度ROC值　　　　（j）千河流域林地多尺度ROC值

（k）千河流域耕地多尺度ROC值　　　　　　（l）千河流域建设用地多尺度ROC值

图 5-7　研究区典型地类 ROC 检验尺度曲线图

从图 5-7 可以看出，不同研究区的耕地、林地、草地和建设用地在 12 个空间尺度上所表现出来的 ROC 值大小表现出了一定的规律性，表明土地利用变化与影响因子之间存在着一定的尺度相关性特征，即随着研究尺度的增大 ROC 曲线表现出先增加后减少的趋势，而从不同研究区典型地类的尺度曲线中可以明显地看出，在分析尺度为 210m 时，大西安规划区的林地、耕地和建设用地回归结果的 ROC 值均达到了最大值，分别为 0.917、0.896 和 0.920。说明大西安规划区在 12 种不同尺度的转换下，210m×210m 是此区域在进行土地利用变化与影响因素分析的特征尺度，即最佳分析尺度。同理，千河流域的特征尺度为 180m，而整个黄土高原南部地区的特征尺度为 600m。特别需要说明的是晋东南经济区和延河流域的特征尺度问题，从图 5-7 中可以明显看出这两个典型区的特征尺度分别为 210m 和 240m 左右，但本书在第 7 章利用 CLUE-S 模型进行土地利用模拟和空间配置时经过反复对比试验，发现 CLUE-S 模型针对研究区的最大运行分辨率为 400m。回过头来再观察研究区不同尺度的 ROC 值时发现，每个研究区 ROC 值大小表现出了一定的规律性，即在 12 个研究尺度上基本各自有两次峰值，对于晋东南经济区来说，虽然尺度 9（420m）不是其 ROC 值的最大值，但也是仅次于 210m 尺度的峰值，因此综合考虑，对晋东南经济区和延河流域选择 CLUE-S 模型的最大运行分辨率 400m 来作为这两个典型区的特征尺度。综上对所有研究区按照其特征尺度进行重采样，以便后面的分析和运算。

5.2　影响因素选择

土地利用变化的影响因素主要有人文因素和自然因素两大类，不同的土地利用类型的状态变化都是由这两种因素及其组合共同作用而形成的，因此本章在选择影响因素时首先考虑黄土高原南部地区土地利用类型及变化特征，本着自然环境因素与社会经济因素相结合的原则，进行研究区整体及不同典型区土地利用变化影响因子的选取。

5.2.1　影响因子选取及来源

影响因子的选取是否合理直接关系到分析结果的科学性和可靠性，涉及土地利用变化的因素众多，需要搜集和处理大量相关的数据，工作复杂而艰巨，选择土地利用变化的所有影响因子进行分析是不现实的，而且在 Binary Logistic 回归分析中，影响因子过多会出现变量间的多重共线性问题，因此需要从这些复杂的因素中选取对分析结果具有明显意义的因子参与回归测算。根据土地利用变化及其驱动机制的相关研究成果[115]，因子的选择应遵循以下原则：①资料的可获取性；②因子能定量化；③在研究区内部存在空间差异性；④与研究区土地利用变化的相关性较大。

本书根据因子的选取原则，并参考前人的经验[116~118]，选取了 6 大类共 15 个影响因子（表 5-1～表 5-5）进行土地利用变化与影响因素间 Logistic 回归分析，并且为了保证不同数据的一致性与相关性，影响因子数据与土地利用类型都是采取同一年份或者相近年份的。

表 5-1　土地利用变化影响因素及来源

类型	指标	选取原因	数据来源
地形地貌因素	海拔高度（m）、坡度(°)、坡向(°)	地形地貌因素对景观格局的形成具有控制作用	黄土高原南部地区 1∶5 万数字高程模型(ASTERGDEM) 日本 ERSDAC http://www.gdem.aster.ersdac.or.jp
气象因素	年均降水量（mm）、年均温度（℃）	气象因素对景观格局的形成具有限制作用	地球系统科学数据共享平台 http://www.geodata.cn
土壤因素	N（%）、C（%）	对土壤肥力状况的描述	地球系统科学数据共享平台 http://www.geodata.cn
可达性因素	距道路距离（km）、距水系距离(km)、距城镇距离（km）	对道路、水域和城镇的影响作用的定量描述	黄土高原南部地区基础数据道路、城镇、水域经在 ArcGIS 中处理后生成
人口因素	人口密度（人/ km²）	对景观格局有一定程度的扰动	社会经济人文数据来源于黄土高原南部地区各地统计年鉴
经济因素	地均国内生产总值（万元/km²）	对景观格局有一定程度的扰动	社会经济人文数据来源于黄土高原南部地区各地统计年鉴

表 5-2　大西安规划区土地利用变化影响因子编码与描述

影响因子		影响因子的简要描述
相同因子	V_1 高程	采用黄海高程面
	V_2 坡度	量算每个像元点的切平面与水平地面的夹角的倾斜度
	V_3 坡向	量算每个像元点的切平面法线在水平面上的投影与正北方向的夹角
	V_4 平均气温	℃
	V_5 降水量	mm
	V_6 距主要河流的距离	量算每一个像元中心到最近的主要上河流的距离
	V_7 距地级市中心的距离	量算每一个像元中心到地级市中心的距离
	V_8 距县城中心的距离	量算每一个像元中心到县城中心的距离
	V_9 距主要公路的距离	量算每一个像元中心到最近的主要公路的距离
	V_{10} 距主要铁路的距离	量算每一个像元中心到最近的主要铁路的距离
	V_{11} 人口密度	人/km^2
	V_{12} 地均 GDP	万元/km^2
不同因子	V_{13} 土壤碳含量	对土壤肥力状况的描述，%
	V_{14} 土壤氮含量	对土壤肥力状况的描述，%

5.2.2　影响因素的栅格化与可视化表达

点状要素的可达性因子主要是运用研究区各个市、县和居民点等中心进行欧式距离运算生成的；线状要素的可达性因子主要选择的是公路、铁路以及研究区的线状水，并在此基础上进行距离量算而生成的；面状水（主要涉及延河流域）的可达性是根据其中心点运用欧式距离生成的；原始数据中道路、河道水库以及各市、县和居民点的数据都是从国家 1∶25 万基础地理信息数据库中提取出来的，因为此数据是 MapInfo 格式的，所以首先必须对其进行格式转换，转换成 ArcMap 可支持的 shape 格式，转换方法是在 MapInfo 的 UniversalTranslator（通用转换器）中实现的。地形数据是根据研究区 30m DEM 计算而得到的；气温因子主要是对黄土高原南部地区各个气象站点数据进行插值实现的；降水量是对研究区的降水量数据进行空间内插形成的；人口密度和地均 GDP 数据是根据各个县区的统计数据，将其输入到 ArcMap 中，运用地统计学方法进行统计插值出的。最后将所有因子在栅格化的基础上用研究区边界对其进行范围截取，并重采样为不同典型区的特征尺度，晋东南经济区与延河流域为 400m、千河流域为 180m、大西安规划区为 240m，得到影响因子栅格图层，最后按自然因素与人文因素对其进行编码与描述，同时为突出不同典型区所选择的影响因子亦有所差别，特将不同的影响因子单独在表格最后处列出，如表 5-2～表 5-5，图 5-8～图 5-11 所示。

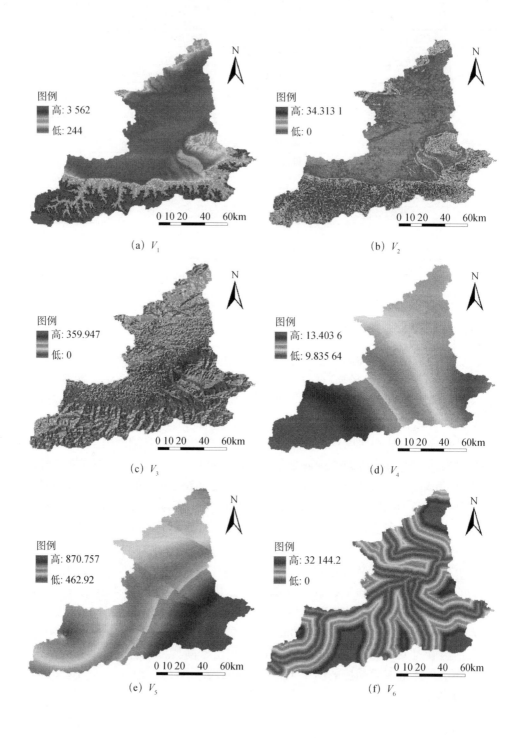

（a）V_1

（b）V_2

（c）V_3

（d）V_4

（e）V_5

（f）V_6

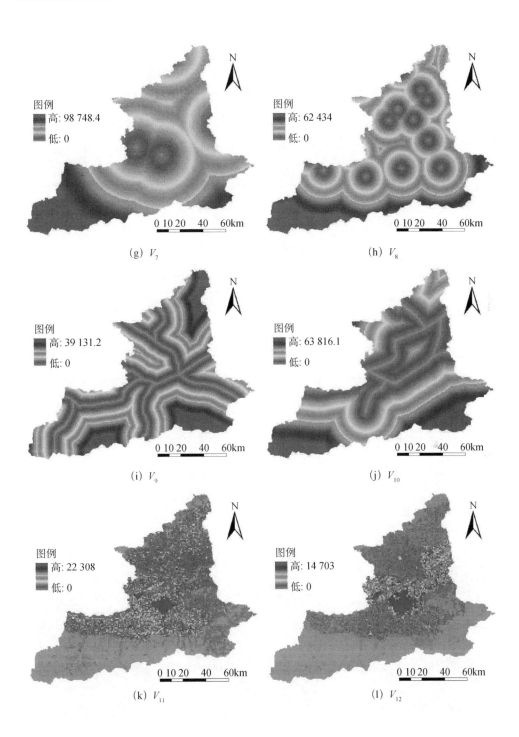

(g) V_7

(h) V_8

(i) V_9

(j) V_{10}

(k) V_{11}

(l) V_{12}

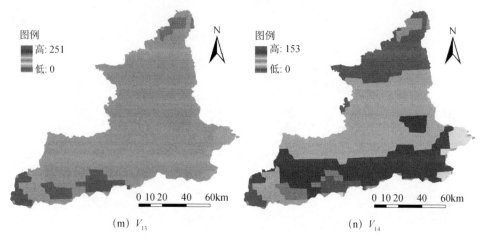

(m) V_{13}　　　　　　　　　　　　　　　　(n) V_{14}

图 5-8　大西安规划区影响因子栅格化图

表 5-3　晋东南经济区土地利用变化影响因子编码与描述

影响因子		影响因子的简要描述
自然因素	V_1 高程	采用黄海高程面
	V_2 坡度	量算每个像元点的切平面与水平地面的夹角的倾斜度
	V_3 坡向	量算每个像元点的切平面法线在水平面上的投影与正北方向的夹角
	V_4 平均气温	℃
	V_5 降水量	mm
	V_6 距主要河流的距离	量算每一个像元中心到最近的主要上河流的距离
人文因素	V_7 距地级市中心的距离	量算每一个像元中心到地级市中心的距离
	V_8 距县城中心的距离	量算每一个像元中心到县城中心的距离
	V_9 距主要公路的距离	量算每一个像元中心到最近的主要公路的距离
	V_{10} 距主要铁路的距离	量算每一个像元中心到最近的主要铁路的距离
	V_{11} 人口密度	万人/0.25km²
	V_{12} 地均 GDP	亿元/0.25km²

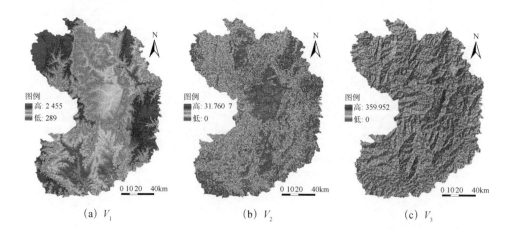

(a) V_1　　　　　　　　　　(b) V_2　　　　　　　　　　(c) V_3

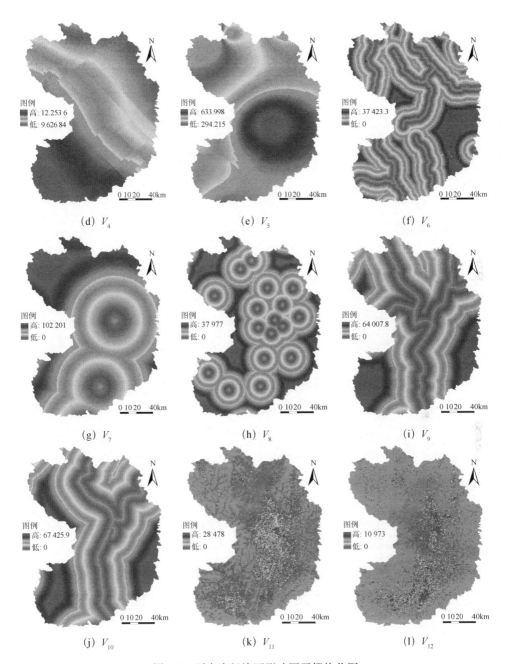

图 5-9　晋东南经济区影响因子栅格化图

表 5-4　延河流域及其下游段土地利用变化影响因子编码与描述（V_7、V_8 不同于前述）

影响因子		影响因子的简要描述
自然因素	V_1 高程	采用黄海高程面
	V_2 坡度	量算每个像元点的切平面与水平地面的夹角的倾斜度
	V_3 坡向	量算每个像元点的切平面法线在水平面上的投影与正北方向的夹角
	V_4 平均气温	℃
	V_5 降水量	mm
	V_6 距主要河流的距离	量算每一个像元中心到最近的主要上河流的距离
人文因素	V_7 距居民点的距离	量算每一个像元中心到居民点中心的距离
	V_8 距面状水的距离	量算每一个像元中心到湖泊及水库的距离
	V_9 距主要公路的距离	量算每一个像元中心到最近的主要公路的距离
	V_{10} 距主要铁路的距离	量算每一个像元中心到最近的主要铁路的距离
	V_{11} 人口密度	人/km²
	V_{12} 地均 GDP	万元/km²

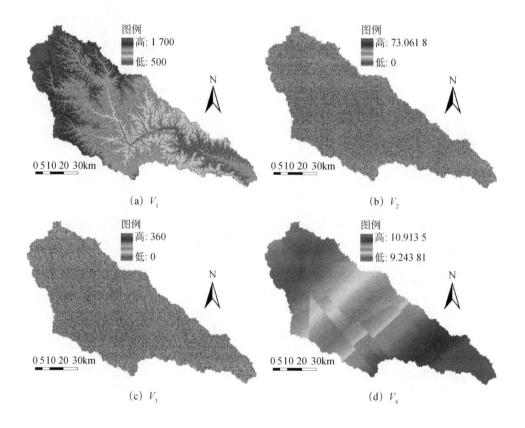

(a) V_1　　　　　　　　　　　　　　(b) V_2

(c) V_3　　　　　　　　　　　　　　(d) V_4

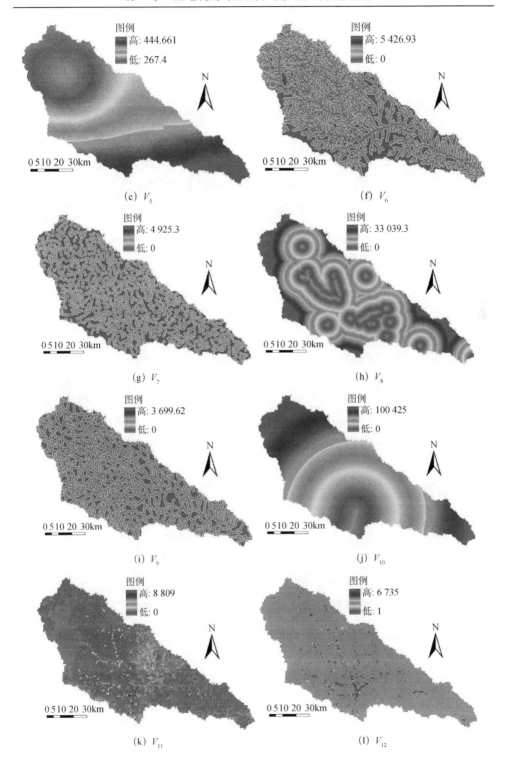

(e) V_5

(f) V_6

(g) V_7

(h) V_8

(i) V_9

(j) V_{10}

(k) V_{11}

(l) V_{12}

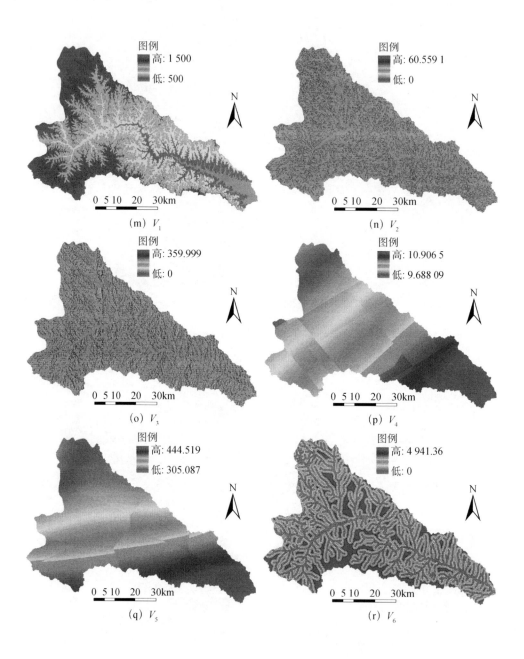

（m）V_1

（n）V_2

（o）V_3

（p）V_4

（q）V_5

（r）V_6

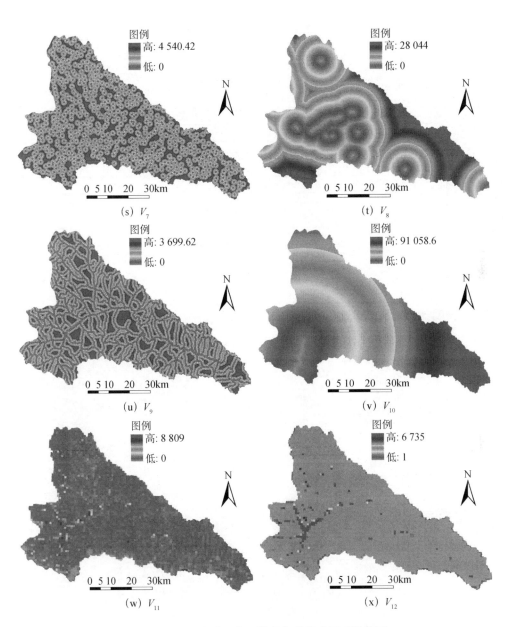

图 5-10　延河流域及其下游段各种影响因子栅格图

注：(a)～(l)，延河流域；(m)～(x)，延河流域下游段

表 5-5 千河流域土地利用变化影响因子编码与描述

影响因子		影响因子的简要描述
相同因素	V_1 高程	采用黄海高程面
	V_2 坡度	量算每个像元点的切平面与水平地面的夹角的倾斜度
	V_3 坡向	量算每个像元点的切平面法线在水平面上的投影与正北方向的夹角
	V_4 平均气温	℃
	V_5 降水量	mm
	V_6 距主要河流的距离	量算每一个像元中心到最近的主要上河流的距离
	V_7 距地级市中心的距离	量算每一个像元中心到地级市中心的距离
	V_8 距县城中心的距离	量算每一个像元中心到县城中心的距离
	V_9 距主要公路的距离	量算每一个像元中心到最近的主要公路的距离
	V_{10} 距主要铁路的距离	量算每一个像元中心到最近的主要铁路的距离
	V_{11} 人口密度	人/km^2
	V_{12} 地均 GDP	万元/km^2
不同因子	V_{13} 土壤碳含量	对土壤肥力状况的描述，%
	V_{14} 土壤氮含量	对土壤肥力状况的描述，%
	V_{15} ≥10℃积温	℃

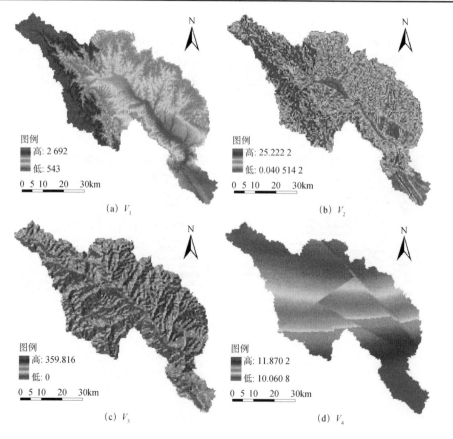

(a) V_1

(b) V_2

(c) V_3

(d) V_4

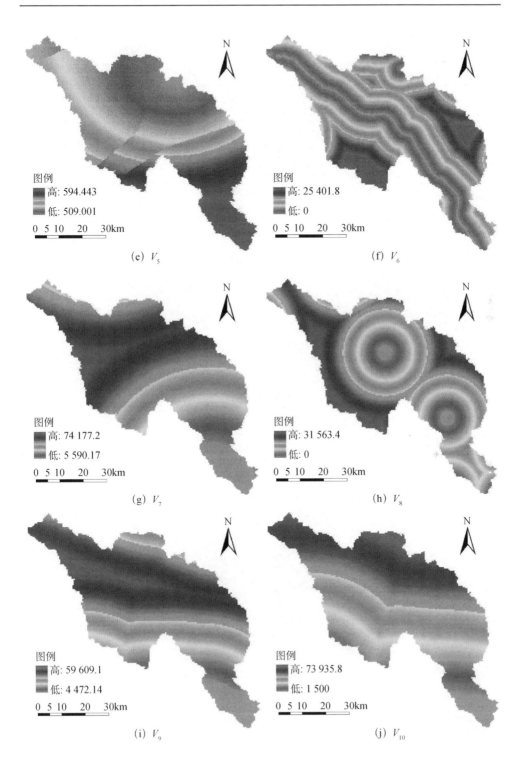

(e) V_5

(f) V_6

(g) V_7

(h) V_8

(i) V_9

(j) V_{10}

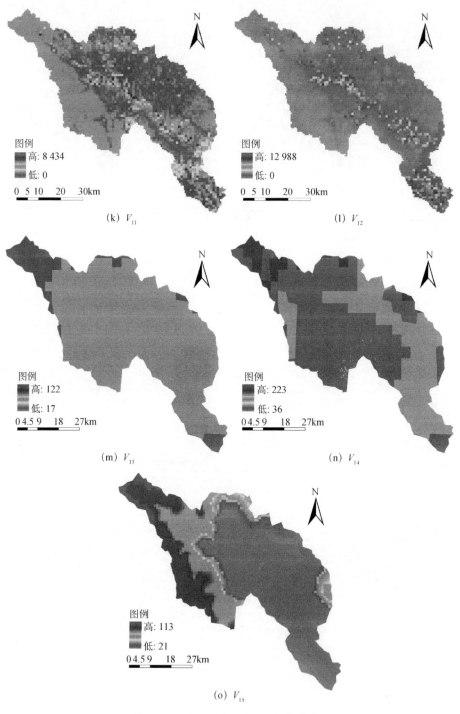

(k) V_{11}

(l) V_{12}

(m) V_{13}

(n) V_{14}

(o) V_{15}

图 5-11　千河流域影响因子栅格化图

5.3　晋东南经济区土地利用特征尺度 Logistic 回归

5.3.1　Binary Logistic 回归统计参数计算

由 5.1 节可知,晋东南经济区的土地利用及其影响因子在进行 Logistic 回归时,特征尺度是 400m×400m，所以本节将在此特征尺度下构建晋东南经济区 2010 年的 Logistic 回归，筛选出对不同土地利用类型贡献率较大的因子，定量分析它们之间的关系，进而建立 Logistic 回归方程，在通过对回归结构进行 ROC 检验的基础上，求出此特征尺度下每种土地利用变化的空间概率分布图。

通过对 2010 年的空间抽样数据运用 SPSS 软件进行 Logistic 回归，得出各个地类的常数项以及筛选出来的贡献因子的回归系数，各个地类的统计特征值及统计量见表 5-6。

表 5-6　晋东南经济区 Logistic 统计特征值及统计量

因变量	因子	β	S.E.	Wald	d_f	Sig.	$\exp(\beta)$
林地	V_{12}	0.000 308 21	0.000 080 83	14.540 916 42	1	0.000 137 15	1.000 308 26
	V_{11}	−0.008 381 62	0.000 209 97	1 593.535 016 37	1	0.000 000 00	0.991 653 41
	V_{10}	0.000 011 29	0.000 002 17	26.943 876 03	1	0.000 000 21	1.000 011 29
	V_9	0.000 015 50	0.000 001 96	62.808 643 98	1	0.000 000 00	1.000 015 50
	V_8	0.000 017 01	0.000 002 21	59.424 888 27	1	0.000 000 00	1.000 017 01
	V_7	−0.000 022 79	0.000 001 51	227.384 246 40	1	0.000 000 00	0.999 977 21
	V_6	−0.000 025 33	0.000 002 55	98.961 559 12	1	0.000 000 00	0.999 974 67
	V_5	−0.003 486 28	0.000 496 22	49.359 053 11	1	0.000 000 00	0.996 519 79
	V_4	0.720 060 13	0.032 529 53	489.984 055 10	1	0.000 000 00	2.054 556 75
	V_3	−0.000 759 68	0.000 148 91	26.024 492 65	1	0.000 000 34	0.999 240 61
	V_2	0.131 075 43	0.004 947 00	702.035 655 38	1	0.000 000 00	1.140 053 77
	V_1	0.002 429 29	0.000 089 20	741.743 597 10	1	0.000 000 00	1.002 432 25
	常数	−8.425 424 52	0.542 658 48	241.062 913 58	1	0.000 000 00	0.000 219 22
草地	V_{12}	−0.001 158 39	0.000 210 38	30.317 615 07	1	0.000 000 04	0.998 842 28
	V_{11}	−0.001 997 30	0.000 178 20	125.616 702 13	1	0.000 000 00	0.998 004 69
	V_{10}	0.000 009 16	0.000 002 14	18.274 071 34	1	0.000 019 13	1.000 009 16
	V_9	−0.000 017 09	0.000 001 93	78.395 794 77	1	0.000 000 00	0.999 982 91
	V_7	0.000 020 84	0.000 001 16	320.583 785 76	1	0.000 000 00	1.000 020 84
	V_6	0.000 009 87	0.000 002 67	13.636 488 72	1	0.000 221 83	1.000 009 87
	V_5	0.004 081 35	0.000 396 86	105.763 809 60	1	0.000 000 00	1.004 089 69
	V_4	−0.378 572 87	0.021 541 28	308.855 900 72	1	0.000 000 00	0.684 838 06
	V_3	0.000 703 26	0.000 160 85	19.116 468 58	1	0.000 012 30	1.000 703 51

续表

因变量	因子	β	S.E.	Wald	d_f	Sig.	$\exp(\beta)$
草地	V_2	0.020 999 82	0.004 587 80	20.951 870 77	1	0.000 004 71	1.021 221 87
	V_1	−0.000 988 00	0.000 081 65	146.421 259 51	1	0.000 000 00	0.999 012 49
	常数	0.524 891 51	0.250 291 92	4.397 900 83	1	0.035 983 20	1.690 275 46
耕地	V_{12}	−0.000 172 11	0.000 027 85	38.181 055 07	1	0.000 000 00	0.999 827 90
	V_{11}	−0.000 039 94	0.000 019 51	4.188 440 93	1	0.040 700 51	0.999 960 06
	V_{10}	−0.000 013 27	0.000 001 99	44.498 386 63	1	0.000 000 00	0.999 986 73
	V_9	−0.000 004 44	0.000 001 78	6.213 901 49	1	0.012 675 10	0.999 995 56
	V_8	−0.000 045 94	0.000 002 06	497.396 824 23	1	0.000 000 00	0.999 954 06
	V_7	0.000 014 71	0.000 001 12	172.383 453 52	1	0.000 000 00	1.000 014 71
	V_6	0.000 024 72	0.000 002 40	106.544 086 78	1	0.000 000 00	1.000 024 72
	V_5	0.006 747 67	0.000 381 80	312.349 154 71	1	0.000 000 00	1.006 770 49
	V_4	−0.178 472 81	0.021 581 59	68.387 563 51	1	0.000 000 00	0.836 546 80
	V_3	0.001 171 94	0.000 136 75	73.439 683 47	1	0.000 000 00	1.001 172 63
	V_2	−0.265 568 38	0.005 920 85	2 011.799 012 46	1	0.000 000 00	0.766 770 01
	V_1	−0.002 201 73	0.000 082 85	706.188 054 45	1	0.000 000 00	0.997 800 69
	常数	1.535 894 18	0.283 299 11	29.392 204 22	1	0.000 000 06	4.645 477 55
水域	V_{10}	−0.000 035 43	0.000 006 52	29.514 896 86	1	0.000 000 06	0.999 964 57
	V_8	0.000 049 15	0.000 011 34	18.782 181 65	1	0.000 014 65	1.000 049 15
	V_7	0.000 014 14	0.000 003 84	13.545 605 02	1	0.000 232 84	1.000 014 14
	V_6	−0.000 163 11	0.000 018 87	74.724 580 80	1	0.000 000 00	0.999 836 90
	V_3	0.003 699 63	0.000 717 59	26.580 144 53	1	0.000 000 25	1.003 706 48
	V_2	−0.153 880 56	0.031 035 18	24.584 364 79	1	0.000 000 71	0.857 374 42
	V_1	−0.002 858 84	0.000 328 42	75.774 805 04	1	0.000 000 00	0.997 145 24
	常数	−2.081 504 78	0.269 640 03	59.591 743 91	1	0.000 000 00	0.124 742 36
建设用地	V_{12}	0.000 660 26	0.000 043 39	231.511 366 84	1	0.000 000 00	1.000 660 48
	V_{11}	0.000 191 94	0.000 030 06	40.764 589 65	1	0.000 000 00	1.000 191 96
	V_{10}	−0.000 054 19	0.000 012 49	18.822 377 04	1	0.000 014 35	0.999 945 82
	V_9	0.000 031 05	0.000 011 75	6.979 049 05	1	0.008 246 94	1.000 031 05
	V_8	−0.000 078 48	0.000 011 70	44.957 903 05	1	0.000 000 00	0.999 921 52
	V_6	0.000 048 53	0.000 010 38	21.842 296 48	1	0.000 002 96	1.000 048 53
	V_5	0.010 177 50	0.001 400 67	52.797 262 77	1	0.000 000 00	1.010 229 46
	V_2	−0.522 536 59	0.051 233 90	104.020 423 71	1	0.000 000 00	0.593 014 41
	V_1	−0.001 340 71	0.000 339 48	15.596 585 32	1	0.000 078 40	0.998 660 19
	常数	−6.890 274 14	0.812 446 62	71.925 572 87	1	0.000 000 00	0.001 017 63

注：β 为方程系数；S.E.为标准差；Wald 为 Wald 统计量；d_f 为自由度；Sig.为拟合优度检验；$\exp(\beta)$ 为发生比率。

Logistic 回归分析结果中的系数为由 Logistic 回归方程诊断出的关系系数，$\exp(\beta)$ 是 β 系数的以 e 为底的自然幂指数，其值等于事件的发生比（Odds Ratio），它是衡量解释变量对因变量影响程度的重要指标，是事件的发生频数与不发生频数之间的比值[119]。本书中发生比表示解释变量每增加或减少一个单位，各地类分布概率的情况[exp(β) < 1，发生比减少；exp (β) = 1，发生比不变；exp(β) > 1，发生比增加]。所以，可以用 exp(β)来分析各种影响因子对土地利用空间分布的影响状况。以下主要分析晋东南经济区的林地、草地、耕地、水域及建设用地在 400m特征尺度上的发生比状况。

5.3.2　不同土地利用类型及其影响因子分析

通过 Logistic 回归可知，对研究区林地地类发生贡献率较明显的影响因子共12 个，它们之间的相关性大小不一（表 5-7），但基本都在可以接受的范围以内，多重因子共线性问题不明显。通过与表 5-6 的对比分析发现，对研究区林地的分布影响较为明显的解释变量有平均气温、坡度、高程、地均 GDP、人口密度和降水量，其中平均气温及坡度与林地的出现呈现明显的正相关，说明在研究区平均气温高的地方，林地出现的概率较大，同时受坡度的影响比较明显，坡度较大的地方，林地出现的概率增加，这与研究区林地主要分布在坡度较大的山地有着直接的关系，特别是在研究区东部的太行山、西部的太岳山及西北部的中条山地带，集中分布着大量的林地地类。而人口密度与研究区林地的出现呈现明显的负相关，表明人口密度大的地方，林地出现的概率比较小，原因是对于晋东南经济区来说，人口主要集中分布在长治盆地、晋城盆地以及部分沟川地和台地、垣地这类地势平坦的位置市县城区及乡镇，而林地在研究区此类地方较少分布。平均气温对于林地的 exp(β)值为2.054 556 75，表明平均气温每增加一个单位，林地地类出现的概率将增加 2.054 556 75倍。同理，坡度对于林地的 exp(β)值为 1.140 053 8，表明坡度每增加一个单位，林地地类出现的概率将增加 1.140 053 8 倍。而人口密度对于林地的 exp(β)值为 0.991 653 4，表明人口密度每增加一个单位，林地地类出现的概率将减少 0.991 653 4 倍。

表 5-7　晋东南经济区林地各影响因子相关系数矩阵

影响因子	V_2	V_1	V_4	V_8	V_{11}	V_9	V_7	V_6	V_5	V_3	V_{10}	V_{12}
V_{12}	0.001	−0.054	−0.061	−0.024	−0.310	0.038	0.106	0.017	0.067	0.019	0.022	1.000
V_{11}	0.190	0.201	0.112	0.164	1.000	−0.129	−0.015	−0.037	−0.051	−0.060	−0.007	−0.310
V_{10}	0.005	−0.026	−0.140	−0.131	−0.007	−0.730	−0.270	−0.181	−0.099	0.012	1.000	0.022
V_9	−0.132	−0.071	−0.249	0.160	−0.129	1.000	−0.108	0.024	−0.186	−0.011	−0.730	0.038
V_8	−0.168	0.020	−0.140	1.000	0.164	0.160	−0.175	−0.150	−0.031	−0.023	−0.131	−0.024
V_7	0.031	−0.279	0.326	−0.175	−0.015	−0.108	1.000	0.202	0.738	0.031	−0.270	0.106
V_6	0.088	−0.451	0.088	−0.150	−0.037	0.024	0.202	1.000	−0.190	−0.019	−0.181	0.017
V_5	−0.071	0.051	0.236	−0.031	−0.051	−0.186	0.738	−0.190	1.000	−0.001	−0.099	0.067
V_4	0.192	0.338	1.000	−0.140	0.112	−0.249	0.326	0.088	0.236	0.011	−0.140	−0.061
V_3	−0.025	−0.048	0.011	−0.023	−0.060	−0.011	0.031	−0.019	−0.001	1.000	0.012	0.019
V_2	1.000	0.033	0.192	−0.168	0.190	−0.132	0.031	0.088	−0.071	−0.025	0.005	0.001
V_1	0.033	1.000	0.338	0.020	0.201	−0.071	−0.279	−0.451	0.051	−0.048	−0.026	−0.054

对晋东南经济区草地的分布影响最为明显的解释变量是坡度和平均气温，降水量及人口密度也是对研究区草地地类发生贡献率较高的影响因子。在这些影响因子中，坡度与草地的出现概率呈现明显的正相关，表明研究区草地主要分布在坡度相对较大的山间谷地，而盆地及部分沟川地和台地、垣地这类地势平坦地区出现的概率较低，这一点与研究区林地地类的分布相类似，一般情况下草地地类在山间林地与平原区的过渡地带出现的概率较高。平均气温及人口密度与研究区草地地类的出现呈负相关，说明草地地类对温度的依赖性没有林地地类高，而与林地相同的是草地地类在晋东南经济区的分布也是与人口密度呈现高度负相关的，表明在研究区人口相对集中的市县城区及乡镇，草地地类分布比较少。从各影响因子的 exp(β)值中可以看出，坡度和降水量的 exp(β)值分别为 1.021 221 9 和 1.004 089 7，说明坡度和降水量每增加一个单位，草地发生的概率将分别增加 1.021 221 9 倍和 1.004 089 7 倍；而平均气温与人口密度对于草地的 exp(β)值分别为 0.684 838 1 和 0.998 004 7，说明坡度和降水量每增加一个单位，草地发生的概率将分别减少 0.684 838 1 倍和 0.998 004 7 倍。通过 Logistic 回归，筛选出对研究区草地地类发生贡献率较明显的影响因子共 11 个，它们之间的相关性也不尽相同（表5-8），但基本都在可以接受的范围以内，多重因子共线性问题不明显。

表5-8　晋东南经济区草地各影响因子相关系数矩阵

影响因子	V_4	V_7	V_{12}	V_1	V_5	V_{11}	V_9	V_{10}	V_3	V_2	V_6
V_{12}	−0.103	0.107	1.000	−0.019	0.094	−0.561	0.049	0.002	0.009	−0.062	0.013
V_{11}	0.166	−0.054	−0.561	0.105	−0.231	1.000	−0.069	0.043	−0.059	0.282	0.009
V_{10}	−0.133	−0.171	0.002	−0.045	0.038	0.043	−0.777	1.000	0.021	−0.052	−0.237
V_9	−0.053	0.040	0.049	0.027	−0.047	−0.069	1.000	−0.777	−0.014	−0.104	0.052
V_7	−0.120	1.000	0.107	−0.436	0.549	−0.054	0.040	−0.171	0.021	0.025	0.171
V_6	0.240	0.171	0.013	−0.414	−0.292	0.009	0.052	−0.237	−0.011	0.110	1.000
V_5	−0.479	0.549	0.094	−0.022	1.000	−0.231	−0.047	0.038	−0.033	−0.150	−0.292
V_4	1.000	−0.120	−0.103	0.031	−0.479	0.166	−0.053	−0.133	0.005	0.133	0.240
V_3	0.005	0.021	0.009	−0.066	−0.033	−0.059	−0.014	0.021	1.000	−0.015	−0.011
V_2	0.133	0.025	−0.062	−0.099	−0.150	0.282	−0.104	−0.052	−0.015	1.000	0.110
V_1	0.031	−0.436	−0.019	1.000	−0.022	0.105	0.027	−0.045	−0.066	−0.099	−0.414

通过 Logistic 回归，对研究区耕地地类发生贡献率较明显的影响因子较多，本书所选择的因子全部参与回归方程的构建，说明它们对晋东南经济区耕地地类的发生概率均起到较为明显的作用，但贡献程度不同，它们之间的相关性也大小不一（表5-9）。通过与表5-6的对比分析发现，与耕地的分布呈现较为明显正相关的解释变量有降水量、坡向及距主要河流的距离，说明研究区耕地的分布除了对降水具有依赖性外，还与日照时数及河流有着重要的联系，降水越多，日照条

件及灌溉条件越好，耕地地类出现的概率越高。与研究区耕地发生呈现最为明显负相关的影响因子为坡度，这一点与研究区林地及草地地类刚好相反，说明在研究区坡度越大的地方越不适合于开垦耕地，而坡度较小的地方，耕地出现的概率较高。研究区耕地主要分布在盆地及部分沟川地和台地、垣地这类地势平坦地区，特别是在研究区内的上党(长治)、泽州(晋城)、沁州(沁县)三个比较大的盆地，集中分布着大量的耕地地类。降水量对于耕地的 $\exp(\beta)$ 值为 1.006 770 5，表明降水量每增加一个单位，耕地地类出现的概率将增加 1.006 770 5 倍。坡向及距主要河流的距离对于耕地地类的 $\exp(\beta)$ 值分别为 1.001 172 6 和 1.000 024 7，表明坡向及距主要河流的距离指标每增加一个单位，耕地地类出现的概率将增加 1.001 172 6 倍和 1.000 024 7 倍。而坡度对于耕地的 $\exp(\beta)$ 值为 0.766 77，表明坡度每增加一个单位，耕地地类出现的概率将减少 0.766 77 倍。

表 5-9　晋东南经济区耕地各影响因子相关系数矩阵

影响因子	V_2	V_8	V_1	V_5	V_4	V_{12}	V_3	V_7	V_{10}	V_6	V_9	V_{11}
V_{12}	0.078	0.011	−0.030	0.085	−0.050	1.000	−0.020	0.167	0.029	0.031	−0.003	−0.624
V_{11}	0.030	0.109	0.041	−0.088	0.059	−0.624	0.001	−0.086	−0.014	−0.011	−0.004	1.000
V_{10}	−0.005	−0.154	−0.001	0.053	−0.187	0.029	0.017	−0.172	1.000	−0.255	−0.779	−0.014
V_9	−0.097	0.165	0.014	−0.094	−0.068	−0.003	−0.014	−0.050	−0.779	0.052	1.000	−0.004
V_8	−0.176	1.000	0.041	0.050	−0.124	0.011	−0.011	−0.154	−0.154	−0.170	0.165	0.109
V_7	0.040	−0.154	−0.457	0.613	0.020	0.167	0.009	1.000	−0.172	0.212	−0.050	−0.086
V_6	0.061	−0.170	−0.451	−0.252	0.243	0.031	−0.028	0.212	−0.255	1.000	0.052	−0.011
V_5	−0.034	0.050	−0.162	1.000	−0.300	0.085	−0.029	0.613	0.053	−0.252	−0.094	−0.088
V_4	0.021	−0.124	0.162	−0.300	1.000	−0.050	0.009	0.020	−0.187	0.243	−0.068	0.059
V_3	−0.056	−0.011	−0.039	−0.029	0.009	−0.020	1.000	0.009	0.017	−0.028	−0.014	0.001
V_2	1.000	−0.176	−0.069	−0.034	0.021	0.078	−0.056	0.040	−0.005	0.061	−0.097	0.030
V_1	−0.069	0.041	1.000	−0.162	0.162	−0.030	−0.039	−0.457	−0.001	−0.451	0.014	0.041

通过回归分析，筛选出对晋东南经济区水域地类发生贡献率较明显的影响因子共 7 个，它们之间的相关性均比较小（表 5-10）。对晋东南经济区水域的分布影响最为明显的解释变量是三个地形因子，其中坡度与水域的分布呈现明显的负相关，说明研究区水域主要分布在地势较低的地带，这也是符合自然规律的，从晋东南经济区整体范围来看，其四周是高山，中间是盆地，间隙处为河谷，北部有蛛网式的浊漳河东出太行，南部有沁河及其支流丹河南下中原，大面积水域主要集中在地势较平坦的地区，而在高程较高的上游区域水体面积较少，越到下游的谷地水域面积越大。通过观察坡度及高程对于水域发生概率的 $\exp(\beta)$ 值可知，坡度每增加一个单位，研究区水域的发生概率减少 0.857 374 4 倍；高程每增加一个单位，研究区水域的发生概率将减少 0.997 145 2 倍。

表 5-10　晋东南经济区水域各影响因子相关系数矩阵

影响因子	V_6	V_1	V_{10}	V_3	V_7	V_2	V_8
V_{10}	−0.074	0.155	1.000	−0.035	−0.246	−0.109	−0.284
V_8	−0.190	0.012	−0.284	0.010	−0.202	−0.324	1.000
V_7	0.096	−0.495	−0.246	0.123	1.000	0.031	−0.202
V_6	1.000	−0.220	−0.074	0.005	0.096	0.068	−0.190
V_3	0.005	−0.290	−0.035	1.000	0.123	−0.096	0.010
V_2	0.068	−0.055	−0.109	−0.096	0.031	1.000	−0.324
V_1	−0.220	1.000	0.155	−0.290	−0.495	−0.055	0.012

通过表 5-6 可知，与晋东南经济区建设用地的分布呈正相关的影响因子有人口密度、地均 GDP、平均气温及距主要河流距离，这几个影响因子的贡献率均较高，说明建设用地的发生不但与人口密度和地区的经济总量有关，交通条件和气候条件的适宜性也是本书研究区建设用地发生的重要影响因子。与晋东南经济区建设用地的分布呈明显负相关的影响因子主要有坡度和高程，其中与坡度因子的贡献率最高影响最明显，说明对于研究区，与耕地类似，建设用地主要分布于地势平坦的盆地及部分沟川地和台地、垣地，而非地势较高坡度较大的山地，如太行山、太岳山及中条山等地带，这也造成了建设用地与耕地的供需矛盾，导致晋东南经济区出现明显的耕地与建设用地争地现象。这种供需矛盾为本书后面章节的土地利用配置问题明确了研究目标与优化方向。通过观察不同因子对于建设用地发生概率的 $\exp(\beta)$ 值可知，人口密度、地均 GDP 及平均气温每增加一个单位，研究区建设用地的发生概率分别增加 1.000 192 倍、1.000 660 5 倍和 1.010 229 5 倍；坡度及高程每增加一个单位，研究区建设用地的发生概率将减少 0.593 014 4 倍及 0.998 660 2 倍。本书通过 Logistic 回归，筛选出对研究区建设用地地类发生贡献率较明显的影响因子共 9 个，它们之间的相关性不尽相同，但基本都在可以接受的范围以内，多重因子共线性问题同样不明显，表 5-11 为贡献因子的相关性矩阵，以供参考。

表 5-11　晋东南经济区建设用地各影响因子相关系数矩阵

影响因子	V_{12}	V_8	V_2	V_5	V_{11}	V_{10}	V_6	V_1	V_9
V_{12}	1.000	−0.069	0.023	0.056	−0.361	0.150	−0.040	0.098	−0.046
V_{11}	−0.361	0.348	0.014	0.037	1.000	−0.124	0.073	−0.070	0.024
V_{10}	0.150	−0.145	−0.015	−0.098	−0.124	1.000	−0.376	0.187	−0.843
V_9	−0.046	0.034	−0.084	0.196	0.024	−0.843	0.138	−0.182	1.000
V_8	−0.069	1.000	−0.119	0.156	0.348	−0.145	0.003	−0.121	0.034
V_6	−0.040	0.003	−0.115	−0.246	0.073	−0.376	1.000	−0.419	0.138
V_5	0.056	0.156	0.138	1.000	0.037	−0.098	−0.246	−0.157	0.196
V_2	0.023	−0.119	1.000	0.138	0.014	−0.015	−0.115	−0.111	−0.084
V_1	0.098	−0.121	−0.111	−0.157	−0.070	0.187	−0.419	1.000	−0.182

综合上述分析，对晋东南经济区各土地利用类型发生概率与空间分布影响较大的因子是坡度，其与部分地类为正相关关系，如林地和草，与其他地类如耕地、建设用地及水域都呈负相关关系。此外，人口密度也是本著作区对土地利用变化贡献率较大的影响因子。本部分通过对不同地类及其贡献因子关系的定量分析，揭示研究区土地利用变化的主要影响因素及其定量化值，以便据此构建不同地类的回归方程。

5.3.3　回归方程的建立

将表 5-6 中各驱动因子的 β 系数值代入 Logistic 回归模型得到 2010 年晋东南经济区各土地利用类型的回归方程如下：

1）林地

$$\log\left(\frac{P_0}{1-P_0}\right) = 0.000\,308\,21V_{12} - 0.008\,381\,62V_{11} + 0.000\,011\,29V_{10} + 0.000\,015\,50V_9 + 0.000\,017\,01V_8$$
$$- 0.000\,022\,79V_7 - 0.000\,025\,33V_6 - 0.003\,486\,28V_5 + 0.720\,060\,13V_4 - 0.000\,759\,68V_3$$
$$+ 0.131\,075\,43V_2 + 0.002\,429\,29V_1 - 8.425\,424\,52$$

2）草地

$$\log\left(\frac{P_1}{1-P_1}\right) = -0.001\,158\,39V_{12} - 0.001\,997\,30V_{11} + 0.000\,009\,16V_{10} - 0.000\,017\,09V_9 + 0.000\,020\,48V_7$$
$$+ 0.000\,009\,87V_6 + 0.004\,081\,35V_5 - 0.378\,572\,87V_4 + 0.000\,703\,26V_3 + 0.020\,999\,82V_2$$
$$- 0.000\,988\,00V_1 + 0.524\,891\,51$$

3）耕地

$$\log\left(\frac{P_2}{1-P_2}\right) = -0.000\,172\,1V_{12} - 0.000\,039\,94V_{11} - 0.000\,013\,27V_{10} - 0.000\,004\,44V_9 - 0.000\,045\,94V_8$$
$$+ 0.000\,014\,71V_7 + 0.000\,024\,72V_6 + 0.006\,747\,67V_5 - 0.178\,472\,81V_4 + 0.001\,171\,94V_3$$
$$- 0.265\,568\,38V_2 - 0.002\,201\,73V_1 + 1.535\,894\,18$$

4）水域

$$\log\left(\frac{P_3}{1-P_3}\right) = -0.000\,035\,43V_{10} + 0.000\,049\,15V_8 + 0.000\,014\,14V_7 - 0.000\,163\,11V_6 + 0.003\,699\,63V_3$$
$$- 0.153\,880\,56V_2 - 0.002\,858\,84V_1 - 2.081\,504\,78$$

5）建设用地

$$\log\left(\frac{P_3}{1-P_3}\right) = -0.000\,035\,43V_{10} + 0.000\,049\,15V_8 + 0.000\,014\,14V_7 - 0.000\,163\,11V_6 + 0.003\,699\,63V_3$$
$$- 0.153\,880\,56V_2 - 0.002\,858\,84V_1 - 2.081\,504\,78$$

5.3.4　回归结果检验

在对晋东南经济区的土地利用进行 Logistic 回归分析之后，得到的概率分布图与真实现状是否具有较高的一致性，需要对其进行一致性检验。本著作采用最常用的由 Ponitius R.G. [119] 提出的 ROC 曲线方法对回归结果进行检验。分析结果是否通过检验，是通过 ROC 曲线和对角线之间的面积大小来界定的，一般来说，一个随机确定的模型所确定的 ROC 值为 0.5，而最为理想化的状态是 ROC 达到 1。曲线的拟合值越接近 1，说明拟合效果越好，回归的结果和真实情况越相符。以下为在 0.05 的置信水平下得到的晋东南经济区 400m 特征尺度下不同地类的 ROC 统计曲线检验结果如图 5-12 所示。

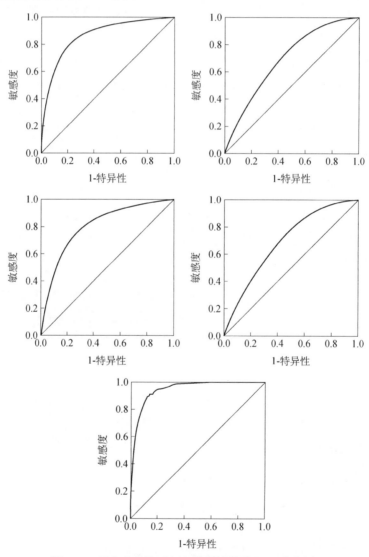

图 5-12　晋东南经济区各土地利用类型 ROC 曲线图

注：从左至右由上到下依次为林地、草地、耕地、水域、建设用地

ROC 检验结果（表 5-12）显示各土地利用类型的拟合度分别为：林地 0.863、草地 0.691、耕地 0.804、水域 0.845、建设用地 0.951。由检验结果可知，建设用地的拟合度最好，说明在晋东南经济区，Logistic 回归模型对于建设用地及其影响因子关系的定量分析效果最好，而草地的拟合度相对于其他土地利用类型较低，说明草地具有相对较强的动态性。

表 5-12　晋东南经济区各地类 ROC 曲线参数

地类	曲线下的面积	标准误(a)	渐进 Sig.(b)	渐近 95% 置信区间	
				下限	上限
林地	0.863	0.002	0.000	0.859	0.867
草地	0.691	0.004	0.000	0.683	0.698
耕地	0.804	0.003	0.000	0.799	0.809
水域	0.845	0.015	0.000	0.816	0.874
建设用地	0.951	0.004	0.000	0.944	0.958

注：a. 在非参数假设下；b. 零假设：实面积= 0.5。

本部分利用二元 Logistic 回归模型对晋东南经济区土地利用变化及其影响因子的关系进行定量分析，并由此刻画出不同土地利用类型的空间分布概率，从而揭示了各种自然环境、社会经济因子及其组合对不同土地利用类型在不同空间位置上的影响程度。该研究结果不仅为分析晋东南经济区土地利用变化的内在机制提供了参考，而且对于研究土地资源管理、土地利用规划、土地资源的合理开发以及优化配置都具有一定的指导意义。并且分析结果证明二元 Logistic 回归模型是研究土地利用变化及其影响因素定量关系的一种很好的模型。通过该模型对黄土高原南部地区其他自然环境和社会经济条件略有差异的典型区进行研究，可以全面刻画黄土高原南部地区土地利用变化的影响机制，并实现不同典型区域的多尺度对比分析。

5.3.5　空间分布概率

利用上述回归分析结果，将各个影响因子的 β 系数值代入上面不同地类的回归方程中，利用 ArcMap 中的栅格计算器，对各影响因子因子栅格图层进行栅格计算可以求出晋东南经济区各土地利用类型的空间分布概率图，如图 5-13 所示，其中分布的概率值越大，表示此种土地利用类型的出现概率越大。

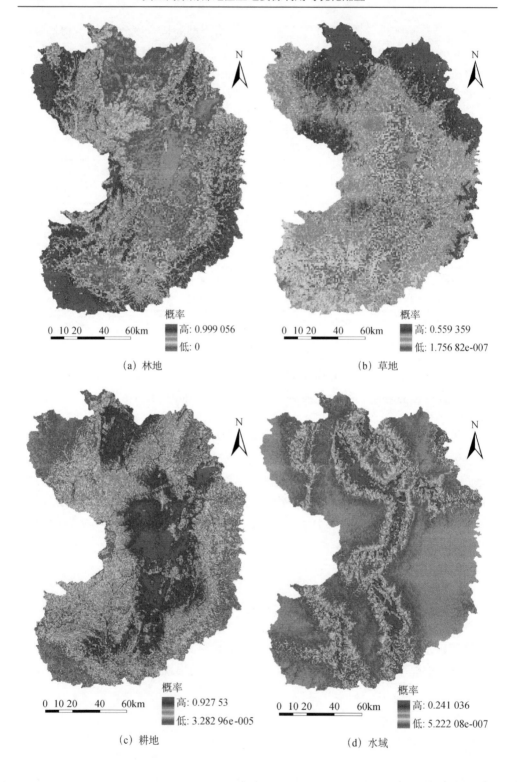

（a）林地

概率
高: 0.999 056
低: 0

0 10 20　40　60km

（b）草地

概率
高: 0.559 359
低: 1.756 82e-007

0 10 20　40　60km

（c）耕地

概率
高: 0.927 53
低: 3.282 96e-005

0 10 20　40　60km

（d）水域

概率
高: 0.241 036
低: 5.222 08e-007

0 10 20　40　60km

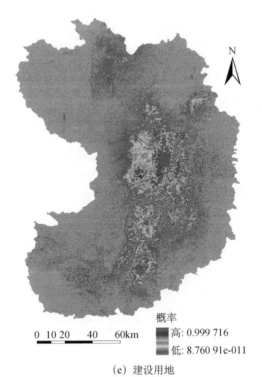

（e）建设用地

图 5-13　2010 年晋东南经济区各土地利用类型空间分布概率图

5.4　大西安规划区土地利用特征尺度 Logistic 回归

5.4.1　Binary Logistic 回归统计参数计算

大西安规划区的土地利用及其影响因子在进行 Logistic 回归时，最佳尺度为 210m×210m（由 5.1 节可知），其各个地类的统计特征值及统计量见表 5-13。

表 5-13　大西安规划区 Logistic 统计特征值及统计量

因变量	因子	β	S.E.	Wald	d_f	Sig.	$\exp(\beta)$
林地	V_{14}	0.000 377 10	0.000 034 41	120.068 527 41	1	0.000 000 00	1.000 377 18
	V_{13}	0.000 307 91	0.000 103 72	8.813 057 80	1	0.002 990 82	1.000 307 96
	V_{11}	−0.003 672 56	0.000 145 49	637.198 949 61	1	0.000 000 00	0.996 334 18
	V_{10}	0.000 013 62	0.000 002 85	22.915 093 33	1	0.000 001 69	1.000 013 62
	V_9	−0.000 043 59	0.000 002 76	250.028 924 94	1	0.000 000 00	0.999 956 42
	V_8	0.000 054 54	0.000 003 34	267.150 621 85	1	0.000 000 00	1.000 054 54
	V_7	−0.000 024 06	0.000 002 27	112.739 283 04	1	0.000 000 00	0.999 975 94

续表

因变量	因子	β	S.E.	Wald	d_f	Sig.	$\exp(\beta)$
林地	V_6	0.000 027 04	0.000 003 15	73.760 617 85	1	0.000 000 00	1.000 027 04
	V_5	−0.001 141 66	0.000 250 13	20.832 092 95	1	0.000 005 01	0.998 858 99
	V_4	0.114 448 57	0.017 854 86	41.087 311 06	1	0.000 000 00	1.121 254 97
	V_3	0.001 142 55	0.000 166 83	46.905 584 71	1	0.000 000 00	1.001 143 21
	V_2	0.036 771 61	0.003 430 74	114.881 400 59	1	0.000 000 00	1.037 456 05
	V_1	0.001 099 74	0.000 056 07	384.711 457 18	1	0.000 000 00	1.001 100 35
	常数	−2.975 536 60	0.206 342 26	207.947 755 34	1	0.000 000 00	0.051 020 05
草地	V_{14}	0.000 917 70	0.000 105 94	75.036 375 21	1	0.000 000 00	1.000 918 13
	V_{13}	0.000 358 29	0.00 003 350	114.404 606 30	1	0.000 000 00	1.000 358 35
	V_{11}	−0.002 671 92	0.000 094 51	799.223 706 75	1	0.000 000 00	0.997 331 64
	V_{10}	0.000 033 98	0.000 002 51	183.613 701 22	1	0.000 000 00	1.000 033 98
	V_9	0.000 008 70	0.000 002 11	16.939 324 00	1	0.000 038 59	1.000 008 70
	V_8	−0.000 066 14	0.000 002 73	587.396 507 33	1	0.000 000 00	0.999 933 86
	V_7	0.000 006 83	0.000 001 91	12.729 013 65	1	0.000 360 03	1.000 006 83
	V_5	0.001 100 19	0.000 241 37	20.776 248 59	1	0.000 005 16	1.001 100 79
	V_4	−0.047 082 70	0.015 985 05	8.675 502 51	1	0.003 225 16	0.954 008 50
	V_3	−0.000 447 24	0.000 152 02	8.654 783 75	1	0.003 262 04	0.999 552 86
	V_2	0.059 399 76	0.003 062 51	376.197 221 41	1	0.000 000 00	1.061 199 38
	常数	−1.214 029 21	0.184 700 58	43.203 781 96	1	0.000 000 00	0.296 998 20
耕地	V_{14}	0.000 059 45	0.000 002 02	869.647 909 40	1	0.000 000 00	1.000 059 45
	V_{13}	0.000 034 80	0.000 002 63	174.894 297 16	1	0.000 000 00	1.000 034 80
	V_{12}	−0.000 286 12	0.000 013 43	453.668 293 80	1	0.000 000 00	0.999 713 92
	V_{11}	−0.000 147 09	0.000 015 27	92.824 160 44	1	0.000 000 00	0.999 852 92
	V_{10}	−0.000 034 46	0.000 002 69	164.308 135 09	1	0.000 000 00	0.999 965 54
	V_9	0.000 028 14	0.000 002 55	121.535 194 05	1	0.000 000 00	1.000 028 15
	V_8	0.000 020 50	0.000 003 23	40.208 823 89	1	0.000 000 00	1.000 020 50
	V_7	0.000 012 82	0.000 001 75	53.651 364 40	1	0.000 000 00	1.000 012 82
	V_6	0.000 019 63	0.000 003 31	35.205 303 94	1	0.000 000 00	1.000 019 63
	V_5	0.004 211 70	0.000 296 50	201.770 666 39	1	0.000 000 00	1.004 220 58
	V_4	−0.099 214 50	0.019 415 02	26.114 075 92	1	0.000 000 32	0.905 548 45
	V_3	−0.000 588 71	0.000 155 03	14.420 553 02	1	0.000 146 20	0.999 411 46
	V_2	−0.141 330 35	0.005 025 94	790.744 644 39	1	0.000 000 00	0.868 202 46
	V_1	−0.003 074 91	0.000 092 92	1 095.154 798 80	1	0.000 000 00	0.996 929 81
	常数	1.444 004 04	0.238 746 17	36.581 709 95	1	0.000 000 00	4.237 629 54
水域	V_{12}	−0.000 330 87	0.000 068 11	23.597 635 10	1	0.000 001 19	0.999 669 18
	V_{11}	−0.000 842 66	0.000 145 60	33.497 391 11	1	0.000 000 01	0.999 157 69
	V_8	0.000 029 67	0.000 008 54	12.069 058 36	1	0.000 512 66	1.000 029 67
	V_7	−0.000 014 41	0.000 004 01	12.928 590 57	1	0.000 323 60	0.999 985 59
	V_6	−0.000 255 41	0.000 019 84	165.770 921 39	1	0.000 000 00	0.999 744 62
	V_4	0.250 811 74	0.046 766 25	28.762 767 39	1	0.000 000 08	1.285 068 14

续表

因变量	因子	β	S.E.	Wald	d_f	Sig.	$\exp(\beta)$
水域	V_1	−0.005 374 16	0.000 395 03	185.077 671 15	1	0.000 000 00	0.994 640 25
	常数	−2.395 868 28	0.498 933 89	23.058 968 37	1	0.000 001 57	0.091 093 55
建设用地	V_{12}	0.000 392 53	0.000 017 72	490.516 260 91	1	0.000 000 00	1.000 392 61
	V_{11}	0.000 446 98	0.000 024 78	325.500 419 92	1	0.000 000 00	1.000 447 08
	V_{10}	0.000 039 79	0.000 006 85	33.750 050 88	1	0.000 000 01	1.000 039 79
	V_9	−0.000 024 05	0.000 005 88	16.732 204 03	1	0.000 043 04	0.999 975 95
	V_8	−0.000 051 24	0.000 006 89	55.357 492 95	1	0.000 000 00	0.999 948 76
	V_7	−0.000 014 56	0.000 003 81	14.599 067 34	1	0.000 132 98	0.999 985 44
	V_5	0.004 062 02	0.001 239 75	10.735 349 79	1	0.001 051 08	1.004 070 28
	V_4	0.580 528 70	0.069 142 19	70.495 456 14	1	0.000 000 00	1.786 982 96
	V_2	−0.109 055 66	0.023 496 18	21.542 795 29	1	0.000 003 46	0.896 680 51
	V_1	−0.002 925 13	0.000 386 91	57.158 638 86	1	0.000 000 00	0.997 079 14
	常数	−10.319 673 01	1.279 471 42	65.053 503 51	1	0.000 000 00	0.000 032 98
未利用地	V_{10}	0.000 005 23	0.000 000 80	42.289 291 62	1	0.000 000 00	1.000 005 23
	V_9	0.000 148 65	0.000 028 05	28.079 154 76	1	0.000 000 12	1.000 148 66
	V_8	0.000 022 86	0.000 002 80	66.703 573 16	1	0.000 000 00	1.000 022 86
	V_7	0.000 114 34	0.000 029 81	14.710 072 34	1	0.000 125 37	1.000 114 34
	V_6	−0.000 429 01	0.000 028 29	229.972 143 60	1	0.000 000 00	0.999 571 08
	V_5	−0.007 504 78	0.000 918 51	66.758 741 51	1	0.000 000 00	0.992 523 31
	V_4	0.251 651 65	0.052 430 48	23.037 321 24	1	0.000 001 59	1.286 147 93
	V_2	0.002 454 17	0.001 038 25	5.587 373 04	1	0.018 090 41	1.002 457 18
	V_1	−0.000 566 79	0.000 117 55	23.248 785 35	1	0.000 001 42	0.999 433 37
	常数	0.012 801 02	0.361 273 64	0.001 255 50	1	0.971 734 45	1.012 883 30

注：β 为方程系数；S.E.为标准差；Wald 为 Wald 统计量；d_f 为自由度；Sig.为拟合优度检验；$\exp(\beta)$ 为发生比。

5.4.2 不同土地利用类型及其影响因子分析

通过 Logistic 回归，筛选出对研究区林地地类发生贡献率较明显的影响因子13 个，它们之间的相关性大小不一（表 5-14），但基本都在可以接受的范围以内，多重因子共线性问题不明显。通过与表 5-13 的对比分析发现，对研究区林地的分布影响最为明显的解释变量有平均气温、坡度、人口密度和降水量，其中平均气温及坡度与林地的出现呈现明显的正相关，说明在研究区平均气温高的地方，林地出现的概率较大，同时受坡度的影响比较明显，坡度较大的地方，林地出现的概率增加，这与研究区林地的主要分布在坡度较大的山地有着直接的关系，特别是在研究区南部秦岭山麓地带，集中分布着大量的林地地类。而人口密度与研究区林地的出现呈现明显的负相关，表明人口密度大的地方，林地出现的概率比较小，原因是对于大西安规划区来说，人口主要集中分布在河谷平原地区的市县城区及乡镇，而林地在研究区此类地方较少分布。平均气温对于林地的 $\exp(\beta)$ 值为 1.121 255，表明平均气温每增加一个单位，林地地类出现的概率将增加 1.121 255 倍。同理，坡度对于林地的 $\exp(\beta)$ 值为 1.037 456 1，表明坡度每增加一个单位，林地地类出现的概率将增加 1.037 456 1 倍。而人口密度对于林地的 $\exp(\beta)$ 值为 0.996 334 2，表明人口密度每增加一个单位，林地地类出现的概率将减少 0.996 334 2 倍。

表 5-14　大西安规划区林地各影响因子相关系数矩阵

影响因子	V_1	V_2	V_8	V_9	V_{11}	V_7	V_{14}	V_6	V_{13}	V_3	V_4	V_{10}	V_5
V_{14}	0.010	0.132	−0.311	−0.314	0.155	−0.004	1.000	−0.076	−0.047	0.042	0.115	−0.150	−0.006
V_{13}	−0.050	−0.019	0.003	0.099	−0.080	0.032	0.144	−0.047	1.000	0.003	−0.050	−0.006	0.051
V_{11}	0.329	0.249	−0.065	−0.048	1.000	−0.008	0.155	0.059	0.155	0.012	0.043	0.097	−0.113
V_{10}	0.120	0.032	−0.283	−0.428	0.097	−0.635	−0.150	0.133	−0.150	0.001	0.554	1.000	−0.628
V_9	−0.145	−0.100	−0.080	1.000	−0.048	0.390	−0.314	−0.502	−0.314	0.024	−0.168	−0.428	0.195
V_8	−0.400	0.148	1.000	−0.080	−0.065	−0.302	−0.311	0.123	0.003	0.036	−0.136	−0.283	0.111
V_7	−0.138	−0.107	−0.302	0.390	−0.008	1.000	−0.004	−0.180	−0.004	0.002	−0.584	−0.635	0.540
V_6	−0.008	0.041	0.123	−0.502	0.059	−0.180	−0.076	1.000	−0.076	−0.018	0.055	0.133	−0.081
V_5	−0.166	−0.009	0.111	0.195	−0.113	0.540	−0.006	−0.081	−0.080	−0.080	−0.367	−0.628	1.000
V_4	0.144	−0.143	−0.136	−0.168	0.043	−0.584	0.115	0.055	0.115	0.018	1.000	0.554	−0.367
V_3	0.007	−0.015	0.036	0.024	0.012	0.002	0.042	−0.018	0.042	1.000	0.018	0.001	−0.080
V_2	−0.282	1.000	0.148	−0.100	0.249	−0.107	0.132	0.041	−0.019	−0.015	−0.143	0.032	−0.009
V_1	1.000	−0.282	−0.400	−0.145	0.329	−0.138	0.010	−0.008	−0.050	0.007	0.144	0.120	−0.166

对大西安规划区草地的分布影响最为明显的解释变量是坡度和平均气温，降水量及人口密度也是对研究区草地地类发生贡献率较高的影响因子。在这些影响因子中，坡度与草地的出现概率呈现明显的正相关，表明研究区草地主要分布在坡度相对较大的山间谷地，而河谷平原等平坦地区出现的概率较低，这一点与研究区林地地类的分布相类似，一般情况下草地地类在山间林地与平原区的过渡地带出现的概率较高。平均气温及人口密度与研究区草地地类的出现呈负相关，说明草地地类对温度的依赖性没有林地地类高，与林地相同的是草地地类在大西安规划区的分布是与人口密度高度呈负相关的，表明在研究区人口相对集中的市县城区及乡镇，草地地类分布比较少。从各影响因子的 $\exp(\beta)$ 值中可以看出，坡度和降水量的 $\exp(\beta)$ 值分别为 1.061 199 4 和 1.001 100 8，说明坡度和降水量每增加一个单位，草地发生的概率将分别增加 1.061 199 4 倍和 1.001 100 8 倍；平均气温与人口密度对于草地的 $\exp(\beta)$ 值分别为 0.954 008 5 倍和 0.997 331 6，说明坡度和降水量每增加一个单位，草地发生的概率将分别减少 0.954 008 5 倍和 0.997 331 6 倍。通过

Logistic 回归，筛选出对研究区草地地类发生贡献率较明显的影响因子共 11 个，它们之间的相关性不尽相同（表 5-15），但基本都在可以接受的范围以内，多重因子共线性问题不明显。

表 5-15　大西安规划区草地各影响因子相关系数矩阵

影响因子	V_2	V_{10}	V_{14}	V_8	V_{11}	V_9	V_{13}	V_5	V_3	V_7	V_4
V_{14}	−0.099	0.012	1.000	0.112	−0.249	0.326	0.088	0.236	0.011	−0.140	−0.061
V_{13}	−0.007	−0.310	0.088	−0.026	−0.140	−0.131	1.000	0.033	0.192	−0.168	0.019
V_{11}	0.421	0.091	−0.249	0.155	1.000	−0.057	−0.140	−0.043	0.022	−0.024	−0.043
V_{10}	0.026	1.000	0.012	−0.351	0.091	−0.360	−0.310	−0.657	−0.025	−0.593	0.523
V_9	−0.108	−0.360	0.326	−0.099	−0.057	1.000	−0.131	0.120	0.037	0.288	−0.079
V_8	−0.107	−0.351	0.112	1.000	0.155	−0.099	−0.026	0.155	0.029	−0.305	−0.170
V_7	−0.083	−0.593	−0.140	−0.305	−0.024	0.288	−0.168	0.514	0.024	1.000	−0.544
V_5	−0.008	−0.657	0.236	0.155	−0.043	0.120	0.033	1.000	−0.075	0.514	−0.380
V_4	−0.160	0.523	−0.061	−0.170	−0.043	−0.079	0.019	−0.380	−0.003	−0.544	1.000
V_3	−0.038	−0.025	0.011	0.029	0.022	0.037	0.192	−0.075	1.000	0.024	−0.003
V_2	1.000	0.026	−0.099	−0.107	0.421	−0.108	−0.007	−0.008	−0.038	−0.083	−0.160

通过 Logistic 回归，对研究区耕地地类发生贡献率较明显的影响因子较多，本书所选择的因子全部参与回归方程的构建，说明它们对大西安规划区耕地地类的发生概率均起到较为明显的作用，但贡献程度不同，它们之间的相关性也大小不一（表 5-16）。通过与表 5-13 的对比分析发现，与耕地的分布呈现较为明显正相关的解释变量有降水量、土壤氮含量及土壤碳含量，说明研究区耕地的分布除了对降水具有依赖性外，还与土壤肥力有着重要的联系，降水越多，土壤氮、碳含量越高，耕地地类出现的概率越高。与研究区耕地的分布呈现最为明显负相关的影响因子为坡度，这一点与研究区林地及草地地类刚好相反，说明在研究区坡度越大的地方越不适合开垦耕地，而坡度较小的地方，耕地出现的概率较高。研究区耕地地主要分布在地势平坦的河谷平原，特别是在研究区中部的渭河谷地，集中分布着大量的耕地地类。降水量对于耕地的 exp(β)值为 1.004 220 6，表明降水量每增加一个单位，耕地地类出现的概率将增加 1.004 220 6 倍。土壤氮含量及土壤碳含量对于耕地地类的 exp(β)值分别为 1.000 059 5 和 1.000 034 8，表明土壤肥力指标每增加一个单位，耕地地类出现的概率将增加相应倍数。坡度对于耕地的 exp(β)值为 0.868 202 5，表明坡度每增加一个单位，耕地地类出现的概率将减少 0.868 202 5 倍。

表 5-16　大西安规划区耕地各影响因子相关系数矩阵

影响因子	V_1	V_{12}	V_2	V_{14}	V_9	V_{11}	V_5	V_{10}	V_{13}	V_6	V_7	V_8	V_4	V_3
V_{14}	−0.120	−0.103	0.031	1.000	0.133	0.025	−0.062	−0.099	−0.150	0.282	−0.104	−0.052	−0.015	0.021
V_{14}	0.005	0.133	0.240	−0.150	−0.187	0.029	0.017	−0.172	1.000	0.041	−0.088	0.059	−0.624	0.001
V_{14}	0.062	1.000	0.002	−0.103	−0.045	−0.414	−0.105	0.150	0.133	0.106	0.144	−0.233	0.021	−0.050
V_{11}	0.029	−0.414	0.101	0.025	0.010	1.000	0.023	−0.050	0.029	−0.019	0.003	0.099	−0.080	0.032
V_{10}	0.004	0.150	−0.076	−0.099	−0.311	−0.050	−0.602	1.000	−0.172	−0.072	−0.554	−0.387	0.414	−0.024
V_9	−0.039	−0.045	0.028	0.133	1.000	0.010	0.132	−0.311	−0.187	−0.314	0.155	−0.004	0.007	0.051
V_8	−0.478	−0.233	0.115	−0.052	−0.004	0.099	0.309	−0.387	0.059	0.002	0.136	1.000	−0.262	0.026
V_7	−0.284	0.144	0.042	−0.104	0.155	0.003	0.461	−0.554	−0.088	0.063	1.000	0.136	−0.479	0.042
V_6	−0.144	0.106	−0.047	0.282	−0.314	−0.019	0.095	−0.072	0.041	1.000	0.063	0.002	−0.054	−0.013
V_5	−0.297	−0.105	0.086	−0.062	0.132	0.023	1.000	−0.602	0.017	0.095	0.461	0.309	−0.277	−0.111
V_4	0.159	0.021	−0.150	−0.015	0.007	−0.080	−0.277	0.414	−0.624	−0.054	−0.479	−0.262	1.000	−0.001
V_3	0.003	−0.050	−0.006	0.021	0.051	0.032	−0.111	−0.024	0.001	−0.013	0.042	0.026	−0.001	1.000
V_2	−0.489	0.002	1.000	0.031	0.028	0.101	0.086	−0.076	0.240	−0.047	0.042	0.115	−0.150	−0.006
V_1	1.000	0.062	−0.489	−0.120	−0.039	0.029	−0.297	0.004	0.005	−0.144	−0.284	−0.478	0.159	0.003

通过 Logistic 回归分析，筛选出对大西安规划区水域地类发生贡献率较明显的影响因子共 7 个，它们之间的相关性均比较小（表 5-17），但高程因子与平均气温因子的相关性较大，其值为−0.194。对大西安规划区水域的分布影响最为明显的解释变量是高程，其与水域的分布呈现出明显的负相关，说明研究区水域主要分布在地势较低的地带，这也是符合自然规律的，从大西安规划区整体范围来看，水体主要集中在渭河流域，而在高程较高的上游区域水体面积较少，越到下游的谷地水域面积越大。同时回归结果显示，研究区水域的发生概率还与平均气温有一定的正相关关系，结合影响因子相关性表，高程越高的地方平均气温越低，高程越低的地方平均气温越高，所以研究区水域地类与高程的负相关关系也解释了其与平均气温的正相关关系。通过观察高程及平均气温对于水域发生概率的 $\exp(\beta)$ 值可知，高程每增加一个单位，研究区水域的发生概率减少 0.994 640 3 倍；平均气温每增加一个单位，研究区水域的发生概率将增加 1.285 068 1 倍。

表 5-17　大西安规划区水域各影响因子相关系数矩阵

影响因子	V_6	V_1	V_{12}	V_4	V_8	V_{11}	V_7
V_{12}	0.076	0.008	1.000	0.063	−0.107	−0.361	0.204
V_{11}	−0.146	0.011	−0.361	−0.185	0.116	1.000	0.048
V_8	−0.095	−0.059	−0.107	−0.104	1.000	0.116	0.105
V_7	−0.099	−0.228	0.204	−0.177	0.105	0.048	1.000

续表

影响因子	V_6	V_1	V_{12}	V_4	V_8	V_{11}	V_7
V_6	1.000	−0.050	0.076	0.001	−0.095	−0.146	−0.099
V_4	0.001	−0.194	0.063	1.000	−0.104	−0.185	−0.177
V_1	−0.050	1.000	0.008	−0.194	−0.059	0.011	−0.228

通过表 5-13 可知，与大西安规划区建设用地的分布呈正相关的影响因子有人口密度、地均 GDP、平均气温及降水量，这几个影响因子的贡献率均较高，说明建设用地的发生不但与人口密度和地区的经济总量有关，气温和降水等气候条件的适宜性也是本书研究区建设用地发生的重要影响因子。与大西安规划区建设用地的分布呈明显负相关的影响因子有坡度、高程，以及距县城、市中心、公路的距离，其中与坡度因子的贡献率最高影响最明显，说明对于研究区，与耕地类似，建设用地主要分布于地势平坦的河谷平原区，而非地势较高坡度较大的山地，如秦岭山麓地带，这也造成了建设用地与耕地的供需矛盾，导致大西安规划区出现明显的耕地与建设用地争地现象。这种供需矛盾为本书后面章节的土地利用配置问题明确了研究目标与优化方向。此外，建设用地与距县城、市中心、公路的距离呈负相关，说明建设用地的发生对已有建设用地及交通设施具有高度依赖特征。通过观察不同因子对于建设用地发生概率的 $\exp(\beta)$ 值可知，人口密度、地均 GDP、平均气温及降水量每增加一个单位，研究区建设用地的发生概率分别增加 1.000 447 1 倍、1.000 392 6 倍、1.786 983 倍和 1.004 070 3 倍；而坡度、高程，以及距县城、市中心、公路的距离每增加一个单位，研究区建设用地的发生概率将减少 0.896 680 5 倍、0.997 079 1 倍、0.999 948 8 倍、0.999 985 4 倍及 0.999976 倍。本节通过 Logistic回归，筛选出对研究区建设用地地类发生贡献率较明显的影响因子共 10 个，它们之间的相关性不尽相同，但基本都在可以接受的范围以内，多重因子共线性问题同样不明显，表 5-18 为贡献因子的相关性矩阵，以供参考。

表 5-18　大西安规划区建设用地各影响因子相关系数矩阵

影响因子	V_{12}	V_{11}	V_1	V_9	V_5	V_4	V_8	V_2	V_{10}	V_7
V_{12}	1.000	−0.229	0.031	−0.034	−0.141	0.115	−0.205	−0.031	0.259	0.119
V_{11}	−0.229	1.000	−0.043	0.016	0.060	−0.067	0.124	0.063	−0.030	0.040
V_{10}	0.259	−0.030	−0.164	−0.245	−0.592	−0.075	−0.350	−0.063	1.000	−0.467
V_9	−0.034	0.016	−0.020	1.000	0.200	0.360	−0.008	0.006	−0.245	0.003
V_8	−0.205	0.124	−0.132	−0.008	0.271	−0.126	1.000	−0.027	−0.350	0.428
V_7	0.119	0.040	−0.205	0.003	0.498	−0.134	0.428	−0.040	−0.467	1.000
V_5	−0.141	0.060	−0.214	0.200	1.000	0.328	0.271	0.004	−0.592	0.498
V_4	0.115	−0.067	−0.003	0.360	0.328	1.000	−0.126	0.019	−0.075	−0.134
V_2	−0.031	0.063	−0.489	0.006	0.004	0.019	−0.027	1.000	−0.063	−0.040
V_1	0.031	−0.043	1.000	−0.020	−0.214	−0.003	−0.132	−0.489	−0.164	−0.205

最后，本节通过 Logistic 回归，发现对研究区未利用地地类发生贡献率较明显的影响因子共 9 个，它们之间的相关性不尽相同，表 5-19 为贡献因子的相关性矩阵，以供参考。

表 5-19　大西安规划区未利用地各影响因子相关系数矩阵

影响因子	V_{10}	V_6	V_5	V_8	V_9	V_4	V_1	V_7	V_2
V_{10}	1.000	0.096	0.372	−0.543	−0.044	−0.244	0.138	−0.047	−0.014
V_9	−0.044	−0.119	−0.012	0.057	1.000	−0.015	0.021	−0.189	−0.022
V_8	−0.543	−0.025	−0.454	1.000	0.057	0.315	−0.414	0.008	0.006
V_7	−0.047	−0.217	−0.080	0.008	−0.189	0.077	−0.093	1.000	−0.001
V_6	0.096	1.000	−0.217	−0.025	−0.119	0.150	−0.182	−0.217	0.010
V_5	0.372	−0.217	1.000	−0.454	−0.012	−0.829	0.614	−0.080	0.020
V_4	−0.244	0.150	−0.829	0.315	−0.015	1.000	−0.291	0.077	−0.028
V_2	−0.014	0.010	0.020	0.006	−0.022	−0.028	−0.032	−0.001	1.000
V_1	0.138	−0.182	0.614	−0.414	0.021	−0.291	1.000	−0.093	−0.032

综合上述分析，对大西安规划区各土地利用类型发生概率与空间分布影响较大的因子是坡度，其与部分地类为正相关关系，如林地和草地；与其他地类如耕地、建设用地及水域都呈负相关关系。本节通过对不同地类及其贡献因子关系的定量分析，揭示研究区土地利用变化的主要影响因素及其定量化值，以便据此构建不同地类的回归方程。

5.4.3　回归方程的建立

将表 5-13 中各驱动因子的 β 系数值代入 Logistic 回归模型得到 2010 年大西安规划区各土地利用类型的回归方程如下。

1）林地

$$\log\left(\frac{P_0}{1-P_0}\right) = 0.000\,377\,10V_{14} + 0.000\,307\,91V_{13} - 0.003\,672\,56V_{11} + 0.000\,013\,62V_{10} - 0.000\,043\,59V_9$$
$$+ 0.000\,054\,54V_8 - 0.000\,024\,06V_7 + 0.000\,027\,04V_6 - 0.001\,141\,66V_5 + 0.114\,448\,57V_4$$
$$+ 0.001\,142\,55V_3 + 0.036\,771\,61V_2 + 0.001\,099\,74V_1 - 2.975\,536\,60$$

2）草地

$$\log\left(\frac{P_1}{1-P_1}\right) = 0.000\,917\,7V_{14} + 0.000\,358\,29V_{13} - 0.002\,671\,92V_{11} + 0.000\,033\,98V_{10} + 0.000\,008\,70V_9$$
$$+ 0.000\,066\,14V_8 - 0.000\,006\,83V_7 + 0.001\,100\,19V_5 - 0.047\,082\,70V_4 - 0.000\,447\,24V_3$$
$$+ 0.059\,399\,76V_2 - 1.214\,029\,21$$

3）耕地

$$\log\left(\frac{P_2}{1-P_2}\right) = 0.000\,059\,45V_{14} + 0.000\,034\,801V_{13} - 0.000\,286\,12V_{12} - 0.000\,147\,09V_{11} - 0.000\,034\,46V_{10}$$
$$+ 0.000\,028\,14V_9 + 0.000\,020\,50V_8 + 0.000\,012\,82V_7 + 0.000\,019\,63V_6 + 0.004\,211\,70V_5$$
$$- 0.099\,214\,50V_4 - 0.000\,588\,71V_3 - 0.141\,330\,35V_2 - 0.003\,074\,91V_1 + 1.444\,004\,04$$

4）水域

$$\log\left(\frac{P_3}{1-P_3}\right) = -0.000\,330\,87V_{12} - 0.000\,842\,66V_{11} + 0.000\,029\,67V_8 - 0.000\,014\,41V_7 - 0.000\,255\,541V_6$$
$$+ 0.250\,811\,74V_4 - 0.005\,374\,16V_1 - 2.395\,868\,28$$

5）建设用地

$$\log\left(\frac{P_4}{1-P_4}\right) = 0.000\,392\,53V_{12} + 0.000\,446\,98V_{11} + 0.000\,039\,79V_{10} - 0.000\,024\,05V_9 - 0.000\,051\,24V_8$$
$$- 0.000\,014\,56V_7 + 0.004\,062\,02V_5 + 0.585\,287\,0V_4 - 0.109\,055\,66V_2 - 0.002\,925\,13V_1$$
$$- 10.319\,673\,01$$

6）未利用地

$$\log\left(\frac{P_5}{1-P_5}\right) = 0.000\,005\,23V_{10} + 0.000\,148\,65V_9 + 0.000\,022\,86V_8 + 0.000\,114\,34V_7 - 0.000\,429\,01V_6$$
$$- 0.007\,504\,78V_5 + 0.251\,651\,65V_4 + 0.002\,454\,17V_2 - 0.000\,566\,79V_1 + 0.012\,801\,02$$

5.4.4　回归结果检验

以下为在 0.05 的置信水平下得到的大西安规划区 210m 特征尺度下的 ROC 统计曲线检验结果如图 5-14 所示。

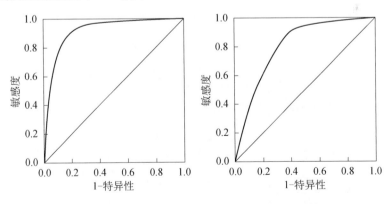

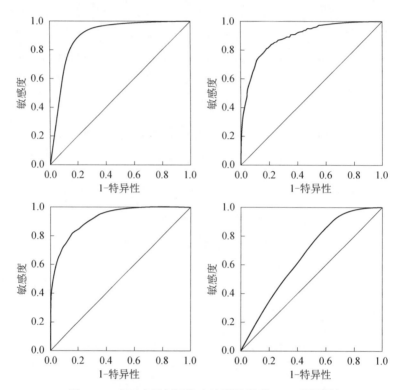

图 5-14　大西安规划区各土地利用类型 ROC 曲线图

注：从左至右由上到下依次为林地、草地、耕地、水域、建设用地、未利用地

ROC 检验结果（表 5-20）显示各土地利用类型的拟合度分别为：林地 0.917、草地 0.807、耕地 0.896、水域 0.889、建设用地 0.920、未利用地 0.669。由检验结果可知，草地的拟合度相对于其他土地利用类型较低，说明草地具有相对较强的

表 5-20　大西安规划区各地类 ROC 曲线参数

地类	曲线下的面积	标准误(a)	渐进 Sig.(b)	渐近 95% 置信区间	
				下限	上限
林地	0.917	0.002	0.000	0.913	0.920
草地	0.807	0.003	0.000	0.801	0.812
耕地	0.896	0.002	0.000	0.892	0.900
水域	0.889	0.008	0.000	0.875	0.904
建设用地	0.920	0.003	0.000	0.914	0.926
未利用地	0.669	0.003	0.000	0.663	0.675

注：a. 在非参数假设下；b. 零假设：实面积=0.5。

动态性；未利用地拟合度最低，说明模型对研究区未利用地测算效果较差，但未利用地在研究区土地总面积中所占比例极小，故对整体模拟结果影响不大，此处暂不考虑未利用地空间分布概率。

5.4.5　空间分布概率

对各影响因子因子栅格图层进行栅格计算可以求出大西安规划区各土地利用类型的空间分布概率图，如图 5-15 所示。

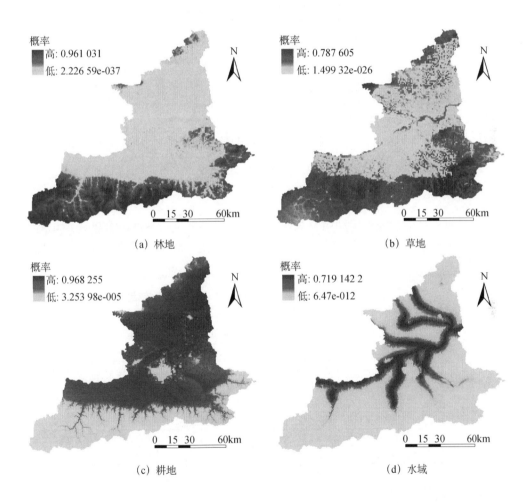

（a）林地　　　　　　　　　　　　　　（b）草地

（c）耕地　　　　　　　　　　　　　　（d）水域

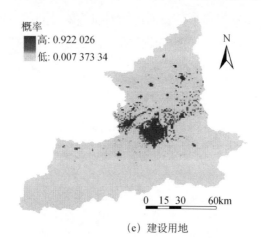

（e）建设用地

图 5-15　2010 年大西安规划区各土地利用类型空间分布概率图

5.5　延河流域下游段土地利用特征尺度 Logistic 回归

5.5.1　Binary Logistic 回归统计参数计算

延河流域下游段土地利用及其影响因素的特征尺度为 400m×400m，所以本节将在此尺度下进行延河流域下游段土地利用变化及其影响因素的 Logistic 回归，见表 5-21。

表 5-21　延河流域下游段 Logistic 统计特征值及统计量

因变量	因子	β	S.E.	Wald	d_f	Sig.	$\exp(\beta)$
林地	V_{11}	−0.003 447 74	0.000 181 79	359.692 010 37	1	0.000 000 00	0.996 558 20
	V_{10}	−0.000 012 83	0.000 000 78	272.568 259 99	1	0.000 00 000	0.999 987 17
	V_9	−0.000 042 35	0.000 003 96	114.137 262 75	1	0.000 000 00	0.999 957 65
	V_8	0.000 040 65	0.000 002 43	279.425 228 04	1	0.000 000 00	1.000 040 65
	V_7	−0.000 012 33	0.000 001 66	55.381 669 73	1	0.000 000 00	0.999 987 67
	V_6	0.000 031 88	0.000 005 13	38.572 792 02	1	0.000 000 00	1.000 031 88
	V_5	0.001 099 06	0.000 215 43	26.028 343 73	1	0.000 000 34	1.001 099 66
	V_4	0.105 203 16	0.022 212 40	22.431 919 68	1	0.000 002 18	1.110 936 29
	V_1	0.001 571 94	0.000 070 36	499.082 786 04	1	0.000 000 00	1.001 573 18
	常数	−3.821 824 08	0.275 482 61	192.465 555 71	1	0.000 000 00	0.021 887 84
草地	V_{12}	−0.000 137 04	0.000 055 74	6.045 301 90	1	0.013 943 35	0.999 862 97
	V_{11}	−0.002 353 23	0.000 126 27	347.336 961 89	1	0.000 000 00	0.997 649 54
	V_{10}	0.000 011 24	0.000 000 70	256.660 515 46	1	0.000 000 00	1.000 011 24
	V_9	0.000 021 38	0.000 002 75	60.522 284 39	1	0.000 000 00	1.000 021 38
	V_8	−0.000 049 55	0.000 002 28	471.437 616 56	1	0.000 000 00	0.999 950 45

续表

因变量	因子	β	S.E.	Wald	d_f	Sig.	$\exp(\beta)$
草地	V_7	0.000 005 49	0.000 001 15	22.892 859 02	1	0.000 001 71	1.000 005 49
	V_2	0.009 648 68	0.001 031 49	87.499 050 60	1	0.000 000 00	1.009 695 38
	V_1	0.000 294 96	0.000 052 07	32.087 695 02	1	0.000 000 01	1.000 295 01
	常数	−0.870 210 98	0.065 846 53	174.655 905 72	1	0.000 000 00	0.418 863 17
耕地	V_{12}	−0.000 257 44	0.000 015 12	289.885 069 90	1	0.000 000 00	0.999 742 59
	V_9	0.000 015 06	0.000 002 60	33.666 438 25	1	0.000 000 01	1.000 015 06
	V_8	0.000 008 20	0.000 002 17	14.320 124 85	1	0.000 154 21	1.000 008 20
	V_4	−0.188 542 29	0.018 718 79	101.452 367 80	1	0.000 000 00	0.828 165 48
	V_3	0.000 642 55	0.000 145 93	19.387 239 58	1	0.000 010 67	1.000 642 76
	V_2	−0.013 414 55	0.001 411 13	90.369 293 21	1	0.000 000 00	0.986 675 03
	V_1	−0.003 061 47	0.000 057 47	2 837.280 061 60	1	0.000 000 00	0.996 943 21
	常数	4.441 877 18	0.220 601 07	405.431 854 71	1	0.000 000 00	84.934 228 96
水域	V_{11}	−0.000 099 84	0.000 049 37	4.089 248 51	1	0.043 156 83	0.999 900 16
	V_{10}	−0.000 015 80	0.000 001 57	100.890 518 80	1	0.000 000 00	0.999 984 20
	V_9	−0.000 038 72	0.000 014 74	6.898 823 40	1	0.008 625 25	0.999 961 28
	V_7	−0.000 013 68	0.000 004 80	8.125 229 33	1	0.004 365 35	0.999 986 32
	V_6	−0.000 327 50	0.000 033 88	93.455 618 29	1	0.000 000 00	0.999 672 56
	V_5	−0.003 843 83	0.000 768 27	25.032 438 20	1	0.000 000 56	0.996 163 54
	V_4	0.124 903 97	0.049 486 12	6.370 678 43	1	0.011 602 12	1.133 039 65
	V_3	−0.001 173 63	0.000 401 03	8.564 514 81	1	0.003 427 78	0.998 827 06
	V_2	−0.007 687 98	0.003 254 64	5.579 779 71	1	0.018 169 01	0.992 341 50
	V_1	−0.001 757 74	0.000 167 27	110.422 011 91	1	0.000 000 00	0.998 243 80
	常数	0.165 090 51	0.393 450 89	0.176 060 99	1	0.674 780 45	1.179 499 87
建设用地	V_{12}	0.000 389 92	0.000 026 85	210.847 399 54	1	0.000 000 00	1.000 389 99
	V_{11}	0.000 377 10	0.000 034 41	120.068 527 41	1	0.000 000 00	1.000 377 18
	V_{10}	0.000 003 28	0.000 001 65	3.934 643 84	1	0.047 301 16	1.000 003 28
	V_9	−0.000 041 57	0.000 008 51	23.869 308 33	1	0.000 001 03	0.999 958 44
	V_8	−0.000 015 44	0.000 005 08	9.223 582 32	1	0.002 389 18	0.999 984 56
	V_7	−0.000 019 65	0.000 003 35	34.351 062 55	1	0.000 000 00	0.999 980 35
	V_1	−0.000 950 94	0.000 120 89	61.876 213 55	1	0.000 000 00	0.999 049 51
	常数	−2.042 374 25	0.136 631 47	223.444 242 27	1	0.000 000 00	0.129 720 36
未利用地	V_{12}	−0.000 441 16	0.000 099 97	19.472 772 45	1	0.000 010 20	0.999 558 94
	V_{11}	0.000 266 09	0.000 096 81	7.553 721 00	1	0.005 988 63	1.000 266 12
	V_{10}	−0.000 003 40	0.000 000 81	17.645 181 15	1	0.000 026 62	0.999 996 60
	V_9	−0.000 061 13	0.000 027 82	4.827 349 38	1	0.028 011 66	0.999 938 87
	V_8	−0.000 013 47	0.000 002 55	27.856 305 42	1	0.000 000 13	0.999 986 53
	V_7	−0.000 205 76	0.000 029 36	49.110 497 97	1	0.000 000 00	0.999 794 26
	V_6	0.000 104 83	0.000 025 79	16.517 296 01	1	0.000 048 21	1.000 104 83
	V_5	−0.006 610 82	0.000 769 43	73.819 092 67	1	0.000 000 00	0.993 410 98
	V_4	0.310 519 31	0.056 325 03	30.393 054 28	1	0.000 000 04	1.364 133 34

续表

因变量	因子	β	S.E.	Wald	d_f	Sig.	$\exp(\beta)$
未利用地	V_3	0.000 642 93	0.000 177 78	13.078 984 40	1	0.000 298 63	1.000 643 14
	V_2	−0.005 523 58	0.001 309 96	17.779 83 757	1	0.000 024 80	0.994 491 65
	常数	−0.666 900 60	0.366 817 18	3.305 391 36	1	0.069 052 90	0.513 297 03

注：β为方程系数；S.E.为标准差；Wald 为 Wald 统计量；d_f为自由度；Sig.为拟合优度检验；$\exp(\beta)$为发生比。

5.5.2　不同土地利用类型及其影响因子分析

通过 Logistic 回归，筛选出对研究区林地地类发生贡献率较明显的影响因子共 9 个，它们之间的相关性大小不一（表 5-22），但基本都在可以接受的范围以内，多重因子共线性问题不是很明显。通过与表 5-21 的对比分析发现，对研究区林地的分布影响最为明显的解释变量有平均气温、高程和人口密度，其中平均气温及高程与林地的出现呈现明显的正相关，说明在研究区平均气温高的地方，林地出现的概率较大，同时受高程的影响比较明显，地势较高的地方，林地出现的概率增加，这与研究区林地主要分布在地势较高的墚峁丘陵有着直接的关系，特别是在流域上游的墚峁丘陵沟壑区，地形陡峭，林地分布相对比较明显，另外研究区西南部地势较高，也有林地地类集中分布。而人口密度与研究区林地的出现呈现明显的负相关，表明人口密度大的地方，林地出现的概率比较小，原因是对于延河流域下游段来说，人口主要集中分布在河谷平原地区的市县城区及乡镇，而林地在研究区此类地方较少分布。平均气温对于林地的 $\exp(\beta)$ 值为 1.110 936 3，表明平均气温每增加一个单位，林地地类出现的概率将增加 1.110 936 3 倍。同理，高程对于林地的 $\exp(\beta)$ 值为 1.001 573 2，表明高程每增加一个单位，林地地类出现的概率将增加 1.001 573 2 倍。而人口密度对于林地的 $\exp(\beta)$ 值为 0.996 558 2，表明人口密度每增加一个单位，林地地类出现的概率将减少 0.996 558 2 倍。

表 5-22　延河流域下游段林地高贡献率影响因子及其相关性矩阵

影响因子	V_1	V_4	V_9	V_{10}	V_8	V_{11}	V_6	V_7	V_5
V_{11}	0.424	0.167	−0.009	0.116	−0.036	1.000	0.018	−0.079	−0.115
V_{10}	−0.002	0.196	−0.056	1.000	−0.441	0.116	0.033	0.065	0.221
V_9	−0.167	0.077	1.000	−0.056	−0.006	−0.009	−0.480	−0.076	−0.322
V_8	−0.301	−0.107	−0.006	−0.441	1.000	−0.036	0.049	−0.300	−0.165
V_7	−0.335	−0.503	−0.076	0.065	−0.300	−0.079	−0.173	1.000	−0.375
V_6	0.020	0.011	−0.480	0.033	0.049	0.018	1.000	−0.173	−0.132
V_5	0.348	−0.061	−0.322	0.221	−0.165	−0.115	−0.132	−0.375	1.000
V_4	0.265	1.000	0.077	0.196	−0.107	0.167	0.011	−0.503	−0.061
V_1	1.000	0.265	−0.167	−0.002	−0.301	0.424	0.020	−0.335	0.348

对延河流域下游段草地的分布影响最为明显的解释变量是坡度和人口密度，高程及地均 GDP 是对研究区草地地类发生贡献率较高的影响因子。在这些影响因子中，坡度与草地的出现概率呈明显的正相关，表明研究区草地主要分布在坡度相对较大的峁丘陵沟壑区，这类区域地形陡峭，而河谷平坦区域出现的概率较低，这一点与研究区林地地类的分布相类似，一般情况下草地地类在山间林地与平原区的过渡地带出现的概率较高。地均 GDP 及人口密度与研究区草地地类的出现呈负相关，说明草地地类多出现在人口稀疏、经济发展相对落后的区域，这一点与林地情形一致。即草地地类在延河流域下游段的分布是与人口密度高度负相关的，表明在研究区人口相对集中的市县城区及乡镇，草地地类分布比较少。从各影响因子的 $\exp(\beta)$ 值中可以看出，坡度和高程的 $\exp(\beta)$ 值分别为 1.009 695 4 和 1.000 295，说明坡度和降水量每增加一个单位，草地发生的概率将分别增加 1.009 695 4 倍和 1.000 295 倍；而地均 GDP 与人口密度对于草地的 $\exp(\beta)$ 值分别为 0.999 863 和 0.997 649 5，说明地均 GDP 与人口密度每增加一个单位，草地发生的概率将分别减少 0.999 863 倍和 0.997 649 5 倍。通过 Logistic 回归，筛选出对研究区草地地类发生贡献率较明显的影响因子共 8 个，它们之间的相关性不尽相同（表 5-23），但基本都在可以接受的范围以内，多重因子共线性问题不明显。

表 5-23　延河流域下游段草地高贡献率影响因子及其相关性矩阵

影响因子	V_{10}	V_8	V_1	V_2	V_{11}	V_9	V_7	V_{12}
V_{12}	0.079	−0.057	0.027	0.010	−0.318	−0.017	0.058	1.000
V_{11}	0.081	0.026	0.476	0.059	1.000	−0.099	−0.124	−0.318
V_{10}	1.000	−0.418	−0.127	−0.007	0.081	0.045	0.417	0.079
V_9	0.045	−0.092	0.014	−0.003	−0.099	1.000	−0.473	−0.017
V_8	−0.418	1.000	−0.270	0.004	0.026	−0.092	−0.573	−0.057
V_7	0.417	−0.573	−0.070	−0.022	−0.124	−0.473	1.000	0.058
V_2	−0.007	0.004	−0.100	1.000	0.059	−0.003	−0.022	0.010
V_1	−0.127	−0.270	1.000	−0.100	0.476	0.014	−0.070	0.027

通过 Logistic 回归，对研究区耕地地类发生贡献率较明显的影响因子共 7 个，它们对延河流域下游段耕地地类的发生概率均起到较为明显的作用，但贡献程度不同，它们之间的相关性大小不一（表 5-24）。通过与表 5-21 的对比分析发现，与耕地的分布呈现最为明显正相关的解释变量是坡向，说明研究区耕地的分布与日照条件有着重要的联系，光照等水热条件越好，耕地地类出现的概率越高。而与研究区耕地的发生呈明显负相关且比较典型的影响因子为坡度，这一点与研究区林地及草地地类刚好相反，说明在研究区坡度越大的地方越不适合开垦耕地，而坡度较小的地方，耕地出现的概率较高。研究区耕地主要分布在地势平坦的河谷阶地，特别是在研究区的沟谷台地，集中分布着耕地地类。坡向对于耕地的

exp(β)值为 1.0006428，表明坡度每增加一个单位，耕地地类出现的概率将增加 1.0006428 倍。而坡度对于耕地的 exp(β)值为 0.986675，表明坡度每增加一个单位，耕地地类出现的概率将减少 0.986675 倍。

表 5-24　延河流域下游段耕地高贡献率影响因子及其相关性矩阵

影响因子	V_1	V_{12}	V_2	V_4	V_9	V_3	V_8
V_{12}	0.280	1.000	0.064	0.062	0.034	−0.094	−0.078
V_9	0.154	0.034	0.093	−0.138	1.000	−0.201	−0.315
V_8	−0.408	−0.078	0.038	−0.313	−0.315	−0.076	1.000
V_4	0.503	0.062	−0.044	1.000	−0.138	−0.046	−0.313
V_3	0.232	−0.094	−0.468	−0.046	−0.201	1.000	−0.076
V_2	−0.285	0.064	1.000	−0.044	0.093	−0.468	0.038
V_1	1.000	0.280	−0.285	0.503	0.154	0.232	−0.408

通过 Logistic 回归分析，筛选出对延河流域下游段水域地类发生贡献率较明显的影响因子共 10 个，它们之间的相关性均比较小（表 5-25）。对延河流域下游段水域的分布影响最为明显的解释变量是坡度，其与水域的分布呈明显的负相关，说明研究区水域主要分布在地势较低的地带，这也是符合自然规律的，从延河流域下游段整体范围来看，水体主要集中在中下游地带，而在高程较高的上游区域水体面积较少，越到下游的谷地水域面积越大。同时回归结果显示，研究区水域的发生概率还与平均气温有一定的正相关关系，结合影响因子相关性表，高程越高的地方平均气温越低，高程越低的地方平均气温越高，所以研究区水域地类与高程的负相关关系也解释了其与平均气温的正相关关系。通过观察坡度与平均气温对于水域发生概率的 exp(β)值可知，坡度每增加一个单位，研究区水域的发生概率减少 0.992 341 5 倍；而平均气温每增加一个单位，研究区水域的发生概率将增加 1.133 039 7 倍。

表 5-25　延河流域下游段水域高贡献率影响因子及其相关性矩阵

影响因子	V_6	V_{10}	V_3	V_1	V_5	V_9	V_7	V_4	V_2	V_{11}
V_{11}	−0.024	0.054	−0.033	0.064	−0.148	0.027	0.045	0.051	0.022	1.000
V_{10}	0.028	1.000	−0.008	−0.100	0.195	−0.002	0.010	−0.116	−0.019	0.054
V_9	−0.013	−0.002	−0.031	0.087	−0.213	1.000	−0.266	0.122	0.014	0.027
V_7	−0.159	0.010	−0.065	0.111	−0.236	−0.266	1.000	0.014	0.036	0.045
V_6	1.000	0.028	−0.030	−0.048	−0.185	−0.013	−0.159	0.090	0.015	−0.024
V_5	−0.185	0.195	−0.209	0.518	1.000	−0.213	−0.236	−0.703	0.127	−0.148
V_4	0.090	−0.116	0.118	−0.339	−0.703	0.122	0.014	1.000	−0.079	0.051
V_3	−0.030	−0.008	1.000	−0.001	−0.209	−0.031	−0.065	0.118	−0.546	−0.033
V_2	0.015	−0.019	−0.546	−0.075	0.127	0.014	0.036	−0.079	1.000	0.022
V_1	−0.048	−0.100	−0.001	1.000	0.518	0.087	0.111	−0.339	−0.075	0.064

通过表 5-21 可知，与延河流域下游段建设用地的分布呈正相关的影响因子有地均 GDP 和人口密度，这两个影响因子的贡献率均较高，说明建设用地的发生与人口密度和地区的经济总量高度正相关，是本书研究区建设用地发生的重要影响因子。与延河流域下游段建设用地的分布呈明显负相关的影响因子有高程及距主要公路、居民点的距离。其中，与高程因子的贡献率最高，其影响最明显，说明对于研究区，与耕地类似，建设用地主要分布于地势平坦的河谷台地等地势低缓地区，而非地势较高坡度较大的山地，这也造成了流域建设用地与耕地的供需矛盾，导致延河流域下游段出现明显的耕地与建设用地争地现象。此外，建设用地与距主要公路、居民点的距离呈负相关，说明建设用地的发生对已建居民点及交通设施具有高度依赖特征。通过观察不同因子对于建设用地发生概率的 $\exp(\beta)$ 值可知，地均 GDP 及人口密度每增加一个单位，研究区建设用地的发生概率分别增加 1.000 39 倍和 0.000 377 2 倍；而高程及距主要公路、居民点的距离每增加一个单位，研究区建设用地的发生概率将减少 0.999 049 5 倍、0.999 958 4 倍及 0.999 980 4 倍。本节通过 Logistic 回归，筛选出对研究区建设用地类发生贡献率较明显的影响因子共 7 个，它们之间的相关性不尽相同，但基本都在可以接受的范围以内，多重因子共线性问题同样不明显，表 5-26 为贡献因子的相关性矩阵，以供参考。

表 5-26　延河流域下游段建设用地高贡献率影响因子及其相关性矩阵

影响因子	V_{12}	V_{11}	V_7	V_1	V_9	V_8	V_{10}
V_{12}	1.000	−0.284	0.243	0.266	−0.088	−0.186	0.191
V_{11}	−0.284	1.000	−0.135	0.132	0.014	0.062	0.038
V_{10}	0.191	0.038	0.214	−0.361	0.053	−0.343	1.000
V_9	−0.088	0.014	−0.405	0.148	1.000	−0.119	0.053
V_8	−0.186	0.062	−0.197	−0.028	−0.119	1.000	−0.343
V_7	0.243	−0.135	1.000	0.293	−0.405	−0.197	0.214
V_1	0.266	0.132	0.293	1.000	0.148	−0.028	−0.361

此外，利用模型筛选出对研究区未利用地类发生贡献率较明显的影响因子共 11 个，详见表 5-27。

表 5-27　延河流域下游段未利用地高贡献率影响因子及其相关性矩阵

影响因子	V_8	V_7	V_5	V_4	V_6	V_{10}	V_{12}	V_{11}	V_2	V_3	V_9
V_{12}	0.020	0.014	−0.013	0.020	0.053	0.046	1.000	−0.617	0.011	0.004	0.052
V_{11}	−0.001	−0.005	−0.001	−0.013	0.002	0.056	−0.617	1.000	−0.018	0.007	−0.017
V_{10}	−0.535	−0.034	0.377	−0.217	0.134	1.000	0.046	0.056	−0.008	0.000	−0.038
V_9	0.067	−0.187	−0.020	−0.014	−0.096	−0.038	0.052	−0.017	−0.019	0.003	1.000
V_8	1.000	−0.027	−0.283	0.229	−0.107	−0.535	0.020	−0.001	−0.006	−0.001	0.067

续表

影响因子	V_8	V_7	V_5	V_4	V_6	V_{10}	V_{12}	V_{11}	V_2	V_3	V_9
V_7	−0.027	1.000	−0.021	0.043	−0.250	−0.034	0.014	−0.005	−0.004	0.002	−0.187
V_6	−0.107	−0.250	−0.157	0.110	1.000	0.134	0.053	0.002	0.014	−0.010	−0.096
V_5	−0.283	−0.021	1.000	−0.867	−0.157	0.377	−0.013	−0.001	0.028	0.018	−0.020
V_4	0.229	0.043	−0.867	1.000	0.110	−0.217	0.020	−0.013	−0.022	−0.011	−0.014
V_3	−0.001	0.002	0.018	−0.011	−0.010	0.000	0.004	0.007	−0.610	1.000	0.003
V_2	−0.006	−0.004	0.028	−0.022	0.014	−0.008	0.011	−0.018	1.000	−0.610	−0.019

综合上述分析，对延河流域下游段各土地利用类型发生概率与空间分布影响较大的因子是坡度，其与部分地类为正相关关系，如林地和草地；与其他地类如耕地、建设用地及水域都呈负相关关系。此外，人口密度是流域土地利用变化重要贡献因子。本节通过对不同地类及其贡献因子关系的定量分析，揭示研究区土地利用变化的主要影响因素及其定量化值，以便据此构建不同地类的回归方程。

5.5.3　Binary Logistic 回归方程的建立

将表 5-21 中各驱动因子的 B 系数值代入 Logistic 回归模型得到 2010 年延河流域下游段各土地利用类型的回归方程如下。

1）林地

$$\log\left(\frac{P_0}{1-P_0}\right) = -0.003\,447\,74V_{11} - 0.000\,012\,83V_{10} - 0.000\,042\,35V_9 + 0.000\,040\,65V_8 - 0.000\,012\,33V_7$$
$$+ 0.000\,031\,88V_6 + 0.001\,099\,06V_5 + 0.105\,203\,16V_4 + 0.001\,571\,94V_1 - 3.821\,824\,08$$

2）草地

$$\log\left(\frac{P_1}{1-P_1}\right) = -0.000\,137\,04V_{12} - 0.002\,353\,23V_{11} + 0.000\,011\,24V_{10} + 0.000\,021\,38V_9 - 0.000\,049\,55V_8$$
$$+ 0.000\,005\,49V_7 + 0.009\,648\,68V_2 + 0.000\,294\,96V_1 + -0.870\,210\,98$$

3）耕地

$$\log\left(\frac{P_2}{1-P_2}\right) = -0.000\,257\,44V_{12} + 0.000\,015\,06V_9 + 0.000\,008\,2V_8 - 0.188\,542\,29V_4 + 0.000\,642\,55V_3$$
$$- 0.013\,414\,55V_2 - 0.003\,061\,47V_1 + 4.441\,877\,18$$

4）水域

$$\log\left(\frac{P_3}{1-P_3}\right) = -0.000\,099\,84V_{11} - 0.000\,015\,80V_{10} - 0.000\,038\,72V_9 - 0.000\,013\,68V_7 - 0.000\,327\,50V_6$$
$$- 0.003\,843\,83V_5 + 0.124\,903\,97V_4 - 0.001\,173\,63V_3 - 0.007\,687\,98V_2 - 0.001\,757\,74V_1$$
$$+ 0.165\,090\,51$$

5）建设用地

$$\log\left(\frac{P_4}{1-P_4}\right) = 0.000\,389\,92V_{12} + 0.000\,377\,10V_{11} + 0.000\,003\,28V_{10} - 0.000\,041\,57V_9 - 0.000\,015\,44V_8$$
$$- 0.000\,019\,65V_7 - 0.000\,950\,94V_1 - 2.042\,374\,25$$

6）未利用地

$$\log\left(\frac{P_5}{1-P_5}\right) = -0.000\,441\,16V_{12} + 0.000\,266\,09V_{11} - 0.000\,003\,40V_{10} - 0.000\,061\,13V_9 - 0.000\,013\,47V_8$$
$$- 0.000\,205\,76V_7 + 0.000\,104\,83V_6 - 0.006\,610\,82V_5 + 0.310\,519\,31V_4 + 0.000\,642\,93V_3$$
$$- 0.005\,523\,58V_2 - 0.666\,900\,60$$

5.5.4　回归结果检验

在 0.05 的置信水平下得到的延河流域下游段 400m 特征尺度下的 ROC 统计曲线检验结果如图 5-16 所示。

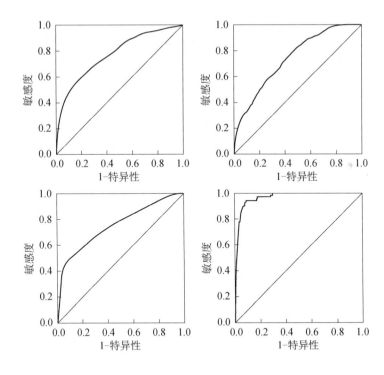

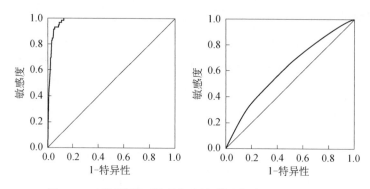

图 5-16　延河流域下游段各土地利用类型 ROC 曲线图

注：从左至右由上到下依次为林地、草地、耕地、水域、建设用地、未利用地

ROC 检验结果（表 5-28）显示各土地利用类型的拟合度分别为：林地 0.770、草地 0.737、耕地 0.757、水域 0.970、建设用地 0.979、未利用地 0.615。由检验结果可知，本书区不同地类的拟合度差异较大，主要原因是该区土地利用类型复杂，不同地类具有不同程度的动态性，未利用地模拟效果较低，故略去其概率分布统计。此外，与本典型区的原始土地利用数据精度有关，是本书有待进一步强化和完善的地方。

表 5-28　延河流域下游段各地类 ROC 曲线参数

地类	曲线下的面积	标准误(a)	渐进 Sig.(b)	渐近 95% 置信区间	
				下限	上限
林地	0.770	0.006	0.000	0.759	0.781
草地	0.737	0.007	0.000	0.723	0.751
耕地	0.757	0.003	0.000	0.751	0.763
水域	0.970	0.006	0.000	0.957	0.982
建设用地	0.979	0.004	0.000	0.972	0.986
未利用地	0.615	0.004	0.000	0.607	0.623

注：a.在非参数假设下；b.零假设：实面积=0.5。

5.5.5　空间分布概率

延河流域下游段各土地利用类型的空间分布概率图如图 5-17 所示。

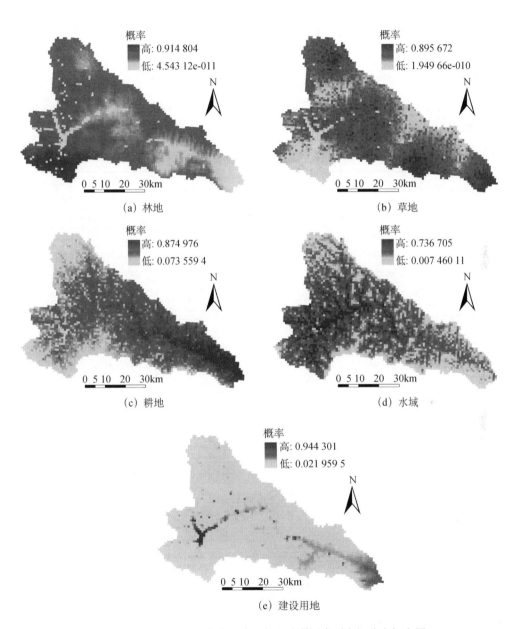

图 5-17 2010 年延河流域下游段各土地利用类型空间分布概率图

5.6　千河流域土地利用特征尺度 Logistic 回归

5.6.1　Binary Logistic 回归统计参数计算

千河流域的土地利用及其影响因子在进行 Logistic 回归时，最佳尺度为 180m×180m，其各个地类的统计特征值及统计量见表 5-29。

表 5-29　Logistic 统计特征值及统计量

因变量	因子	β	S.E.	Wald	d_f	Sig.	$\exp(\beta)$
林地	V_{15}	0.720 060 13	0.032 529 53	489.984 055 10	1	0.000 000 00	2.054 556 75
	V_{14}	0.000 703 26	0.000 160 85	19.116 468 58	1	0.000 012 30	1.000 703 51
	V_{13}	0.000 308 21	0.000 080 83	14.540 916 42	1	0.000 137 15	1.000 308 26
	V_{12}	−0.080 160 24	0.006 186 28	167.903 303 14	1	0.000 000 00	0.922 968 43
	V_{11}	−0.008 371 75	0.000 739 50	128.161 092 00	1	0.000 000 00	0.991 663 20
	V_{10}	−0.000 016 80	0.000 002 55	43.546 347 22	1	0.000 000 00	0.999 983 20
	V_9	0.000 008 87	0.000 004 37	4.115 338 39	1	0.042 496 02	1.000 008 87
	V_8	0.000 063 77	0.000 004 58	193.468 988 89	1	0.000 000 00	1.000 063 77
	V_7	−0.000 012 35	0.000 003 12	15.707 410 23	1	0.000 073 93	0.999 987 65
	V_6	0.000 046 73	0.000 004 21	122.922 345 05	1	0.000 000 00	1.000 046 73
	V_5	−0.037 610 10	0.003 357 91	125.450 030 27	1	0.000 000 00	0.963 088 37
	V_4	1.903 431 23	0.173 352 87	120.562 512 70	1	0.000 000 00	6.708 874 69
	V_3	0.001 301 10	0.000 183 06	50.517 683 33	1	0.000 000 00	1.001 301 94
	V_2	0.072 997 90	0.004 967 77	215.922 094 93	1	0.000 000 00	1.075 728 28
	V_1	0.001 051 82	0.000 072 47	210.636 954 87	1	0.000 000 00	1.001 052 37
	常数	−2.535 458 66	0.211 587 21	143.593 316 27	1	0.000 000 00	0.079 225 37
草地	V_{15}	0.000 014 71	0.000 001 12	172.383 453 52	1	0.000 000 00	1.000 014 71
	V_{14}	0.020 999 82	0.004 587 80	20.951 870 77	1	0.000 004 71	1.021 221 87
	V_{13}	0.004 081 35	0.000 396 86	105.763 809 60	1	0.000 000 00	1.004 089 69
	V_{12}	0.000 917 70	0.000 105 94	75.036 375 21	1	0.000 000 00	1.000 918 13
	V_{11}	−0.004 248 96	0.000 133 80	1 008.449 201 34	1	0.000 000 00	0.995 760 05
	V_{10}	0.000 006 06	0.000 001 47	17.098 577 46	1	0.000 035 49	1.000 006 06
	V_9	0.000 034 80	0.000 002 63	174.894 297 16	1	0.000 000 00	1.000 034 80
	V_7	−0.000 034 52	0.000 001 77	378.836 228 00	1	0.000 000 00	0.999 965 48
	V_6	−0.000 014 90	0.000 002 47	36.394 700 05	1	0.000 000 00	0.999 985 10
	V_2	0.010 695 55	0.003 820 15	7.838 742 90	1	0.005 113 82	1.010 752 95
	V_1	−0.000 147 84	0.000 041 18	12.887 839 72	1	0.000 330 72	0.999 852 17
	常数	0.254 089 97	0.075 261 85	11.397 911 63	1	0.000 735 27	1.289 287 80

续表

因变量	因子	β	S.E.	Wald	d_f	Sig.	$\exp(\beta)$
耕地	V_{15}	0.250 811 74	0.046 766 25	28.762 767 39	1	0.000 000 08	1.285 068 14
	V_{14}	0.000 028 14	0.000 002 55	121.535 194 05	1	0.000 000 00	1.000 028 15
	V_{13}	0.000 019 63	0.000 003 31	35.205 303 94	1	0.000 000 00	1.000 019 63
	V_{12}	−0.000 408 09	0.000 098 43	17.190 720 66	1	0.000 033 81	0.999 591 99
	V_{11}	0.001 575 30	0.000 096 76	265.075 583 67	1	0.000 000 00	1.001 576 54
	V_{10}	0.000 059 45	0.000 002 02	869.647 909 40	1	0.000 000 00	1.000 059 45
	V_9	−0.000 024 87	0.000 003 25	58.461 309 54	1	0.000 000 00	0.999 975 13
	V_8	−0.000 034 69	0.000 003 07	127.662 699 97	1	0.000 000 00	0.999 965 31
	V_7	−0.000 008 50	0.000 002 81	9.136 704 07	1	0.002 505 32	0.999 991 50
	V_6	−0.000 053 40	0.000 003 58	223.134 365 50	1	0.000 000 00	0.999 946 60
	V_5	−0.011 256 07	0.002 544 25	19.572 786 74	1	0.000 009 68	0.988 807 04
	V_4	0.776 256 26	0.128 955 68	36.235 086 02	1	0.000 000 00	2.173 320 67
	V_3	−0.000 768 09	0.000 157 42	23.806 497 74	1	0.000 001 07	0.999 232 21
	V_2	−0.100 714 32	0.005 729 47	308.996 412 20	1	0.000 000 00	0.904 191 30
	V_1	−0.002 327 49	0.000 086 45	724.808 688 77	1	0.000 000 00	0.997 675 22
	常数	0.143 310 57	0.164 835 76	0.755 881 24	1	0.384 620 56	1.154 088 17
水域	V_{15}	0.580 528 70	0.069 142 19	70.495 456 14	1	0.000 000 00	1.786 982 96
	V_{12}	−0.004 845 21	0.000 927 52	27.288 685 54	1	0.000 000 18	0.995 166 51
	V_{11}	0.000 414 50	0.000 137 83	9.043 895 70	1	0.002 635 73	1.000 414 59
	V_9	0.000 358 29	0.000 033 50	114.404 606 30	1	0.000 000 00	1.000 358 35
	V_8	−0.000 040 02	0.000 012 48	10.285 068 24	1	0.001 341 11	0.999 959 98
	V_7	−0.000 066 45	0.000 020 47	10.536 142 10	1	0.001 170 63	0.999 933 55
	V_6	−0.000 528 49	0.000 034 55	233.982 393 28	1	0.000 000 00	0.999 471 65
	V_5	0.078 172 68	0.011 228 11	48.472 662 57	1	0.000 000 00	1.081 309 37
	V_4	3.938 254 56	0.844 396 68	21.752 768 56	1	0.000 003 10	51.328 931 71
	V_3	0.008 725 79	0.000 656 20	176.821 724 89	1	0.000 000 00	1.008 763 97
	V_2	−0.345 214 79	0.033 095 91	108.800 297 43	1	0.000 000 00	0.708 068 25
	V_1	−0.007 834 40	0.000 487 04	258.746 415 75	1	0.000 000 00	0.992 196 21
	常数	−91.871 402 64	11.821 980 16	60.392 115 28	1	0.000 000 00	0.000 000 00
建设用地	V_{15}	0.524 891 51	0.250 291 92	4.397 900 83	1	0.035 983 20	1.690 275 46
	V_{12}	0.000 307 91	0.000 103 72	8.813 057 80	1	0.002 990 82	1.000 307 96
	V_{11}	0.000 764 83	0.000 069 64	120.622 892 60	1	0.000 000 00	1.000 765 12
	V_{10}	−0.000 590 00	0.000 066 14	79.574 797 83	1	0.000 000 00	0.999 410 17
	V_9	0.000 747 12	0.000 092 68	64.984 606 92	1	0.000 000 00	1.000 747 40
	V_8	−0.000 167 37	0.000 024 03	48.497 940 00	1	0.000 000 00	0.999 832 65
	V_7	−0.000 162 95	0.000 032 99	24.391 615 54	1	0.000 000 79	0.999 837 07
	V_5	−0.062 426 63	0.019 735 97	10.005 131 48	1	0.001 561 05	0.939 481 99
	V_4	3.287 412 17	0.999 925 45	10.808 690 30	1	0.001 010 25	26.773 488 56
	V_2	−0.135 606 22	0.043 307 83	9.804 523 03	1	0.001 740 83	0.873 186 41
	V_1	−0.001 373 08	0.000 517 94	7.027 933 11	1	0.008 024 79	0.998 627 87
	常数	−3.623 796 26	0.539 548 73	45.109 310 87	1	0.000 000 00	0.026 681 20

续表

因变量	因子	β	S.E.	Wald	d_f	Sig.	$\exp(\beta)$
未利用地	V_{10}	−0.000 009 71	0.000 001 18	67.890 840 57	1	0.000 000 00	0.999 990 29
	V_8	−0.000 009 37	0.000 004 29	4.776 044 69	1	0.028 858 33	0.999 990 63
	V_7	0.000 158 06	0.000 045 18	12.237 325 49	1	0.000 468 43	1.000 158 08
	V_6	0.000 537 28	0.000 035 66	226.970 312 09	1	0.000 000 00	1.000 537 42
	V_5	0.035 359 53	0.001 402 25	635.864 734 61	1	0.000 000 00	1.035 992 12
	V_4	−1.178 944 18	0.084 929 88	192.692 788 61	1	0.000 000 00	0.307 603 34
	V_3	−0.001 231 39	0.000 312 94	15.483 332 27	1	0.000 083 24	0.998 769 37
	V_2	0.008 116 37	0.002 186 53	13.778 890 27	1	0.000 205 63	1.008 149 40
	V_1	0.001 526 37	0.000 192 35	62.966 993 74	1	0.000 000 00	1.001 527 53
	常数	−4.363 848 05	0.630 092 62	47.965 663 08	1	0.000 000 00	0.012 729 31

注：β 为方程系数；S.E.为标准差；Wald 为 Wald 统计量；d_f 为自由度；Sig.为拟合优度检验；$\exp(\beta)$ 为发生比。

5.6.2　不同土地利用类型及其影响因子分析

通过 Logistic 回归，对研究区林地地类发生贡献率较明显的影响因子较多，本书所选择的因子全部参与回归方程的构建，说明它们对千河流域林地地类的发生概率均起到较为明显的作用，但贡献程度不同，它们之间的相关性大小不一（表5-30）。通过与表 5-29 的对比分析发现，对研究区林地的分布影响最为明显的解释变量有平均气温、≥10℃积温、坡度、地均 GDP、人口密度和降水量，其中平均气温、≥10℃积温及坡度与林地的出现呈明显的正相关，说明在研究区平均气温高的地方，林地出现的概率较大，同时受坡度的影响比较明显，坡度较大的地方，林地出现的概率增加，这与研究区林地主要分布在坡度较大的山地有着直接的关系，特别是在流域西南部山地地带，集中分布着大量的林地地类。而地均 GDP 及人口密度与研究区林地的出现呈明显的负相关，表明经济发展水平高、人口密度大的地方，林地出现的概率比较小，原因是对于千河流域来说，人口主要集中分布在河谷阶地平坦地区的市县城区及乡镇，而林地在研究区较少分布。平均气温和≥10℃积温对于林地的 $\exp(\beta)$ 值分别为 6.708 874 7 和 2.054 556 8，表明其每增加一个单位，林地地类出现的概率将分别增加相应倍数。同理，坡度对于林地的 $\exp(\beta)$ 值为 1.075 728 3，表明坡度每增加一个单位，林地地类出现的概率将增加 1.075 728 3 倍。而地均 GDP 及人口密度对于林地的 $\exp(\beta)$ 值分别为 0.922 968 4 和 0.963 088 4，表明地均 GDP 及人口密度每增加一个单位，林地地类出现的概率将分别减少 0.922 968 4 倍和 0.963 088 4 倍。

表 5-30　千河流域林地各影响因子相关系数矩阵

影响因子	V_1	V_6	V_2	V_{11}	V_{15}	V_8	V_{12}	V_{13}	V_3	V_{10}	V_{14}	V_7	V_5	V_4	V_9
V_{15}	0.043	−0.584	0.055	0.018	1.000	−0.400	0.148	0.011	−0.080	−0.065	−0.302	0.123	0.036	−0.136	−0.283
V_{14}	−0.143	−0.136	−0.168	0.043	−0.302	0.055	0.018	−0.008	0.554	−0.367	1.000	0.123	0.036	−0.136	−0.283
V_{13}	−0.048	0.390	0.006	0.024	0.011	−0.428	0.195	1.000	−0.048	−0.107	−0.008	0.059	0.012	0.043	0.097
V_{12}	0.136	0.011	0.115	−0.726	0.148	0.021	1.000	0.195	−0.071	−0.125	0.018	0.204	−0.013	0.001	−0.151
V_{11}	0.089	0.063	−0.035	1.000	0.018	−0.026	−0.726	0.024	0.054	−0.083	0.043	−0.136	0.173	−0.169	0.194
V_{10}	−0.303	0.087	0.045	−0.083	−0.065	−0.016	−0.125	−0.107	−0.107	1.000	−0.367	0.263	0.095	−0.081	−0.699
V_9	0.293	0.185	−0.065	0.194	−0.283	−0.005	−0.151	0.097	−0.023	−0.699	−0.283	−0.602	−0.104	0.091	1.000
V_8	−0.088	−0.441	0.033	−0.026	−0.400	1.000	0.021	−0.428	−0.017	−0.016	0.055	−0.379	−0.364	0.361	−0.005
V_7	−0.404	0.095	−0.078	−0.136	0.123	−0.379	0.204	0.059	0.105	0.263	0.123	1.000	0.502	−0.501	−0.602
V_6	0.099	1.000	0.097	0.063	−0.584	−0.441	0.011	0.390	−0.118	0.087	−0.136	0.095	0.260	−0.281	0.185
V_5	−0.489	0.260	−0.163	0.173	0.036	−0.364	−0.013	0.012	0.088	0.095	0.036	0.502	1.000	−0.995	−0.104
V_4	0.481	−0.281	0.155	−0.169	−0.136	0.361	0.001	0.043	−0.090	−0.081	−0.136	−0.501	−0.995	1.000	0.091
V_3	−0.023	−0.118	0.070	0.054	−0.080	−0.017	−0.071	−0.048	1.000	−0.107	0.554	0.105	0.088	−0.090	−0.023
V_2	−0.033	0.097	1.000	−0.035	0.055	0.033	0.115	0.006	0.070	0.045	−0.168	−0.078	−0.163	0.155	−0.065
V_1	1.000	0.099	−0.033	0.089	0.043	−0.088	0.136	−0.048	−0.023	−0.303	−0.143	−0.404	−0.489	0.481	0.293

　　对千河流域草地的分布影响最为明显的解释变量是土壤氮含量、坡度和人口密度，土壤碳含量也是对研究区草地地类发生贡献率较高的影响因子。在这些影响因子中，土壤氮含量、坡度及土壤碳含量与草地的出现概率呈明显的正相关，表明研究区草地主要分布在坡度相对较大的山间谷地，而河谷台地等平坦地区出现的概率较低，这一点与研究区林地地类的分布相类似，一般情况下草地地类在山间林地与平原区的过渡地带出现的概率较高。另外，千河流域草地的发育还与土壤氮含量及土壤碳含量等因子有关，这说明土壤肥力对研究区草地地类的出现有较高的贡献率。人口密度与研究区草地地类的出现呈负相关，这点与林地相同，表明在研究区人口相对集中的市县城区及乡镇，草地地类分布比较少。从各影响因子的 $\exp(\beta)$ 值中可以看出，土壤氮含量、土壤碳含量和坡度的 $\exp(\beta)$ 值分别为 1.021 221 9、1.004 089 7 和 1.010 753，说明土壤氮含量、土壤碳含量和坡度每增加一个单位，草地发生的概率将分别增加 1.021 221 9 倍、1.004 089 7 倍和 1.010 753 倍；而人口密度对于草地的 $\exp(\beta)$ 值为 0.995 760 1，说明坡度每增加一个单位，草地发生的概率将减少 0.995 760 1 倍。通过 Logistic 回归，筛选出对研究区草地地类发生贡献率较明显的影响因子共 11 个，它们之间的相关性不尽相同（表 5-31），但基本都在可以接受的范围以内，多重因子共线性问题不明显。

表 5-31　千河流域草地各影响因子相关系数矩阵

影响因子	V_{11}	V_6	V_{15}	V_{12}	V_7	V_{13}	V_9	V_{10}	V_{14}	V_1	V_2
V_{15}	−0.095	−0.146	1.000	−0.146	0.011	−0.361	−0.185	0.116	0.013	0.048	−0.112
V_{14}	−0.104	−0.185	0.013	−0.099	−0.228	0.001	−0.177	0.105	1.000	0.125	−0.107
V_{13}	−0.059	0.011	−0.361	−0.050	0.076	1.000	−0.050	0.076	0.001	−0.095	−0.146
V_{12}	−0.402	−0.038	−0.146	1.000	0.002	−0.050	−0.016	0.047	−0.099	−0.098	−0.019
V_{11}	1.000	0.256	−0.095	−0.402	−0.015	−0.059	0.120	−0.086	−0.104	0.380	0.105
V_{10}	−0.086	0.085	0.116	0.047	−0.041	0.076	−0.555	1.000	0.105	−0.117	0.160
V_9	0.120	0.136	−0.185	−0.016	−0.672	−0.050	1.000	−0.555	−0.177	0.198	−0.063
V_7	−0.015	−0.171	0.011	0.002	1.000	0.076	−0.672	−0.041	−0.228	−0.314	−0.026
V_6	0.256	1.000	−0.146	−0.038	−0.171	0.011	0.136	0.085	−0.185	−0.021	0.122
V_2	0.105	0.122	−0.112	−0.019	−0.026	−0.146	−0.063	0.160	−0.107	−0.374	1.000
V_1	0.380	−0.021	0.048	−0.098	−0.314	−0.095	0.198	−0.117	0.125	1.000	−0.374

　　通过 Logistic 回归，对研究区耕地地类发生贡献率较明显的影响因子很多，是本书所选择的因子全部参与回归方程的构建，说明它们对千河流域耕地地类的发生概率均起到较为明显的作用，但贡献程度不同，它们之间的相关性也大小不一（表 5-32）。通过与表 5-26 的对比分析发现，与耕地的分布呈较为明显正相关的解释变量有平均气温、≥10℃积温和人口密度，说明研究区耕地的分布需要良好的温度条件，与人口密度的正相关关系说明千河流域耕地主要容易出现在人口聚集区域。而与研究区耕地发生呈最为明显负相关的影响因子为坡度，这一点和研究区林地及草地地类刚好相反，说明在研究区坡度越大的地方越不适合开垦耕地，而坡度较小的地方，耕地出现的概率较高。研究区耕地地类发生率较高的区域主要集中在地势平坦的河流阶地与河谷台地，特别是在研究区东南部的人口聚集区，集中分布着大量的耕地地类。平均气温与≥10℃积温对于耕地地类的 $\exp(\beta)$ 值分别为 2.173 320 7 和 1.285 068 1，表明这两个指标每增加一个单位，耕地地类出现的概率将增加相应倍数。人口密度对于耕地的 $\exp(\beta)$ 值为 1.001 576 5，表明其每增加一个单位，耕地地类出现的概率将增加 1.001 576 5 倍。而坡度对于耕地的 $\exp(\beta)$ 值为 0.904 191 3，表明坡度每增加一个单位，耕地地类出现的概率将减少 0.904 191 3 倍。

表 5-32　千河流域耕地各影响因子相关系数矩阵

影响因子	V_1	V_{10}	V_6	V_{14}	V_2	V_4	V_{15}	V_9	V_{11}	V_8	V_{12}	V_3	V_{13}	V_5	V_7
V_{15}	−0.144	0.106	−0.047	−0.314	−0.019	0.095	1.000	−0.045	−0.414	−0.105	0.150	0.106	0.144	−0.233	0.021
V_{14}	−0.080	−0.277	0.414	1.000	0.150	−0.076	−0.314	−0.050	−0.602	−0.106	−0.072	−0.554	−0.387	0.414	0.011
V_{13}	−0.006	0.051	0.032	−0.387	−0.024	−0.013	0.144	0.026	−0.001	−0.076	−0.047	0.042	1.000	−0.080	0.032
V_{12}	−0.067	0.060	−0.031	−0.072	−0.003	−0.026	0.150	0.004	−0.483	−0.007	1.000	0.000	−0.047	0.034	−0.010

续表

影响因子	V_1	V_{10}	V_6	V_{14}	V_2	V_4	V_{15}	V_9	V_{11}	V_8	V_{12}	V_3	V_{13}	V_5	V_7
V_{11}	0.145	-0.026	0.183	-0.602	0.092	-0.056	-0.414	0.171	1.000	-0.003	-0.483	0.011	-0.001	0.030	-0.058
V_{10}	-0.232	1.000	0.017	-0.277	0.092	-0.118	0.106	-0.174	-0.026	-0.120	0.060	-0.171	0.051	0.138	-0.343
V_9	0.034	-0.174	-0.090	-0.050	-0.009	-0.060	-0.045	1.000	0.171	0.049	0.004	-0.011	0.026	0.038	-0.685
V_8	-0.288	-0.120	-0.301	-0.106	-0.109	0.005	-0.105	0.049	-0.003	1.000	-0.007	0.017	-0.076	-0.002	0.011
V_7	-0.264	-0.343	0.119	0.011	-0.043	-8	0.021	-0.685	-0.058	0.011	-0.010	0.118	0.032	0.296	1.000
V_6	-0.073	0.017	1.000	0.414	0.151	-0.184	-0.047	-0.090	0.183	-0.301	-0.031	-0.176	0.032	0.177	0.119
V_5	-0.574	0.138	0.177	0.414	-0.070	-0.993	-0.233	0.038	0.030	-0.002	0.034	0.051	-0.080	1.000	0.296
V_4	0.553	-0.118	-0.184	-0.076	0.062	1.000	0.095	-0.060	-0.056	0.005	-0.026	-0.066	-0.013	-0.993	-0.278
V_3	0.005	-0.171	-0.176	-0.554	0.039	-0.066	0.106	-0.011	0.011	0.017	0.000	1.000	0.042	0.051	0.118
V_2	-0.180	0.092	0.151	0.150	1.000	0.062	-0.019	-0.009	0.092	-0.109	-0.003	0.039	-0.024	-0.070	-0.043
V_1	1.000	-0.232	-0.073	-0.080	-0.180	0.553	-0.144	0.034	0.145	-0.288	-0.067	0.005	-0.006	-0.574	-0.264

通过 Logistic 回归分析，筛选出对千河流域水域地类发生贡献率较明显的影响因子共 12 个，它们之间的相关性均比较小（表 5-33）。对千河流域水域的分布影响比较典型的解释变量是坡度和高程，其余耕地的分布呈明显的负相关，说明研究区水域主要分布在地势较低的地带，这也是符合自然规律的，从千河流域整体范围来看，水体主要集中在流域中下游，而在高程较高，地形陡峭的上游区域水体面积较少，越到下游的谷地水域面积越大。同时回归结果显示，研究区水域的发生概率与平均气温有非常明显的正相关关系，结合影响因子相关性表，高程越高的地方平均气温越低，高程越低的地方平均气温越高，所以研究区水域地类与高程的负相关关系也解释了其与平均气温的正相关关系。通过观察高程及坡度对于水域发生概率的 $\exp(\beta)$ 值可知，这两个因子每增加一个单位，研究区水域的发生概率分别减少 0.992 196 2 倍和 0.708 068 3 倍；而平均气温及 ≥10℃ 积温每增加一个单位，研究区水域的发生概率将增加相应倍数。

表 5-33　千河流域水域各影响因子相关系数矩阵

影响因子	V_1	V_3	V_6	V_2	V_5	V_{15}	V_9	V_7	V_{12}	V_4	V_{11}	V_8
V_{15}	0.328	0.271	0.004	-0.592	0.498	1.000	0.200	0.360	-0.008	0.006	-0.245	0.040
V_{12}	-0.004	0.086	0.024	0.042	0.066	-0.008	-0.019	-0.017	1.000	-0.100	-0.801	0.055
V_{11}	0.017	-0.060	0.006	-0.031	-0.067	-0.245	0.001	0.001	-0.801	0.054	1.000	0.040
V_9	-0.491	0.050	-0.401	-0.042	0.314	0.200	1.000	-0.452	-0.019	0.622	0.001	-0.041
V_8	0.151	-0.054	0.017	-0.174	-0.013	0.040	-0.041	-0.190	0.055	-0.243	0.040	1.000
V_7	0.009	-0.011	-0.001	0.137	0.374	0.360	-0.452	1.000	-0.017	0.087	0.001	-0.190
V_6	0.290	-0.249	1.000	0.138	-0.313	0.004	-0.401	-0.001	0.024	-0.286	0.006	0.017
V_5	-0.209	0.003	-0.313	-0.129	1.000	0.498	0.314	0.374	0.066	-0.037	-0.067	-0.013
V_4	-0.363	-0.005	-0.286	0.161	-0.037	0.006	0.622	0.087	-0.100	1.000	0.054	-0.243

续表

影响因子	V_1	V_3	V_6	V_2	V_5	V_{15}	V_9	V_7	V_{12}	V_4	V_{11}	V_8
V_3	−0.341	1.000	−0.249	−0.104	0.003	0.271	0.050	−0.011	0.086	−0.005	−0.060	−0.054
V_2	−0.255	−0.104	0.138	1.000	−0.129	−0.592	−0.042	0.137	0.042	0.161	−0.031	−0.174
V_1	1.000	−0.341	0.290	−0.255	−0.209	0.328	−0.491	0.009	−0.004	−0.363	0.017	0.151

通过表 5-29 可知，与千河流域建设用地的分布呈正相关的影响因子有平均气温、≥10℃积温、人口密度等，这几个影响因子的贡献率均较高，说明建设用地的发生不但与人口密度有关，气温条件的适宜性也是本书研究区建设用地发生的重要影响因子。与千河流域建设用地的分布呈明显负相关的影响因子有坡度和高程。其中与坡度因子的贡献率最高影响最明显，说明对于研究区，与耕地类似，建设用地也主要分布于地势平坦的河谷台地，而非地势较高坡度较大的山地，如流域西南山区少有建设用地聚集，而流域东南部地势平缓地带是建设用地的主要发生区域，这造成了建设用地与耕地的供需矛盾，导致千河流域出现明显的耕地与建设用地争地现象。这种供需矛盾为本书后面章节的土地利用配置问题明确了研究目标与优化方向。通过观察不同因子对于建设用地发生概率的 $\exp(\beta)$ 值可知，温度条件，如≥10℃积温及人口密度每增加一个单位，研究区建设用地的发生概率分别增加 1.690 275 5 倍和 1.000 765 1 倍；而坡度每增加一个单位，研究区建设用地的发生概率将减少 0.873 186 4 倍。本节通过 Logistic 回归，筛选出对研究区建设用地地类发生贡献率较明显的影响因子共 11 个，它们之间的相关性不尽相同，但基本都在可以接受的范围以内，多重因子共线性问题同样不明显，表 5-34 为贡献因子的相关性矩阵，以供参考。

表 5-34　千河流域建设用地各影响因子相关系数矩阵

影响因子	V_{11}	V_8	V_{10}	V_9	V_2	V_{15}	V_7	V_{12}	V_1	V_4	V_5
V_{15}	−0.245	−0.592	−0.075	−0.350	−0.063	1.000	0.115	−0.067	−0.003	0.360	0.328
V_{12}	−0.377	−0.040	−0.054	0.113	−0.063	−0.067	−0.142	1.000	−0.085	−0.073	0.081
V_{11}	1.000	0.199	0.156	−0.182	0.040	−0.245	0.178	−0.377	0.040	0.006	−0.014
V_{10}	0.156	0.435	1.000	−0.954	−0.120	−0.075	0.663	−0.054	0.073	−0.350	0.350
V_9	−0.182	−0.383	−0.954	1.000	0.122	−0.350	−0.848	0.113	−0.128	0.431	−0.430
V_8	0.199	1.000	0.435	−0.383	−0.254	−0.592	0.243	−0.040	−0.208	−0.027	0.020
V_7	0.178	0.243	0.663	−0.848	−0.127	0.115	1.000	−0.142	0.050	−0.584	0.584
V_5	−0.014	0.020	0.350	−0.430	−0.196	0.328	0.584	0.081	−0.123	−0.999	1.000
V_4	0.006	−0.027	−0.350	0.431	0.198	0.360	−0.584	−0.073	0.108	1.000	−0.999
V_2	0.040	−0.254	−0.120	0.122	1.000	−0.063	−0.127	−0.063	−0.154	0.198	−0.196
V_1	0.040	−0.208	0.073	−0.128	−0.154	−0.003	0.050	−0.085	1.000	0.108	−0.123

此外，与研究区未利用地地类发生贡献率有关的影响因子有 10 个，它们之间的相关性如表 5-35 所示，以供参考。

表 5-35　千河流域未利用地各影响因子相关系数矩阵

影响因子	V_5	V_6	V_4	V_{10}	V_1	V_7	V_8	V_3	V_2
V_{10}	0.221	0.064	-0.162	1.000	0.274	-0.056	-0.440	0.004	-0.031
V_8	-0.272	-0.014	0.179	-0.440	-0.378	0.002	1.000	0.006	0.012
V_7	-0.096	-0.287	0.078	-0.056	-0.120	1.000	0.002	-0.001	-0.007
V_6	-0.210	1.000	0.129	0.064	-0.213	-0.287	-0.014	-0.007	0.036
V_5	1.000	-0.210	-0.810	0.221	0.486	-0.096	-0.272	0.004	0.014
V_4	-0.810	0.129	1.000	-0.162	-0.131	0.078	0.179	-0.004	-0.021
V_3	0.004	-0.007	-0.004	0.004	-0.008	-0.001	0.006	1.000	-0.601
V_2	0.014	0.036	-0.021	-0.031	-0.017	-0.007	0.012	-0.601	1.000
V_1	0.486	-0.213	-0.131	0.274	1.000	-0.120	-0.378	-0.008	-0.017

综合上述分析，对千河流域各土地利用类型发生概率与空间分布影响较大的因子是坡度和温度条件，包括平均气温和≥10℃积温，其中坡度与部分地类呈正相关关系，如林地和草地，与其他地类如耕地、建设用地及水域都呈负相关关系。温度条件主要对研究区建设用地的气候适宜性进行限制。本节通过对不同地类及其贡献因子关系的定量分析，揭示研究区土地利用变化的主要影响因素及其定量化值，以便据此构建不同地类的回归方程。

5.6.3　回归方程的建立

将表 5-29 中各驱动因子的 β 系数值代入 Logistic 回归模型得到 2010 年千河流域各土地利用类型的回归方程如下。

1）林地

$$\log\left(\frac{P_0}{1-P_0}\right) = 0.720\,060\,13V_{15} + 0.000\,703\,26V_{14} + 0.000\,308\,21V_{13} - 0.080\,160\,24V_{12} - 0.008\,371\,75V_{11}$$
$$- 0.000\,016\,80V_{10} + 0.000\,008\,87V_9 + 0.000\,063\,77V_8 - 0.000\,012\,35V_7 + 0.000\,046\,73V_6$$
$$- 0.037\,610\,10V_5 + 1.903\,431\,23V_4 + 0.001\,301\,10V_3 + 0.072\,997\,90V_2 + 0.001\,051\,82V_1$$
$$- 2.535\,458\,66$$

2）草地

$$\log\left(\frac{P_1}{1-P_1}\right) = 0.000\,147\,1V_{15} + 0.209\,998\,26V_{14} + 0.004\,081\,351V_{13} + 0.000\,917\,70V_{12} - 0.004\,248\,96V_{11}$$
$$+ 0.000\,006\,06V_{10} + 0.000\,034\,80V_9 - 0.000\,034\,52V_7 - 0.000\,014\,90V_6 + 0.010\,695\,55V_2$$
$$- 0.000\,147\,84V_1 + 0.254\,089\,97$$

3）耕地

$$\log\left(\frac{P_2}{1-P_2}\right) = 0.250\,811\,74V_{15} + 0.000\,028\,14V_{14} + 0.000\,019\,63V_{13} - 0.000\,408\,09V_{12} + 0.001\,575\,30V_{11}$$
$$+ 0.000\,059\,45V_{10} - 0.000\,024\,87V_9 - 0.000\,034\,69V_8 - 0.000\,008\,50V_7 - 0.000\,053\,40V_6$$
$$- 0.011\,256\,07V_5 + 0.776\,256\,26V_4 - 0.000\,768\,09V_3 - 0.100\,714\,32V_2 - 0.002\,327\,49V_1$$
$$+ 0.143\,310\,57$$

4）水域

$$\log\left(\frac{P_3}{1-P_3}\right) = 0.580\,528\,70V_{15} - 0.004\,845\,21V_{12} + 0.000\,414\,50V_{11} + 0.000\,358\,29V_{10} - 0.000\,040\,02V_9$$
$$- 0.000\,066\,45V_8 - 0.000\,528\,49V_7 + 0.078\,172\,68V_6 + 0.078\,172\,68V_5 + 3.938\,254\,56V_4$$
$$+ 0.008\,725\,79V_3 - 0.345\,214\,79V_2 - 0.007\,834\,40V_1 - 91.871\,402\,64$$

5）建设用地

$$\log\left(\frac{P_4}{1-P_4}\right) = 0.528\,915\,1V_{15} + 0.000\,307\,91V_{12} + 0.000\,764\,83V_{11} - 0.000\,590\,00V_{10} + 0.000\,747\,12V_9$$
$$- 0.000\,167\,37V_8 - 0.000\,162\,95V_7 - 0.062\,426\,63V_5 + 3.287\,412\,17V_4 - 0.135\,606\,22V_2$$
$$- 0.001\,373\,08V_1 - 3.623\,796\,26$$

6）未利用地

$$\log\left(\frac{P_5}{1-P_5}\right) = -0.000\,009\,71V_{10} - 0.000\,009\,37V_8 + 0.000\,158\,06V_7 + 0.000\,537\,28V_6 + 0.035\,359\,53V_5$$
$$- 1.178\,944\,18V_4 - 0.001\,231\,39V_3 + 0.008\,116\,37V_2 + 0.001\,526\,37V_1 - 4.363\,848\,05$$

5.6.4 回归结果检验

在 0.05 的置信水平下得到的千河流域 180m 特征尺度下的 ROC 统计曲线检验结果如图 5-18 所示。

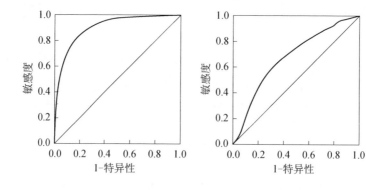

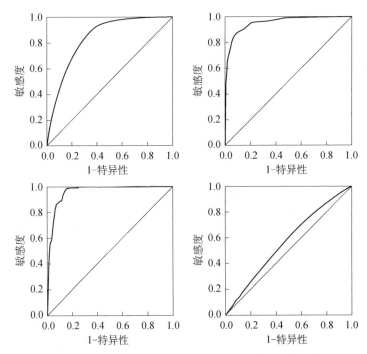

图 5-18 千河流域下游段各土地利用类型 ROC 曲线图

注：从左至右由上到下依次为林地、草地、耕地、水域、建设用地、未利用地

ROC 检验结果（表 5-36）显示各土地利用类型的拟合度分别为：林地 0.905、草地 0.679、耕地 0.837、水域 0.956、建设用地 0.962、未利用地 0.568。由检验结果可知，草地的拟合度相对于其他土地利用类型较低，说明草地具有相对较强的动态性；而未利用地的拟合度最低，表明本区域未利用地不但所占比例很小且难以据此模型进行拟合和量化，故模拟分布概率暂不考虑未利用地。

表 5-36 千河流域下游段各地类 ROC 曲线参数

地类	曲线下的面积	标准误(a)	渐进 Sig.(b)	渐近 95% 置信区间	
				下限	上限
林地	0.905	0.002	0.000	0.901	0.909
草地	0.679	0.003	0.000	0.673	0.686
耕地	0.837	0.002	0.000	0.832	0.841
水域	0.956	0.004	0.000	0.948	0.965
建设用地	0.962	0.003	0.000	0.955	0.969
未利用地	0.568	0.004	0.000	0.560	0.576

注：a.在非参数假设下；b.零假设：实面积=0.5。

5.6.5　空间分布概率

将上述各个影响因子的 β 系数值代入上面不同地类的回归方程中，求出千河流域各土地利用类型的空间分布概率图，如图 5-19 所示。

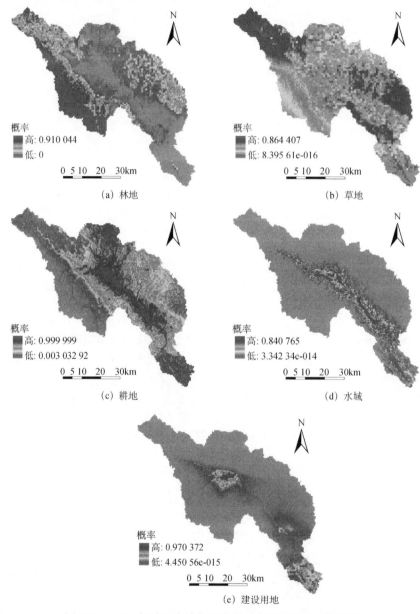

图 5-19　2010 年千河流域各土地利用类型空间分布概率图

5.7 黄土高原南部地区土地利用特征尺度 Logistic 回归

对于整个黄土高原南部地区土地利用及其影响因素的定量分析，可以为我们进行典型区土地利用及其优化配置研究提供大范围的特征参考，便于对整个研究区及其不同典型区进行对比分析，因此本书利用前述研究方法对整个黄土高原南部地区土地利用按照其特征尺度 600m 进行 Logistic 回归，相关研究成果已发表，但为了后续章节的分析并突出研究的系统性，将本部分研究成果概述如下。

5.7.1 影响因子的选取与栅格化

按照本章 5.2 节的因子选取原则，结合黄土高原南部地区总体特征和现有数据，同样从人文因素与自然因素两个方面选取 12 个土地利用变化影响因子，与晋东南经济区因子选取结果一致。所选取的影响因子对研究区整体土地利用变化的贡献率与土地利用本身结合非常密切，影响因子的名称及其简要描述见表 5-37。

表 5-37　黄土高原南部地区土地利用影响因子的选取与描述

	影响因子	影响因子的简要描述
自然因素	V_1 高程	采用黄海高程面
	V_2 坡度	量算每个像元点的切平面与水平地面的夹角的倾斜度
	V_3 坡向	量算每个像元点的切平面法线在水平面上的投影与正北方向的夹角
	V_4 平均气温	摄氏度
	V_5 降水量	mm
	V_6 距主要河流的距离	量算每一个像元中心到最近的主要上河流的距离
人文因素	V_7 距地级市中心的距离	量算每一个像元中心到地级市中心的距离
	V_8 距县城中心的距离	量算每一个像元中心到县城中心的距离
	V_9 距主要公路的距离	量算每一个像元中心到最近的主要公路的距离
	V_{10} 距主要铁路的距离	量算每一个像元中心到最近的主要铁路的距离
	V_{11} 人口密度	万人/0.25km²
	V_{12} 地均 GDP	亿元/0.25km²

本节在明确研究区总体土地利用变化影响因素的基础上，根据 5.3～5.6 节的研究方案，同样利用 ArcGIS 9.3 空间分析模块中的距离运算功能，得到以栅格形式表达的有关影响因子距离图，继而用研究区边界对其进行范围截取，最后得到影响因子栅格图，如图 5-20 所示。

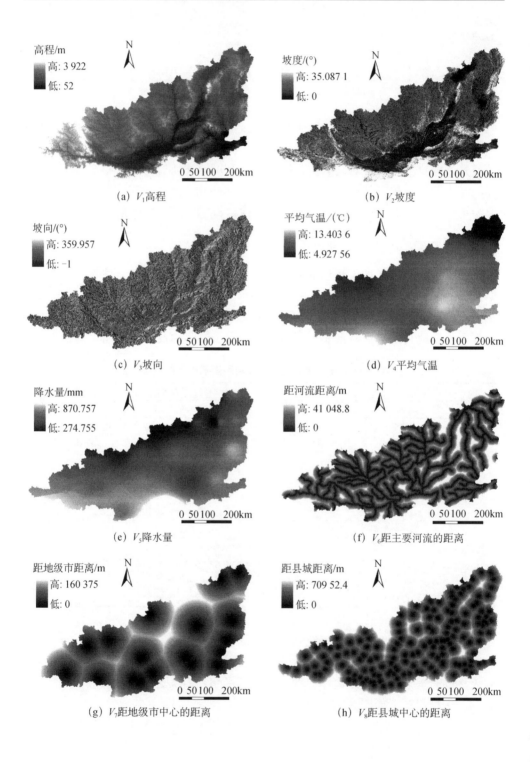

（a）V_1高程

（b）V_2坡度

（c）V_3坡向

（d）V_4平均气温

（e）V_5降水量

（f）V_6距主要河流的距离

（g）V_7距地级市中心的距离

（h）V_8距县城中心的距离

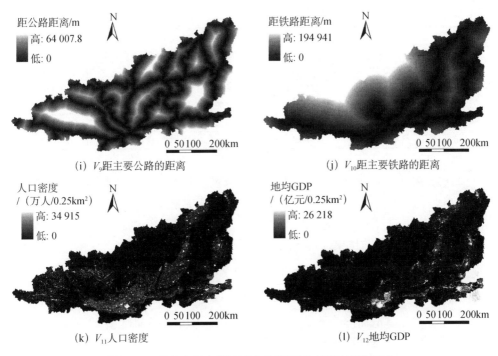

图 5-20　黄土高原南部地区土地利用影响因子栅格图层

5.7.2　结果分析

1. Binary Logistic 统计参数与回归方程

为避免数据的空间自相关效应对模型的解释能力造成一定的影响，本节根据研究区 600m 特征尺度，利用 ArcView GIS 3.3 空间抽样模块结合 ArcGIS 的重采样功能，在测算之前对数据样本进行了预处理。继而采用 SPSS17.0 软件的二元 Logistic 回归方程对各种土地利用类型和影响因子进行回归分析，得到五种土地利用类型的回归系数（表 5-38），进而求得空间分布概率。

表 5-38　黄土高原南部地区各土地利用类型 Binary Logistic 回归分析 B 系数值

影响因子	林地	草地	耕地	水域	建设用地
V_1	0.000 167 82	0.000 187 67	0.000 670 34	−0.003 079 11	−0.000 477 89
V_2	0.087 428 83	0.027 460 38	−0.184 762 08	−0.169 708 98	−0.283 081 59
V_3	—	0.000 323 68	−0.000 194 25	0.000 876 23	
V_4	0.000 047 20	0.000 035 42	0.000 092 37	—	
V_5	0.000 084 25	0.000 014 56	0.000 105 55	0.000 965 06	
V_6	0.000 027 07	−0.000 004 64	−0.000 009 47	−0.000 183 06	0.000 017 01
V_7	−0.000 001 23	0.000 004 70	−0.000 006 16	—	−0.000 005 75

影响因子	林地	草地	耕地	水域	建设用地
V_8	0.000 037 09	−0.000 004 94	−0.000 043 52	0.000 020 62	−0.000 070 83
V_9	0.000 012 12	−0.000 007 27	—	—	−0.000 017 30
V_{10}	−0.000 010 49	0.000 007 30	—	0.000 003 53	—
V_{11}	−0.007 940 57	−0.001 569 90	0.000 114 71	−0.001 347 23	0.000 585 10
V_{12}	0.000 150 56	−0.000 346 55	−0.000 368 26	—	0.000 543 79
常量	−1.841 830 68	−1.336 943 09	2.471 733 57	−0.798 195 39	−2.051 260 07

通过 Binary Logistic 逐步回归分析可以筛选出对不同土地利用类型影响较大的各自然人文因子，剔除影响不显著的因子，同时确定它们之间的定量关系和作用的相对大小。对不同土地利用类型而言，其回归方程中的影响因子组合也是不同的。根据以上回归结果，得到的回归模型分别如下。

1）林地

$$\log\left(\frac{P_0}{1-P_0}\right) = -1.841\,836\,8 + 0.000\,167\,82V_1 + 0.087\,428\,83V_2 + 0.000\,047\,20V_4 + 0.000\,084\,25V_5$$
$$+ 0.000\,027\,07V_6 - 0.000\,001\,23V_7 + 0.000\,037\,09V_8 + 0.000\,012\,12V_9 - 0.000\,010\,49V_{10}$$
$$- 0.007\,940\,57V_{11} + 0.000\,150\,56V_{12}$$

2）草地

$$\log\left(\frac{P_1}{1-P_1}\right) = -1.336\,943\,09 + 0.000\,187\,67V_1 + 0.027\,460\,38V_2 + 0.000\,323\,68V_3 + 0.000\,035\,42V_4$$
$$+ 0.000\,014\,56V_5 - 0.000\,004\,64V_6 + 0.000\,004\,70V_7 - 0.000\,004\,94V_8 - 0.000\,007\,27V_9$$
$$+ 0.000\,007\,30V_{10} - 0.001\,569\,90V_{11} - 0.000\,346\,55V_{12}$$

3）耕地

$$\log\left(\frac{P_2}{1-P_2}\right) = 2.471\,733\,57 - 0.000\,670\,34V_1 - 0.184\,762\,08V_2 - 0.000\,194\,25V_3 + 0.000\,092\,37V_4$$
$$+ 0.000\,105\,55V_5 - 0.000\,009\,47V_6 - 0.000\,006\,16V_7 - 0.000\,043\,52V_8 + 0.000\,114\,71V_{11}$$
$$- 0.000\,368\,26V_{12}$$

4）水域

$$\log\left(\frac{P_3}{1-P_3}\right) = -0.798\,195\,39 - 0.003\,079\,11V_1 - 0.169\,708\,98V_2 + 0.000\,876\,23V_3 + 0.000\,965\,06V_5$$
$$- 0.000\,183\,06V_6 + 0.000\,020\,62V_8 + 0.000\,003\,53V_{10} - 0.001\,347\,23V_{11}$$

5）建设用地

$$\log\left(\frac{P_4}{1-P_4}\right) = -2.051\,260\,07 - 0.000\,477\,89V_1 - 0.283\,081\,59V_2 + 0.000\,017\,01V_6 - 0.000\,005\,75V_7$$
$$- 0.000\,070\,83V_8 - 0.000\,017\,30V_9 + 0.000\,585\,10V_{11} + 0.000\,543\,79V_{12}$$

2. 不同土地利用类型发生比分析

与前述典型区研究相类似，Binary Logistic 回归分析还产生与拟合值相关事件的发生比，见表 5-39。

表 5-39　黄土高原南部地区各土地利用类型的 **Binary Logistic** 逐步回归结果 [exp（β）]

影响因子	林地	草地	耕地	水域	建设用地	未利用地
V_1	1.000 167 84	1.000 187 68	0.999 329 88	0.996 925 62	0.999 522 22	—
V_2	1.091 364 59	1.027 840 89	0.831 302 04	0.843 910 38	0.753 458 31	
V_3	—	1.000 323 73	0.999 805 77	1.000 876 62	—	
V_4	1.000 047 21	1.000 035 43	1.000 092 38	—	—	
V_5	1.000 084 26	1.000 014 57	1.000 105 56	1.000 965 53	—	
V_6	1.000 027 07	0.999 995 36	0.999 990 53	0.999 816 96	1.000 017 01	
V_7	0.999 998 77	1.000 004 70	0.999 993 84	—	0.999 994 25	
V_8	1.000 037 09	0.999 995 06	0.999 956 49	1.000 020 62	0.999 929 18	
V_9	1.000 012 12	0.999 992 73	—	—	0.999 982 70	
V_{10}	0.999 989 51	1.000 007 30	—	1.000 003 53	—	
V_{11}	0.992 090 87	0.998 431 33	1.000 114 72	0.998 653 68	1.000 585 27	
V_{12}	1.000 150 58	0.999 653 51	0.999 631 80	—	1.000 543 94	
常量	0.158 526 95	0.262 647 33	11.842 959 67	0.450 140 56	0.128 572 79	
ROC	0.844	0.673	0.761	0.859	0.937	0.557

由以上结果分析可以发现：①影响黄土高原南部地区耕地分布的自然因素主要有高程、坡度和坡向，人文因素包括距县城中心的距离、人口密度和地均 GDP，这些因素中坡度的影响最大，发生比 exp(β)是 0.831 302 04，高于其他因子；其次是高程和人口密度，发生比 exp(β)分别为 0.999 329 88 和 1.000 114 72。②影响林地分布的因素主要是坡度和坡向，坡度影响最大，坡向次之，发生比 exp(β)分别为 1.091 364 59 和 0.992 090 87。③草地的分布受坡度和人口密度的影响较大，发生比 exp(β)分别为 1.027 840 89 和 0.998 431 33。④影响研究区内水域分布的主要因素为高程、坡度和人口密度，发生比 exp(β)分别为 0.996 925 62、0.843 910 38 和 0.998 653 68。⑤建设用地的分布与坡度呈显著负相关，其发生比 exp(β)为 0.753 458 31，说明在坡度平缓的区域容易形成建设用地聚集区。

3. 回归分析结果 ROC 检验

借助 SPSS17.0 软件，以参与运算的真实土地利用作为状态变量，相应地模拟土地利用类型作为检验变量，生成不同土地利用类型的 ROC 曲线，如图 5-21 所示。

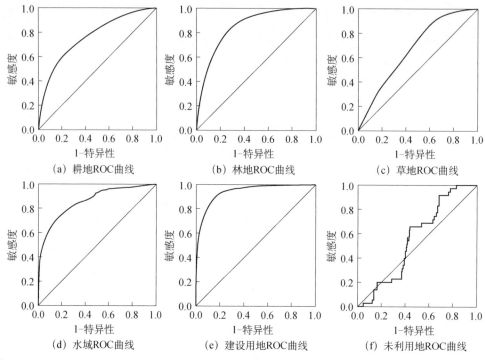

图 5-21　黄土高原南部不同土地利用类型模拟的 ROC 曲线

　　检验结果表明各土地利用类型的 ROC 曲线都远高于其对角线，即 ROC 值都大于 0.5，说明结果通过检验。不同土地利用类型的拟合度分别为：耕地 0.761、林地 0.844、草地 0.673、水域 0.859、建设用地 0.937、未利用地 0.557。分析检验结果发现，草地和未利用地的 ROC 值相对较低，说明其拟合度相对其他土类而言较低，原因主要是草地和未利用地具有较大的可变性和较强的动态性，其转变为其他土地利用类型的概率和频率较高。

4. 不同土地利用类型的空间概率分布

　　依据各地类土地利用变化的影响因子，运用 Binary Logistic 模型进行逐步回归，对各个栅格单元可能出现某种土地利用类型的概率进行判断分析。将各地类 B 系数代入其回归方程，并运用 ArcGIS 软件的栅格计算功能，对各种自然和人文影响因素栅格图层进行统计计算，得到各土地利用类型的空间分布概率，其结果如图 5-22 所示。

　　对比不同土地利用类型的空间分布概率图，发现其结果基本与真实情况吻合，并且不同土地利用类型的吻合程度与其 ROC 值密切相关。ROC 值越大时，其吻合程度越高，分析不同土地利用类型发现，建设用地、水域和林地 ROC 值较高，分别为 0.937、0.859 和 0.844，这三种地类的结果吻合度也高。而耕地、草地和未

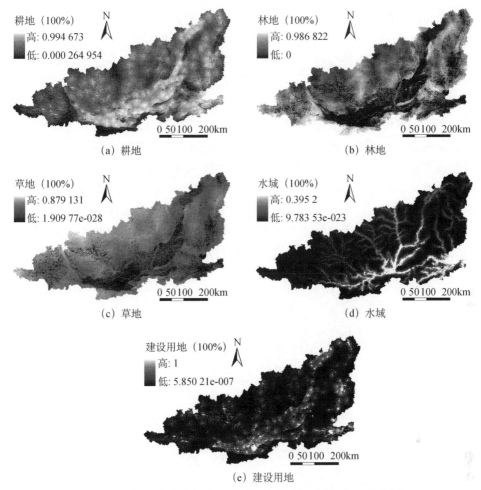

图 5-22　黄土高原南部地区不同土地利用类型空间概率分布图

利用地的 ROC 值为 0.761、0.673 和 0.557，相对而言较低，结果吻合度也较低，如耕地在北部延安地区的概率分布比实际耕地数量多，草地概率分布在东北部和北部地区也有和实际情况不吻合的情况，但从整体上看，各土地利用的概率分布基本吻合真实情况。

5.8　本 章 小 结

本章将空间抽样方法与 Binary Logistic 回归模型相结合，在分析不同研究区土地利用特征尺度的基础上，利用模型筛选了黄土高原南部地区及四个典型区不同土地利用类型的影响因子，并对筛选出的影响因子的贡献率做了定量分析，主要研究结果如下。

影响黄土高原南部地区耕地分布的自然因素主要有高程、坡度和坡向，人文因素包括距县城中心的距离、人口密度和地均 GDP，这些因素中坡度的影响最大，其次是高程和人口密度；影响林地分布的因素主要是坡度和坡向，坡度影响最大，坡向次之；草地的分布受坡度和人口密度的影响较大；影响研究区内水域分布的主要因素为高程、坡度和人口密度；建设用地的分布与坡度呈显著负相关关系，说明在坡度平缓的区域容易形成建设用地聚集区。综合以上分析结果可以发现，影响黄土高原南部地区不同土地利用类型的自然和人文因素相对集中，主要包括坡地形度和人口密度，这说明该区域土地利用的人为干扰较强烈，人类活动是研究区土地资源和土地生态系统变化速率不断加快的重要因素，而自然因素中的地形坡度也是影响该区土地利用的重要因子，不同土地利用类型，特别是农业用地和城镇建设用地与坡度呈明显的负相关关系，说明地形坡度是土地开发与利用的限制条件。

对于不同典型区来说，其各土地利用类型发生概率与空间分布影响较大的因子都是坡度，基本上与各典型区的林地和草地呈正相关关系，而与其他地类如耕地、建设用地及水域均呈负相关关系。另外，对于晋东南经济区和延河流域来说，人口密度是其土地利用变化贡献率较大的影响因子。千河流域各土地利用类型发生概率与空间分布影响较大的因子除坡度以外还包括温度条件，包括平均气温和≥10℃积温，特别是研究区的建设用地，温度条件主要对研究区建设用地的气候适宜性进行限制。

此外，基于本章 5.2 节的尺度选择方案，通过对比可以发现，采用 Logistic 回归模型对不同区域进行分析的结果跟研究区的特征尺度有一定关系，特征尺度越小，研究区范围越小，其土地利用空间分布格局的模拟结果吻合度越大。并且模拟结果证明基于空间约束性抽样与 Logistic 回归模型相结合的研究方案是研究土地利用空间变化的一种很好的方案。该方案对于与研究区域具有相似的自然环境和社会经济条件的其他同类地区具有一定的适用性。

综上所述，本章利用二元 Logistic 回归模型对研究区土地利用变化及其影响因子的关系进行定量分析，并由此刻画出不同土地利用类型的空间分布概率，从而揭示各种自然环境、社会经济因子及其组合对不同土地利用类型在不同空间位置上的影响程度。该研究结果不仅为分析研究区土地利用变化的内在机制提供了参考，而且对于研究土地资源管理、土地利用规划、土地资源的合理开发以及优化配置都具有一定的指导意义。

第6章 黄土高原南部典型区土地
承载力测评

　　土地是人类自身生存和人类社会发展的重要物质基础。对于一个国家或地区来说，土地作为一种宝贵资源，它的数量、质量及其组合形式对区域经济、社会及未来发展都有着非常重要而深刻的影响。进入21世纪以来，土地资源数量、质量、结构及其利用方式都发生了巨大变化，究其原因主要是近年来世界人口持续增长，全球工业化、城市化高速发展，这种发展使得世界各地特别是人口密集的发展中国家，其对土地资源的需求越来越大。社会经济发展需求的迅速增加与土地资源的供给稀缺性在工业化、城镇化快速发展的大背景下出现了前所未有的矛盾，并进一步导致土地资源的非农化的倾向加剧，土地资源不同用途之间呈现失衡态势。与此同时，土地的污染和退化问题由于土地资源的不合理利用、土地用途的盲目转换而显得日益突出。因此，在当前可持续发展的战略背景下，国民经济各产业、各部门之间合理高效地分配有限的土地资源，促进土地资源利用的集约化、高效化是区域可持续发展的基础工作之一。探讨如何协调人地关系，建立土地资源与适宜人口数量相和谐的发展模式与判断标准已成为现今土地科学特别是土地利用科学迫切需要解决的问题。

　　当前，从资源制约的角度进行土地承载力研究是土地资源优化配置的首要出发点。一个地区的土地承载力是由土地生产力、生产条件、被承载人口的生活水平和土地承载人口的限度等几大要素所确定。土地承载力研究可以从定性、定量的角度了解土地利用方式和资源开发特征，为区域合理规划、经济科学决策及社会协调发展提供理论依据；与此同时，土地承载力研究对于处理近年来出现的开发与保护，当前需要与持续发展的矛盾，进而协调人口、资源、环境和发展等各要素之间的关系都具有非常重要的利用和现实意义。

　　特别需要说明的是，土地承载力研究在自然环境时空演变剧烈的生态脆弱地区及人类活动干扰强烈的经济建设地区显得尤为重要。据此本书基于黄土高原南部地区，选取不同流域单元及两个都市经济区共四个区域作为典型研究区，在分析目前不同类别典型区土地利用存在问题的基础上，构建土地承载力评测模型,从定性与定量的角度对每个研究区的土地承载力进行动态测评与时空差异性分析。研究揭示不同人口、粮食产量及土地资源消费水平下,土地承载力水平的时间变化与空间分布,探讨土地面积的有限性和土地需求的增长性之间的矛盾,为土地利用优化配置研究,为定量、定性探讨区域人地关系开辟了有效途径。

6.1　土地承载力测评方法及模型

6.1.1　土地承载力内涵

土地承载力的概念在我国最早可追溯到韩非的"民众财寡",而国外则是柏拉图、亚里士多德的"适度人口"。至近代,则有马尔萨斯提出了关于人口与食物、土地保持平衡的思想;虽然与承载力有关的研究早已开始,但直到1921年,人类生态学者帕克和伯吉斯才确切提出了承载力的概念,即"某一特定环境条件下某种个体存在数量的最高极限"[120]。1949年,美国威廉·福格特和威廉姆·A·阿兰给出了土地承载力的明确定义,即"土地为复杂的文明生活服务的能力"[121]和"在维持一定生活水平并不引起土地退化的前提下,一个区域能永久供养的人口数量及人类活动水平,或土地退化前区域所能容纳的最大人口数量"。联合国环境规划署、国际自然资源保护联盟、世界自然基金会给出的定义是"地球或任何一个生态系统所能承受的最大限度的影响就是其承载力"[122]。中国科学院自然资源综合委员会主持的《中国土地资源生产能力及人口承载量研究》项目中,土地资源承载力表述为"在未来不同时间尺度上,以预期的经济、技术和社会发展水平以及与此相适应的物质生活水准为依据,一个国家或地区利用其自身的土地资源所能持续供养的人口数量"[123]。参阅前人对土地承载力研究成果的基础上,对土地承载力定义综述如下:在未来不同时间尺度上,以一定社会经济发展水平及与此相适应的物质生活水准为依据,在不对土地资源造成不可逆负面影响,不使环境遭到严重退化的前提下,利用其自身的土地资源所能持续供养具一定消费水平的最大人口数量。

6.1.2　土地承载力类型

由于学术界对于土地承载力的定义没有统一的标准,导致学者对土地承载力涵义的理解有所不同,从而使得研究方法和研究方式相去甚远,出现了多种土地承载力的类型,从当前的研究现状来看可以总结为以下几种类型[124, 125],见表6-1。

表 6-1　主要的土地承载力类型

类型	涵义	特点
土地人口承载力	在一定生产条件下,土地资源的生产力承载一定生活水平下的人口限度。即在一定的区域范围内,根据其土地资源的自然生产潜力,用不同的投入(物质的、技术的)水平所能生产的食物总量,可以供养一定生活水平的人口数量	它的定义指明了土地承载力的四个要素及其之间的关系。这四个要素是:生产条件、土地生产力、被承载人口的生活水平和土地承载人口的限度。它们的关系是:土地承载人口的限度与土地生产力成正比,与人口生活水平成反比,而土地生产力优势由生产条件决定
土地经济承载力	土地资源经济承载力表达的是在一定的经济技术条件和城市区位条件下,城市土地的经济价值产出能力	它从土地资源角度反映了城市的经济规模和增值潜力,通常用单位用地经济效益等指标表示,是衡量城市土地利用效益的重要指标
土地生态承载力	土地生态承载力概念尚未定论,本书认为,土地生态承载力是在一定的区域环境条件下,保持生态性能稳定和趋于良好所需的生态用地限度	生态用地的定义虽未明确,但通常可用森林和城市绿地等代表,因此,土地生态承载力可用最佳森林覆盖率和合理城市绿地覆盖率等表示
土地现实承载力	根据现有的作物结构和品种、食物消费结构,参照可以预见的社会经济发展状况、食物消费水平、耕地的增减状况,估算未来某一个时期的土地资源所能供养的人口数量	估算的前提是各时期的土地承载能力既能满足当代人的需求,又能保证后代人的可持续发展
相对资源承载力	相对资源承载力是以参照区的经济状况、生活水平以及保障这一生活水平的人均资源拥有量为基础,统计出研究区所拥有的资源量所能养活的人口数量,与传统的土地承载力只是围绕人口、土地、食物来研究是不同的,它更多的体现了经济方面的作用	相对资源承载力弥补了传统土地资源承载力研究只是关注本区域土地承载情况并没有与外界交流这方面的不足。相对于传统的土地承载力来说,它强调了研究区的开放性以及自然资源与经济资源之间的互补性,它更适合于当今逐渐经济全球化的社会
综合资源承载力	土地资源综合承载力是指在一定时期、一定空间区域和一定的经济、社会、资源、环境等条件下,土地资源所能承载的人类各种活动的规模和强度的限度	通过土地综合承载力评价可以全面认识区域土地资源承载力全貌,反映土地资源系统与人口系统、农业生产系统、消费系统、经济社会系统、生态系统的相互关系,为促进区域土地、人口、经济社会和环境协调发展提供准确信息

　　在上述土地承载力类型中,比较重要的是土地人口承载力,它可以进一步分为农业人口承载力和城镇人口承载力,还可以分为理想人口承载力和适度人口承载力,在众多的研究中,土地人口承载力研究是研究热点。

6.1.3　土地承载力特点

　　土地承载力研究的是区域土地资源、粮食、人口及社会经济发展系统之间的关系[126]。从先前对土地承载力的研究中可以看出土地承载力具有如下特点。

1. 土地承载力的客观性

　　土地资源是客观存在的,从而土地承载力也是客观的。一个地区以一定的社会经济发展水平到底能够承载多少人口,或是人类活动将达到一个怎样的规模,都要不同程度地受到该地区的土地承载力的限制。

2. 土地承载力的可变性

土地承载力并不是一成不变的，而是随着社会经济的发展、人民生活水平的提高、人均粮食需求量的改变而发生改变。各个区域社会经济技术水平发展程度不同，那么土地资源可承载的人口数量也就有所不同，这些都体现了土地承载力的可变性。

3. 土地承载力体现了可持续发展的思想

从土地承载力的定义可以看出，土地承载力强调的是土地资源所能持续供养的人口数量的能力或对经济活动所能承载的能力，既保证土地资源能满足当代人的需求又不影响其持续供养后代人的能力。

6.1.4　土地资源承载力测评模型

土地资源承载力是对区域土地、粮食和人口关系的系统透视。胡恒觉等认为土地资源承载力是指"在一定时空范围内，在可预见的自然技术、经济及社会诸因素综合制约下的土地资源生产能力，以及能持续供养的、具有一定生活水准的人口数量"[127]。中国科学院自然资源综合考察委员会将土地资源承载力定义为"在一定生产条件下土地资源的生产能力和一定生活水平下所承载的人口限度"[128]。上述概念均强调了土地承载力的四个要素：生产条件、土地生产力、人的生活水平和被承载人口的限度。其实质反映了土地、粮食与人口之间的关系。因此，土地资源承载力可以用一定标准粮食消费水平下，区域土地生产力所能持续供养的人口规模来测算。其测评模型为

$$LCC = \frac{W}{G_{PS}} \tag{6-1}$$

式中，LCC 为土地资源承载力，人/km^2；W 为土地生产力，kg，以流域 2004～2006 年均粮食产量计算；G_{PS} 为人均粮食消费标准，根据《国家人口发展功能区技术导则》，粮食消费标准以 400kg/人计。计算过程所需数据来源于陕西省统计年鉴。

土地资源承载指数是指区域人口规模与土地资源承载力之比。土地资源承载指数及相关指标的测评模型为

$$LCCI = \frac{P_o}{LCC} \tag{6-2}$$

$$R_x = \frac{(P_o - LCC)}{LCC} \times 100\%$$

$$R_y = \frac{(LCC - P_o)}{LCC} \times 100\%$$

式中，LCCI 为土地资源承载指数；LCC 为土地资源承载力；P_o 为流域现实人口

数量;R_x为土地资源超载率;R_y为粮食盈余率。计算土地资源承载力的数据来源于研究时段(2000年、2005年和2010年)黄土高原南部地区各省市统计年鉴。

6.1.5 黄土高原南部地区典型区土地承载力测评标准

根据《国家人口发展功能区工作技术导则》,将研究区各区县按照土地资源承载指数和人粮平衡关系,划分为土地超载地区、人粮平衡地区和粮食盈余地区三种不同的类型,结果见表6-2。

表6-2 基于土地资源承载指数(LCCI)的土地资源承载力评价

类型	土地资源承载状况	土地资源承载力评价指标		
		LCCI	粮食盈余率	土地超载率
粮食盈余	富富有余	<0.500	50%≤R_y	
	富裕	0.500~0.750	25%≤R_y<50%	
	盈余	0.750~0.875	12.5%≤R_y<25%	
人粮平衡	平衡有余	0.875~1.000	0≤R_y<12.5%	
	临界超载	1.000~1.125		0<R_x≤12.5%
土地超载	超载	1.125~1.250		12.5%<R_x≤25%
	过载	1.250~1.500		25%<R_x≤50%
	严重超载	>1.500		50%<R_x

6.2 典型区土地资源利用存在的问题

6.2.1 流域单元

1. 耕地连年锐减

由第4章土地利用变化数据可以看出,不管是延河流域还是千河流域都出现了耕地减少的趋势。耕地连年锐减一方面是退耕还林(草)的政策导向所引起的,同时是农业结构调整和城市化建设占用耕地所致。随着人口的不断增加和经济的进一步发展,粮食安全受到影响,人地矛盾将更趋严峻。

2. 过度利用和低效利用并存

在延河流域的农业用地中,川原地带的耕地集约化利用程度较高,部分耕地因过度利用导致地力下降;而在千河流域山区和丘陵区耕地、林地、草地经营利用较为粗放,产出低而不稳定。同时,对于两个流域来说都存在土地资源破坏和浪费严重。由于宏观总体规划和调控不足,土地利用中存在乡村居民庄基地留用过多;盲目发展乡镇企业,乱占滥用耕地;陡坡耕垦,加重水土流失,地力下降后弃耕撂荒造成土地资源浪费；城市垃圾占用郊区耕地造成土地污染；等等。

3. 土地利用结构和布局不合理

延河流域的土地利用结构不合理首先表现为不顾自然条件对农业生产的限制，盲目开垦土地，毁草毁林。同时，种植业内部结构不尽合理，由于农业可用水资源紧缺，因此要首先考虑将耕地用于种植需水量相对较小的粮食作物，使得水资源的边际效应得到充分的发挥。

千河流域土地利用布局不合理主要表现在耕地资源的分布上，主要是在流域及支流的上游分布着一定面积的耕地。从土地的适宜性角度来说，耕地可以分布在光照和水分条件较好的地势平坦的河流阶地及河谷台地，而不应该集中分布在地形坡度较大，海拔较高的山地，特别是河流上游，开垦耕地会导致流域水土流失加剧。

6.2.2　都市经济区

1. 建设用地迅速扩张，土地利用结构不尽合理

近年来两个研究区建设用地面积迅速增加，大量占用优质耕地，大西安规划区果园面积近年呈迅速增加态势，非农业建设占用耕地量较大，致使耕地面积减少，基本农田保护形势严峻。

2. 土地利用类型分布不均，土地资源利用不充分

两个典型区森林覆盖率均较高，但林地主要分布于晋东南经济区的太行山、太岳山、中条山地，大西安规划区内林地主要分布以秦岭山地为主；耕地主要分布于晋东南经济区长治盆地、晋城盆地及山间宽谷，大西安规划区以渭河平原为主。草地主要分布在低山丘陵区，由于各个区县的大块草地多数海拔高，改良计划滞后，草地资源利用不充分。

3. 土地供需矛盾突出，人均土地资源缺乏

土地供需矛盾突出，经济作物与粮食争地现象严重。人均土地面积不足，人均耕地面积更为稀缺，2010 年大西安规划区人均土地面积为 0.14hm^2，人均耕地面积为 0.04hm^2，分别占全国人均的 18% 和 38%，土地资源贫乏。

6.3　晋东南经济区土地承载力测评及其时空特征

本章选取晋东南经济区 2000 年、2005 年及 2010 年三年的各个区县的人口和

粮食产量作为研究对象，根据土地资源承载力模型对晋东南经济区各个区县的土地承载力的时间变化及研究区土地承载力的空间差异进行动态分析。

6.3.1 研究区土地承载力动态测评

1. 晋东南经济区 2000 年土地承载力测评

由前述测评方法计算出研究区 2000 年各区县的土地承载力情况，见表 6-3。

表 6-3 2000 年晋东南经济区各区县土地承载力 LCC 值及 LCCI 值

地级行政区	县级行政区	总人口/人	粮食产量/t	LCC	LCCI
长治市	长治市区	648 981	59 860	149 650	0.230 592
	长治县	323 236	143 455	358 637.5	1.109 522
	襄垣县	248 383	149 208	373 020	1.501 794
	屯留县	248 225	156 500	391 250	1.576 191
	平顺县	160 868	25 672	64 180	0.398 961
	黎城县	155 075	68 147	170 367.5	1.098 614
	壶关县	282 564	79 307	198 267.5	0.701 673
	长子县	337 354	200 595	501 487.5	1.486 532
	武乡县	196 097	54 750	136 875	0.697 996
	沁县	169 959	69 579	173 947.5	1.023 467
	沁源县	154 305	46 143	115 357.5	0.747 594
	潞城市	213 944	95 244	238 110	1.112 955
晋城市	晋城市区	821 419	241 483	603 707.5	0.734 957
	晋城城区	304 181	19 556	48 890	0.160 727
	沁水县	212 277	74 707	186 767.5	0.879 829
	阳城县	406 923	129 654	324 135	0.796 551
	陵川县	249 820	104 363	260 907.5	1.044 382
	泽州县	517 238	221 927	554 817.5	1.072 654
	高平市	471 748	201 070	502 675	1.065 558
晋东南经济区		6 122 597	2 141 220	5 353 050	0.874 310

从表 6-3 可以看出，在 2000 年，晋东南经济区各个区县的 LCC 值及 LCCI 值有很大的差异。首先从 LCC 值来看，最大的是晋城市区，其 LCC 值达到了 603707.5 人/km²，而其他区县相对较小，为什么市区的 LCC 值反而大于其他县区，这个原因主要与晋城市的行政区划有关。首先要搞清晋城城区和泽州县的关系，根据行政区划，1983 年晋城市（县级）成立，属于晋东南地区，1985 年晋城市（地级）成立，区划为南五县，原县级晋城市的市区为城区，乡镇为郊区，而 1996 年晋城市郊区，改为泽州县。所以，泽州县就是县级晋城市的农村，泽州县至今无县城，驻地暂住城区。所以统计数据中的晋城市区是包含泽州县和晋城城区的。根据计算结果，晋城城区的 LCC 值最小，而泽州县的 LCC 值最大，分别为 48 890

和 554 817.5，但晋城市区，也就是二者的累加则要大于最大值泽州县，所以在比较分析时把二者分开来计算，而后面利用 ArcGIS 制作的空间分析图则是根据 1：25 万的国家县级基础地理数据，把晋城城区与泽州县合二为一，用晋城市区来代替。

通过表格数据分析，晋城城区的 LCC 值最小，而泽州县的 LCC 值最大，分别为 48 890 和 554 817.5，最大的 LCC 值是最小 LCC 值的 11.35 倍之多，差异比较明显。研究区 2000 年各区县 LCC 值的大小情况如下：

晋城城区<平顺县<沁源县<武乡县<长治市区<黎城县<沁县<沁水县<壶关县<潞城市<陵川县<阳城县<长治县<襄垣县<屯留县<长子县<高平市<泽州县<晋城市区。

由此可见，LCC 值与粮食产量呈正比例关系，各个区县粮食产量的多少直接影响 LCC 值的大小。在晋城城区、平顺县、沁源县、武乡县及长治市区，这些地区要么处在市区范围之中，要么其经济比较发达，粮食产量不高，LCC 值较小，区域养活的人口数目较少。而襄垣县、屯留县、长子县、高平市、泽州县等县都处于离城市较远的区县，粮食产量较多，农业经济占整个经济的比例较大，其 LCC 值也比较大，可以养活的人口多。

从 LCCI 值来看，LCCI 表示的是区域粮食的产量可以承载人口数与区域现状存在的人口数的比值，其值大于 1，表示区域盈余；小于 1，表示区域超载。在晋东南经济区中，LCCI 值最大的为屯留县，其值为 1.576 191，最小的为晋城城区，其值为 0.160 727，两者之间 LCCI 值相差较大，屯留县人口、粮食和土地关系比较协调，而晋城城区的关系很紧张，在以后的发展中要注意协调人口、土地和粮食之间的关系，减少晋城城区的土地承载力。

其余地区 LCCI 值大小情况如下：

晋城城区<长治市区<平顺县<武乡县<壶关县<晋城市区<沁源县<阳城县<沁水县<沁县<陵川县<高平市<泽州县<黎城县<长治县<潞城市<长子县<襄垣县<屯留县。

在以上的这些区县中，以沁县 LCCI 值为界，其值为 1.023 467，是土地资源承载力相对平衡的地区。那么，对于整个晋东南经济区的各个区县来说，LCCI 值大于沁县的区域是属于土地承载力盈余的地区，小于沁县的区域是土地承载力超载的地区。

由此可见，对于晋城城区、长治市区、平顺县、武乡县等地区，其 LCCI 值小于 1，是超载地区，同时，它们又是经济相对比较发达的地区，可见，对于经济在某种程度上的发展，将带来土地承载力的加剧。在以后的发展中，要注意规划好土地合理利用计划。对于沁水县、沁县、陵川县、高平市、泽州县，它们属于人粮相对平衡的地区，还稍微有点盈余，应当给予鼓励并保持其稳定的发展。对于黎城县、长治县、潞城市、长子县、襄垣县、屯留县等地区，是属于盈余地区，其粮食产量较多，应当注重本区域经济发展的同时，将多余的粮食等资源补给给周边的区县，相互协调和补充，以满足整个晋东南经济区经济的协调发展和生态平衡。

2. 晋东南经济区 2005 年土地承载力测评

由前述测评方法计算出研究区 2005 年各区县的土地承载力情况，见表 6-4。

表 6-4　2005 年晋东南经济区各区县土地承载力 LCC 值及 LCCI 值

地级行政区	县级行政区	总人口/人	粮食产量/t	LCC	LCCI
长治市	长治市区	669 408	57 102	142 755	0.213 256
	长治县	332 350	119 776	299 440	0.900 978
	襄垣县	256 348	150 023	375 057.5	1.463 079
	屯留县	256 973	187 710	469 275	1.826 165
	平顺县	164 694	43 218	108 045	0.656 035
	黎城县	159 780	61 188	152 970	0.957 379
	壶关县	291 922	78 500	196 250	0.672 269
	长子县	347 831	222 223	555 557.5	1.597 205
	武乡县	201 349	101 209	253 022.5	1.256 636
	沁县	174 484	127 859	319 647.5	1.831 959
	沁源县	158 609	64 689	161 722.5	1.019 630
	潞城市	220 393	84 311	210 777.5	0.956 371
晋城市	晋城市区	839 596	261 135	652 837.5	0.777 561
	晋城城区	311 998	16 279	40 697.5	0.130 442
	沁水县	215 044	92 113	230 282.5	1.070 862
	阳城县	412 007	126 874	317 185	0.769 853
	陵川县	254 897	107 910	269 775	1.058 369
	泽州县	527 598	244 856	612 140	1.160 239
	高平市	483 813	202 434	506 085	1.046 034
晋东南经济区		6 279 094	2 349 409	5 873 522.5	0.935 409

从表 6-4 可以看出，在 LCC 值方面，最大的为泽州县，其值为 612 140，最小的为晋城城区，其 LCC 值为 40 697.5，泽州县的 LCC 值是晋城城区的 15 倍多，差异稍微有所增加点，原因为 LCC 最大值相对 2000 年有提高，最小值有所降低，整个晋东南经济区整体粮食产量在上升，可承载的人口数也在上升。

整个晋东南经济区 LCC 值大小情况如下：

晋城城区<平顺县<长治市区<黎城县<沁源县<壶关县<潞城市<沁水县<武乡县<陵川县<长治县<阳城县<沁县<襄垣县<屯留县<高平市<长子县<泽州县<晋城市区。

由此可见，在 2005 年，整个晋东南经济区的各个区县中，整体粮食产量都处于上升的趋势，LCC 值较大的几个区县为：沁县、襄垣县、屯留县、高平市、长子县和泽州县，这些区县在 2000 年 LCC 值也是比较大的，粮食产量多，可以承载的人口多；LCC 值较小的几个区县为：晋城城区、平顺县、长治市区、黎城县、沁源县，这些地区是 2000 年 LCC 值比较小的区县，有的处于市区之中，但其都属于总体粮食产量少的地区，其可承载的人口少。因此，在 2000~2005 年，在区县 LCC 值的大小比较上，变化不是很大。

在 2005 年，利用 LCCI 值来对整个晋东南经济区的土地承载力的区县差异进行分析，从表 6-4 可知，LCCI 值的大小情况如下：

晋城城区<长治市区<平顺县<壶关县<阳城县<晋城市区<长治县<潞城市<黎城县<沁源县<高平市<陵川县<沁水县<泽州县<武乡县<襄垣县<长子县<屯留县<沁县。

LCCI 值最小的还是晋城城区，其值大小为 0.130 442，最大的在沁县，其值大小为 1.831 959，除晋城城区和长治市区以外，其他区县的 LCCI 值较 2005 年均有所提高，LCCI 的最大值和最小值之间的差异比 2000 年提高了。在 2005 年整个晋东南经济区的各个区县中，沁源县的 LCCI 值为 1.096 30，是平衡地区，在 2005年以沁源县为界，LCCI 值小于沁源县的为超载地区，大于沁源县的为盈余地区。

3. 晋东南经济区 2010 年土地承载力测评

由前述测评方法计算出研究区 2010 年各区县的土地承载力情况，见表 6-5。

表 6-5　2010 年晋东南经济区各区县土地承载力 LCC 值及 LCCI 值

地级行政区	县级行政区	总人口/人	粮食产量/t	LCC	LCCI
长治市	长治市区	765 550	57 856	144 640	0.188 936
	长治县	341 199	129 552	323 880	0.949 241
	襄垣县	270 459	163 884	409 710	1.514 869
	屯留县	264 085	227 681	569 202.5	2.155 376
	平顺县	150 968	57 639	144 097.5	0.954 490
	黎城县	158 652	63 048	157 620	0.993 495
	壶关县	291 869	108 010	270 025	0.925 158
	长子县	353 590	211 619	529 047.5	1.496 217
	武乡县	182 631	91 913	229 782.5	1.258 179
	沁县	172 353	141 998	354 995	2.059 697
	沁源县	158 828	67 170	167 925	1.057 276
	潞城市	227 121	110 093	275 232.5	1.211 832
晋城市	晋城市区	961 743	259 420	648 550	0.674 349
	晋城城区	477 336	12 538	31 345	0.065 667
	沁水县	213 118	131 394	328 485	1.541 329
	阳城县	388 862	183 453	458 632.5	1.179 422
	陵川县	231 500	117 171	292 927.5	1.265 346
	泽州县	484 407	246 882	617 205	1.274 146
	高平市	485 091	223 207	558 017.5	1.150 336
晋东南经济区		6 579 362	2 604 528	6 511 320	0.989 658

从表 6-5 可以得到，在 2010 年，晋东南经济区 LCC 值最大的仍然为泽州县，其值为 617 205，最小的仍是晋城城区，其值为 31 345，泽州县的 LCC 值相对 2005 年

是上升的,晋城城区的 LCC 值相对 2005 年是降低的,两者之间的差异进一步扩大。

在 2010 年其 LCC 值大小情况如下:

晋城城区<平顺县<长治市区<黎城县<沁源县<武乡县<壶关县<潞城市<陵川县<长治县<沁水县<沁县<襄垣县<阳城县<长子县<高平市<屯留县<泽州县<晋城市区。

将 2010 年 LCC 值较小的平顺县、长治市区、黎城县、沁源县与 2005 年其 LCC 值对比,可以看出,其 LCC 值变化不大,粮食产量比较稳定,其可承载人口数也比较稳定。将 2010 年 LCC 值较大的阳城县、长子县、高平市、屯留县及泽州县与 2005 年其 LCC 值对比,可以看出,这些区县的 LCC 值呈现上升的趋势,粮食产量有上升的趋势,其可承载的人口处于上升阶段。

由此可见,对于晋城城区、长治市区这些处于市区之中的地区,其经济发展相对较快,有上升的趋势,但其粮食产量在下降。而对于阳城县、长子县、高平市、屯留县及泽州县等地区,其农业发展较好,粮食产量呈现上升的趋势。经济的发展在一定程度上对粮食、农业的发展具有很大的影响。

在 LCCI 方面,其 2010 年 LCCI 值的大小如下:

晋城城区<长治市区<晋城市区<壶关县<长治县<平顺县<黎城县<沁源县<高平市<阳城县<潞城市<武乡县<陵川县<泽州县<长子县<襄垣县<沁水县<沁县<屯留县。

由上可以看出,LCCI 值最大的为屯留县,其值为 2.155 376,LCCI 值最小的为晋城城区,其值为 0.065 667,LCCI 的最大值与 2005 年相比变大,最小值与 2005 年相比变小。在 2010 年中,选取黎城县的 LCCI 值作为中间值,其值为 0.993 495,土地承载力相对平衡,然后将其他各个区县的 LCCI 值与黎城县的 LCCI 值进行对比分析,各个区县的 LCCI 值比黎城县 LCCI 值小的地区,是土地承载力超载的地区,比黎城县大的地区,是土地承载力富余的地区。

6.3.2　研究区土地承载力时空差异

1. 晋东南经济区土地承载力时间变化

在本书的研究中,将研究范围内各个区县的 LCC 值和 LCCI 值按照 2000 年、2005 年和 2010 年的时间顺序做成柱状图,研究其区县变化趋势。

由图 6-1 可知,对于 LCC 值较高的泽州县、高平市及屯留县来说,在 2000~2010 年,其 LCC 值处于明显的上升态势;对于 LCC 值较低的长治市区、黎城县和晋城城区来说,其 LCC 值没有高值区明显的变化。由此可知,对于整个晋东南经济区来说,LCC 高值区与低值区的粮食产量差异在逐渐加大,这一方面说明对于属于 LCC 低值区的城市建成区来说,其经济发展对农业土地利用产生较大影响,另一方面,对于农业经济占主导的区县,随着科技进步与农业集约发展,其粮食产量有逐步增加的态势,可以承载较多人口,缓解 LCC 低值区的土地承载压力。

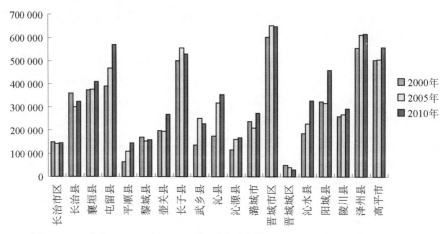

图 6-1　2000 年、2005 年、2010 年晋东南经济区各区县土地承载力 LCC 值

由图 6-2 可知，对于 LCCI 值大于 1 的区县，如襄垣县、屯留县、长子县和
沁县，在 2000～2010 年基本上呈现出稳中有升的态势；对于 LCCI 值接近于 1 的
长治县、高平市和潞城市来说，其 LCCI 值变化不明显，在均衡值 1 附近波动；
对 LCCI 值小于 1 的长治市区及晋城城区来说，其 LCCI 值变化不明显，但略有小
幅下降。由此可知，对于整个晋东南经济区来说，LCCI 值小于 1 的地区，即土地
承载力处于超载的地区，其超载程度将表现出稳中有降；对于 LCCI 值接近 1 的
地区，即土地承载力相对均衡的地区，其仍将保持一个平衡的态势；对于 LCCI
值大于 1 的地区，即土地承载处于富余的地区，其富余的情况将越来越好；可见，
晋东南经济区各个区县土地承载力两极分化情况略加明显，超载的地区渐趋严重，
富余的地区稳中有余。

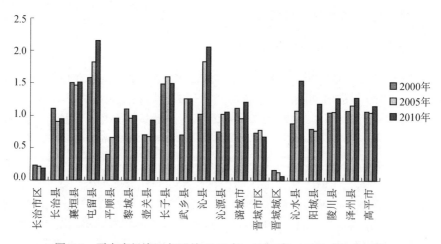

图 6-2　晋东南经济区各区县 2000 年、2005 年、2010 年 LCCI 值

综上所述，晋东南经济区 LCC 值在人均每年消费粮食一定的情况下，与粮食产量成正比，粮食产量高的地区，LCC 值大，可以承载的人口多，反之，LCC 值小，承载的人口少；在 LCCI 方面，对于类似长治市区及晋城城区这类 LCCI 值小于 1 的地区，它们处于超载状态，其经济发展的速度相对较快，在以后的发展中应该合理规划利用土地资源，使人、地、粮协调发展；对于类似长治县、高平市和潞城市这类 LCCI 值比较接近 1 的地区，处于相对平衡的态势，应当给予鼓励和保持发展；对于类似襄垣县、屯留县、长子县和沁县这类 LCCI 值大于 1 的地区，其土地承载力处于富余状态，应当在保证本地区经济发展的同时，将盈余的粮食供给给其他区县，保证整个晋东南经济区各个区县粮食和经济协调发展以及区域生态平衡。

在 2000～2010 年，晋东南经济区各个区县土地承载力两极分化渐趋明显，超载的地区稳中有降，富余的地区渐趋富余。对于整个晋东南经济区两极分化的情况，应当保证在土地承载力富余地区经济稳定发展的情况下，将富余地区的粮食外调给土地承载力超载的地区，实现整个区域的土地承载力平衡。

2. 晋东南经济区土地承载力空间分布

根据全国关于超载率和承载力的统一标准，以及对 R_x 与 R_y 的值的规定[129]，根据表 6-6，得出 2000 年、2005 年及 2010 年晋东南经济区各区县土地资源承载情况（表 6-7～表 6-9）及土地承载力空间分布情况（图 6-3～图 6-5）。

表 6-6　2000～2010 年晋东南经济区各区县土地承载力 R 值

地级行政区	县级行政区	2000 年	2005 年	2010 年
长治市	长治市区	−3.336 659	−3.689 209	−4.292 796
	长治县	0.098 711	−0.109 905	−0.053 474
	襄垣县	0.334 130	0.316 510	0.339 877
	屯留县	0.365 559	0.452 404	0.536 044
	平顺县	−1.506 513	−0.524 309	−0.047 680
	黎城县	0.089 762	−0.044 519	−0.006 547
	壶关县	−0.425 165	−0.487 501	−0.080 896
	长子县	0.327 293	0.373 906	0.331 648
	武乡县	−0.432 672	0.204 225	0.205 201
	沁县	0.022 929	0.454 136	0.514 492
	沁源县	−0.337 624	0.019 252	0.054 173
	潞城市	0.101 491	−0.045 619	0.174 803

续表

地级行政区	县级行政区	2000 年	2005 年	2010 年
晋城市	晋城市区	−0.360 624	−0.286 072	−0.482 913
	晋城城区	−5.221 743	−6.666 269	−14.228 457
	沁水县	−0.136 584	0.066 173	0.351 209
	阳城县	−0.255 412	−0.298 949	0.152 127
	陵川县	0.042 496	0.055 150	0.209 702
	泽州县	0.067 733	0.138 109	0.215 160
	高平市	0.061 525	0.044 008	0.130 689
晋东南经济区		−0.143 758 605	−0.0690 508 12	−0.010 449 801

注：$R<0$ 时，表示土地资源超载，其值的大小表示超载的程度；$R>0$ 时，表示土地资源盈余，其值的大小表示盈余的程度。

表 6-7　2000 年晋东南经济区各区县土地承载情况

类型	土地承载状况	土地承载程度指标		县级行政区
		土地资源超载率	土地资源盈余率	
土地承载力盈余	富富有余		50% $<R_y$	
	富余		25%$< R_y$≤50%	襄垣县、屯留县、长子县
	盈余		12.5%$< R_y$≤25%	
相对平衡	平衡有余		0$<R_y$≤12.5%	沁县、陵川县、高平市、黎城县、长治县、潞城市
	临界超载	0$<R_x$≤12.5%		
土地承载力超载	超载	12.5%$<R_x$≤25%		沁水县
	过载	25%$<R_x$≤50%		武乡县、沁源县、壶关县、阳城县、晋城市
	严重超载	50%$<R_x$		长治市、平顺县

注：R_x表示土地资源超载，其值的大小表示超载的程度；R_y表示土地资源盈余，其值的大小表示盈余的程度。

表 6-8　2005 年晋东南经济区各区县土地承载情况

类型	土地承载状况	土地承载程度指标		县级行政区
		土地资源超载率	土地资源盈余率	
土地承载力盈余	富富有余		50% $<R_y$	
	富余		25%$< R_y$≤50%	襄垣县、屯留县、长子县、沁县
	盈余		12.5%$< R_y$≤25%	武乡县
相对平衡	平衡有余		0$<R_y$≤12.5%	陵川县、高平市、沁水县、沁源县
	临界超载	0$<R_x$≤12.5%		黎城县、长治县、潞城市
土地承载力超载	超载	12.5%$<R_x$≤25%		
	过载	25%$<R_x$≤50%		壶关县、阳城县、晋城市
	严重超载	50%$<R_x$		长治市、平顺县

注：R_x表示土地资源超载，其值的大小表示超载的程度；R_y表示土地资源盈余，其值的大小表示盈余的程度。

表 6-9 2010 年晋东南经济区各区县土地承载情况

类型	土地承载状况	土地承载程度指标		县级行政区
		土地资源超载率	土地资源盈余率	
土地承载力盈余	富富有余		50% <R_y	屯留县、沁县
	富余		25%< R_y≤50%	襄垣县、长子县、沁水县
	盈余		12.5%< R_y≤25%	陵川县、高平市、武乡县潞城市阳城县
相对平衡	平衡有余		0<R_y≤12.5%	沁源县
	临界超载	0<R_x≤12.5%		黎城县、长治县、壶关县、平顺县
土地承载力超载	超载	12.5%<R_x≤25%		
	过载	25%<R_x≤50%		晋城市
	严重超载	50%<R_x		长治市

注：R_x表示土地资源超载，其值的大小表示超载的程度；R_y表示土地资源盈余，其值的大小表示盈余的程度。

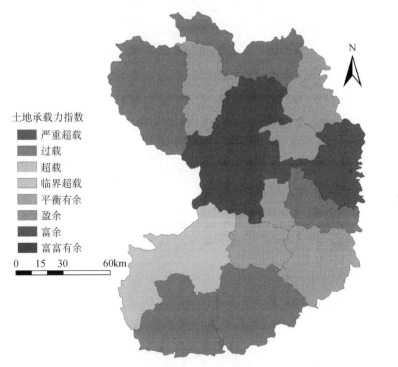

图 6-3 2000 年晋东南经济区土地承载力空间分布

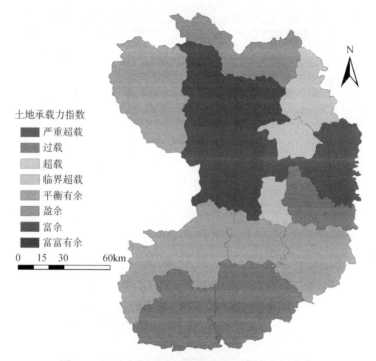

图 6-4　2005 年晋东南经济区土地承载力空间分布

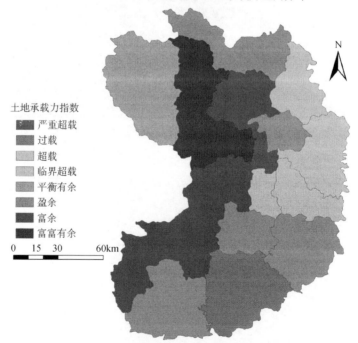

图 6-5　2010 年晋东南经济区土地承载力空间分布

6.4　大西安规划区土地承载力测评及其时空特征

本书选取大西安规划区 2000 年、2005 年及 2010 年三年的各个区县的人口和粮食产量作为研究对象，根据土地资源承载力模型对大西安规划区各个区县的土地承载力的时间变化及研究区土地承载力的空间差异进行动态分析。

6.4.1　研究区土地承载力动态测评

1. 大西安规划区 2000 年土地承载力测评

由前述测评方法计算出研究区 2000 年各区县的土地承载力情况，见表 6-10。

表 6-10　2000 年大西安规划区各区县土地承载力 LCC 值及 LCCI 值

地级行政区	县级行政区	总人口/人	粮食产量/t	LCC	LCCI
西安市	新城区	469 544	247	617.5	0.001 315
	碑林区	610 362	14	35	0.000 057
	莲湖区	574 816	251	627.5	0.001 092
	灞桥区	431 082	75 001	187 502.5	0.434 958
	未央区	379 742	55 826	139 565	0.367 526
	雁塔区	557 789	29 301	73 252.5	0.131 327
	阎良区	237 375	116 359	290 897.5	1.225 477
	临潼区	673 944	353 592	883 980	1.311 652
	长安区	896 395	361 843	904 607.5	1.009 162
	蓝田县	629 265	250 618	626 545	0.995 677
	周至县	623 782	262 898	657 245	1.053 645
	户县	563 038	300 973	752 432.5	1.336 380
	高陵县	232 977	211 113	527 782.5	2.265 385
咸阳市	秦都区	414 522	89 776	224 440	0.541 443
	渭城区	371 662	110 321	275 802.5	0.742 079
	三原县	396 254	182 412	456 030	1.150 853
	泾阳县	483 352	222 529	556 322.5	1.150 968
渭南市	富平县	755 258	280 985	702 462.5	0.930 096
大西安规划区		9 301 159	2 904 059	7 260 147.5	0.780 564

从表 6-10 可以看出，在 2000 年，大西安规划区各个区县的 LCC 值及 LCCI 值有很大的差异。首先从 LCC 值来看，最大的是长安区，其 LCC 值达到了 904 607.5，最小的是碑林区，只有 35，最大的 LCC 值是最小 LCC 值的 25 845 倍之多，差异很明显。其他地区 LCC 值的大小情况如下：

碑林区<新城区<莲湖区<雁塔区<未央区<灞桥区<秦都区<渭城区<阎良区<三原县<高陵县<泾阳县<蓝田县<周至县<富平县<户县<临潼区<长安区。

由此可见，LCC 值与粮食产量呈正比例关系，各个区县粮食产量的多少直接影响 LCC 值的大小。2000 年在碑林区、新城区、莲湖区及雁塔区，这些区都是处在市区范围之中，其经济比较发到，粮食产量不高，LCC 值较小，区域养活的人口数目较少。而临潼区、阎良区、三原县、泾阳县、富平县等县都属于离市中心较远的区县，粮食产量较多，农业经济占整个经济的比例较大，其 LCC 值比较大，可以养活的人口多。

从 LCCI 值来看，LCCI 表示的是区域粮食的产量可以承载人口数与区域现状存在的人口数的比值，其值大于 1，表示区域盈余，小于 1，表示区域超载。在大西安规划区之中，LCCI 值最大的为高陵县，其值为 2.65 385，最小的为碑林区，其值为 0.000 057，两者之间 LCCI 值相差悬殊，高陵县人口、粮食和土地关系比较协调，而碑林区的关系很紧张，在以后的发展中要注意协调人口、土地和粮食之间的关系，减少碑林区的土地承载力。

其余地区 LCCI 值大小情况如下：

碑林区<莲湖区<新城区<雁塔区<未央区<灞桥区<秦都区<渭城区<富平县<蓝田县<长安区<周至县<三原县<泾阳县<阎良区<临潼区<户县<高陵县。

在以上的这些区县中，以蓝田县 LCCI 值为界，其值为 0.995 677，是土地资源承载力相对平衡的地区。那么，对于整个规划区的各个区县来说，LCCI 值大于长安区的区域是属于土地承载力盈余的地区，小于长安区的区域是土地承载力超载的地区。

由此可见，对于碑林区、新城区、莲湖区、未央区、雁塔区等地区，其 LCCI 值小于 1，是超载地区，同时，它们又是经济相对比较发达的地区，可见，对于经济在某种程度上的发展，将带来土地承载力的加剧。在以后的发展中，要注意规划好土地合理利用计划。对于蓝田县、长安区、周至县及富平县，它们属于人粮相对平衡的地区，还稍微有点盈余，应当给予鼓励并保持其稳定的发展。对于临潼区、户县、高陵县等地区，是属于盈余地区，其粮食产量较多，应当注重本区域经济发展的同时，将多余的粮食等资源补给给周边的区县，相互协调和补充，以满足整个大西安规划区经济的协调发展和生态平衡。

2. 大西安规划区 2005 年土地承载力测评

由前述测评方法计算出研究区 2005 年各区县的土地承载力情况，见表 6-11。

表 6-11　2005 年大西安规划区各区县土地承载力 LCC 值及 LCCI 值

地级行政区	县级行政区	总人口/人	粮食产量/t	LCC	LCCI
西安市	新城区	493 822	2	5	0.000 010
	碑林区	725 947	—	0	0.000 000
	莲湖区	613 008	176	440	0.000 718
	灞桥区	476 301	74 557	186 392.5	0.391 333
	未央区	422 591	27 040	67 600	0.159 966
	雁塔区	743 586	14 506	36 265	0.048 770
	阎良区	246 470	103 724	259 310	1.052 096
	临潼区	670 161	340 412	851 030	1.269 889
	长安区	940 241	387 323	968 307.5	1.029 850
	蓝田县	627 101	291 305	728 262.5	1.161 316
	周至县	634 369	290 799	726 997.5	1.146 017
	户县	576 845	337 469	843 672.5	1.462 564
	高陵县	246 821	187 298	468 245	1.897 104
咸阳市	秦都区	457 302	83 162	207 905	0.454 634
	渭城区	398 934	114 786	286 965	0.719 330
	三原县	399 910	230 661	576 652.5	1.441 956
	泾阳县	500 962	249 264	623 160	1.243 927
渭南市	富平县	755 694	343 325	858 312.5	1.135 794
大西安规划区		9 930 065	3 075 809	7 689 522.5	0.774 368

从表 6-11 可以看出，在 LCC 值方面，最大的为长安区，其值为 968 307.5，最小的为碑林区，其值为 0，雁塔区的 LCC 值为 36 256，长安区的 LCC 值是新城区的将近 27 倍，差异非常明显，但 LCC 值整体相对 2000 年有所提高，说明整个大西安规划区整体粮食产量在上升，可承载的人口数也在上升。

整个大西安规划区 LCC 值大小情况如下：

碑林区<新城区<莲湖区<雁塔区<未央区<灞桥区<秦都区<阎良区<渭城区<高陵县<三原县<泾阳县<周至县<蓝田县<户县<临潼区<富平县<长安区。

由此可见，在 2005 年，整个大西安规划区的各个区县中，除主城区外，整体粮食产量都处于上升的趋势，LCC 值较大的几个区县为：户县、临潼区、富平县和长安区，这些区县在 2000 年 LCC 值是比较大的，粮食产量多，可以承载的人口多；LCC 值较小的几个区县为：碑林区、新城区、莲湖区、雁塔区，这些地区是 2000 年 LCC 值比较小的区县，处于市区之中，粮食产量少，甚至为 0，其可承载的人口少。因此，在 2000~2005 年，在区县 LCC 值的大小比较上，变化不是很大。

在 2005 年，利用 LCCI 值来对整个大西安规划区的土地承载力的区县差异进行分析，从表 6-11 可知，LCCI 值的大小情况如下：

碑林区<新城区<莲湖区<雁塔区<未央区<灞桥区<秦都区<渭城区<长安区<阎良区<富平县<周至县<蓝田县<泾阳县<临潼区<三原县<户县<高陵县。

LCCI 值最小的非 0 区县是在新城区，其值为 0.000 01，最大的在高陵县，其值为 1.897 104，非 0 最小值和最大值较 2000 年的有所下降，LCCI 的最大值和最小值之间的差异比 2000 年下降了。在 2005 年整个大西安规划区的各个区县中，西安市长安区 LCCI 值为 1.029 850，是盈余地区，在 2005 年以长安区为界，LCCI 值小于长安区的为超载地区，大于长安区的为盈余地区。

3.大西安规划区 2010 年土地承载力测评

由前述测评方法计算出研究区 2010 年各区县的土地承载力情况，见表 6-12。

表 6-12　2010 年大西安规划区各区县土地承载力 LCC 值及 LCCI 值

地级行政区	县级行政区	总人口/人	粮食产量/t	LCC	LCCI
西安市	新城区	503 641	—	0	0.000 000
	碑林区	732 494	—	0	0.000 000
	莲湖区	640 911	—	0	0.000 000
	灞桥区	508 535	72 827	182 067.5	0.358 024
	未央区	516 968	26 776	66 940	0.129 486
	雁塔区	793 103	565	1 412.5	0.001 781
	阎良区	252 449	96 027	240 067.5	0.950 954
	临潼区	697 586	400 971	1 002 427.5	1.436 995
	长安区	980 803	414 922	1037 305	1.057 608
	蓝田县	643 605	335 325	838 312.5	1.302 526
	周至县	665 587	288 582	721 455	1.083 938
	户县	597 071	371 523	928 807.5	1.555 606
	高陵县	294 507	208 999	522 497.5	1.774 143
咸阳市	秦都区	490 925	82 125	205 312.5	0.418 216
	渭城区	410 929	126 080	315 200	0.767 042
	三原县	420 316	235 988	589 970	1.403 634
	泾阳县	514 845	287 937	719 842.5	1.398 173
渭南市	富平县	791 246	441 654	1 104 135	1.395 438
大西安规划区		1 0455 521	3 390 301	8 475 752.5	0.810 649

从表 6-12 可以得到，在 2010 年，大西安规划区的 LCC 值最大的为富平县，其值为 1 104 135，最小的非 0 区县为雁塔区，其值为 1 412.5。富平县的 LCC 值相对 2005 年是上升的，雁塔区的 LCC 值相对 2005 年是降低的，两者之间的差异进一步扩大。

在 2010 年其 LCC 值大小情况如下：

（新城区、碑林区、莲湖区为 0）<雁塔区<未央区<灞桥区<秦都区<阎良区<渭城区<高陵县<三原县<泾阳县<周至县<蓝田县<户县<临潼区<长安区<富平县。

将 2010 年 LCC 值较小的新城区、碑林区、莲湖区、雁塔区、未央区、灞桥区与 2005 年其 LCC 值对比，可以看出，其 LCC 值呈现下降的趋势，粮食产量有降低的趋势，其可承载人口数在降低。将 2010 年 LCC 值较大的三原县、泾阳县、周至县、蓝田县、户县、临潼区、长安区及富平县与 2005 年其 LCC 值对比，可以看出，这些区县的 LCC 值呈现上升的趋势，粮食产量有上升的趋势，其可承载的人口处于上升阶段。

由此可见，对于新城区、碑林区、莲湖区、雁塔区这些处于市区之中的地区，其经济发展相对较快，有上升的趋势，但其粮食产量在下降。对于周至县、蓝田县、户县、临潼区、长安区及富平县等地区，其农业发展较好，粮食产量呈现上升的趋势。经济的发展在一定的程度上对粮食、农业的发展具有很大的影响。

在 LCCI 方面，其 2010 年 LCCI 值的大小如下：

（新城区、碑林区、莲湖区为 0）<雁塔区<未央<灞桥区<秦都区<渭城区<阎良区<长安区<周至县<蓝田县<富平县<泾阳县<三原县<临潼区<户县<高陵县。

由上可以看出，LCCI 值最大的为高陵县，其值为 1.774 143，LCCI 值最小的非 0 地区为雁塔区，其值为 0.001 781，LCCI 的最大值与 2005 年相比变小，非 0 最小值与 2005 年相比也变小。在 2010 年中，选取阎良区的 LCCI 值作为中间值，其值大小为 0.950 954，土地承载力相对平衡，稍有盈余，将其他各个区县的 LCCI 值与阎良区的 LCCI 值进行对比分析，各个区县的 LCCI 值比阎良区 LCCI 值小的地区，是土地承载力超载的地区，比阎良区大的地区，是土地承载力富余的地区。

6.4.2　研究区土地承载力时空差异

1. 大西安规划区土地承载力时间变化

由图 6-6 可知，对于 LCC 值较高的富平县、长安区及户县来说，在 2000～2010 年，其 LCC 值处于明显的上升态势；对于 LCC 值较低的未央区、雁塔区和灞桥区来

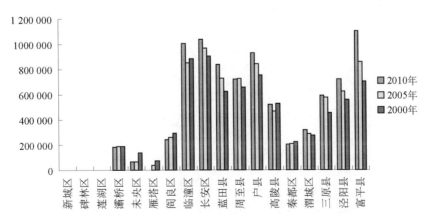

图 6-6　2000 年、2005 年、2010 年大西安规划区各区县土地承载力 LCC 值

说，其 LCC 值呈下降趋势，但变化没有高值区明显。由此可知，对于整个大西安规划区来说，LCC 高值区与低值区的粮食产量差异在逐渐加大，这一方面说明对于属于 LCC 低值区的城市建成区来说，其经济发展对农业土地利用产生较大影响，另一方面，对于农业经济占主导的区县，随着科技进步与农业集约发展，其粮食产量有逐步增加的态势，可以承载较多人口，缓解 LCC 低值区的土地承载压力。

由图 6-7 可知，对于 LCCI 值大于 1 的区县，在 2000～2010 年，除 LCCI 值最高的高陵县，其值逐渐下降外，其他区县如户县、泾阳县等区县的 LCCI 值处于上升的态势；对于 LCCI 值接近于 1 的长安区和周至县来说，其 LCCI 值变化不明显，在均衡值 1 附近波动；对于 LCCI 值小于 1 的灞桥区、未央区、雁塔区及秦都区来说，其 LCCI 值处于较明显的下降态势。由此可知，对于整个大西安规划区来说，LCCI 值小于 1 的地区，即土地承载力处于超载的地区，其超载程度将越来越严重；对于 LCCI 值接近 1 的地区，即土地承载力相对均衡的地区，其仍将保持一个平衡的态势；对于 LCCI 值大于 1 的地区，即土地承载处于富余的地区，除高陵县外，其富余的情况将越来越好。由此可见，大西安规划区各个区县土地承载力两极分化比较严重，超载的地区越发严重，富余的地区越发富余。

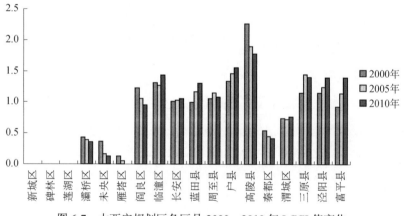

图 6-7　大西安规划区各区县 2000～2010 年 LCCI 值变化

综上所述，大西安规划区 LCC 值在人均每年消费粮食一定的情况下，与粮食产量成正比，粮食产量高的地区，LCC 值大，可以承载的人口多，反之，LCC 值小，承载的人口少；在 LCCI 方面，对于类似灞桥区、未央区、雁塔区及秦都区这类 LCCI 值小于 1 的地区，它们处于超载状态，其经济发展的速度相对较快，在以后的发展中应该合理规划利用土地资源，使人、地、粮协调发展；对于类似长安区和周至县这类 LCCI 值比较接近 1 的地区，处于相对平衡的态势，应当给予鼓励和保持发展；对于类似户县、泾阳县这类 LCCI 值大于 1 的地区，其土地承载力处于富余状态，应当在保证本地区经济发展的同时，将盈余的粮食供给给其他区县，保证整个大西安规划区各个区县粮食和经济协调发展以及区域生态平衡。

在 2000～2010 年，大西安规划区各个区县土地承载力两极分化比较严重，超载的地区越发严重，富余的地区越发富余。对于整个大西安规划区两极分化的情况，应当保证在土地承载力富余地区经济稳定发展的情况下，将富余地区的粮食外调给土地承载力超载的地区，实现整个区域的土地承载力平衡。

2. 大西安规划区土地承载力空间分布

根据全国关于超载率和承载力的统一标准，以及对 R_x 与 R_y 的值的规定[129]，根据表 6-13，得出 2000 年、2005 年及 2010 年大西安规划区各区县土地资源承载情况（表 6-14～表 6-16）及土地承载力空间分布情况（图 6-8～图 6-10）。

表 6-13　2000～2010 年大西安规划区各区县土地承载力 R 值

地级行政区	县级行政区	2000 年	2005 年	2010 年
西安市	新城区	−759.395 142	−98 763.400 000	
	碑林区	−17 437.914 286		
	莲湖区	−915.041 434	−1 392.200 000	
	灞桥区	−1.299 073	−1.555 366	−1.793 112
	未央区	−1.720 897	−5.251 346	−6.722 856
	雁塔区	−6.614 607	−19.504 233	−560.488 850
	阎良区	0.183 991	0.0495 16	−0.051 575
	临潼区	0.237 603	0.212 530	0.304 103
	长安区	0.009 079	0.028 985	0.054 470
	蓝田县	−0.004 341	0.138 908	0.232 261
	周至县	0.050 914	0.127 412	0.077 438
	户　县	0.251 710	0.316 269	0.357 164
	高陵县	0.558 574	0.472 881	0.436 348
咸阳市	秦都区	−0.846 917	−1.199 572	−1.391 111
	渭城区	−0.347 566	−0.390 183	−0.303 709
	三原县	0.131 079	0.306 497	0.287 564
	泾阳县	0.131 166	0.196 094	0.284 781
渭南市	富平县	−0.075 158	0.119 558	0.283 379
大西安规划区		−0.281 125	−0.291 376	−0.233 580

注：R<0 时，表示土地资源超载，其值的大小表示超载的程度；R>0 时，表示土地资源盈余，其值的大小表示盈余的程度。

表 6-14　2000 年大西安规划区各区县土地承载情况

类型	土地承载状况	土地承载程度指标		县级行政区
		土地资源超载率	土地资源盈余率	
土地承载力盈余	富富有余		50% <R_y	高陵县
	富余		25%< R_y≤50%	户县
	盈余		12.5%< R_y≤25%	泾阳县、三原县、阎良区、临潼区
相对平衡	平衡有余		0<R_y≤12.5%	长安区、周至县
	临界超载	0<R_x≤12.5%		富平县、蓝田县
土地承载力超载	超载	12.5%<R_x≤25%		
	过载	25%<R_x≤50%		渭城区
	严重超载	50%<R_x		新城区、碑林区、莲湖区、雁塔区、未央区、灞桥区、秦都区

注：R_x 表示土地资源超载，其值的大小表示超载的程度；R_y 表示土地资源盈余，其值的大小表示盈余的程度。

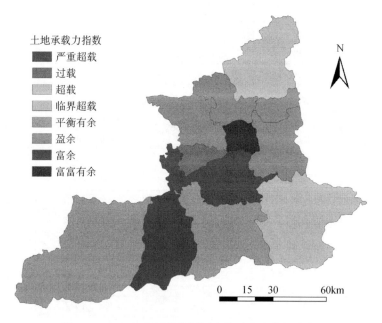

图 6-8　2000 年大西安规划区土地承载力空间分布

表 6-15　2005 年大西安规划区各区县土地承载情况

类型	土地承载状况	土地承载程度指标		县级行政区
		土地资源超载率	土地资源盈余率	
土地承载力盈余	富富有余		$50\% < R_y$	
	富余		$25\% < R_y \leq 50\%$	三原县、户县、高陵县
	盈余		$12.5\% < R_y \leq 25\%$	周至县、蓝田县、泾阳县、临潼区
相对平衡	平衡有余		$0 < R_y \leq 12.5\%$	长安区、阎良区、富平县
	临界超载	$0 < R_x \leq 12.5\%$		
土地承载力超载	超载	$12.5\% < R_x \leq 25\%$		
	过载	$25\% < R_x \leq 50\%$		渭城区
	严重超载	$50\% < R_x$		碑林区、新城区、莲湖区、雁塔区、未央区、灞桥区、秦都区

注：R_x 表示土地资源超载，其值的大小表示超载的程度；R_y 表示土地资源盈余，其值的大小表示盈余的程度。

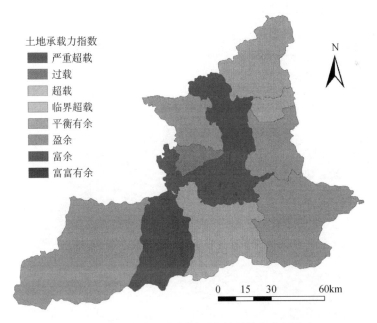

图 6-9　2005 年大西安规划区土地承载力空间分布

表 6-16　2010 年大西安规划区各区县土地承载情况

类型	土地承载状况	土地承载程度指标		县级行政区
		土地资源超载率	土地资源盈余率	
土地承载力盈余	富富有余		50% <R_y	
	富余		25%< R_y≤50%	三原县、户县、高陵县、泾阳县、临潼区、富平县
	盈余		12.5%< R_y≤25%	蓝田县
相对平衡	平衡有余		0<R_y≤12.5%	长安区、周至县
	临界超载	0<R_x≤12.5%		阎良区
土地承载力超载	超载	12.5%<R_x≤25%		
	过载	25%<R_x≤50%		渭城区
	严重超载	50%<R_x		碑林区、新城区、莲湖区、雁塔区、未央区、灞桥区、秦都区

注：R_x 表示土地资源超载，其值的大小表示超载的程度；R_y 表示土地资源盈余，其值的大小表示盈余的程度。

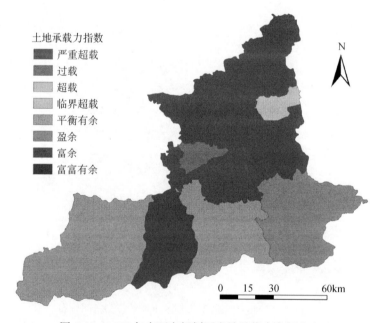

图 6-10　2010 年大西安规划区土地承载力空间分布

6.5 延河流域行政范围土地承载力测评及其时空特征

本书选取延河流域行政范围 2000 年、2005 年及 2010 年三年的各个区县的人口和粮食产量作为研究对象，根据土地资源承载力模型对延河流域行政范围各个区县的土地承载力的时间变化及研究区土地承载力的空间差异进行动态分析。

6.5.1 研究区土地承载力动态测评

1. 延河流域行政范围 2000 年土地承载力测评

此研究区 2000 年各区县的土地承载力情况，见表 6-17。

表 6-17 2000 年延河流域行政范围各区县土地承载力 LCC 值及 LCCI 值

地级行政区	县级行政区	总人口/人	粮食产量/t	LCC	LCCI
延安市	宝塔区	340 352	86 061	215 152.5	0.632 147
	延长县	142 002	33 287	83 217.5	0.586 030
	延川县	180 269	18 165	45 412.5	0.251 915
	子长县	229 197	76 418	191 045	0.833 541
	安塞县	151 020	59 048	147 620	0.977 486
	志丹县	118 005	49 605	124 012.5	1.050 909
榆林市	靖边县	271 817	84 945	212 362.5	0.781 270
延河流域行政区		1432 662	407 529	1 018 822.5	0.711 139

从表 6-17 可以看出，在 2000 年，延河流域各个区县的 LCC 值及 LCCI 值有很大的差异。首先从 LCC 值来看，最大的是宝塔区，其 LCC 值达到了 215 152.5，最小的是延川县，只有 45 412.5，最大的 LCC 值是最小 LCC 值的 4.74 倍之多，差异比较明显。其他地区 LCC 值的大小情况如下：

延川县<延长县<志丹县<安塞县<子长县<靖边县<宝塔区。

由此可见，LCC 值与粮食产量呈正比例关系，各个区县粮食产量的多少直接影响 LCC 值的大小。在延川县、延长县和志丹县，这些地区的粮食产量不高，LCC 值较小，区域养活的人口数目较少。而子长县、靖边县、宝塔区等区县其粮食产量较多，农业经济占整个经济的比例较大，其 LCC 值比较大，可以养活的人口多。

从 LCCI 值来看，LCCI 表示的是区域粮食的产量可以承载人口数与区域现状存在的人口数的比值，其值大于 1，表示区域盈余，小于 1，表示区域超载。在延河流域行政区之中，LCCI 值最大的为志丹县，其值为 1.050 909，最小的为延川县，其值为 0.251 915，两者之间 LCCI 值相差较大，志丹县人口、粮食和土地关系比较协调，而延川县的关系很紧张，在以后的发展中要注意协调人口、土地和粮食之间的关系，减少延川县的土地承载力。

其余地区 LCCI 值的大小情况如下：

延川县<延长县<宝塔区<靖边县<子长县<安塞县<志丹县。

在以上的这些区县中，安塞县和志丹县，其 LCCI 值接近于 1，是土地承载力相对平衡地区，志丹县还稍微有点盈余，对于此区应当给予鼓励并保持其稳定的发展。对于延川县、延长县、宝塔区、靖边县和子长县来说，其 LCCI 值分别为 0.251 915、0.586 030、0.632 147、0.781 270 和 0.833 541，属于土地承载力超载地区，特别是延川县，在以后的发展中，要注意规划好土地合理利用计划。总之对于整个延河流域行政范围内，各区县应相互协调和补充，以满足整个延河流域经济的协调发展和生态平衡。

2. 延河流域行政范围 2005 年土地承载力测评

由前述测评方法计算出研究区 2005 年各区县的土地承载力情况，见表 6-18。

表 6-18　2005 年延河流域行政范围各区县土地承载力 LCC 值及 LCCI 值

地级行政区	县级行政区	总人口/人	粮食产量/t	LCC	LCCI
延安市	宝塔区	403738	94336	235840	0.584141
	延长县	143623	31655	79137.5	0.551009
	延川县	183173	40330	100825	0.550436
	子长县	245425	77318	193295	0.787593
	安塞县	164406	68307	170767.5	1.038694
	志丹县	133880	56884	142210	1.062220
榆林市	靖边县	291442	159108	397770	1.364834
延河流域行政区		1565687	527938	1319845	0.842981

从表 6-18 可以看出，在 LCC 值方面，最大的为靖边县，其值为 397 770，最小的为延长县，其值为 79 137.5，靖边县的 LCC 值是延长县的将近 5.03 倍，差异稍微增加了一点，LCC 的最大值和最小值相对 2000 年均有较大提高，说明整个延河流域整体粮食产量在上升，可承载的人口数也在上升。

整个延河流域 LCC 值的大小情况如下：

延长县<延川县<志丹县<安塞县<子长县<宝塔区<靖边县。

由此可见，在 2005 年，整个延河流域的各个区县中，整体粮食产量都处于上升的趋势，LCC 值较大的几个区县为：安塞县、子长县、宝塔区和靖边县，这些区县在 2000 年 LCC 值是比较大的，粮食产量多，可以承载的人口多；LCC 值较小的几个区县为：延长县、延川县、志丹县，这些区也是 1998 年 LCC 值比较小的区县，粮食产量少，其可承载的人口少。因此，在 2000～2005 年，在区县 LCC 值的大小比较上，变化不是很大。

在 2005 年，利用 LCCI 值来对整个延河流域的土地承载力的区县差异进行分析，从表 6-18 可知，LCCI 值的大小情况如下：

延川县<延长县<宝塔区<子长县<安塞县<志丹县<靖边县。

LCCI 值最小的仍是延川县，其值为 0.550 436，最大的为靖边县，其值为 1.364 834，LCCI 的最小值较 2000 年有所提高，最大值较 2000 年也有所提高，LCCI 的最大值和最小值之间的差异比 2000 年下降了。在 2005 年整个延河流域行政范围的各个区县中，安塞县 LCCI 值为 1.038 694，是平衡地区，在 2005 年以安塞县为界，LCCI 值小于安塞县的为超载地区，大于安塞县的为盈余地区。

3. 延河流域行政范围 2010 年土地承载力测评

由前述测评方法计算出研究区 2010 年各区县的土地承载力情况，见表 6-19。

表 6-19　2010 年延河流域行政范围各区县土地承载力 LCC 值及 LCCI 值

地级行政区	县级行政区	总人口/人	粮食产量/t	LCC	LCCI
延安市	宝塔区	458 166	96 850	242 125	0.528 466
	延长县	155 487	38 742	96 855	0.622 914
	延川县	192 201	45 917	114 792.5	0.597 252
	子长县	270 794	82 239	205 597.5	0.759 239
	安塞县	184 550	71 319	178 297.5	0.966 120
	志丹县	152 547	56 027	140 067.5	0.918 192
榆林市	靖边县	328 561	245 275	613 187.5	1.866 282
延河流域行政区		1 742 306	636 369	1 590 922.5	0.913 113

从表 6-19 可以得到，在 2010 年，延河流域行政范围内各区县的 LCC 值最大的仍然为靖边县，其值为 613 187.5，最小的仍为延长县，其值为 96 855，靖边县的 LCC 值相对 2005 年是上升的，延长县的 LCC 值相对 2005 年同样是上升的，两者之间的差异变化不大。

在 2010 年其 LCC 值的大小情况如下：

延长县<延川县<志丹县<安塞县<子长县<宝塔区<靖边县。

将 2010 年 LCC 值较小的延长县、延川县、志丹县、安塞县与 2005 年其 LCC 值对比，可以看出，其 LCC 值呈现上升的趋势，粮食产量有增加的趋势，其可承载人口数在增加。将 2010 年 LCC 值较大的子长县、宝塔区及靖边县与 2005 年其

LCC 值对比，可以看出，这些区县的 LCC 值呈现上升的趋势，粮食产量也有上升的趋势，其可承载的人口处于上升阶段。

由此可见，对于延河流域整体而言，其农业发展较好，粮食产量呈现上升的趋势。这也从另外的角度说明此区域的非农经济发展相对缓慢，因为通过不同典型区及前述分析结果，经济的发展在一定程度上对粮食、农业的发展具有很大的影响。

在 LCCI 方面，其 2010 年 LCCI 值的大小如下：

宝塔区<延川县<延长县<子长县<志丹县<安塞县<靖边县。

由上可以看出，LCCI 值最大的为靖边县，其值为 1.866 282，LCCI 值最小的为宝塔区，其值为 0.528 466，LCCI 的最大值与 2005 年相比变大，最小值与 2005 年相比变小。在 2010 年中，选取安塞县的 LCCI 值作为中间值，其值为 0.966 120，土地承载力相对平衡，略有超载，将其他各个区县的 LCCI 值与安塞县的 LCCI 值进行对比分析，各个区县的 LCCI 值比安塞县 LCCI 值小的地区，是土地承载力超载的地区，比安塞县大的地区，是土地承载力富余的地区。

6.5.2 研究区土地承载力时空差异

1. 延河流域行政范围土地承载力时间变化

在本书的研究中，将研究范围内各个区县的 LCC 值和 LCCI 值按照 2000 年、2005 年和 2010 年的时间顺序做成柱状图，研究其区县变化趋势。

由图 6-11 可知，对于 LCC 值较高的靖边县来说，在 2000～2010 年，其 LCC 值处于非常明显的上升态势；对于 LCC 值较低的延长县、延川县来说，其 LCCI 值与其他县区类似，均没有明显的变化。由此可知，对于整个延河流域行政范围各区县来说，LCC 的高值区与低值区的粮食产量差异在逐渐加大，这一方面说明对于属于 LCC 低值区的城市建成区来说，其经济发展对农业土地利用产生较大影响，另一方面，对于农业经济占主导的区县，随着科技进步与农业集约发展，其粮食产量由逐步增加的态势，可以承载较多人口，缓解 LCC 低值区的土地承载压力。

由图 6-12 可知，对于 LCCI 值大于 1 的靖边县，在 2000～2010 年其 LCCI 值处于明显上升的态势；对于 LCCI 值接近于 1 的安塞县和志丹县来说，其 LCCI 值变化不明显，在均衡值 1 附近波动；对于 LCCI 值小于 1 的延川县及宝塔区、延长县来说，延川县 LCCI 值有小幅的上升，其他两县区均没有太大的变化。由此可知，对于整个延河流域行政范围来说，对于 LCCI 值小于 1 的地区，即土地承载力处于超载的地区，其超载程度小幅度保持稳定；对于 LCCI 值接近 1 的地区，即土地承载力相对均衡的地区，仍将保持一个平衡的态势；对于 LCCI 值大于 1 的地区，即土地承载处于富余的地区，特别是靖边县，其富余的情况将越来越好。

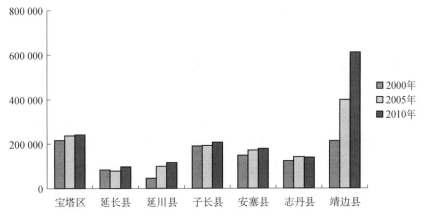

图 6-11　2000～2010 年延河流域行政范围各区县土地承载力 LCC 值变化

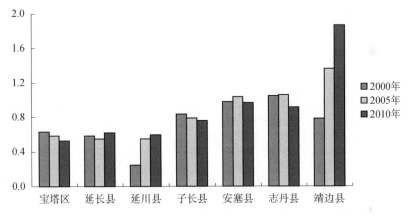

图 6-12　延河流域行政范围各区县 2000～2010 年 LCCI 值变化

综上所述，延河流域行政范围各区县 LCC 值在人均每年消费粮食一定的情况下，与粮食产量成正比，粮食产量高的地区，LCC 值大，可以承载的人口多，反之，LCC 值小，承载的人口少；在 LCCI 方面，对于类似延川县及宝塔区、延长县这类 LCCI 值小于 1 的地区，它们处于超载状态，在以后的发展中应该合理规划利用土地资源，使人、地、粮协调发展；对于类似安塞县和志丹县这类 LCCI 值比较接近 1 的地区，处于相对平衡的态势，应当给予鼓励和保持发展；对于类似靖边县这类 LCCI 值大于 1 的地区，其土地承载力处于富足状态，应当在保证本地区经济发展的同时，将盈余的粮食供给给其他区县，保证整个延河流域行政范围各个区县粮食和经济协调发展以及区域生态平衡。

在 2000～2010 年，延河流域行政范围各区县土地承载力有两极分化的趋势，超载的地区变化不大，但富余的地区越发富余。对于整个延河流域行政范围各区县两极分化的情况，应当保证在土地承载力富余地区经济稳定发展的情况下，将富余地区的粮食外调给土地承载力超载的地区，实现整个区域的土地承载力平衡。

2. 延河流域行政范围土地承载力时间变化

根据全国关于超载率和承载力的统一标准，以及对 R_x 与 R_y 的值的规定[129]，根据表 6-20，得出 2000 年、2005 年及 2010 年延河流域行政范围各区县土地资源承载情况（表 6-21～表 6-23）及土地承载力空间分布情况（图 6-13～图 6-15）。

表 6-20　2000～2010 年延河流域行政范围各区县土地承载力 R 值

地级行政区	县级行政区	2000 年	2005 年	2010 年
延安市	宝塔区	−0.581 911	−0.711 915	−0.892 271
	延长县	−0.706 396	−0.814 854	−0.605 359
	延川县	−2.969 590	−0.816 742	−0.674 334
	子长县	−0.199 702	−0.269 691	−0.317 107
	安塞县	−0.023 032	0.037 252	−0.035 068
	志丹县	0.048 443	0.058 575	−0.089 096
榆林市	靖边县	−0.279 967	0.267 310	0.464 175
延河流域行政区		−0.406 193 915	−0.186 265 812	−0.095 154 541

注：$R<0$ 时，表示土地资源超载，其值的大小表示超载的程度；$R>0$ 时，表示土地资源盈余，其值的大小表示盈余的程度。

表 6-21　2000 年延河流域行政范围各区县土地承载情况

类型	土地承载状况	土地承载程度指标		县级行政区
		土地资源超载率	土地资源盈余率	
土地承载力盈余	富富有余		50% $<R_y$	
	富余		25%$< R_y$≤50%	
	盈余		12.5%$< R_y$≤25%	
相对平衡	平衡有余		0$<R_y$≤12.5%	志丹县
	临界超载	0$<R_x$≤12.5%		安塞县
土地承载力超载	超载	12.5%$<R_x$≤25%		子长县
	过载	25%$<R_x$≤50%		靖边县
	严重超载	50%$<R_x$		宝塔区、延川县、延长县

注：R_x 表示土地资源超载，其值的大小表示超载的程度；R_y 表示土地资源盈余，其值的大小表示盈余的程度。

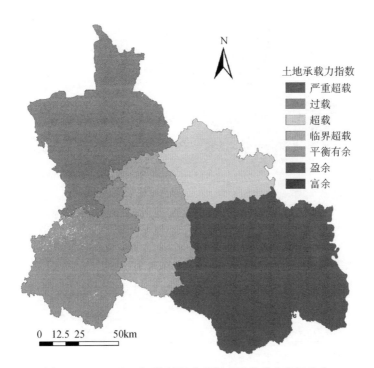

图 6-13　2000 年延河流域行政范围土地承载力空间分布

表 6-22　2005 年延河流域行政范围各区县土地承载情况

类型	土地承载状况	土地承载程度指标		县级行政区
		土地资源超载率	土地资源盈余率	
土地承载力盈余	富富有余		50%＜R_y	
	富余		25%＜R_y≤50%	靖边县
	盈余		12.5%＜R_y≤25%	
相对平衡	平衡有余		0＜R_y≤12.5%	志丹县、安塞县
	临界超载	0＜R_x≤12.5%		
土地承载力超载	超载	12.5%＜R_x≤25%		
	过载	25%＜R_x≤50%		子长县
	严重超载	50%＜R_x		宝塔区、延川县、延长县

注：R_x 表示土地资源超载，其值大小表示超载的程度；R_y 表示土地资源盈余，其值的大小表示盈余的程度。

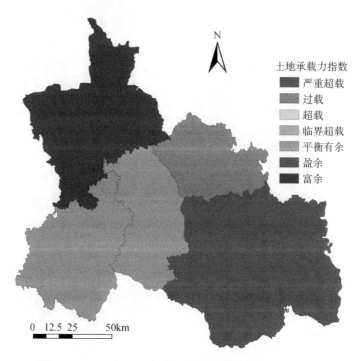

图 6-14 2005 年延河流域行政范围土地承载力空间分布

表 6-23 2010 年延河流域行政范围各区县土地承载情况

类型	土地承载状况	土地承载程度指标		县级行政区
		土地资源超载率	土地资源盈余率	
土地承载力盈余	富富有余		50%<R_y	
	富余		25%<R_y≤50%	靖边县
	盈余		12.5%<R_y≤25%	
相对平衡	平衡有余		0<R_y≤12.5%	
	临界超载	0<R_x≤12.5%		志丹县、安塞县
土地承载力超载	超载	12.5%<R_x≤25%		
	过载	25%<R_x≤50%		子长县
	严重超载	50%<R_x		宝塔区、延川县、延长县

注：R_x 表示土地资源超载，其值大小表示超载的程度；R_y 表示土地资源盈余，其值的大小表示盈余的程度。

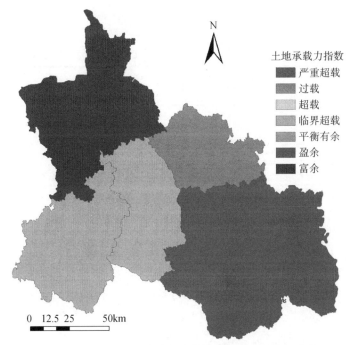

图 6-15　2010 年延河流域行政范围土地承载力空间分布

6.6　千河流域行政范围土地承载力测评及其时空特征

本书选取千河流域行政范围 2000 年、2005 年及 2010 年三年的各个区县的人口和粮食产量作为研究对象，根据土地资源承载力模型对研究区各个区县的土地承载力的时间变化及研究区土地承载力的空间差异进行动态分析。

6.6.1　研究区土地承载力动态测评

1. 千河流域行政范围 2000 年土地承载力测评

由前述测评方法计算出研究区 2000 年各区县的土地承载力情况，见表 6-24。
从表 6-24 可以看出，在 2000 年，千河流域各个区县的 LCC 值及 LCCI 值有很大的差异。首先从 LCC 值来看，最大的是宝鸡市辖区，按照 1∶25 万国家基础地理信息数据，其行政区划包含渭滨区、金台区和陈仓区（原宝鸡县），所以其 LCC 值较大，达到了 664 292.5，最小的是千阳县，其值为 143 600，最大的 LCC 值是最小的 LCC 值的 4.63 倍，差异相比其他典型区来说不是很明显，这主要是因为本典型区范围较小，区域差异并不是十分明显，同时与统计区划有关。其他地区 LCC 值的大小情况如下：

表 6-24　2000 年千河流域行政范围各区县土地承载力 LCC 值及 LCCI 值

地级行政区	县级行政区	总人口/人	粮食产量/t	LCC	LCCI
宝鸡市	宝鸡市辖区	1 303 825	265 717	664 292.5	0.509 495
	凤翔县	500 602	224 559	561 397.5	1.121 445
	陇县	251 991	87 840	219 600	0.871 460
	千阳县	127 707	57 440	143 600	1.124 449
天水市	张家川县	294 470	75 970	189 925	0.644 972
平凉市	华亭县	174 400	69 303	173 257.5	0.993 449
千河流域行政区		2 652 995	780 829	1 952 072.5	0.735 800

千阳县<华亭县<张家川县<陇县<凤翔县<宝鸡市辖区。

由此可见，LCC 值与粮食产量呈正比例关系，各个区县粮食产量的多少直接影响 LCC 值的大小。在千阳县、华亭县、张家川县及陇县，这些区粮食产量不高，LCC 值较小，区域养活的人口数目较少。对于凤翔县，其粮食产量较多，农业经济占整个经济的比例较大，其 LCC 值比较大，可以养活的人口多。

从 LCCI 值来看，LCCI 表示的是区域粮食的产量可以承载人口数与区域现状存在的人口数的比值，其值大于 1，表示区域盈余，小于 1，表示区域超载。在千河流域之中，LCCI 值最大的为千阳县，其值为 1.124 449，最小的为宝鸡市辖区，其值为 0.509 495，两者之间 LCCI 值相差悬殊，千阳县人口、粮食和土地关系比较协调，而宝鸡市辖区的关系很紧张，在以后的发展中要注意协调人口、土地和粮食之间的关系，减少宝鸡市辖区的土地承载力。

其 LCCI 值的大小情况如下：

宝鸡市辖区<张家川县<陇县<华亭县<凤翔县<千阳县。

在以上的这些区县中，以华亭县 LCCI 值为界，其值为 0.993 449，是土地资源承载力相对平衡的地区。那么，对于整个千河流域行政区的各个区县来说，LCCI 值大于华亭县的区域属于土地承载力盈余的地区，小于华亭县的区域是土地承载力超载的地区。

由此可见，对于宝鸡市辖区、张家川县和陇县来说，其 LCCI 值分别为 0.509 495、0.644 972 和 0.871 460，属于土地承载力超载地区，在以后的发展中，要注意规划好土地合理利用计划。对于华亭县、凤翔县和千阳县，其值分别为 0.993 449、1.121 445 和 1.124 449，是土地资源承载力相对平衡部分有盈余的地区，应当给予鼓励并保持其稳定的发展。总之研究区各个区县应该相互协调和补充，以满足整个千河流域经济的协调发展和生态平衡。

2. 千河流域行政范围 2005 年土地承载力测评

由前述测评方法计算出研究区 2005 年各区县的土地承载力情况，见表 6-25。

表 6-25　2005 年千河流域行政范围各区县土地承载力 LCC 值及 LCCI 值

地级行政区	县级行政区	总人口/人	粮食产量/t	LCC	LCCI
宝鸡市	宝鸡市辖区	1 351 761	287 170	717 925	0.531 104
	凤翔县	507 019	247 883	619 707.5	1.222 257
	陇县	250 277	110 383	275 957.5	1.102 608
	千阳县	127 005	59 958	149 895	1.180 229
天水市	张家川县	305 300	88 588	221 470	0.725 418
平凉市	华亭县	173 000	74 453	186 132.5	1.075 910
千河流域行政区		2 714 362	868 435	2 171 087.5	0.799 852

从表 6-25 可以看出，在 LCC 值方面，最大的为宝鸡市辖区，其值为 287 170，最小的为千阳县，其 LCC 值为 59 958，宝鸡市辖区的 LCC 值是千阳县的将近 4.78 倍，差异稍微有所增加，LCC 的最大值和最小值相对 2000 年有提高，说明整个千河流域整体粮食产量在上升，可承载的人口数也在上升。

整个千河流域 LCC 值的大小情况如下：

千阳县<华亭县<张家川县<陇县<凤翔县<宝鸡市辖区。

由此可见，在 2005 年，整个千河流域的各个区县中，整体粮食产量都处于上升的趋势，LCC 值较大的几个区县为：陇县、凤翔县和宝鸡市辖区，这些区县在 2000 年 LCC 值也是比较大的，粮食产量多，可以承载的人口多；LCC 值较小的几个区县为：千阳县、华亭县、张家川县，这些地区也是 2000 年 LCC 值比较小的区县，粮食产量少，其可承载的人口少。因此，在 2000~2005 年，在区县 LCC 值的大小比较上，变化不是很大。

在 2005 年，利用 LCCI 值来对整个千河流域的土地承载力的区县差异进行分析，从表 6-25 可知，LCCI 值的大小情况如下：

宝鸡市辖区<张家川县<陇县<华亭县<凤翔县<千阳县。

LCCI 值最小的仍然是宝鸡市辖区，其值为 0.531 104，最大的为千阳县，其值为 1.222 257，LCCI 的最小值较 2000 年有所提高，最大值较 2000 年的有所提高，LCCI 的最大值和最小值之间的差异相对于 2000 年变化不大。在 2005 年整个千河流域的各个区县中，华亭县 LCCI 值为 1.075 910，是平衡地区，在 2005 年以华亭县为界，LCCI 值小于华亭县的为超载地区，大于华亭县的为盈余地区。

3. 千河流域行政范围 2010 年土地承载力测评

由前述测评方法计算出研究区 2010 年各区县的土地承载力情况，见表 6-26。

表 6-26　2010 年千河流域行政范围各区县土地承载力 LCC 值及 LCCI 值

地级行政区	县级行政区	总人口/人	粮食产量/t	LCC	LCCI
宝鸡市	宝鸡市辖区	1 427 953	371 998	929 995	0.651 278
	凤翔县	517 236	308 786	771 965	1.492 481
	陇县	263 077	116 542	291 355	1.107 489
	千阳县	132 806	69 514	173 785	1.308 563
天水市	张家川县	309 100	100 704	251 760	0.814 494
平凉市	华亭县	179 200	75 100	187 750	1.047 712
千河流域行政区		2 829 372	1 042 644	2 606 610	0.921 268

从表 6-26 可以得到，在 2010 年，千河流域的 LCC 值最大的仍然为宝鸡市辖区，其值为 929 995，最小的为千阳县，其值为 173 785，宝鸡市辖区的 LCC 值相对 2005 年是上升的，千阳县的 LCC 值相对 2005 年是上升的，两者之间的差异并不是很大。

在 2010 年其 LCC 值的大小情况如下：

千阳县<华亭县<张家川县<陇县<凤翔县<宝鸡市辖区。

将 2010 年 LCC 值较小的凤翔县、千阳县与 2005 年其 LCC 值对比，可以看出，其 LCC 值呈现上升的趋势，粮食产量有增加的趋势，其可承载人口数在增加。将 2010 年 LCC 值较大的宝鸡市辖区、张家川县及陇县与 2005 年其 LCC 值对比，可以看出，这些区县的 LCC 值呈现上升的趋势，粮食产量有上升的趋势，其可承载的人口处于上升阶段。

由此可见，对于千河流域整体而言，其农业发展较好，粮食产量呈现上升的趋势。这也从另外的角度说明此区域的非农经济发展相对缓慢，因为通过不同典型区及前述分析结果，经济的发展在一定程度上对粮食、农业的发展具有很大的影响。

在 LCCI 方面，其 2010 年 LCCI 值的大小情况如下：

宝鸡市辖区<张家川县<华亭县<陇县<千阳县<凤翔县。

由上可以看出，LCCI 值最大的为凤翔县，其值为 1.492 481，LCCI 值最小的为宝鸡市辖区，其值为 0.651 278，LCCI 的最大值与 2005 年相比变大，最小值与 2005 年相比也变大。在 2010 年，选取华亭县的 LCCI 值作为中间值，其值为 1.047 712，土地承载力相对平衡，稍有盈余，将其他各个区县的 LCCI 值与华亭县的 LCCI 值进行对比分析，各个区县的 LCCI 值比华亭县 LCCI 值小的地区，是土地承载力超载的地区，比华亭县大的地区，是土地承载力富余的地区。

6.6.2　研究区土地承载力时空差异

1. 千河流域行政范围土地承载力时间变化

在本书的研究中，将研究范围内各个区县的 LCC 值和 LCCI 值按照 2000 年、2005 年和 2010 年的时间顺序做成柱状图，研究其区县变化趋势。

由图 6-16 可知，对于 LCC 值较高的宝鸡市辖区及凤翔县来说，在 2000~2010年，其 LCC 值处于明显的上升态势；对于 LCC 值较低的千阳县、华亭县、张家川县和陇县来说，其 LCC 值呈稳中有升的态势，但变化没有高值区明显。由此可知，对于整个千河流域行政范围来说，LCC 高值区与低值区的粮食产量差异逐渐加大，这一方面说明对于属于 LCC 低值区的城市建成区来说，其经济发展对农业土地利用产生较大影响，另一方面，对于 LCC 高值区的区县，随着科技进步与农业集约发展，其粮食产量有逐步增加的态势，可以承载较多人口，缓解 LCC 低值区的土地承载压力。

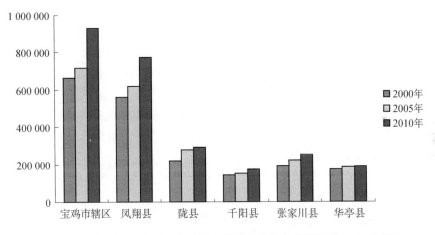

图 6-16　2000~2010 年千河流域行政范围各区县土地承载力 LCC 值变化

由图 6-17 可知，对于 LCCI 值大于 1 的区县，在 2000~2010 年，如凤翔县和千阳县，其 LCCI 值处于上升的态势；对于 LCCI 值接近 1 的陇县和华亭县来说，其 LCCI 值变化不明显，在均衡值 1 附近波动；对于 LCCI 值小于 1 的宝鸡市辖区及张家川县来说，其 LCCI 值处于上升的态势，但其上升幅度没有 LCCI 值大于 1 的区县明显。由此可知，对于整个千河流域行政范围各区县区来说，LCCI 值小于 1 的地区，即土地承载力处于超载的地区，其超载程度将有所缓解；对于 LCCI 值接近 1 的地区，即土地承载力相对均衡的地区，其仍将保持一个平衡的态势；

对于 LCCI 值大于 1 的地区，即土地承载处于富余的地区，其富余的情况将越来越好。

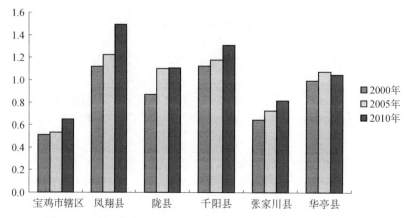

图 6-17 千河流域行政范围各区县 2000～2010 年 LCCI 值变化

综上所述，千河流域行政范围 LCC 值在人均每年消费粮食一定的情况下，与粮食产量成正比，粮食产量高的地区，LCC 值大，可以承载的人口多，反之，LCC 值小，承载的人口少；在 LCCI 方面，对于类似宝鸡市辖区及张家川县这类 LCCI 值小于 1 的地区，它们处于超载状态，在以后的发展中应该合理规划利用土地资源，使人、地、粮协调发展；对于类似陇县和华亭县这类 LCCI 值比较接近 1 的地区，处于相对平衡的态势，应当给予鼓励和保持发展；对于类似凤翔县和千阳县这类 LCCI 值大于 1 的地区，其土地承载力处于富余状态，应当在保证本地区经济发展的同时，将盈余的粮食供给给其他区县，保证整个千河流域各个区县粮食和经济协调发展以及区域生态平衡。

在 2000～2010 年，千河流域行政范围各个区县土地承载力两极分化渐趋加剧，超载的地区小幅缓解，富余的地区越发富余。对于整个千河流域行政范围两极分化的情况，应当保证在土地承载力富余地区经济稳定发展的情况下，将富余地区的粮食外调给土地承载力超载的地区，实现整个区域的土地承载力平衡。

2. 千河流域行政范围土地承载力空间分布

根据全国关于超载率和承载力的统一标准，以及对 R_x 与 R_y 的值的规定[129]，根据表 6-27，得出 2000 年、2005 年及 2010 年千河流域行政范围各区县土地资源承载情况（表 6-28～表 6-30）及土地承载力空间分布情况（图 6-18～图 6-20）。

表 6-27　2000～2010 年千河流域行政范围各区县土地承载力 *R* 值

地级行政区	县级行政区	2000 年	2005 年	2010 年
宝鸡市	宝鸡市辖区	−0.962 727	−0.882 872	−0.535 442
	凤翔县	0.108 293	0.181 841	0.329 975
	陇县	−0.147 500	0.093 060	0.097 057
	千阳县	0.110 675	0.152 707	0.235 803
天水市	张家川县	−0.550 454	−0.378 516	−0.227 757
平凉市	华亭县	−0.006 594	0.070 555	0.045 539
千河流域行政区		−0.359 065 813	−0.250 231 508	−0.085 460 426

注：$R<0$ 时，表示土地资源超载，其值的大小表示超载的程度；$R>0$ 时，表示土地资源盈余，其值的大小表示盈余的程度。

表 6-28　2000 年千河流域行政范围各区县土地承载情况

类型	土地承载状况	土地承载程度指标		县级行政区
		土地资源超载率	土地资源盈余率	
土地承载力盈余	富富有余		50% <R_y	
	富余		25%< R_y≤50%	
	盈余		12.5%< R_y≤25%	
相对平衡	平衡有余		0<R_y≤12.5%	千阳县、凤翔县
	临界超载	0<R_x≤12.5%		华亭县
土地承载力超载	超载	12.5%<R_x≤25%		陇县
	过载	25%<R_x≤50%		
	严重超载	50%<R_x		宝鸡市辖区、张家川县

注：R_x 表示土地资源超载，其值大小表示超载的程度；R_y 表示土地资源盈余，其值的大小表示盈余的程度。

表 6-29　2005 年千河流域行政范围各区县土地承载情况

类型	土地承载状况	土地承载程度指标		县级行政区
		土地资源超载率	土地资源盈余率	
土地承载力盈余	富富有余		50% <R_y	
	富余		25%< R_y≤50%	
	盈余		12.5%< R_y≤25%	千阳县、凤翔县
相对平衡	平衡有余		0<R_y≤12.5%	华亭县、陇县
	临界超载	0<R_x≤12.5%		
土地承载力超载	超载	12.5%<R_x≤25%		
	过载	25%<R_x≤50%		张家川县
	严重超载	50%<R_x		宝鸡市辖区

注：R_x 表示土地资源超载，其值的大小表示超载的程度；R_y 表示土地资源盈余，其值的大小表示盈余的程度。

表 6-30　2010 年千河流域行政范围各区县土地承载情况

类型	土地承载状况	土地承载程度指标		县级行政区
		土地资源超载率	土地资源盈余率	
土地承载力盈余	富富有余		$50\% < R_y$	
	富余		$25\% < R_y \leqslant 50\%$	凤翔县
	盈余		$12.5\% < R_y \leqslant 25\%$	千阳县
相对平衡	平衡有余		$0 < R_y \leqslant 12.5\%$	陇县、华亭县
	临界超载	$0 < R_x \leqslant 12.5\%$		
土地承载力超载	超载	$12.5\% < R_x \leqslant 25\%$		张家川县
	过载	$25\% < R_x \leqslant 50\%$		
	严重超载	$50\% < R_x$		宝鸡市辖区

注：R_x 表示土地资源超载，其值的大小表示超载的程度；R_y 表示土地资源盈余，其值的大小表示盈余的程度。

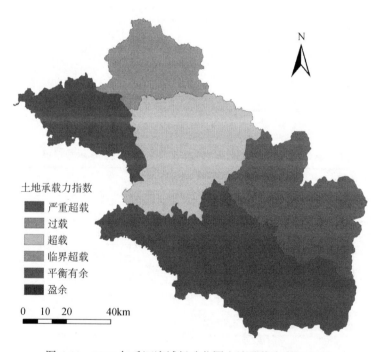

图 6-18　2000 年千河流域行政范围土地承载力空间分布

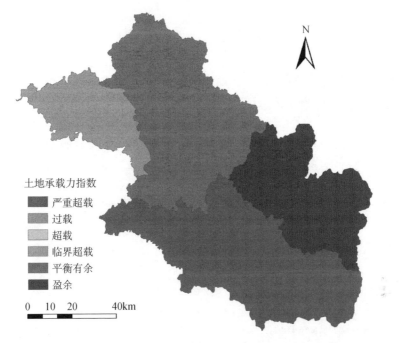

图 6-19　2005 年千河流域行政范围土地承载力空间分布

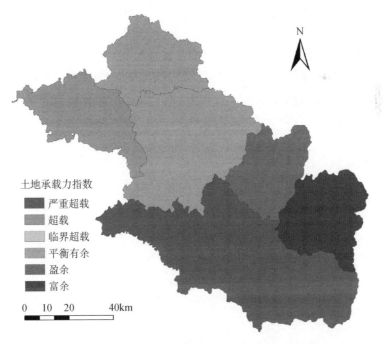

图 6-20　2010 年千河流域行政范围土地承载力空间分布

6.7　本章小结

　　本章分别以晋东南经济区、大西安规划区、延河流域及千河流域2000年、2005年和2010年三年的各个区县的人口和粮食产量作为研究对象,根据土地资源承载力模型对四个典型区各个区县的土地承载力的时间变化及研究区土地承载力的空间差异进行动态分析。结果显示,在2000～2010年,对于不同典型区各个区县的超载地区来说,有的是稳中有降,有的是日益严重,而对于盈余地区,有的是承载力水平有所下降,有的富余地区渐趋富余。但总体来讲,四个典型区各个区县土地承载力都呈现出两极分化的趋势,虽然两极分化的程度有差异,但总的趋势是一致的,说明研究区整体土地承载力水平下降,需要借助于高效合理、科学的土地优化配置来提高土地承载力。对于整个研究区两极分化的情况,应当保证在土地承载力富余地区经济稳定发展的情况下,将富余地区的粮食外调给土地承载力超载的地区,实现整个区域的土地承载力平衡。

　　综上所述,本章基于黄土高原南部地区的土地资源特征,分别在自然环境时空演变剧烈的生态脆弱地区及人类活动干扰强烈的经济建设地区选取不同流域单元及两个都市经济区作为典型研究区,在分析目前不同类别典型区土地利用存在问题的基础上,构建土地承载力评测模型,从定性与定量的角度对每个研究区的土地承载力进行动态测评与时空差异性分析。本章一方面揭示研究区不同人口、粮食产量及土地资源消费水平下,土地承载力水平的时间变化与空间分布;另一方面为后续章节土地利用优化配置提供研究基础与数据支撑,并最终为黄土高原南部地区土地资源合理利用、经济科学决策及社会协调发展提供理论依据。

第 7 章　基于 CLUE-S 模型面向生态的
土地利用优化配置

　　土地利用优化配置是在一定的区域内，根据国民经济和生态环境发展对土地利用需求以及当地的自然、社会条件，对该地区范围内全部土地资源的开发、利用、整治和保护在时间上和空间上做出的总体的、战略性布局和统筹安排。它是以区域内全部土地资源为对象，综合协调土地资源系统矛盾，合理调整土地资源利用模式和布局，以利用为中心，对土地资源开发、利用、整治和保护等方面做出的全局和长远规划。

　　本书针对基于流域单元与基于都市经济区的两类不同典型区，尝试将灰色线性规划模型（GLP）分别与 CLUE-S 模型及 CA-Markov 模型相耦合，在对不同典型区土地利用进行数量控制与结构优化的基础上，利用两种方案将优化结果配置到空间单元上。通过典型区不同土地优化配置方案的实验和对比发现，基于 CLUE-S 模型的配置方案对黄土高原南部地区的都市经济区拟合效果较好，其空间模拟结果的 Kappa 系数分别为 0.8016（晋东南经济区）和 0.7902（大西安规划区），而 CA-Markov 模型针对研究区流域单元效果较好，其 kappa 系数在延河流域为 0.7951，在千河流域达到 0.8069（详见第 9 章），两套方案针对各自典型区空间模拟效果的 kappa 系数均高于 0.79。为更好地说明两种方案的运算效果并对流域单元与都市经济区进行有效对比，本章阐述基于 CLUE-S 模型对晋东南经济区和延河流域进行土地利用优化配置的方案过程与配置结果。

　　此外，在经济发展相对滞后和生态环境脆弱地区，土地资源不仅同时具有自然、生态、经济和社会属性，而且其生态属性更为明显，往往起到控制性作用[130]。然而，以往的研究成果大多是以土地资源经济效益最大化为目标，对土地资源进行开发潜力与优化配置的单项研究，而面向生态的综合考虑土地经济收益与土地生态效益，在大范围区域或流域尺度上进行以模型为基础的量化以及优化配置研究仍是有待突破的难点。正是基于此，本章选取的黄土高原南部地区两个典型区，一个是经济发展规模相对较小的晋东南经济区，一个是典型的生态环境脆弱区，即延河流域下游段，在此基础上将灰色线性规划（GLP）模型和 CLUE-S 模型相结合，利用灰色线性规划模型优化不同研究区土地资源利用的数量与结构，进而利用 CLUE-S 模型将优化结果配置到空间单元上，以实现土地资源系统生态服务价值和经济收益之和最大化为目标的面向生态的土地资源优化配置方案。

7.1　土地利用优化配置的指导原则

根据土地资源优化配置的生态和社会经济相协调的总体原则，结合黄土高原南部地区土地利用现状和存在的主要问题，确定该区域土地优化配置的指导原则，见表 7-1。

表 7-1　黄土高原南部地区土地优化配置原则

原则	说明
生态优先原则	在土地优化配置中首先考虑生态环境的效益，尽量减少水土流失和土地退化等土地生态环境问题，以提高土地的生产力，可以通过限定林地、草地的最低保有量以及调整林地、草地、耕地和水域等的结构实现
统筹兼顾原则	在满足生态环境建设所需的情况下，确保社会经济持续健康发展，两者是相辅相成的，在达到较好的社会经济效益的同时，也可以促进生态环境的建设，从而做到统筹兼顾
因地制宜原则	土地优化配置中的因地制宜应该包括两层含义：一种是根据土地利用本身的特点，结合其所处的区位进行对比，如果是处于适宜状态，则保留，否则应当改变当前土地利用现状；另外则是当处于不适宜状态时，可以改变其适宜性条件，使其满足当前土地利用的需要，总体目标是确定土地利用资源的最佳利用方式
地尽其能原则	合理安排各种土地利用类型的结构，在保障高产稳产的耕地的基础上，可以进行农业产业结构调整，使农业生产效益达到最高，优化城镇布局，使单位面积上的土地收益达到最佳
可持续发展原则	可持续发展既是一个目标，也可以认为是一个动态的过程，应该通过长期和短期的规划相结合，并针对不同时期的土地利用现状、需求以及出现的问题，适时对优化方案进行调整

7.2　土地资源配置决策方法

7.2.1　单目标决策分析技术

单目标分析技术是区域（流域）土地资源优化配置问题进行定量分析的基础，它包括优化和模拟两类技术。优化技术借助于数学规划理论建立规划模型，用约束条件和目标函数来描述问题并求解；模拟技术则是用系统的物理机制建立数学模型，来处理系统的不确定性问题。这两种技术手段结合起来方可作为多目标决策的基础。

7.2.2　多目标决策分析技术

现实世界中的决策问题，大多是多目标的，一般评判某项决策的好坏往往需同时考察很多个指标，尤其对复杂的大系统，需要考虑的指标就更多。在这些指标中，有主要的，也有次要的；有近期的，也有远期的；有相互补充的，也有相互对立的。多目标决策，实际上就是在各种目标之间和各种限制条件之间寻求一个合理的妥协，即通常所说的最优解。

多目标规划问题的解法分为直接法和间接法两大类[131]。

1. 直接法

直接法是针对规划本身，直接求出其有效解，目前只提出了几类特殊的多目标规划问题的直接解法，包括单变量多目标规划方法、线性多目标规划方法及可行域有限时的优序法等。

2. 间接法

多目标决策问题的核心思想是将多目标问题转换为形式上的单目标问题。间接法就是按照一定的方法将多目标规划转化为单目标规划，然后利用相应的方法求解单目标规划问题，并将其最优解作为多目标问题的最优解。这类方法的关键是保证单目标规划的最优解是多目标规划的有效解或弱有效解，常用的方法有主要目标法、评价函数法（包括加权和法、理想点法、乘除法和功效系数法）等。

其中，加权和法是最普遍的方法，可以将各单目标的满意度函数通过线性加权作为多目标决策问题的目标函数。每给定一组权重 λ，就可以得到一个最优的方案。在双目标情形下，通过改变权重 λ，生成配置方案的过程如图 7-1 所示。通过系统地生成权重 λ 及反复筛选，可保证提供给决策者的方案是均匀分布在目标空间的、非劣的、具有最大相互差异性的方案，并且每一轮生成的方案都是逐步收敛的。

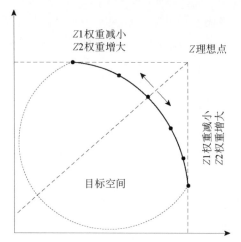

图 7-1　通过改变权重 λ 生成不同的非劣方案示意图

7.3　土地资源配置模型

7.3.1　基于 GLP 模型的总量控制

　　灰色线性规划是在线性规划和灰色模型的基础上发展起来的，线性规划模型是静态模型，不具备动态规划的能力，并且在模型的运算过程中，还常常无解，不适应自然环境和社会经济等要素的动态变化情况下的动态规划，而土地优化配置本身就具有灰色特性，借助该模型可以求解未来某区域的土地利用结构优化值，寻求满足最大效益的规划方案。由于灰色线性规划中的约束条件系数是灰区间数，规划者可按区间内的任一白化值进行规划，通过综合吸收各个学科的研究成果，特别是当国土规划、城市规划、农业区划的成果有变动的情况下，根据变化调整优化方案，从而使规划灵活多变，体现模型与现实的密切联系[132]，因此该模型是土地优化配置中相对较为成熟的数量模型。灰色线性规划模型的数学表达式为

$$\max(\min)Z = CX = \sum_{i=1}^{n} c_i x_i \tag{7-1}$$

满足

$$\begin{cases} \otimes(A)x \leqslant (=,\geqslant)b \\ x \geqslant 0 \end{cases} \tag{7-2}$$

式中，$X=[x_1, x_2, \cdots, x_n]^T$ 为决策变量向量；$C=[c_1, c_2, \cdots, c_n]$ 为目标函数的价值系数向量；$C_i(i=1, 2, \cdots, n)$ 可以是灰数；$\otimes(A)$ 为约束条件的系数矩阵；A 为 $\otimes(A)$ 的白化矩阵，即

$$\otimes(A)=\begin{bmatrix}\otimes_{11}&\otimes_{12}&\cdots&\otimes_{1n}\\\otimes_{21}&\otimes_{22}&\cdots&\otimes_{2n}\\\vdots&\vdots&&\vdots\\\otimes_{n1}&\otimes_{n2}&\cdots&\otimes_{nn}\end{bmatrix}\quad A=\begin{bmatrix}a_{11}&a_{12}&\cdots&a_{1n}\\a_{21}&a_{22}&\cdots&a_{2n}\\\vdots&\vdots&&\vdots\\a_{n1}&a_{n2}&\cdots&a_{nn}\end{bmatrix}\quad(7\text{-}3)$$

式中，$\otimes_{ij}\in[a_{ij},\ \overline{a_{ij}}]$，$a_{ij}$ 和 $\overline{a_{ij}}$ 分别为 $\otimes_{ij}$ 的下限值和上限值；$b=[b_1,\ b_2,\ \cdots,\ b_n]^{\mathrm{T}}$ 为约束向量。

7.3.2　基于 CLUE-S 模型的空间配置

1. 模型介绍

CLUE-S(the Conversion of Land Use and its Effects at Small region extent)模型是由荷兰瓦赫宁根大学 P. H. Verburg 等科学家组成的"土地利用变化和影响"研究小组在 CLUE 模型的基础上开发的[133]。与 CLUE 模型相比，该模型主要适用于较小尺度的土地利用模拟变化研究。该模型的假设条件是，一个地区的土地利用变化是受到该地区的土地利用需求驱动的，并且一个地区的土地利用分布格局总是和土地需求以及该地区的自然环境和社会经济环境处于动态的平衡之中。CLUE-S 模型依据此假设，运用系统论的方法处理不同土地利用类型之间的竞争关系，其主要的理论基础包括土地利用变化的关联性、土地利用变化的等级特性、土地利用变化的竞争性和土地利用变化的性对稳定性。

2. 模型架构

CLUE-S 模型主要由两个模块组成，分别为空间分析模块和非空间分析模块[134~136]。空间分析模块以各种栅格化空间数据为基础，按照土地利用的概率、各种土地利用类型的竞争类和土地利用转换规则，对模拟年份的土地利用需求文件进行空间分配；非空间分析模块主要指土地利用需求模块，用来计算研究区内由土地利用需求因素导致的土地利用类型数量的变化，或者计算在指定的土地利用情景下的土地需求，土地需求可以依靠于其他的数学模型和统计分析模型进行计算（图 7-2）。此模型的空间分配模块将非空间土地需求配置到空间上，达到数量和空间优化配置的目的。

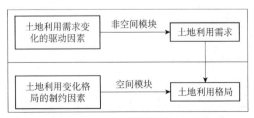

图 7-2　CLUE-S 模型结构示意图

　　土地利用需求在空间模块中的分配是综合对土地利用的经验分析、空间变异分析及动态模拟实现的（图 7-3）。其中，经验分析和空间变异分析主要揭示土地利用空间分布与其备选驱动因素及空间制约因素的关系，生成不同土地利用类型概率分布适宜图，衡量不同土地利用类型在每一空间单元分布的适宜程度。空间模块还可以根据研究区土地利用的实际情况定义一组规则对不同土地利用转化的难易程度进行控制，如可以通过规则保证研究区内的保护用地在预期内不发生转变等。

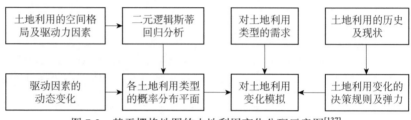

图 7-3　基于栅格地图的土地利用变化分配示意图[137]

3. 数据格式及模型运行文件

1）数据格式要求

　　为了保证模型的成功运行，所有的数据格式和要求都要严格按照安装文件的文件进行设置，并且原始数据格式的尺度选择及分辨率必须严格一致，所有的数据(栅格数据)都要投影到相同的空间坐标系下。在数据格式方面，ArcGIS 中所有的数据格式都可以通过二进制文件 ASCII 码与 CLUE 联系起来，数据要存储在一个单独的矩形表格中，栅格数据的处理几乎全部是在 ArcGIS 中完成的。

2）模型运行文件

　　运行 CLUE-S 模型所需输入的参数文件见表 7-2。

表 7-2　CLUE-S 模型输入文件及说明

文件名	说明
main 1	编辑模型的主要设置
alloc.Reg	编辑回归方程
allow.txt	编辑土地利用转换矩阵
region*.fil	区域约束文件（*代表不同的约束文件）
demand.in*	不同情景下的土地需求输入文件（*代表不同的土地利用类型）
Prob*	计算基于回归方程的概率地图（*代表不同的土地利用类型）
Cov-a11.0	模拟开始年份的土地利用图
Sclgr*	模拟驱动力文件（土地利用变化影响因子；*代表驱动力的序号）

（1）main1 文件主要参数。

main1 文件主要参数见表 7-3。

表 7-3　main1 文件主要参数

行数	设置内容	数据格式
1	土地利用类型数	整型
2	区域数	整型
3	单个回归方程中驱动力变量的最多数值	整型
4	总驱动力数	整型
5	行数	整型
6	列数	整型
7	栅格面积	浮点型
8	X 坐标	浮点型
9	Y 坐标	浮点型
10	土地利用类型编码	整型
11	转换弹性系数编码	浮点型
12	迭代变量系数的设置	浮点型
13	模拟的起止年份	整型
14	动态驱动力因子数及编码	整型
15	输出文件选择	1，2，-2 或 2 选其一
16	特定区域回归选择	0，1 或 2 选其一
17	土地利用历史设定初值	0，1 或 2 选其一
18	邻近区域选择计算	0，1 或 2 选其一
19	区域特定优先值	整型

（2）alloc. reg 文件设置。

alloc1.reg 文件参数的设定是通过计算单一地类和驱动力之间的 Logistic 回归方程的系数 β 值来完成的。首先通过 ArcGIS 软件分别提取单一土地利用类型空间分布图，并转为 ASCII 文件，依次重命名为 cov0.0，cov1.0，…，cov6.0，然后通过模型自带的 covert.exe 工具把单一土地利用类型图和驱动力文件一并转为 SPSS 软件可以读取的.txt 文件，读入到 SPSS 软件中。在 SPSS 软件中，使用 Analyze 菜单下的 Regression 的 Binary 命令，弹出 Logistic Regression 界面，分别把每一种地类放入 Dependent variables 框中，选择全部或部分与之关系较大的驱动力因素放入 covariates 框中，选择 Forward Conditional 方法，在 Options 中选分别设定 Entry 和 Removal 为 0.01 和 0.02，在 Save 中选中 Probabilities，点击 OK，运行回归方程，计算出回归系数 β 值。采用 Pontius 等提出的 ROC 方法对回归结果进行检验，通过 SPSS 软件中 Graphs 菜单中的 ROC Curve 实现这一检验过程。

alloc. reg 文件的主要内容为：

行 1：土地利用类型的数字编码；

行 2：土地利用类型的回归方程系数；

行 3：土地利用类型回归方程的解释因子数和解释因子编码；

以下重复上出动作。

（3）allow.txt 文件设置。

在预测土地利用类型的变化时，有一些类型是不能转化为其他类型的，如城镇用地和自然保护区等，这就可以在 CLUE-S 模型界面里输入土地利用转换矩阵（用 allow.txt 表示）来实现，这个矩阵由 $n×n$ 组成(n 为土地利用类型数)，分别由 0 和 1 组成，0 表示不能转化，1 表示可以。默认所有的土地类型都可以转化。矩阵行列数相等，均为土地类型的数量，标志土地类型之间是否可以相互转化。行表示现在的土地利用类型，列表示将来可能的土地类型，用 1 表示现在和将来之间可以转化，0 表示不能转化（表 7-4）。

表 7-4   allow.txt 文件主要参数

参数	耕地	林地	草地	建设用地	水域	未利用地
耕地	1	1	1	1	1	1
林地	1	1	1	1	1	1
草地	1	1	1	1	1	1
建设用地	0	0	0	1	0	0
水域	1	1	1	1	1	1
未利用地	1	1	1	1	1	1

假设在研究期间两个典型区的建设用地均不可以转化成其他地类，而其他地类可以转化成建设用地。

（4）region*.fil 文件设置。

region*.fil 文件是 ASCII RASTER 格式的限制区域图，其内容为 0 和-9998 两种，0 值区域是可以发生地类转变的区域，-9998 值区是地类不能够转变的限制区域。但是 region*.fil 文件为必选文件，当不存在限制区域的时候，需要设定一个全部为 0 值的文件。

0=允许土地利用变化的区域；-9999=没有数据；-9998=约束区域；如果有更多的约束区域，应该被标记为以下的数字：-9998=区域 0；-9997=区域 1；-9996=区域 2 等（最大可以有 98 个区域）。

（5）demand.in 文件设置。

demand.in 是一个记事本著作档，内容第一行为模拟的年数，从第二行开始为逐年的土地需求数量。土地利用类型编码在进行编码时必须从 0 开始依次设置。

（6）Cov-a11.0 文件设置（最初土地利用设置）。

ASCII 格式的起始年份土地利用类型图，其内容为各个地类的编码。初始年土地分类栅格属性必需赋值为：林地=0，草地=1，耕地=2，水域=3，建设用地=4，未利用地=5，再通 ArcToolbox 的 Raster to ASCII 命令把 grid 文件转变成模型识别的 ASCII 文件，命名为 cov_all.0，完成对 cov_all.0 文件的设定。

（7）Sclgr*文件设置。

ASCII 格式的影响因子空间分布位置图。

在 CLUE-S 模型中，需要将影响因子按照一定的顺序制作成"*. fil"文件，供模型运行。每种驱动力文件被转化为 ASCII 码的格式输入到模型中。

4. 空间统计分析

由本书第 5 章的结论可知，土地利用与其影响因素之间的关系可以用 Logistic 回归进行评价分析。同时，Logistic 回归是进行土地利用变化模拟及预测时常用的方法[138, 139]。在 CLUE-S 模型中，根据一组引起土地利用变化的影响因子，运用 Logistic 回归方法对每一个栅格单元可能出现某一种土地利用类型的概率进行判断。可解释土地利用类型与其影响因子之间的关系。

Logistic 回归产生与预测值相关的事件的发生比，是 Logistic 系数的指数，因此称为 $\exp(\beta)$，是指一个事件发生的可能性等于该事件发生的概率与不发生的概率之间的比值。当 Exp(b)>1 时，表示发生比增加；Exp(b)=1 时，表示发生比不变；Exp(b)<1 时，表示发生比减少。

对于回归效果的检验，常可使用 Pontius 提出的 ROC(Relative Operating Characteristics)方法[140]。根据 Logistic 逐步回归方法得到的结果代入公式即可求出栅格化的各种土地利用类型空间分布概率图。

5. 转换弹性系数

不同土地利用类型之间发生转换的可能性不同，由此构成一组土地利用转换系数。转换系数值介于 0～1。1 表示几乎不会发生的转换，如城市用地转换为农业用地；0 表示该类型可任意转换，如未利用土地，在适宜条件下可转换为其他任意类型。介于 0～1 的值表明转换的可能性，值越大越不可能。越接近 1，说明其转移的可能性就越小，反之越大。

CLUE-S 模型允许根据土地利用系统中不同土地利用类型变化的历史情况以及未来土地规划的实际情况设置不同土地利用类型的稳定程度。例如，城镇和居民用地属于比较稳定的土地利用类型，一般情况下不会发生变化；而相比之下草地就不太稳定，往往或开垦为耕地，或退化为未利用地。不同土地利用类型的稳定性可由模型参数 ELAS 定义出以下三种情况。

（1）对于一般不会转变为其他土地利用类型的地类，ELAS 设为 1。例如，城镇和居民用地，除非将来对这类土地利用的需求有所减少，一般情况下在预测期将不考虑该类土地的转出变化。并且假设，一旦对某土地利用类型进行了这种设置，如果在预测期对这种土地利用类型的需求减少，在研究地区内任何地方将不考虑其增加的可能性。

（2）对于极易变化的地类，ELAS 设为 0。例如，管理比较粗放的农业用地，其发生变化的可能性就非常大，或弃耕后轮为草地，或被划为退耕用地。对于这种情况，CLUE 模型将不对其转化做任何限制。

（3）对于发生转化的难易程度介于以上两种极端情况之间的地类，ELAS 设为大于 0 小于 1 的某一值。例如，园地和耕地中的水田等，由于投入较高，在短期内不易发生转变；但是，如果水果或农产品价格持续下跌，使得该土地利用方式的效益降低，而当其他土地利用方式也许会产生较好的经济效益时，尽管存在转变的阻力，可受经济利益的驱动，最终土地利用变化还是会发生的。

根据研究区各种土地利用类型的特点，分别给各种土地利用类型赋予不同的 ELAS 参数值，见表 7-5。

表 7-5 ELAS 文件主要参数

土地利用类型	稳定性
耕地	0.8
林地	0.7
草地	0.5
建设用地	0.9
水域	0.8
未利用地	0.4

6. 空间分配

空间分配是在综合分析土地利用的空间分布概率图集，土地利用变化规则和研究初期土地利用分布现状的基础上，根据总概率 TPROP 大小对土地利用进行空间分配的过程，这种分配是通过多次迭代实现的，具体过程如图 7-4 所示。

$$TPROP_{i,u} = P_{i,u} + ELAS_u + ITER_u \tag{7-4}$$

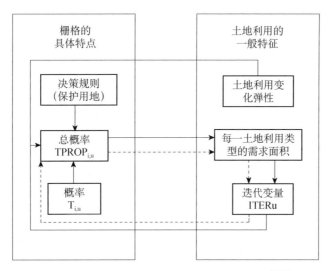

图 7-4　土地利用变化分配的迭代过程示意图[141]

7.4　基于 GLP 模型的典型区土地利用需求测算与数量控制

本章所选的典型区包括基于流域单元的延河流域和基于都市经济区的晋东南经济区，首先利用 GLP 灰色线性规划模型对不同典型区的土地利用需求进行数量控制和结构优化，并在此基础上，通过整合二元 Logistic 回归的 CLUE-S 模型将两个典型区土地利用的数量和结构需求落实到空间单元上，以实现研究区土地利用的优化配置。但通过对两个典型区的分析和运算测试，由于延河流域整体土地利用类型复杂，土地利用结构多变以及本书基于遥感影像数据解译精度，这种现象在流域北部上游地区更为明显。因此，为保证模型运算效果，突出基于 GLP 与 CLUE-S 耦合模型研究方案的优势，并针对延河流域数据现状与土地利用特征，选取流域下游段（黄土高原南部地区范围内）作为本章研究的实验区。延河流域下游段位于流域的南部，主要包括延安市宝塔区和延长县，此区域人口相对集中，人类活动对土地资源的干扰更加剧烈，土地利用需求与土地资源供给矛盾明显，因此选择此区域进行研究一方面保证了模型与方案的运算效果，也是本区域的土地利用优化配置研究更具有现实意义与典型性。

7.4.1　晋东南经济区土地需求测算与数量控制

本书基于多目标决策技术来探讨土地利用的优化配置问题，重点考虑实现土地利用系统生态服务价值的最大化以及经济效益的最大化，采用线性加权法，将单项目标函数直接构造为新的单目标规划问题，模型表达为

$$\max h(x) = \sum_{i=0}^{n-1} w_i f_i(x) + \sum_{i=0}^{m-1} w_i f_i(x) \tag{7-5}$$

式中，w_i 和 w_j 分别表示目标函数 $f_i(x)$ 和目标函数 $f_j(x)$ 在整体系统中的权重，并且满足 $0 \leqslant w_{i,j} \leqslant 1$，$\sum_i^{n-1} w_i + \sum_j^{m-1} w_j = 1$，其取值可根据各目标的重要程度进行确定。

由于本书是遵循生态和经济的协调可持续发展原则，因此将生态保护目标和经济发展目标的权重均取值为 0.5[142]。具体的配置过程如下。

1. 变量设置

在进行土地利用数量优化之前，准备最近的土地利用现状数据，将其作为研究基期的初始土地利用状况，研究采用的是前面部分的土地利用解译结果。结合研究区土地资源的特点和研究需要、目的，本章共设林地、草地、耕地、水域、建设用地和未利用地 5 个变量，分别用 X_0，X_1，X_2，X_3，X_4 来表示。

2. 目标函数

根据式（7-5），目标函数的表达式为

$$\max h(x) = \sum_{i=0}^{4} 0.5 a_i X_i + \sum_{i=0}^{4} 0.5 b_i X_i \tag{7-6}$$

式中，$\max h(x)$ 为土地资源系统最大化的生态效益和经济效益；a_i 和 b_i 分别为各类型土地资源单位面积的生态效益和经济效益，a_i 主要参考中国陆地生态系统生态资产[143]，b_i 来源于研究区各市县的统计年鉴（表 7-6）。

表 7-6　晋东南经济区土地资源生态效益与经济收益

生态、经济价值	耕地	林地	草地	建设用地	水域
单位面积土地资源的生态效益/[万元/（a·km²）]	1.09	2.15	1.32	0.57	0.7
单位面积土地资源的经济收益/[万元/（a·km²）]	31.16	32.64	34.05	254.71	1.45

3. 约束条件

以实现晋东南经济区土地可持续利用为目标，总量控制通过灰色线性规划方法提出土地总面积、人口、粮食并结合不同土地利用类型面积和数学模型约束等 5 个方面共 8 个约束条件来进行其土地利用数量控制欲结构优化，具体论述如下。

1）土地资源约束

各种土地利用类型的面积之和应等于晋东南经济区的总面积之和，即

$$\sum_{i=0}^{4} X_i = A_1 \tag{7-7}$$

式中，A_1 为个土地利用类型的面积之和。

2）人口总量约束

农用地和建设用地承载的人口应控制在规划人口之内。

$$M_1 \cdot \sum x_i + M_2 \cdot \sum x_j \leqslant p_m \quad (m = 2011,\ 2012,\ \cdots,\ 2020) \tag{7-8}$$

式中，M_1 为农村人口密度；M_2 为城镇人口密度；x_i 为农业用地；x_j 为建设用地；P 为规划总人口。

3）林地面积约束

$A_{2,m}$ 为晋东南经济区天然林保护等重点林业工程目标下有林地的规划发展面积。尤其是在东部太行山区，多是石灰岩地质构造，山大沟深，土层瘠薄，林地植被相对稀少，有必要发展其面积。

$$X_0 \geqslant A_{2,m} \quad (m = 2011,\ 2012,\ \cdots,\ 2020) \tag{7-9}$$

4）草地面积约束

草地具有防风、防沙、抵御水土流失的功效，所以应适当发展研究区的草地面积，$A_{3,m}$ 为晋东南经济区草地规划年的面积。

$$X_1 \geqslant A_{3,m} \quad (m = 2011,\ 2012,\ \cdots,\ 2020) \tag{7-10}$$

5）耕地面积约束

晋东南经济区是山西省的重点建设四大经济区之一，同时是国家中原经济区建设的重要战略区域，因此在考虑耕地面积约束条件时，本书从经济发展与粮食生产相结合的角度构建约束方案。根据相关研究[144]，粮食自给率≤0.9 为粮食输入区；=1 为粮食自给自足区；≥1.2 为粮食输出区。研究区是本省及中原经济区的重要粮食供应地区之一，所以取 1.2 为该区粮食自给率系数，进而构建约束函数如下：

$$C_m(m = 2011, 2012, \cdots, 2020) \times 100 \times X_2 \geqslant 400 \times P_m(m=2011, 2012, \cdots, 2020) \times 1.2 \tag{7-11}$$

式中，C 为粮食单产；P 为规划总人口。根据《国家人口发展功能区技术导则》，粮食消费标准以 400kg/人计；根据 GM(1，1)预测的晋东南经济区 2020 年的总人口为 2703.6093 万人；2010 年的粮食单产为 5071.33kg/hm²，预测的 2020 年粮食单产为 7208.429kg/hm²，粮食单产的灰区间取 5071.33～7208.429kg/hm²。

6）水域用地约束

由第 4 章的研究区特征可知，晋东南经济区属水资源相对富集区，水资源具有一定的开发潜力，为了保证区域水资源的相对优势，水域面积约束如下：

$$X_3 \geqslant A_{4,m} \quad (m = 2011,\ 2012,\ \cdots,\ 2020) \tag{7-12}$$

式中，$A_{4,m}$为晋东南经济区水域限制面积约束总量。

7）建设用地约束

根据晋东南经济区的土地利用总体规划和土地利用年度总计划，并从研究区历年来土地利用变化特征和发展趋势可以得知，建设用地在未来一段时期内还会保持继续增长的趋势，其面积要大于现状，约束函数如下。

$$X_4 \geqslant A_{5,m} \quad (m = 2011, 2012, \cdots, 2020) \tag{7-13}$$

式中，$A_{5,m}$为晋东南经济区建设用地面积约束总量。

8）数学模型要求约束

满足 $X_i \geqslant 0 \quad (i = 0, 1, 2, 3, 4)$

模型中各个约束性条件的约束值是通过各种模型进行预测得到的，如灰色预测模型，根据时间序列的数据，以时间作为变量进行预测，运用灰色模型的优点是针对原始数据比较缺乏的情况下，采用概率统计的方法无法找出数据的变化规律，运用该模型则比较合适，预测的精度较高，其中最常用的模型为 GM（1，1），预测所需的基础数据来源于《山西省统计年鉴》等统计资料，根据相关研究中的分析结果，在定量的基础上，根据定性分析进行校正，进而进行估算得到相应的值，最后应用于计算模型中。

4. 测算结果

根据以上目标函数和约束条件的设置，代入相应的数值，借助于 mathematics 软件，求出在晋东南经济区的各种土地利用需求的数量控制文件，需求文件参数见表 7-7。

表 7-7 晋东南经济区土地利用需求的数量控制文件参数

年份	建设用地/km²	林地/km²	水域/km²	耕地/km²	草地/km²	面积合计/km²	生态系统服务价值/万元	土地系统经济收益/万元
2010	410.30	8 632.62	149.86	10 183.79	3 964.43	23 341.00	35 232.284 7	838 809.3
2011	412.21	8 633.34	150.33	10 178.01	3 967.11	23 341.00	35 232.487 8	839 231.1
2012	421.07	8 634.29	150.71	10 165.06	3 969.87	23 341.00	35 229.374 2	841 209.8
2013	429.57	8 635.15	151.14	10 152.20	3 972.94	23 341.00	35 226.404 2	843 107.4
2014	438.41	8 636.03	151.77	10 138.72	3 976.07	23 341.00	35 223.214 4	845 075.2
2015	449.60	8 636.49	152.32	10 123.46	3 979.13	23 341.00	35 218.372 5	847 569.9
2016	463.94	8 637.89	152.80	10 104.59	3 981.78	23 341.00	35 212.822	850 771.1
2017	475.75	8 638.76	153.03	10 089.33	3 984.13	23 341.00	35 208.053 8	853 412.5
2018	482.04	8 639.50	153.50	10 078.94	3 986.02	23 340.00	35 204.728 8	854 780
2019	489.19	8 640.83	154.04	10 068.78	3 988.16	23 341.00	35 203.792 2	856 401.7
2020	499.06	8 641.77	154.31	10 056.13	3 989.73	23 341.00	35 199.912	858 606

7.4.2　延河流域下游段土地需求测算与数量控制

由于本典型区是遵循生态和经济的协调可持续发展原则，因此将生态保护目标和经济发展目标的权重都取值为 0.5。具体的配置过程如下。

1. 决策变量

根据遥感影像的地面分辨率，结合流域土地资源特点及研究需要，设置林地、草地、耕地、水域、建设用地及未利用地作为决策变量，分别用 X_0，X_1，X_2，X_3，X_4，X_5 表示。

2. 目标函数

以实现流域水土资源系统生态服务价值的最大化以及经济效益的最大化为目标，构建函数，模型表达为。

$$\max h(x) = \sum_{i=0}^{5} 0.5 a_i x_i + \sum_{i=0}^{5} 0.5 b_i x_i \qquad (7\text{-}14)$$

式中，$\max h(x)$ 代表土地资源系统最大化的生态系统服务价值和经济效益；a_i 和 b_i 分别为各类土地资源单位面积的生态服务价值和经济收益（表 7-8），其中 a_i 主要参考中国陆地生态系统生态资产[143]，b_i 来源于延河流域下游段世行贷款一期项目监测报告。

表 7-8　延河流域下游段土地资源生态价值与经济收益

生态、经济价值	耕地	林地	草地	建设用地	水域	未利用地
单位面积土地资源的生态效益/[万元/（a·km²）]	1.42	2.05	1.39	0.55	0.72	0.04
单位面积土地资源的经济收益/[万元/（a·km²）]	37.99	33.68	33.68	250.72	1.79	0.68

3. 约束条件

1）土地资源约束
各种土地利用类型的面积之和应等于延河流域下游段的总面积之和，即

$$X_0 + X_1 + X_2 + X_3 + X_4 + X_5 = A_1 \qquad (7\text{-}15)$$

式中，A_1 为流域总面积。各项用地类型的面积之和应等于流域总面积。

2）人口总量约束
农用地和建设用地承载的人口应控制在规划人口之内。

$$M_1 \sum x_i + M_2 \times X_4 \leqslant P_m \quad (m = 2011, \ 2012, \ \cdots, \ 2020) \qquad (7\text{-}16)$$

式中，M_1 为农村人口密度；M_2 为城镇人口密度；X_i 为农业用地（$i=0, 1, 2$）；P 为规划总人口。

3）林地面积约束

$A_{2,m}$ 为延河流域下游段水土流失治理目标下有林地的规划发展面积。在干旱半干旱地区，尤其是在延河流域下游段，林地具有明显的改良土壤和涵养水源的生态功能，有必要发展其面积。

$$X_0 \geqslant A_{2,m} \quad (m = 2011, 2012, \cdots, 2020) \tag{7-17}$$

4）草地面积约束

草地具有防风、防沙、抵御水土流失的功效，所以应适当发展延河流域下游段的草地面积，$A_{3,m}$ 为台塬区草地规划年的面积。

$$X_1 \geqslant A_{3,m} \quad (m = 2011, 2012, \cdots, 2020) \tag{7-18}$$

5）耕地面积约束

由于自然环境条件相对较差及生态建设的需要，延河流域下游段是黄土高原南部地区粮食产量较低的区域之一，根据上节研究，取 0.9 为该区粮食自给率系数，进而构建约束函数如下：

$$C_m(m = 2011, 2012, \cdots, 2020) \times 100 \times X_2 \geqslant 400 \times P_m(m=2011, 2012, \cdots, 2020) \times 0.9 \tag{7-19}$$

式中，C 为粮食单产；P 为规划总人口，根据《国家人口发展功能区技术导则》，粮食消费标准以 400kg/人计。

6）水域用地约束

延河流域下游段水资源比较短缺，水资源的开发潜力很小，为了保证水土资源的优化配置，水域面积约束如下：

$$X_3 \geqslant A_{4,m} \quad (m = 2011, 2012, \cdots, 2020) \tag{7-20}$$

式中，$A_{4,m}$ 为延河流域下游段水域限制面积约束总量。

7）建设用地约束

根据研究区的土地利用总体规划和人口增长趋势，在保证其他土地类型面积的同时，建设用地的面积可适当增加；同时为研究区土地集约高效利用，其未利用地面积应予以减少。

$$X_4 \geqslant A_{5,m} \quad (m = 2011, 2012, \cdots, 2020) \tag{7-21}$$

$$X_i \geqslant A_{6,m} \quad (m = 2011, 2012, \cdots, 2020) \tag{7-22}$$

式中，$A_{5,m}$ 为延河流域下游段设用地面积约束总量；$A_{6,m}$ 为延河流域下游段未利用地面积约束总量。

8）数学模型要求约束

满足 $X_i \geqslant 0$，X_i 为不同土地利用类型（$i = 0, 1, 2, 3, 4, 5$）。

4. 测算结果

根据以上目标函数和约束条件的设置，代入相应的数值，借助于 mathematics 软件，求出在延河流域下游段不同规划年的各种土地利用需求约束文件，需求文件参数见表 7-9。

表 7-9　延河流域下游段土地利用需求文件参数

年份	建设用地/km²	林地/km²	水域/km²	耕地/km²	草地/km²	未利用地/km²	面积合计/km²	生态系统服务价值/万元	土地系统经济收益/万元
2010	14.65	613.06	20.60	1 739.50	1 477.84	1.92	3 867.57	5 804.033 4	140 217.372 5
2011	15.51	614.20	20.66	1 733.02	1 482.35	1.83	3 867.57	5 803.943 8	140 376.126 8
2012	16.49	618.29	20.72	1 726.90	1 483.46	1.71	3 867.57	5 805.758 2	140 564.495 4
2013	17.80	622.18	20.75	1 719.11	1 486.08	1.65	3 867.57	5 807.052 4	140 816.266 2
2014	18.44	625.39	20.79	1 714.35	1 487.07	1.53	3 867.57	5 808.625 8	140 937.340 6
2015	19.17	629.10	20.82	1 708.54	1 488.46	1.48	3 867.57	5 810.334 3	141 071.43 2
2016	20.40	632.79	20.83	1 700.80	1 491.33	1.42	3 867.57	5 811.578 6	141 306.692 9
2017	21.52	635.83	20.89	1 693.64	1 494.33	1.36	3 867.57	5 812.470 2	141 518.984 7
2018	22.33	639.25	20.93	1 686.92	1 496.84	1.30	3 867.57	5 813.899 6	141 666.528 3
2019	23.29	642.77	20.99	1 678.76	1 500.53	1.23	3 867.57	5 815.225 9	141 840.113 7
2020	24.17	645.82	21.04	1 670.30	1 505.08	1.16	3 867.57	5 816.306 9	141 995.361 8

7.5　典型区土地利用空间配置

下面主要介绍 CLUE-S 模型在晋东南经济区与延河流域下游段的应用，在本书中，晋东南经济区是以行政区划界限来划定研究范围的，而延河流域下游段的研究范围是根据自然地理界线和行政区划相结合进行划分的，研究及模拟的时间跨度为 2010～2020 年。

7.5.1　模型参数设置

运用 CLUE-S 模型进行模拟时，主要是对模型的参数进行设置，参数设置是否合理，直接影响着模型的正常运行和模拟结果的正确显示。所以在进行模拟时，关键是如何正确设置好各个参数。

1. 主要参数(main1)

两个典型区晋东南经济区（表 7-10）和延河流域下游段（表 7-11）的 main1

文件主要参数如下：

表 7-10　晋东南经济区 main1 文件主要参数

行数	设置内容				
1	5				
2	1				
3	12				
4	12				
5	407				
6	554				
7	23 341.01				
8	3 999 632.999 49				
9	768 926.068 637				
10	0	1	2	3	4
11	0.8	0.7	0.5	0.9	0.8
12	0	0.45	3		
13	2 010	2 020			
14	0				
15	1				
16	0				
17	1	4			
18	0				
19	0				

表 7-11　延河流域下游段 main1 文件主要参数

行数	设置内容					
1	6					
2	1					
3	11					
4	12					
5	304					
6	204					
7	3 867.58					
8	3 973 217.677 11					
9	481 827.408 679					
10	0	1	2	3	4	5
11	0.7	0.7	0.5	0.9	0.8	0.4
12	0	0.45	3			
13	2 010	2 020				
14	0					
15	1					
16	0					
17	1	4				
18	0					
19	0					

2. 回归方程（alloc.reg）

回归方程中的参数设置是根据 Logistic 回归结果的 β 系数确定的，参数设置见表 7-12 和表 7-13。

表 7-12　晋东南经济区 alloc.reg 文件主要参数

林地编码	0		
林地回归方程常量		-8.425 424 52	
林地回归方程的解释因子数	12		
林地回归方程的各驱动因子系数		0.000 308 21	V_{12}
		-0.008 38 162	V_{11}
		0.000 011 29	V_{10}
		0.000 015 50	V_9
		0.000 017 01	V_8
		-0.000 022 79	V_7
		-0.000 025 33	V_6
		-0.003 486 28	V_5
		0.720 060 13	V_4
		-0.000 759 68	V_3
		0.131 075 43	V_2
		0.002 429 29	V_1
草地编码	1		
草地回归方程常量		0.524 891 51	
草地回归方程的解释因子数	11		
草地回归方程的各驱动因子系数		-0.001 158 39	V_{12}
		-0.001 997 30	V_{11}
		0.000 009 16	V_{10}
		-0.000 017 09	V_9
		0.000 020 84	V_7
		0.000 009 87	V_6
		0.004 081 35	V_5
		-0.378 572 87	V_4
		0.000 703 26	V_3
		0.020 999 82	V_2
		-0.000 988 00	V_1
耕地编码	2		
耕地回归方程常量		1.535 894 18	
耕地回归方程的解释因子数	12		
耕地回归方程的各驱动因子系数		-0.000 172 11	V_{12}
		-0.000 039 94	V_{11}
		-0.000 013 27	V_{10}
		-0.000 004 44	V_9

续表

		−0.000 045 94	V_8
		0.000 014 71	V_7
		0.000 024 72	V_6
		0.006 747 67	V_5
		−0.178 472 81	V_4
		0.001 171 94	V_3
		−0.265 568 38	V_2
		−0.002 201 73	V_1
水域编码	3		
水域回归方程常量		−2.081 504 78	
水域回归方程的解释因子数	7		
水域回归方程的各驱动因子系数		−0.000 035 43	V_{10}
		0.000 049 15	V_8
		0.000 014 14	V_7
		−0.000 163 11	V_6
		0.003 699 63	V_3
		−0.153 880 56	V_2
		−0.002 858 84	V_1
建设用地编码	4		
建设用地回归方程常量		−6.890 274 14	
建设用地回归方程的解释因子数	9		
建设用地回归方程的各驱动因子系数		0.000 660 26	V_{12}
		0.000 191 94	V_{11}
		−0.000 054 19	V_{10}
		0.000 031 05	V_9
		−0.000 078 48	V_8
		0.000 048 53	V_6
		0.010 177 50	V_5
		−0.522 536 59	V_2
		−0.001 340 71	V_1

表 7-13　延河流域下游段 alloc.reg 文件主要参数

林地编码	0		
林地回归方程常量		−3.821 824 08	
林地回归方程的解释因子数	9		
林地回归方程的各驱动因子系数		−0.003 447 74	V_{11}
		−0.000 012 83	V_{10}
		−0.000 042 35	V_9
		0.000 040 65	V_8
		−0.000 012 33	V_7
		0.000 031 88	V_6

		0.001 099 06	V_5
		0.105 203 16	V_4
		0.001 571 94	V_1
草地编码	1		
草地回归方程常量		-0.870 210 98	
草地回归方程的解释因子数	8		
草地回归方程的各驱动因子系数		-0.000 137 04	V_{12}
		-0.002 353 23	V_{11}
		0.000 011 24	V_{10}
		0.000 021 38	V_9
		-0.000 049 55	V_8
		0.000 005 49	V_7
		0.009 648 68	V_2
		0.000 294 96	V_1
耕地编码	2		
耕地回归方程常量		4.441 877 18	
耕地回归方程的解释因子数	7		
耕地回归方程的各驱动因子系数		-0.000 257 44	V_{12}
		0.000 015 0 6	V_9
		0.000 008 20	V_8
		-0.188 542 29	V_4
		0.000 642 55	V_3
		-0.013 414 55	V_2
		-0.003 061 47	V_1
水域编码	3		
水域回归方程常量		0.165 090 51	
水域回归方程的解释因子数	10		
水域回归方程的各驱动因子系数		-0.000 099 84	V_{11}
		-0.000 015 80	V_{10}
		-0.000 038 72	V_9
		-0.000 013 68	V_7
		-0.000 327 50	V_6
		-0.003 843 83	V_5
		0.124 903 97	V_4
		-0.001 173 63	V_3
		-0.007 687 98	V_2
		-0.001 757 74	V_1
建设用地编码	4		
建设用地回归方程常量		-2.042 374 25	
建设用地回归方程的解释因子数	7		
建设用地回归方程的各驱动因子系数		0.000 389 92	V_{12}

续表

		0.000 377 10	V_{11}
		0.000 003 28	V_{10}
		-0.000 041 57	V_9
		-0.000 015 44	V_8
		-0.000 019 65	V_7
		-0.000 950 94	V_1
未利用地编码	5		
未利用地回归方程常量		-0.666 900 60	
未利用地回归方程的解释因子数	11		
未利用地回归方程的各驱动因子系数		-0.000 441 16	V_{12}
		0.000 266 09	V_{11}
		-0.000 003 40	V_{10}
		-0.000 061 13	V_9
		-0.000 013 47	V_8
		-0.000 205 76	V_7
		0.000 104 83	V_6
		-0.006 610 82	V_5
		0.310 519 31	V_4
		0.000 642 93	V_3
		-0.005 523 58	V_2

3. 土地利用转移设置（allow.txt）

假设在研究期间两个典型区的建设用地不可以转化成其他地类，而其他地类可以转化成建设用地。具体土地利用转移设置见表 7-4。

表 7-14　土地利用转移设置（allow.txt）文件

地类	耕地	林地	草地	建设用地	水域	未利用地
耕地	1	1	1	1	1	1
林地	1	1	1	1	1	1
草地	1	1	1	1	1	1
建设用地	0	0	0	1	0	0
水域	1	1	1	1	1	1
未利用地	1	1	1	1	1	1

4. 土地需求文件（demand.in）

土地需求文件在 CLUE-S 模型中起着非常关键的作用，而且土地需求文件的确定也是 CLUE-S 模型中比较难以确定的，需求文件是否正确设置，对于模型的运行起着至关重要的作用。对土地需求文件的设定有很多方法，常用的有回归分析、GM（1，1）模型及系统动力学模型，但这些模型侧重于根据已知条件对土地利用趋势进行预测，而对土地利用变化的数量控制与类型优化明显不足。本书在土地需求文件的确定中，尝试将 GLP 灰色线性规划模型引入到土地利用需求的测算与数量控制中，在第 6 章不同典型区土地承载力测评的基础上，将研究区土地、粮食、人口等要素综合设置到约束函数中，实现土地利用的数量与结构优化，并通过 CLUE-S 模型的空间统计功能将优化结果配置到空间单元中。

5. 模拟初期土地利用图（Cov_all.0）

本书以晋东南经济区和延河流域下游段 2010 年的土地利用数据作为研究基期，其各种土地利用类型的空间分布如图 7-5 所示。

7.5.2　空间统计分析

1. 模拟驱动力文件（Sclgr*）

本书在进行两个典型区的土地空间配置时，结合典型区自身的特点以及数据的可获得性、完整性和科学性选取 12 个驱动因素对土地利用/覆被进行分析（图 7-6，图 7-7）；这 12 种驱动因素如下：

Sclgr1　高程；

Sclgr2　坡度；

Sclgr3　坡向；

Sclgr4　平均气温；

Sclgr5　降水量；

Sclgr6　距主要河流的距离；

Sclgr7　距地级市中心的距离（延河流域下游段为距居民点的距离）；

Sclgr8　距县城中心的距离（延河流域下游段为距面状水的距离）；

Sclgr9　距主要公路的距离；

Sclgr10　距主要铁路的距离；

Sclgr11　人口密度；

Sclgr12　地均 GDP。

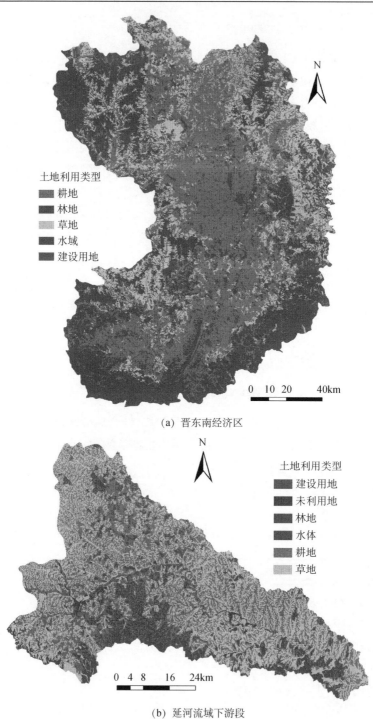

(a) 晋东南经济区

(b) 延河流域下游段

图 7-5 研究期初的土地利用类型图

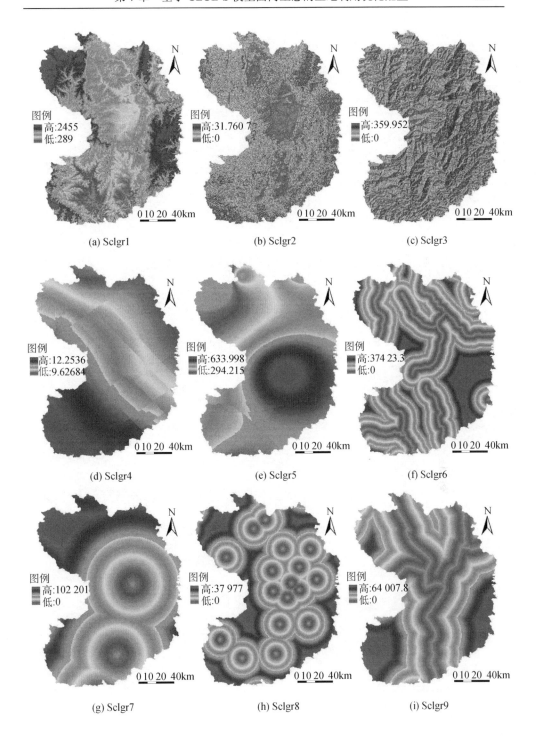

图例
高:2455
低:289
0 10 20　40km
(a) Sclgr1

图例
高:31.760 77
低:0
0 10 20　40km
(b) Sclgr2

图例
高:359.952
低:0
0 10 20　40km
(c) Sclgr3

图例
高:12.2536
低:9.62684
0 10 20　40km
(d) Sclgr4

图例
高:633.998
低:294.215
0 10 20　40km
(e) Sclgr5

图例
高:374 23.3
低:0
0 10 20　40km
(f) Sclgr6

图例
高:102 201
低:0
0 10 20　40km
(g) Sclgr7

图例
高:37 977
低:0
0 10 20　40km
(h) Sclgr8

图例
高:64 007.8
低:0
0 10 20　40km
(i) Sclgr9

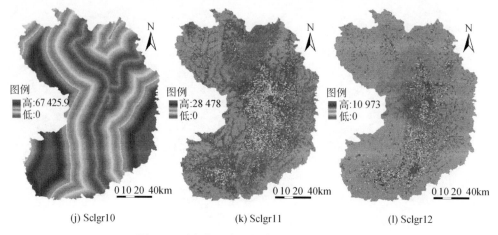

(j) Sclgr10　　　　　　　(k) Sclgr11　　　　　　　(l) Sclgr12

图 7-6　晋东南经济区各种影响因子栅格图

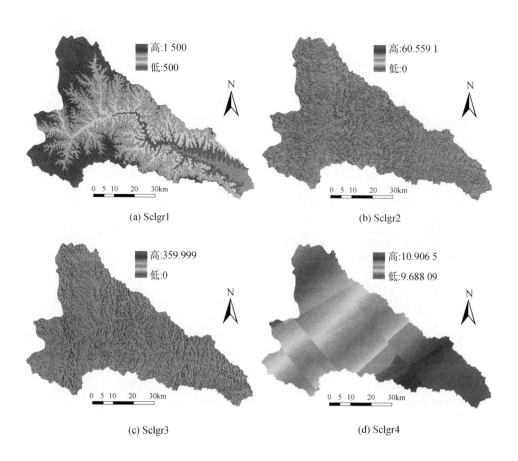

(a) Sclgr1　　　　　　　　　　　　(b) Sclgr2

(c) Sclgr3　　　　　　　　　　　　(d) Sclgr4

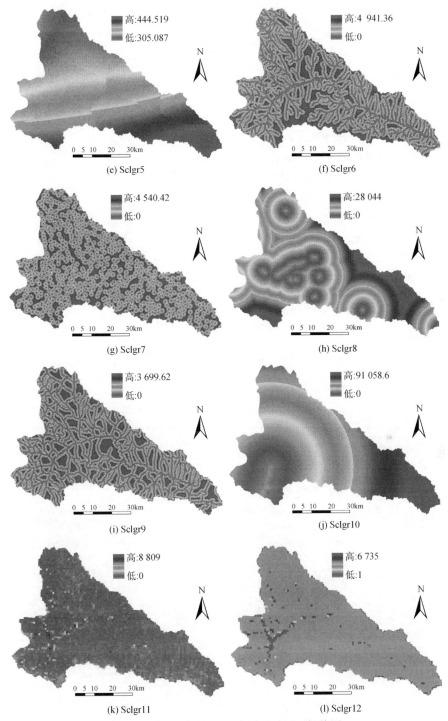

图 7-7　延河流域下游段各种影响因子栅格图

将此驱动力栅格图像在 ArcMap 中，利用 ArcToolbox 中的 Conversion Tools 下的 From Raster|Raster to ASCII 工具转换成 CLUE-S 可以识别的二进制文件，并将此二进制文件分别命名为 sc1gr1.fil，sc1gr2.fil，sc1gr3.fil，sc1gr4.fil，sc1gr5.fil，sc1gr6.fil，sc1gr7.fil，sc1gr8.fil，sc1gr9.fil，sc1gr10.fil，sc1gr11.fil，sc1gr12.fil，共 12 个驱动力文件。

2. Logistic 回归方程分析

本书在进行土地利用与驱动力之间的相关系数分析时，借用第 5 章的研究结果，使用二元 Logistic 回归方法求取了不同典型区各个地类与驱动力因子之间的相关系数。过程的实现是在 SPSS17.0 中实现的。在进行分析之前，首先要把各个地类（5个或 6 个地类）转换成只包括 0 和 1 代码的二进制文件，0 表示不出现此种地类，1表示出现此种地类。之后才可以使用 SPSS 软件的二元 Logistic 回归对其进行统计分析。在进行 Logistic 回归时将 12 个驱动力因子文件分别记为 V_1、V_2、V_3、V_4、V_5、V_6、V_7、V_8、V_9、V_{10}、V_{11} 和 V_{12}。两个研究区的 Logistic 回归结果在第 5 章中已计算出，又有篇幅原因此处不再重复，具体结果参见第 5 章 5.4 节。

7.5.3 CLUE-S 模型运行结果

1. 模拟结果

两个典型区晋东南经济区（图 7-8）和延河流域下游段（图 7-9）2010 年的现状图与模拟图对比如下：

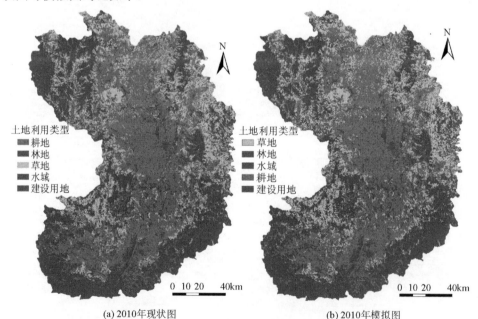

(a) 2010年现状图　　　　　　　　　　　(b) 2010年模拟图

图 7-8　晋东南经济区 2010 年模拟图与现状对比图

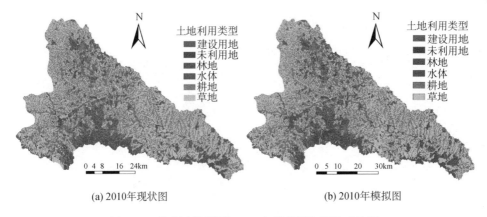

(a) 2010 年现状图　　　　　　　　　　　(b) 2010 年模拟图

图 7-9　延河流域下游段 2010 年模拟图与现状对比图

2. 模拟结果检验

经过 CLUE-S 模型进行空间模拟，得到两个典型区 2010 年研究期初的土地利用类型图，对模拟的效果可以通过 Kappa 系数[145]进行模型精度的检验。Kappa 系数如下：

$$Kappa = (P_o - P_c) / (P_p - P_c) \qquad (7\text{-}23)$$

式中，P_o 为正确模拟的比例；P_c 为随机情况下期望的正确模拟比例；P_P 为理想分类情况下正确模拟的比例。

具体的实现过程是，用 ArcMap 的栅格计算器把 2010 年的土地利用模拟图与 2010 年的现状土地利用类型图进行相减运算，提取出类型为 "0" 的个数，0 表示栅格没有变化的部分，即在进行土地利用模拟时，正确的土地利用类型个数，将此正确的土地利用类型数除以总的栅格总数，即可得到两个典型区的 P_o 值。由于本书中晋东南经济区共有 5 种土地利用类型，每个栅格随机模拟情况下的正确率为 $P_c = 1/5$（延河流域为 1/6）。理想情况下的分类正确率为 $P_p = 1$。代入公式可知两个典型区 Kappa 系数值，其中晋东南经济区为 0.8016，而延河流域下游段为 0.7737。典型区中晋东南经济区模拟的效果比延河流域下游段要好（图 7-10），主要原因与 CLUE-S 模型的空间统计模块的量化结果，也就是第 5 章两个典型区的 Logistic 回归计算有关。延河流域下游段土地利用类型复杂（图 7-11），地类斑块较多，由此造成的原始遥感数据解译精度较低是其模拟效果稍差的原因之一。但通过两个典型区 Kappa 系数值最低也达到了 0.7737，由此说明该模型具有模拟两个典型区土地利用变化的能力，基本上能满足研究与土地利用预测的需求。

3. 空间配置

从上一节的分析可知，晋东南经济区和延河流域下游段的 Kappa 系数分别达

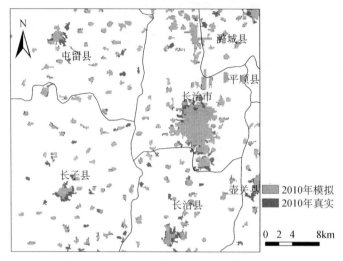

图 7-10　晋东南经济区建设用地模拟情况

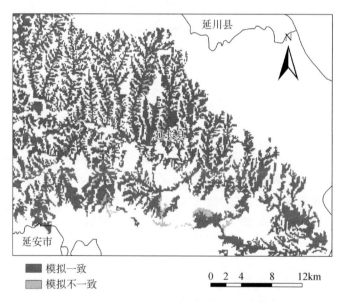

图 7-11　延河流域下游段草地模拟情况

到了 0.8016 和 0.7737，所以可以满足空间配置的精度要求，本书在此基础上，按照前述基于 GLP 模型优化后的土地利用需求数量与结构，模拟晋东南经济区与延河流域 2011～2020 年的土地利用空间配置。从此模拟的变化过程中可以明显地看出，两个典型区的建设用地均明显增加，而耕地均表现为减少，其中晋东南经济区建设用地增加的要多一些，这说明此区域经济发展和城市化建设潜力要大于延河流域下游段。两个典型区水域面积都呈现微量的增加；林地面积和草地面积都有不同程度地增加，主要是由于植树造林及退耕还林还草政策发挥了显著的成效，生态环境得以改善。

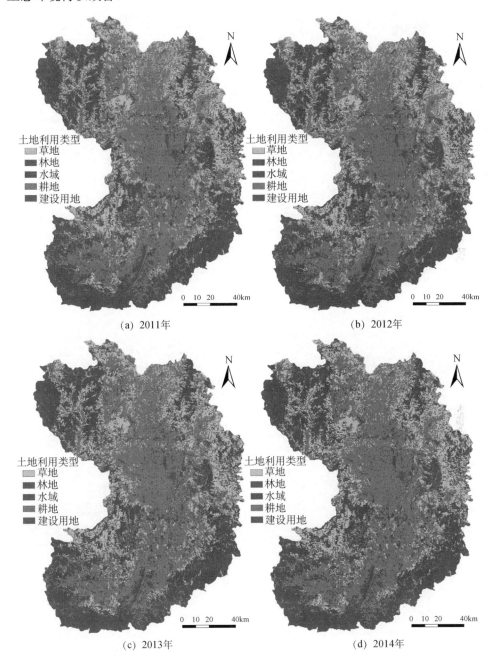

(a) 2011年　　　　　　　　　　　(b) 2012年

(c) 2013年　　　　　　　　　　　(d) 2014年

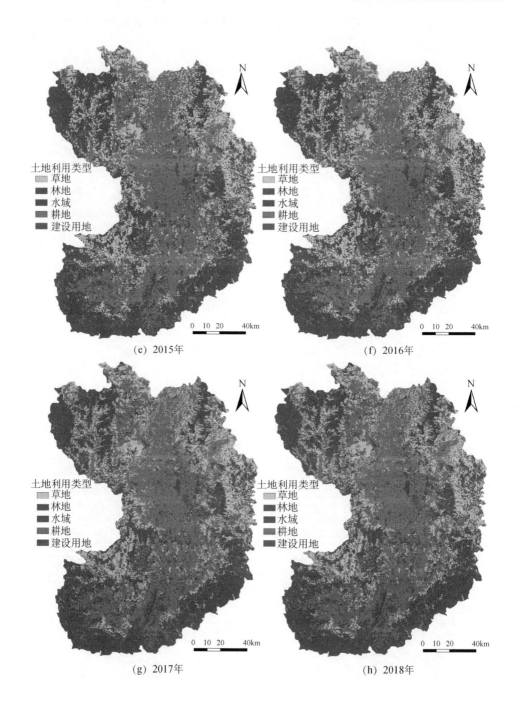

(e) 2015年   (f) 2016年

(g) 2017年   (h) 2018年

(i) 2019年　　　　　　　　　　　　(j) 2020年

图 7-12　晋东南经济区各年份土地利用模拟图

　　由晋东南经济区的优化配置结果（图 7-12）可知，其 2020 年土地利用配置与研究基期相比，耕地面积减少，而其他土地利用类型均有不同程度的增加趋势。

　　（1）从土地利用数量优化配置的结果可以看出：①在面积减少的地类中，耕地由 2010 年的 10 183.79km^2 减少到 2020 年的 10 056.13km^2，减少了 127.66km^2，减少率为 1.25%；②在面积增加的地类中，林地由 2010 年的 8632.62km^2 增加到 2020 年的 8641.77km^2，增加了 9.15km^2，增加率为 0.11%；草地由 2010 年的 3964.43km^2 增加到 2020 年的 3989.73km^2，增加了 25.3km^2，增加率为 0.64%；建设用地由 2010 年的 410.30km^2 增加到 2020 年的 499.06km^2，增加了 88.76km^2，增加率为 21.63%。

　　（2）从面向生态的角度出发，晋东南经济区的土地利用优化配置结果反映了研究区土地生态系统的生态价值和经济效益。从配置结果可以看出，晋东南经济区的生态效益由 2010 年的 35 232.2847 万元增加到 2020 年的 35 199.912 万元；晋东南经济区的土地经济收益由 2010 年的 838 809.3 万元增加到 2020 年的 858 606 万元。

　　（3）从土地空间优化配置的结果可以得出：运用 CLUE-S 模型将土地资源的数量作为土地利用需求文件来预测未来土地资源利用的空间配置在方法上是可行

的，这为黄土高原南部地区土地资源在空间上优化配置提供了一种新的研究方法和研究思路。从研究区的空间优化配置结果可以看出，晋东南经济区未来10年变化比较剧烈的地类为耕地和建设用地，其中耕地变化较为剧烈的区域主要分布在晋城市、长治县、长子县、长治市等，而建设用地较剧烈的区域主要集中在长治市区、晋城市辖区、长治县和泽州县。

由延河流域下游段的优化配置结果（图7-13）可知，其2020年土地利用配置与研究基期相比，与晋东南经济区类似，呈现出耕地面积减少，而其他土地利用类型增加的态势。

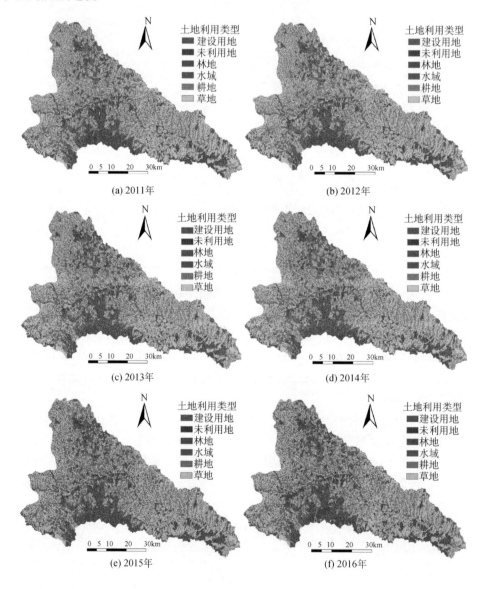

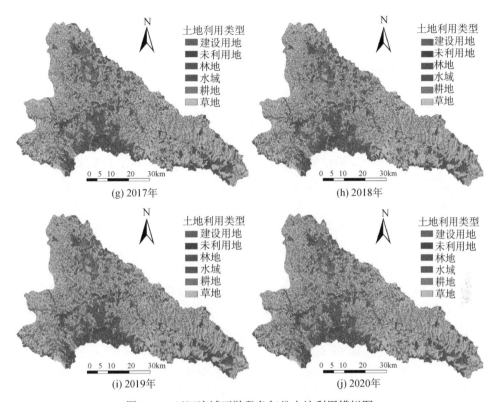

图 7-13　延河流域下游段各年份土地利用模拟图

（1）从土地利用数量优化配置的结果可以看出：①在面积减少的地类中，耕地由 2010 年的 1739.50km² 减少到 2020 年的 1670.30km²，减少了 69.2km²，减少率为 3.98%；②在面积增加的地类中，林地由 2010 年的 613.06km² 增加到 2020 年的 645.82km²，增加了 32.76km²，增加率为 5.34%；草地由 2010 年的 1477.84km² 增加到 2020 年的 1505.08km²，增加了 27.24km²，增加率为 1.84%；建设用地由 2010 年的 14.65km² 增加到 2020 年的 24.17km²，增加了 9.52km²，增加率为 64.98%。

（2）从面向生态的角度出发，延河流域下游段的土地利用优化配置结果反映了研究区土地生态系统的生态价值和经济效益。从配置结果可以看出，本典型区的生态效益由 2010 年的 5804.0334 万元增加到 2020 年的 5816.3069 万元；本典型区的土地经济收益由 2010 年的 140 217.4 万元增加到 2020 年的 141 995.4 万元。

（3）从研究区的空间优化配置结果可以看出，延河流域下游段未来 10 年变化比较剧烈的地类为耕地、林地和草地，其中耕地变化主要表现为减少趋势，主要位于延安市的西部和延长县的中部；研究区林地和草地在未来 10 年有明显的增加趋势，说明此时段研究区退耕还林还草成效较明显。从空间分布上看转为林地增加的区域主要集中在延安市的北部和延长县的中部，而草地增加主要位于延长县的中部和南部。

7.6 本章小结

本章选取黄土高原南部地区两个典型区晋东南经济区和延河流域下游段，将灰色线性规划（GLP）模型和 CLUE-S 模型相结合，利用灰色线性规划模型优化不同研究区土地资源利用的数量与结构，进而利用 CLUE-S 模型将优化结果配置到空间单元上，以实现土地资源系统生态服务价值和经济收益之和最大化为目标的面向生态的土地资源优化配置方案，试图为开发利用土地资源、保护生态环境和发展社会经济提供统一的研究思路。研究结果如下。

（1）两个典型区 Kappa 系数值均较高，其中晋东南经济区为 0.8016，延河流域下游段为 0.7737。典型区中晋东南经济区模拟的效果比延河流域下游段要好，主要原因与 CLUE-S 模型的空间统计模块的量化结果，也就是第 5 章两个典型区的 Logistic 回归计算有关。另外，延河流域下游段土地利用类型复杂，地类斑块较多，由此造成的原始遥感数据解译精度较低也是其模拟效果稍差的原因之一。但通过两个典型区 Kappa 指数值最低也达到了 0.7737，由此说明该模型具有模拟两个典型区土地利用变化的能力，基本上能满足研究与土地利用预测的需求。

（2）从基于 GLP 模型优化后的土地利用需求数量与结构及 CLUE-S 模型模拟的晋东南经济区与延河流域 2011～2020 年的土地利用空间配置可以明显地看出，两个典型区的建设用地均明显增加，而耕地均表现为减少，其中晋东南经济区建设用地增加得要多一些，这说明此区域经济发展和城市化建设潜力要大于延河流域下游段。两个典型区水域面积都呈现微量的增加；林地面积和草地面积都有不同程度的增加，主要是由于植树造林及退耕还林还草政策发挥了显著的成效，导致生态环境得以改善。

（3）通过基于空间抽样约束 Logistic 回归的 CLUE-S 模型将土地资源的数量作为土地利用需求文件来预测未来土地利用的空间配置在方法上是可行的，这为土地资源利用在空间上优化配置提供了一种新的研究方法和研究思路。

第 8 章　基于适宜性评价与 CA-Markov 的土地利用优化配置

　　土地利用的结构优化对实现土地资源持续利用具有至关重要的作用[146]。根据土地利用/覆盖格局形成机制的分析和对未来变化趋势预测的基础上，可以有目的、有根据地对土地利用进行优化调控。而将土地资源与其空间分布相结合，基于耦合模型从空间适宜性角度深入探讨土地资源利用的区域差异、空间适宜性及其存在的问题，对区域土地资源优化配置及各地区制定相应的政策、措施具有十分重要意义[147]。

　　本章在第 7 章利用 CLUE-S 模型构建面向生态的土地利用优化配置方案的基础上，基于同样的优化配置理念，在对另外两个典型研究区进行土地适宜性的空间评价后，尝试利用 CA-Markov 耦合模型对优化方案进行空间配置。以 2010 年作为土地利用优化配置的研究基期，以 2020 年为规划目标年，立足于对两个研究区土地利用数量、结构及其变化的分析，结合研究区土地利用现状中所存在的问题，根据其自然条件背景、社会经济发展现状及趋势，遵循生态规律、社会经济发展规律，允分利用土地优化配置的理论和方法，对大西安规划区及千河流域两个典型区的土地利用变化进行预测并尝试进行优化空间模拟。

8.1　基于耦合模型的土地利用适宜性评价

　　区域土地优化配置不仅要求宏观土地利用数量结构的优化，也要保证土地利用结构空间布局趋于优化[148]，土地利用的空间优化首先需要满足的就是因地制宜的原则，其实质是根据各种类型的土地适宜性进行空间上的分配，因此土地适宜性评价也是土地优化配置的基础[149]。20 世纪 90 年代开始，我国一些学者就对土地适宜性评价与土地资源空间配置的关系进行了分析，认为土地资源空间优化布局的前提和关键是根据土地资源的特征、利用前景及限制因素，对区域土地资源进行科学分类和评价，进而将土地资源配置到最适宜的区位上[150]。

　　土地适宜性评价就是以土地类型和土地利用现状为基础，评定土地对于某种用途是否适宜以及适宜的程度，它是进行土地利用决策、科学地编制土地利用规划的基本依据，也是通过对土地的自然、经济属性的综合评定，阐明土地属性所具有的生产潜力，以及对农、林、牧、渔等各业的适宜性、限制性及其程度差异的评定。

　　土地适宜性评价是一个非常复杂的过程，本书在对黄土高原南部地区的两个典型区，即大西安规划区和千河流域进行土地利用优化配置的过程中，首先对不同典型区的主要土地类型的适宜性进行评价，为研究区土地优化配置提供背景依据。

8.1.1　评价模型概述

　　目前，土地适宜性评价研究取得了很好的效果，许多学者提出并应用了大量的评价方法和评价模型。归纳起来土地适宜性评价的研究方法和测评模型主要有以下几大类，分别是统计分析模型、多因素加权综合评价模型、多目标土地适宜性评价模型、模糊综合评判模型、人工智能模型、生态位适宜度模型以及各种改进的适宜性评价模型等（表 8-1）。研究者利用这些模型，在对不同研究区域土地利用时空差异进行分析的基础上，选择不同的评价因子及其组合形式，并最终选用不同的评价方法与技术手段实现研究区的土地适宜性评价。

表 8-1　主要的土地适宜性评价模型[151~162]

模型名称	模型内容	模型特点
统计分析模型	在分析土地适宜性评价的各项因素的基础上，运用统计学方法对其进行综合的评价，如主成分分析法、聚类分析法、回归分析方法、层次分析法、灰色关联度分析法等	使土地评价逐步实现了由定性向定量的重要转变
多因素加权综合评价模型	多因素加权综合评价模型主要选取与评价对象相关的多个因素，对各个因素的值进行标准化处理和加权叠加分析，获得土地评价的综合结果。在运用多因素综合评价模型对土地适宜性进行评价的过程中，各个影响因素的值越高，综合评价的结果就越高	该模型与 GIS 的结合，利用其数据分级功能能够直接根据评价结果进行分等定级
多目标适宜性评价模型	多目标适宜性评价是针对每一个评价单元，选择不同的土地利用类型为评价目标，根据土地质量的差异，以及不同土地利用方式的生态、社会的需求，分析土地适宜性的过程，对于特定区域内的不同的土地利用类型，都可以找出影响其土地自然适宜性的主导因素，这些主导因素反映了土地的特性或土地的质量，从而决定了某种土地类型的适宜性	通过对主导因素的分析，可以减少土地评价过程中的工作量，并且容易抓住主要问题
模糊综合评判模型	模糊综合评判模型是在土地适宜性的评价过程中，考虑到评价指标和综合评价结果没有明显的等级划分，其界限是模糊的，特别是自然要素，因此可以采用模糊数学方法对各个评价指标进行分级，并进行综合评判	将定量与定性分析、精确分析与不确定性分析相结合，模型简单、计算方便，因而在土地资源评价中已得到应用
人工智能模型	空间信息技术的发展为土地适宜性评价提供了新的方法，包括人工神经网络（ANN）、元胞自动机(CA)、遗传算法（GA）、退火算法（AA）等人工智能模型都被引入到土地适宜性评价之中	与其他方法所不同的是，它能较好地容忍不确定性、模糊性及不准确性

续表

模型名称	模型内容	模型特点
生态位适宜度模型	基于生态位适宜度的土地适宜度评价的主要思想是区域的发展需要以资源为基础，对资源的需求可以构成资源需求生态位，而区域现状资源也可以构成对应的资源空间，两者之间的匹配关系，反映了区域现状资源条件对发展的适宜性程度，通过用生态位适宜度的估计来对其度量	该模型是针对传统土地适宜性评价理论体系和方法的不足，把生态学理论和方法引入到评价之中
改进的适宜性评价模型	针对传统土地适宜性评价模型中因素选取和分析中的不足，一些模型对此进行了修正，可以称为改进的适宜性评价模型，如基于"生态-经济"适宜性分区模型、"潜力-限制"适宜性评价模型	在此类模型中，通过对限制性条件和社会经济要素等对土地适宜性影响的深入分析，使评价结果变的更加客观和全面

8.1.2　Logistic_AHP 耦合模型与综合评价方案

如何选取合理的评价模型是区域土地利用适宜性评价研究首先要考虑的重要问题，科学合理的评价模型和方法是后续研究过程的保障，并最终决定研究成果的可靠性。合理的思路是研究者根据研究目的与规划，在综合考虑各种土地利用适宜性评价模型优缺点的基础上，根据研究区域土地利用变化的时空特征，并在条件许可的情况下进行对比试验及相互耦合，最终选定适合本书的综合模型与技术方案。本书在前面章节分析大西安规划区及千河流域土地利用时空特征及动态变化的基础上，利用地理信息系统（GIS）的多要素加权叠加分析与多标准评价（MCE）相结合的方法，通过 Logistic_AHP 耦合模型确定评价因子及评价指标体系，对上述两个典型区不同土地利用类型的适宜性进行综合评价。综合评价模型的表达式为

$$y = \sum_{i=1}^{n} x_i w_i \tag{8-1}$$

式中，y 为评价土地适宜性的综合值；x_i 和 w_i 分别为各个评价因子的定量化值及相应的权重值。本书通过 Logistic_AHP 耦合模型确定评价因子及评价指标体系，利用 Binary Logistic 回归筛选出研究区不同土地利用类型的主要贡献因子（据第 5 章研究工作），通过 AHP 层次分析法确定所选评价因子的权重。在研究过程中采用综合评价方案：首先利用 ArcGIS 9.3 软件将 Binary Logistic 回归筛选出的不同评价因子栅格化，根据不同研究区域的特征尺度（大西安规划区为 210m，千河流域为 180m，详见第 5 章），生成各个评价因子栅格图层并转化成 rst 格式文件，其中每一个栅格单元都包含各评价因子的属性即定量化值；而后在 IDRISI 软件的支持下，利用其提供的多标准评价 MCE 模块，将不同研究区各个评价因子的定量化值（rst 格式的栅格图层）及其权重输入到模块中进行运算，最终生成研究区每种土地利用类型的适宜性空间分布图层。

8.1.3 评价指标体系的构建

如前所述，本书评价指标体系构建的过程中对于土地利用适宜性评价体系的构建主要包括两方面内容：一是基于 Binary Logistic 回归的评价因子的选择；二是利用 AHP 层次分析法确定评价因子的权重。

1. 评价因子的选取

根据本书第 5 章研究工作，利用基于空间抽样的空间约束性 Logistic 回归分析大西安规划区及千河流域土地利用变化及其影响因素的定量关系，筛选出对两个研究区不同土地利用类型贡献率较高的影响因子，并求得各个因子对每种土地利用类型的贡献率系数及发生比。本书以此为基础，确定两个研究区土地利用适宜性评价的评价因子，见表 8-2 和表 8-3。

表 8-2　大西安规划区土地利用适宜性评价因子

评价要素	Logistic 回归筛选出的参评因子	Logistic 回归贡献率
林地	V_{14} 土壤氮含量	0.000 377 10
	V_{13} 土壤碳含量	0.000 307 91
	V_{11} 人口密度	−0.003 672 56
	V_{10} 距主要铁路的距离	0.000 013 62
	V_9 距主要公路的距离	−0.000 043 59
	V_8 距县城中心的距离	0.000 054 54
	V_7 距地级市中心的距离	−0.000 024 06
	V_6 距主要河流的距离	0.000 027 04
	V_5 降水量	−0.001 141 66
	V_4 平均气温	0.114 448 57
	V_3 坡向	0.001 142 55
	V_2 坡度	0.036 771 61
	V_1 高程	0.001 099 74
草地	V_{14} 土壤氮含量	0.000 917 70
	V_{13} 土壤碳含量	0.000 358 29
	V_{11} 人口密度	−0.002 671 92
	V_{10} 距主要铁路的距离	0.000 033 98
	V_9 距主要公路的距离	0.000 008 70
	V_8 距县城中心的距离	−0.000 066 14
	V_7 距地级市中心的距离	0.000 006 83
	V_5 降水量	0.001 100 19
	V_4 平均气温	−0.047 082 70
	V_3 坡向	−0.000 447 24
	V_2 坡度	0.059 399 76

续表

评价要素	Logistic 回归筛选出的参评因子	Logistic 回归贡献率
耕地	V_{14} 土壤氮含量	0.000 059 45
	V_{13} 土壤碳含量	0.000 034 80
	V_{12} 地均 GDP	−0.000 286 12
	V_{11} 人口密度	−0.000 147 09
	V_{10} 距主要铁路的距离	−0.000 034 46
	V_9 距主要公路的距离	0.000 028 14
	V_8 距县城中心的距离	0.000 020 50
	V_7 距地级市中心的距离	0.000 012 82
	V_6 距主要河流的距离	0.000 019 63
	V_5 降水量	0.004 211 70
	V_4 平均气温	−0.099 214 50
	V_3 坡向	−0.000 588 71
	V_2 坡度	−0.141 330 35
	V_1 高程	−0.003 074 91
水域	V_{12} 地均 GDP	−0.000 330 87
	V_{11} 人口密度	−0.000 842 66
	V_8 距县城中心的距离	0.000 029 67
	V_7 距地级市中心的距离	−0.000 014 41
	V_6 距主要河流的距离	−0.000 255 41
	V_4 平均气温	0.250 811 74
	V_1 高程	−0.00 537 416
建设用地	V_{12} 地均 GDP	0.000 392 53
	V_{11} 人口密度	0.000 446 98
	V_{10} 距主要铁路的距离	0.000 039 79
	V_9 距主要公路的距离	−0.000 024 05
	V_8 距县城中心的距离	−0.000 051 24
	V_7 距地级市中心的距离	−0.000 014 56
	V_5 降水量	0.004 062 02
	V_4 平均气温	0.580 528 70
	V_2 坡度	−0.109 055 66
	V_1 高程	−0.002 925 13

表 8-3　千河流域土地利用适宜性评价因子

评价要素	Logistic 回归筛选出的参评因子	Logistic 回归贡献率
林地	$V_{15} \geqslant 10\,℃$ 积温	0.720 060 13
	V_{14} 土壤氮含量	0.000 703 26
	V_{13} 土壤碳含量	0.000 308 21

续表

评价要素	Logistic 回归筛选出的参评因子	Logistic 回归贡献率
林地	V_{12} 地均 GDP	−0.080 160 24
	V_{11} 人口密度	−0.008 371 75
	V_{10} 距主要铁路的距离	−0.000 016 80
	V_9 距主要公路的距离	0.000 008 87
	V_8 距县城中心的距离	0.000 063 77
	V_7 距地级市中心的距离	−0.000 012 35
	V_6 距主要河流的距离	0.000 046 73
	V_5 降水量	−0.037 610 10
	V_4 平均气温	1.903 431 23
	V_3 坡向	0.001 301 10
	V_2 坡度	0.072 997 90
	V_1 高程	0.001 051 82
草地	$V_{15} \geqslant 10℃$ 积温	0.000 014 71
	V_{14} 土壤氮含量	0.020 999 82
	V_{13} 土壤碳含量	0.004 081 35
	V_{12} 地均 GDP	0.000 917 70
	V_{11} 人口密度	−0.004 248 96
	V_{10} 距主要铁路的距离	0.000 006 06
	V_9 距主要公路的距离	0.000 034 80
	V_7 距地级市中心的距离	−0.000 034 52
	V_6 距主要河流的距离	−0.000 014 90
	V_2 坡度	0.010 695 55
	V_1 高程	−0.000 147 84
耕地	$V_{15} \geqslant 10℃$ 积温	0.250 811 74
	V_{14} 土壤氮含量	0.000 028 14
	V_{13} 土壤碳含量	0.000 019 63
	V_{12} 地均 GDP	−0.000 408 09
	V_{11} 人口密度	0.001 575 30
	V_{10} 距主要铁路的距离	0.000 059 45
	V_9 距主要公路的距离	−0.000 024 87
	V_8 距县城中心的距离	−0.000 034 69
	V_7 距地级市中心的距离	−0.000 008 50
	V_6 距主要河流的距离	−0.000 053 40
	V_5 降水量	−0.011 256 07
	V_4 平均气温	0.776 256 26
	V_3 坡向	−0.000 768 09
	V_2 坡度	−0.100 714 32
	V_1 高程	−0.002 327 49

续表

评价要素	Logistic 回归筛选出的参评因子	Logistic 回归贡献率
水域	$V_{15} \geqslant 10℃$ 积温	0.580 528 70
	V_{12} 地均 GDP	−0.004 845 21
	V_{11} 人口密度	0.000 414 50
	V_9 距主要公路的距离	0.000 358 29
	V_8 距县城中心的距离	−0.000 040 02
	V_7 距地级市中心的距离	−0.000 066 45
	V_6 距主要河流的距离	−0.000 528 49
	V_5 降水量	0.078 172 68
	V_4 平均气温	3.938 254 56
	V_3 坡向	0.008 725 79
	V_2 坡度	−0.345 214 79
	V_1 高程	−0.007 834 40
建设用地	$V_{15} \geqslant 10℃$ 积温	0.524 891 51
	V_{12} 地均 GDP	0.000 307 91
	V_{11} 人口密度	0.000 764 83
	V_{10} 距主要铁路的距离	−0.000 590 00
	V_9 距主要公路的距离	0.000 747 12
	V_8 距县城中心的距离	−0.000 167 37
	V_7 距地级市中心的距离	−0.000 162 95
	V_5 降水量	−0.062 426 63
	V_4 平均气温	3.287 412 17
	V_2 坡度	−0.135 606 22
	V_1 高程	−0.001 373 08

2. 指标权重的确定

本书在利用 Logistic 回归模型确定了两个典型区的评价因子之后，分别对其依照特征尺度进行栅格化，具体是利用 ArcGIS 9.3 软件中 ArcTool box 中的重采样（Resample）工具。不同研究区的特征尺度有所不同，栅格化的评价因子图层由于篇幅限制不一一列举，详见第 5 章 5.4 和 5.6 节。

根据前面的分析可知，不同土地利用影响因子对土地利用时空差异的影响是不一样的，那么不同的评价因子对土地适宜性评价的最终结果所起到的作用也有所不同。栅格化的评价因子每个栅格单元的属性即为其定量化，根据式（8-1），确定 x_i 的值后，下一步要确定每个评价因子的权重值，即 w_i 的值。确定评价因子权重的方法有很多种，常用的有主成分分析（PCA）、回归分析方法、层次分析法

(AHP)、专家打分法（Delphi）及神经网络分析方法（NN）等。本书采用层次分析法来确定每个评价因子的权重。

层次分析法（AHP）作为一种典型的多层次权重分析决策方法。由于在实际操作过程中，综合了主观与客观的评价方法，在定量分析的过程中加入了专家知识和经验，有利于进行复杂的决策分析，而土地适宜性评价是一个复杂的系统分析和决策过程。根据层次分析法确定权重的要求，首先将土地适宜性评价分为三个层次：A 层为目标层，B 层为准则层，C 层为指标层；其次向有关专家征询意见，定性地确定各个指标的相对重要性，最后利用层次分析软件yaahp 计算出各个指标的权重系数以及随机一致性指标和 C.R 值等检验值（表8-4 和表 8-5）。

表 8-4　大西安规划区土地适宜度评价因子权重值

评价要素	参评因子	因子权重值	C.I	R.I	C.R=C.I/R.I	是否通过一致性检验
林地	土壤氮含量	0.066 2	0.031	1.34	0.025	√
	土壤碳含量	0.006 6				
	人口密度	0.146				
	距主要铁路的距离	0.033 1				
	距主要公路的距离	0.016 8				
	距县城中心的距离	0.014 2				
	距地级市中心的距离	0.030 8				
	距主要河流的距离	0.010 5				
	降水量	0.092 2				
	平均气温	0.181				
	坡向	0.113 5				
	坡度	0.202				
	高程	0.087 1				
草地	土壤氮含量	0.103 2	0.033	1.36	0.031	√
	土壤碳含量	0.097 1				
	人口密度	0.093				
	距主要铁路的距离	0.069				
	距主要公路的距离	0.045 2				
	距县城中心的距离	0.050 5				
	距地级市中心的距离	0.060 1				
	降水量	0.104 2				
	平均气温	0.136 8				
	坡向	0.054 8				
	坡度	0.186 1				

续表

评价要素	参评因子	因子权重值	C.I	R.I	C.R=C.I/R.I	是否通过一致性检验
耕地	土壤氮含量	0.114 3	0.029	1.29	0.022	√
	土壤碳含量	0.058 8				
	地均 GDP	0.025 5				
	人口密度	0.011 3				
	距主要铁路的距离	0.008 1				
	距主要公路的距离	0.042 6				
	距县城中心的距离	0.033 2				
	距地级市中心的距离	0.009 2				
	距主要河流的距离	0.011 6				
	降水量	0.170 6				
	平均气温	0.176 6				
	坡向	0.038 7				
	坡度	0.215 1				
	高程	0.084 4				
水域	地均 GDP	0.092 9	0.033	1.38	0.27	√
	人口密度	0.154 6				
	距县城中心的距离	0.142 4				
	距地级市中心的距离	0.097 3				
	距主要河流的距离	0.057 7				
	平均气温	0.265 7				
	高程	0.189 4				
建设用地	地均 GDP	0.065 5	0.025	1.34	0.019	√
	人口密度	0.080 3				
	距主要铁路的距离	0.052				
	距主要公路的距离	0.071 2				
	距县城中心的距离	0.094 1				
	距地级市中心的距离	0.065 9				
	降水量	0.131 7				
	平均气温	0.202 2				
	坡度	0.135 2				
	高程	0.101 9				

　　注："√"表示通过一致性检验。一般而言，1 或 2 阶判断矩阵具有完全一致性，对于 2 阶以上的判断矩阵，C.R 值小于 0.1 就认为通过一致性检验。

表 8-5 千河流域土地适宜度评价因子权重值

评价要素	参评因子	因子权重值	C.I	R.I	C.R=C.I/R.I	是否通过一致性检验
林地	≥10℃积温	0.008	0.029	1.46	0.021	√
	土壤氮含量	0.007 5				
	土壤碳含量	0.004				
	地均 GDP	0.024 3				
	人口密度	0.044 6				
	距主要铁路的距离	0.080 6				
	距主要公路的距离	0.204 4				
	距县城中心的距离	0.140 5				
	距地级市中心的距离	0.078 9				
	距主要河流的距离	0.081 4				
	降水量	0.063				
	平均气温	0.075				
	坡向	0.045				
	坡度	0.007 1				
	高程	0.135 7				
草地	≥10℃积温	0.050 9	0.032	1.19	0.026	√
	土壤氮含量	0.194 5				
	土壤碳含量	0.112 4				
	地均 GDP	0.084 8				
	人口密度	0.097 1				
	距主要铁路的距离	0.020 5				
	距主要公路的距离	0.084 6				
	距地级市中心的距离	0.076 4				
	距主要河流的距离	0.051 1				
	坡度	0.175 5				
	高程	0.052 2				
耕地	≥10℃积温	0.131 3	0.028	1.27	0.022	√
	土壤氮含量	0.064 3				
	土壤碳含量	0.040 7				
	地均 GDP	0.033 6				
	人口密度	0.092 4				
	距主要铁路的距离	0.071 1				
	距主要公路的距离	0.004 5				
	距县城中心的距离	0.002 4				

续表

评价要素	参评因子	因子权重值	C.I	R.I	C.R=C.I/R.I	是否通过一致性检验
	距地级市中心的距离	0.023 3				
	距主要河流的距离	0.007 3				
	降水量	0.099 4				
	平均气温	0.206 1				
	坡向	0.044 1				
	坡度	0.115 2				
	高程	0.064 3				
水域	≥10℃积温	0.098 9				
	地均 GDP	0.074 8				
	人口密度	0.042 1				
	距主要公路的距离	0.036 5				
	距县城中心的距离	0.032 2				
	距地级市中心的距离	0.050 1	0.032	1.27	0.028	√
	距主要河流的距离	0.059 4				
	降水量	0.082 2				
	平均气温	0.231				
	坡向	0.064 8				
	坡度	0.142 4				
	高程	0.085 6				
建设用地	≥10℃积温	0.104 7				
	地均 GDP	0.068 1				
	人口密度	0.084 6				
	距主要铁路的距离	0.054 2				
	距主要公路的距离	0.074 4				
	距县城中心的距离	0.045 4	0.025	1.31	0.019	√
	距地级市中心的距离	0.050 3				
	降水量	0.088 2				
	平均气温	0.226 6				
	坡度	0.137 8				
	高程	0.065 7				

注："√"表示通过一致性检验。一般而言，1 或 2 阶判断矩阵具有完全一致性，对于 2 阶以上的判断矩阵，C.R 值小于 0.1 就认为通过一致性检验。

土地适宜性评价的流程如图 8-1 所示。

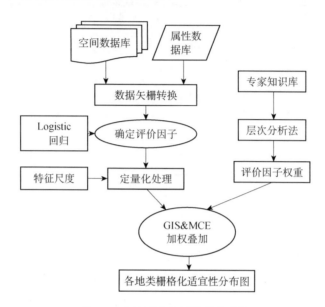

图 8-1 土地适宜性评价技术路线

8.1.4 土地利用适宜性分布图集的创建

研究区土地利用适宜性的评价指标体系构建完毕后，按照图 8-1 所示的技术路线，本书在 IDRISI 软件的支持下，利用其提供的 MCE 模块创建土地利用适宜性空间分布图。

多标准评价（MCE）可以设定土地适宜性评价标准。如图 8-2 所示，在 IDRISI 软件 MCE 模块对话框中的"MCE prcedure to be used"选项中选择 Weighted linear combination，即加权线性合并；在"Factor filename"中输入各土地利用适宜性评价因子，在每个评价因子后面输入经由 AHP 法得到的各参评因子权重。研究过程中，根据不同研究区实际特征，如果区内有限制性区域，如大西安规划区中的国家森林公园和自然保护区即为耕地、建设用地等土地利用类型的限制区域（图 8-3），遇到此种情况，为保证评价结果的客观性及可靠性，需要利用 GIS 将限制区域栅格化，并转换为 IDRISI 软件能够识别的 rst 格式文件，输入到 MCE 模块对话框的 Constraint 区域，本书中大西安规划区共有两类限制性区域，分别为国家森林公园和自然保护区。完成模块输入数据及相关选项的设置之后，即可进行模型运算，最后分别得到研究区各土地利用类型适宜性空间分布图（图 8-4，图 8-5）。

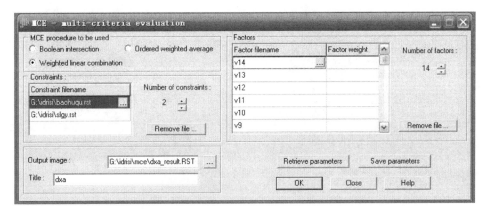

图 8-2　基于 IDRISI 中 MCE 模块的适宜性评价对话框

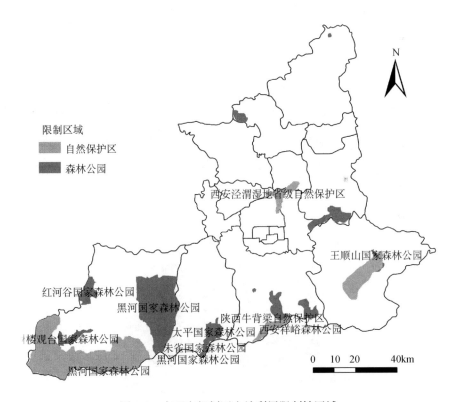

图 8-3　大西安规划区土地利用限制性区域

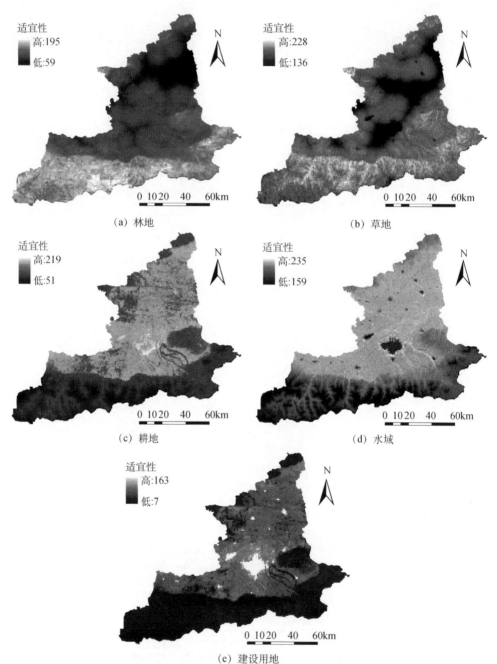

（a）林地　　　　　　　　　　　（b）草地

（c）耕地　　　　　　　　　　　（d）水域

（e）建设用地

图 8-4　大西安规划区不同地类土地适宜性评价空间分布图

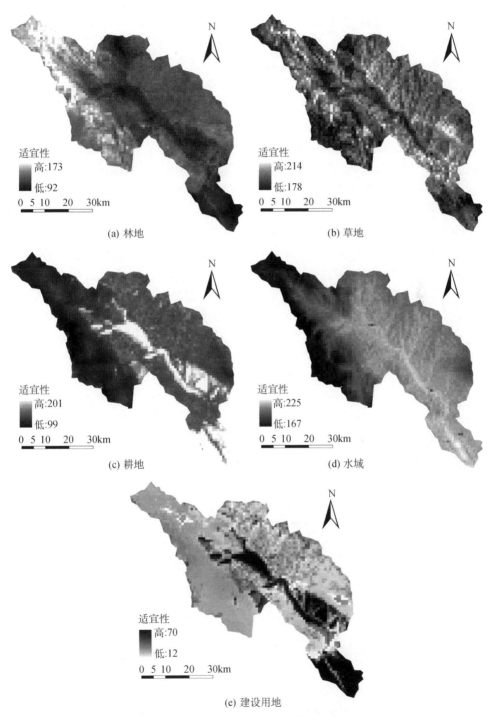

图 8-5　千河流域不同地类土地适宜性评价空间分布图
注：建设用地为突出分布，反色表示

不同研究区土地适宜性图集的栅格尺度有所不同,分别为其特征尺度,大西安规划区为 210m×210m,千河流域为 180m×180m,但由于研究区原始数据有的是基于 500m×500m 栅格数据,或国家公立格网数据,即 1000m×1000m,所以即使利用 ArcGIS 软件重采样后,其精度也是受到数据原始精度限制的,但这并不影响研究区分析结果。两个研究区的土地适宜性评价结果总体效果还是很好的,能够满足本章后续土地利用优化配置及调整的需要。

根据研究技术方案得出最终评价结果,即土地适宜性分布图,其被表达为灰度区间在 0~255 的栅格值。栅格值越小适应性越低,0 表示最不适宜;栅格值越大适宜性越高,255 表示最适宜。通过观察分析结果可以判断不同土地利用类型在不同空间位置的适宜性程度。对于大西安规划区来说,林地分布适宜性较高的区域为南部秦岭山麓地带,如周至县、户县、长安区及蓝田县境内,适宜性较低的区域也很明显,除了西安城区等城市建设区外,主要集中在研究区的中部靠北的地区,如阎良区、高陵县等地,富平县的部分区域也不适宜林地地类分布。大西安规划区耕地分布的适宜性集中在研究区的中北部,主要是在地势平坦、土壤肥力好、水热条件适宜的河谷平原区,而与林地相反,秦岭山地是典型的耕地分布不适宜区,由图 8-4 可知,其适宜性值基本在 200 以上。对于千河流域来说,其林地分布的高适宜区主要集中在流域的东南部,也是海拔较高的山地,而研究区中部的河流阶地等区域为林地发生的不适宜区,其适宜性值较低;而流域耕地分布的适宜区与林地相反,主要集中在流域中下游的河谷台地部位。流域建设用地的高适宜区面积相对较小,集中在流域下游的地势平坦、交通条件较好的区域,图 8-5(e)为了突出显示其分布适宜性特征,特将其适宜性值的灰度反向显示。

综上所述,本节通过 Logistic_AHP 耦合模型与综合评价方案筛选出的不同地类的评价因子并对其进行权重分配,进而将 GIS 技术和多标准评价 MCE 相结合,最终计算出两个典型研究区每种土地利用类型的适宜性空间分布图层,以此来作为后续土地利用优化配置的研究基础。

8.2 基于 CA-Markov 的土地利用变化预测

8.2.1 元胞自动机模型

1. 模型表达

元胞自动机模型(CA)作为一种时空动态模型,不是由严格定义的函数确定,而是由一系列模型构造的规则构成,使得元胞自动机模型不同于一般的动力学模型，具有鲜明的时空耦合特征[163]。CA 已经被广泛地应用于地理事物的空间变化模拟研究，实践证明其在反映微观格局演化的复杂特征方面具有较好的效果，土地利用的变化过程符合 CA 模型的构建原理，因此被引入进行土地利用变化的模拟研究。

元胞自动机模型由四部分组成：元胞（cells）、状态(states)、邻域范围（neighbors）和演化规则(rules)，其中元胞是元胞自动机的最基本单元，状态是元胞的主要属性，通过演化规则，元胞可以从一种状态向另外一种状态转换，演化规则是基于邻域函数计算获取的[164]。元胞自动机模型可以通过以下方式简单地表达：

$$S^{t+1} = f(S^t, N) \qquad (8\text{-}2)$$

式中，S 为状态；N 为邻域范围；f 为转换函数或规则；t 为时间。

2. CA 特征定义

1）CA 元胞

CA 的基本单元是元胞，如何把 CA 和地理信息的空间数据关联起来是 CA 能否在地理模拟中应用的基础，作为地理信息数据类型之一的栅格数据跟元胞很相似，因此可以解决这一问题。CA 元胞与栅格数据的栅格单元一致，模型中使用的栅格数据的分辨率不一样，其模拟结果也会存在一定的差异，研究中共有耕地、林地、草地、建设用地、水域和未利用地六种元胞类型，各种类型按照其自身的转换概率和演化规则进行转化。

2）CA 元胞状态

在标准的元胞自动机模型中，CA 元胞状态是一个有限的、离散的集合，每个元胞的状态取其中的一个值，在对地理事物变化进行描述时，需要对每一个元胞赋予相应的含义。在土地利用变化的模拟研究中，元胞状态即为栅格单元中的土地利用现状。

3）邻域范围

CA 模型的运行关键是邻域关系的确定和演化规则的制定，在元胞自动机模型中，元胞的转换取决于自身及其相邻元胞的状态，邻域范围的确定对模拟结果具有重要的影响。一般 CA 模型中定义的邻域包括四个或八个单元，四个单元的为上下左右相邻近的，八个单元的为包括对角线上的邻近单元，在模拟土地利用变化时，可以包括更多的邻域单元[165]。

4）演化规则

演化规则是元胞自动机的核心部分，演化规则决定了一个元胞在 $t+1$ 时刻的状态依赖于与其相邻的元胞在 t 时刻的状态，因此它是元胞状态和邻近关系的函数，有关空间对象的知识也表达于其中[166]。演化规则可分为确定性转换规则和随机性转换规则两种。

8.2.2　CA-Markov 模型

CA 模型具有较强的空间模拟功能，但是该模型主要取决于自身和邻域的状态，因素过于单一，难以反映宏观的影响因素[167]，如根据土地利用的变化趋势对土地利用格局进行数量预测的能力显得较弱。运用 CA 进行土地利用变化模拟的过程，通常是基于一种理想状态的、土地利用变化平稳、受外界干扰较少的情况下，对土地利用的变化趋势进行拟合，土地利用变化是一个较为复杂的过程，由于人为和自然的干扰所造成土地利用格局的突变，如森林火灾、人工砍伐、农业自然灾害、道路交通的建设和延伸等，因此在土地利用变化的模拟研究中可以通过和其他模型的结合、改变邻域规则、改变元胞形状、改变算法等多种途径以弥补其缺陷，如对于森林的砍伐，可以根据森林砍伐规划确定相应的参数。

对于数据预测，常见的方法主要有时间序列预测、建立回归模型、神经网络进行预测等，本书中的土地利用数据是各个年份的离散数据，因此无法基于长时间序列的数据进行预测。Markov 是一种用于随机过程系统的预测和优化控制问题的模型，研究的对象是事物的状态及状态的转移，通过对各种不同状态初始占有率及状态之间转移概率的研究来确定系统发展的趋势，从而达到对未来系统状态预测的目的。Markov 过程是一种无后效性的随机过程，是根据系统状态之间的转移概率来预测系统未来发展转移概率，反映各种随机因素的影响程度，反映各状态之间的内在规律性。由于 Markov 预测是根据变量目前状态来预测未来如何变化的分析方法，它不需要连续的历史资料，而仅需要最近或现在的动态资料，便可预测未来，由于土地利用类型间的转化满足马尔可夫链预测理论的特点，故可用于土地利用动态过程模拟与预测[168]。但要值得注意的是，马尔可夫预测是根据两个时期上的土地利用状态进行预测的，因此两个时期的数据应符合土地利用的变化趋势，如果是基于偶发性的土地利用状态进行预测，则可能会造成预测的结果与变化趋势不一致。

本书通过 CA 模型和 Markov 模型的结合对土地利用变化进行预测和空间模拟的。CA-Markov 模型的使用是通过 IDRISI 软件实现的，IDRISI 软件是由美国克拉克大学开发的基于栅格数据进行地理分析的地理信息系统软件，该软件将地理信息系统和图像处理功能结合起来，具有较强的空间分析功能，其中的地理信息系统空间分析模块中的时间和变化序列分析工具，集成了元胞自动机模型和马尔可夫模型，可以模拟和预测土地利用/覆盖变化，并对造成变化的机制和因素进行分析（图 8-6）。

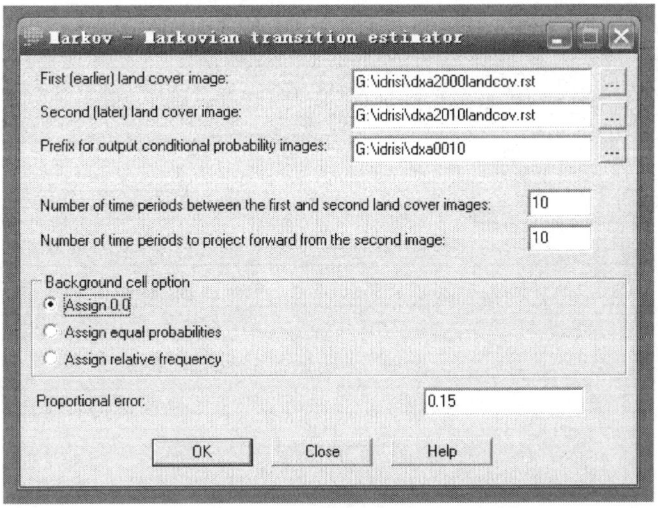

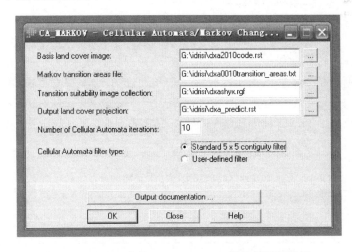

图 8-6　基于 IDRISI 中 Markov 模块的土地利用转移矩阵对话框

注：以大西安规划数据输入界面为例

本书将在土地利用变化的基础上，运用 CA-Markov 模型对大西安规划区和千河流域两个典型研究区的土地利用类型进行预测（图 8-7），并将预测结果落实到空间位置上，运用灰色线性规划模型对两个研究区的土地利用数量结构进行情景设定和数量控制，最后在土地适宜性评价结果的基础上，运用地理信息系统的技术和方法对不适宜区域的土地利用斑块进行调整，从而实现土地利用的优化配置。具体流程见图 8-8。

图 8-7　IDRISI 中的 CA_MARKOV 模块界面的设置

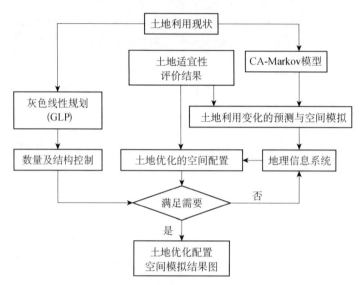

图 8-8   基于 GIS 的大西安规划区及千河流域土地优化空间模拟流程

8.2.3   基于 CA-Markov 模型的土地利用变化预测

1. 模型的使用

1) 数据准备

准备两期土地利用/覆盖数据，分别作为研究期初和期末的土地利用状况，其数据来源于本书中前述部分的土地利用解译结果，由于 IDRISI 软件不能直接使用 ArcGIS 的栅格和矢量数据格式，必须把数据格式转换成 IDRISI 软件的矢量或栅格数据格式，才能对这些数据进行操作。

2) 转移矩阵的生成

基于 IDRISI 软件的 Markov 分析模块的运算结果中，包括土地利用类型的转移概率矩阵和转移面积矩阵（表 8-6，表 8-7）。转移概率矩阵是运用马尔可夫模型进行预测的必要条件，由研究时段期初和期末的土地利用空间数据进行叠加获取，表示的是每个土地覆盖类型转换为其他类型的概率，转移面积矩阵是在预测时期的土地覆盖类型转换的预测面积。值得注意的是，基于不同类型和分辨率的数据所生成的转移概率会存在一定的差异。

表 8-6   大西安规划区特征尺度栅格单元数据计算的转移概率矩阵

2000~2010 年	建设用地	林地	水域	耕地	草地	未利用地
建设用地	109 4.10	0.08	0.00	4.06	1.97	0.00
转移率 B/%	99.45	0.01	0.00	0.37	0.18	0.00
林地	11.90	299 8.03	3.25	47.89	37.39	0.00

续表

2000~2010 年	建设用地	林地	水域	耕地	草地	未利用地
转移率 B/%	0.38	96.76	0.10	1.55	1.21	0.00
水域	1.06	1.57	146.53	11.64	1.63	0.00
转移率 B/%	0.65	0.96	90.21	7.17	1.00	0.00
耕地	101.04	39.64	28.97	617 8.12	82.18	0.00
转移率 B/%	1.57	0.62	0.45	96.08	1.28	0.00
草地	7.91	41.22	13.10	99.08	219 9.77	0.00
转移率 B/%	0.34	1.75	0.56	4.20	93.17	0.00
未利用地	0.00	0.00	1.27	7.00	0.16	2.72
转移率 B/%	0.00	0.00	11.40	62.77	1.41	24.42

表 8-7　千河流域特征尺度栅格单元数据计算的转移概率矩阵

1996~2010 年	建设用地	林地	水域	耕地	草地	未利用地
建设用地	16.662 8	0.000 0	0.000 0	0.000 0	0.000 0	0.000 0
转移率 B/%	100.000 0	0.000 0	0.000 0	0.000 0	0.000 0	0.000 0
林地	0.000 0	721.460 0	0.268 2	0.241 5	0.443 2	0.000 0
转移率 B/%	0.000 0	99.868 1	0.037 1	0.033 4	0.061 3	0.000 0
水域	0.123 1	0.000 0	48.105 2	0.188 9	0.234 3	0.000 0
转移率 B/%	0.253 0	0.000 0	98.877 1	0.388 3	0.481 6	0.000 0
耕地	6.072 0	4.765 2	2.625 1	1298.950 0	34.335 9	0.000 0
转移率 B/%	0.450 9	0.353 8	0.194 9	96.450 8	2.549 5	0.000 0
草地	0.045 2	5.194 4	0.156 9	0.331 4	1326.960 0	0.000 0
转移率 B/%	0.003 4	0.389 8	0.011 8	0.024 9	99.570 2	0.000 0
未利用地	0.000 0	0.000 0	0.000 0	0.000 0	0.000 0	0.082 1
转移率 B/%	0.000 0	0.000 0	0.000 0	0.000 0	0.000 0	100.000 0

3）滤波器的选择

元胞自动机是根据元胞和其相邻元胞的状态，并基于演化规则以改变其自身的状态，因此在模型的表达思想中包含了空间相关性，在模型的运用过程中可以采用元胞自动机的滤波器创建具有空间意义的空间权重，本书中，采用 IDRISI 软件自动设置的 5×5 滤波器，其表达式见表 8-8。

表 8-8　5×5 滤波器模型

0	0	1	0	0
0	1	1	1	0
0	1	1	1	0
0	1	1	1	0
0	0	1	0	0

4）元胞自动机的循环次数

元胞自动机循环次数的确定与土地利用/覆盖转移矩阵生成的研究时段相关，通常是研究时期间隔的倍数，如利用 2000 年和 2010 年的土地利用/覆盖的数据进行转移矩阵的生成，则循环次数可以是 10 或者 20，表示模型是以 1 年或者半年作为一个间隔运行的。本书中大西安规划区的循环次数设置为 10，即以 1 年为运行间隔；而同样以 1 年为运行间隔，千河流域的循环次数设置为 15。

5）转换规则的确定

在 IDRISI 中，是以土地利用转移概率和各种土地利用类型的适宜性作为演化规则，其中土地利用类型的适宜性代表的是一个元胞对于某种土地利用类型的适宜性。

6）进行土地利用格局的变化模拟

CA 模型需要循环迭代运算多次才能获得最终的模拟结果，迭代运算的次数与栅格大小具有一定的关系，栅格越小，其运算的次数一般越多。

7）模拟结果

在 IDRISI 软件中输入各个步骤中相应的操作数据以后，然后对关中地区的土地利用格局进行模拟。

基于 CA-Markov 模型的土地利用变化预测路线如图 8-9 所示，研究按照模拟步骤进行空间模拟得到 2020 年的大西安规划区及千河流域土地利用变化模拟图（图 8-10，图 8-11）。

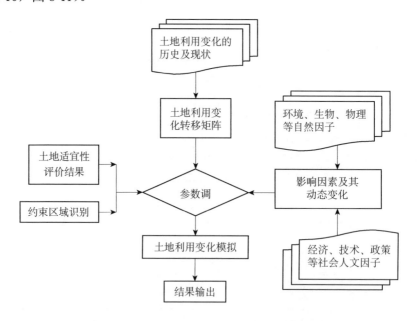

图 8-9　基于 CA-Markov 的土地利用变化预测模拟路线

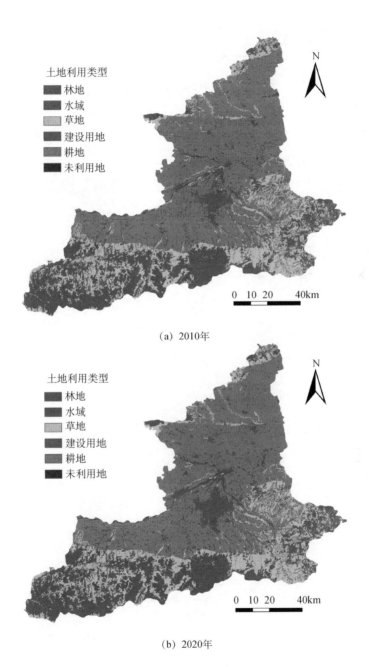

图 8-10　大西安规划区 2010 年和 2020 年的土地利用变化模拟结果

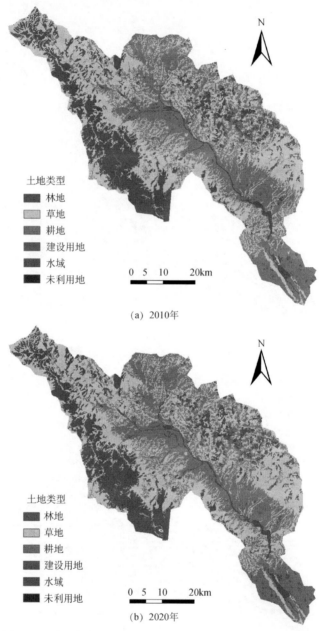

图 8-11　千河流域 2010 年和 2020 年的土地利用变化模拟结果

2. 结果分析

　　本书在预测模拟结果输出以后，将大西安规划区的建设用地预测结果模拟图及千河流域的耕地预测结果模拟图分别与其各自 2010 年现状进行对比分析。研究结果发现，大西安规划区的建设用地在未来一段时间内主要是向相邻区域呈现扩展蔓延的态势（图 8-12），不同的是各个建设用地的斑块规模和扩展速率存在差异；千河流域的耕地在未来一段时间内是呈萎缩减少的趋势（图 8-13），萎缩区域主要

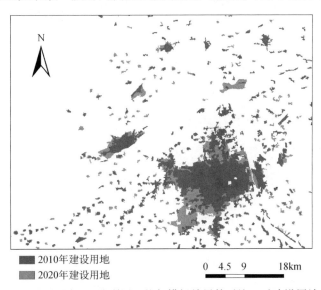

图 8-12 　大西安规划区土地利用现状与模拟结果的对比（以建设用地为例）

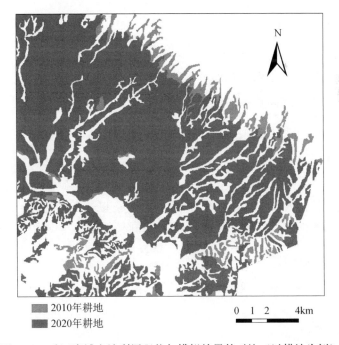

图 8-13 　千河流域土地利用现状与模拟结果的对比（以耕地为例）

集中在流域各支流的上游地带,这种变化非常典型,说明在这些海拔相对较高,坡度相对较大的地区不是流域耕地分布的高适宜区,相反这些位置的耕地转为草地及林地地类的概率较大,究其原因除了地形等自然影响因素外,与此区域的退耕还林还草政策有关。

8.3　土地利用数量控制与结构优化

8.3.1　研究区土地优化配置的指导原则

根据土地资源优化配置的生态和社会经济相协调的总体原则,结合大西安规划区及千河流域土地利用现状和存在的主要问题,确定该研究区土地优化配置的指导原则。

1. 统筹兼顾原则

在满足生态环境建设所需的情况下,确保社会经济持续健康发展,两者是相辅相成的,在达到较好的社会经济效益的同时,也可以促进生态环境的建设,从而做到统筹兼顾。

2. 集约利用原则

在对某一个地块或者是某一个土地类型进行结构调整时,以实现区域土地的最大产出和土地利用效益为目标,在区域土地利用结构合理的基础上,最终实现各种土地类型的集约高效利用。

3. 因地制宜原则

土地优化配置中的因地制宜应该包括两层含义:一种是根据土地利用本身的特点,结合其所处的区位进行对比,如果是处于适宜状态,则保留,否则应当改变当前土地利用现状;另外,当处于不适宜状态时,可以改变其适宜性条件,使其满足当前土地利用的需要,总体目标是确定土地利用资源的最佳利用方式[169]。

4. 地尽其能原则

合理安排各种土地利用类型的结构,在保障高产稳产的耕地的基础上,可以进行农业产业结构调整,使农业生产效益达到最高,优化城镇布局,使单位面积上的土地收益达到最佳。

5. 可持续发展原则

可持续发展既是一个目标，也可以认为是一个动态的过程，应该通过长期和短期的规划相结合，并针对不同时期的土地利用现状、需求及出现的问题，适时对优化方案进行调整。

8.3.2 基于灰色线性规划模型（GLP）的总量控制

同第 7 章，灰色线性规划模型的数学表达式为

$$\max(\min)Z = CX = \sum_{i=1}^{n} c_i x_i \tag{8-3}$$

满足

$$\begin{cases} \otimes(A) \leqslant (=, \ \geqslant)b \\ x \geqslant 0 \end{cases} \tag{8-4}$$

式中，$X=[x_1, x_2, \cdots, x_n]^{\mathrm{T}}$ 为决策变量向量；$C=[c_1, c_2, \cdots, c_n]$ 为目标函数的价值系数向量；$C_j(j=1, 2, \cdots, n)$ 可以是灰数；$\otimes(A)$ 为约束条件的系数矩阵；A 为 $\otimes(A)$ 的白化矩阵，即

$$\otimes(A) = \begin{bmatrix} \otimes_{11} & \otimes_{12} & \cdots & \otimes_{1n} \\ \otimes_{21} & \otimes_{22} & \cdots & \otimes_{2n} \\ \vdots & \vdots & & \vdots \\ \otimes_{n1} & \otimes_{n2} & \cdots & \otimes_{nn} \end{bmatrix} \quad A = \begin{bmatrix} a_{11} & a_{12} & \cdots & a_{1n} \\ a_{21} & a_{22} & \cdots & a_{2n} \\ \vdots & \vdots & & \vdots \\ a_{n1} & a_{n2} & \cdots & a_{nn} \end{bmatrix} \tag{8-5}$$

式中，$\otimes_{ij} \in [\underline{a_{ij}}, \ \overline{a_{ij}}]$，$\underline{a_{ij}}$ 和 $\overline{a_{ij}}$ 分别为 $\otimes_{ij}$ 的下限值和上限值；$b=[b_1, b_2, \cdots, b_n]^{\mathrm{T}}$ 为约束向量。

8.3.3 大西安规划区 GLP 数量控制与结构优化

1. 决策变量的选择与设置

根据大西安规划区土地利用的时空特征，按照土地利用优化配置原则，从研究区社会经济建设对土地资源的需求以及生态环境保护对土地利用变化的约束等多个角度出发，综合考虑研究数据的可获得性、可靠性及分析可行性，决定设置 6 个变量，依次为林地、草地、耕地、水域、建设用地及未利用地作，分别用 X_0, X_1, X_2, X_3, X_4, X_5 表示。

2. 约束条件

约束条件是实现灰色线性规划模型目标函数的限制性因素，本书的约束条件主要针对大西安规划区土地资源总量、社会经济发展对土地资源限制、生态系统环境对土地资源约束三个方面。按照大西安规划区社会经济发展目标以及相关规

划对约束条件系数进行预测，建立相应的约束方程。

为实现大西安规划区土地可持续利用目标，总量控制通过 GLP 灰色线性规划方法提出土地面积、人口、粮食产量、生态建设、经济发展和数学模型约束 5 个方面共 8 个约束条件来进行其土地利用格局优化模拟，具体论述如下。

1）土地总面积约束

大西安规划区的土地总面积为 13 163.30km²，各种土地利用类型的面积之和应等于该区土地总面积，即

$$X_0 + X_1 + X_2 + X_3 + X_4 + X_5 = 13\ 163.30\text{km}^2$$

2）实际情况约束

从大西安规划区历年来土地利用变化特征和发展趋势可以得知，建设用地在未来一段时期内还会保持继续增长的趋势，其面积要大于现状；同时本着土地资源高效集约利用的原则，研究中未利用地面积应该减少，即

$$X_4 \geqslant 1\ 216.01\text{km}^2$$
$$X_5 \leqslant 2.72\text{km}^2$$

3）人口总量约束

人口主要分布在农用地和建设用地上，在研究过程中，为了简化模型并使模型具有可操作性，采用农用地和建设用地的承载人口数与人口总数建立约束条件，在这两种主要土地类型上所承载的人口应低于预测的人口总数，即

$$419.57 \times (X_0 + X_1 + X_2) + 7\ 127.33 \times X_4 \leqslant 12\ 157\ 937\ \text{人}$$

式中，系数分别为农村人口密度和城镇人口密度。因为大西安规划区是关中经济区的核心区位，根据《大西安总体规划空间发展战略》的要求，2020 年大西安规划区的城镇人口要达到 1 000 万人，本书即采用该规划的要求，结合 GM（1，1）模型预测 2020 年大西安规划区的城镇和农村人口密度，预测结果为农村人口密度 419.57 人/km²，城镇人口密度 7 127.33 人/km²。

4）林地面积约束

林地对保障大西安规划区的生态安全起着非常重要的作用，相关研究表明，林地的土壤侵蚀量要小于草地和耕地等农业用地，具有较高的涵养水源和水土保持等生态服务价值功能，生态环境整治还将继续，因此现有的林地将得到保护，并在此基础上，形成增长的趋势，现有的林地面积为 3 080.53km²。

$$X_0 \geqslant 3\ 080.53\text{km}^2$$

5）草地面积约束

草地具有防风、防沙、抵御水土流失的功效，所以应适当发展研究区的草地面积，现有的林地面积为 2 323.10km²，应满足以下约束条件。

$$X_1 \geqslant 2\ 323.10$$

6）耕地面积约束

大西安规划区是关天经济区及陕西省的核心经济建设区域，因此在考虑耕地面积约束条件时，本书从基于经济发展与基于生态建设两个方面构建两种约束方案。根据相关研究[170]，粮食自给率≤0.9 为粮食输入区；粮食自给率=1 为粮食自给自足区；粮食自给率≥1.2 为粮食输出区。基于经济发展的思路选择以粮食自给率≤0.9 为约束因子；而基于生态建设的考虑选择以粮食自给率=1 为约束因子。根据《国家人口发展功能区技术导则》，粮食消费标准以 400kg/人计；根据 GM(1, 1)预测的大西安规划区 2020 年的总人口为 1 215.793 7 万人；2010 年的粮食单产为 5 340.90kg/hm², 预测的 2020 年粮食单产为 7 189.46kg/hm²，粮食单产的灰区间取 5 340.90～7 189.46kg/hm²。

$$7\ 189.46\text{kg}/\text{hm}^2 \times 100 \times X_2 \geqslant 400 \times 人口 \times 0.9$$

$$7\ 189.46\text{kg}/\text{hm}^2 \times 100 \times X_2 \geqslant 400 \times 人口 \times 1$$

7）经济发展约束

设定大西安规划区的社会经济将保持持续增长的态势，以生态和经济的协调发展为目标，选择 GDP 和农业、林业、牧业和工业的产值作为评价指标进行约束。

$$89.72X_0 + 633.59X_1 + 596.37X_2 + 335.28X_3 + 96\ 594.81X_4 \geqslant 630\ 900\ 000\text{万元}$$

式中，各系数分别为耕地、林地、草地、水域和建设用地单位面积上的收益（万元/km²），是将历年各项统计数据中的单位面积收益用 GM（1，1）模型预测得到。根据相关研究，大西安规划区的 GDP 将增加到 2020 年的人均 10 000 美元，预测其 2020 年总额为 6 309 亿元[171]。

8）数学模型约束

即变量非负约束，为了保证灰色线性规划模型的客观性，所有变量均应是正数，满足

$$X_i \geqslant 0 \quad (i = 0, 1, 2, \cdots, 5)$$

模型中各个约束性条件的约束值是通过各种模型进行预测得到的，如灰色预测模型，根据时间序列的数据，以时间作为变量进行预测，运用灰色模型的优点是针对原始数据比较缺乏的情况下，采用概率统计的方法无法找出数据的变化规律，运用该模型则比较合适，预测的精度较高，其中最常用的模型为 GM（1，1），预测所需的基础数据来源于《陕西省统计年鉴》等统计资料，根据相关研究中的分析结果，在定量的基础上，根据定性分析进行校正，然后进行估算得到相应的值。

3. 目标函数

区域土地优化配置的总体目标主要由经济目标、社会目标和生态目标组成，在对大西安规划区的土地利用优化配置中，将目标函数定义为区域土地资源利用的经济收益最大化。

$$\max[F(X)] = 89.72X_0 + 633.59X_1 + 596.37X_2 + 335.28X_3 + 96594.81X_4 + 19.66X_5$$

目标函数中的系数分别为林地、草地、水域、耕地、建设用地、未利用地单位面积上的收益（万元/km²）。

4. 土地利用优化总量控制方案

从数学角度分析，其白化值可以取灰区间的上限值和下限值，也可以取区间内的任何一个数值，因此理论上优化方案可以有无数种。本书选取粮食单产与人口约束条件的上限值、下限值和中间值，结合粮食自给率系数的不同组合得出三种优化配置方案，其各种土地利用类型数量见表8-9。

表8-9　大西安规划区2020年土地利用数量控制与结构优化方案

	方案 1	方案 2	方案 3
人口/人	110 896 52	121 579 37	116 377 46
单产/（kg/hm²）	718 9.46	534 0.90	718 9.46
林地/hm²	335 0.77	311 4.25	327 2.27
草地/hm²	275 5.34	244 1.63	254 4.09
耕地/hm²	544 9.22	550 8.02	539 8.19
水域/hm²	289.57	289.57	289.57
建设用地/hm²	131 6.37	180 8.69	1657.33
未利用地/hm²	2.03	1.14	1.85
合计	131 63.30	131 63.30	131 63.30

根据各种方案配置的结果可以看出：

方案 1 为在粮食单产增加的情况下，达到预期的最高产量 7189.46kg/hm²，以及耕地面积减少的情况下，而人口数量为人口灰色区间的下限值，林地、草地和建设用地都呈现增长的趋势，在这一情形下，由于人口总数增长很少，因此承载大部分人口数的建设用地的面积增长的幅度不大。

方案 2 为人口数达到预测的上限值，人口总数为 12 157 937 的情况下，粮食单产为下限值，为 5340.90kg/hm²，在这种方案下，必须保持一定数量的耕地面积，因此可以称为粮食安全保证模式，在该模式下，应该遵循"吃饭优先"的原则，林地面积可以允许小幅度的增长，随着人口规模的增大，建设用地也会呈现增长的趋势。

方案 3 为生态建设力度较大的一种情况，在该种情况下，粮食单产为预测的上限值，为 7189.46kg/hm²，人口总数为人口灰度区间的中值，在该种方案下，耕地面积进一步减少，而建设用地面积和林地面积增加。

8.3.4　千河流域 GLP 数量控制与结构优化

本节根据千河流域 2010 年的土地利用数据以及土地承载力评价数据，运用多目标灰色线性规划方法，将各种土地资源利用约束数据有效耦合，以实现土地资源在数量和结构上的配置。

由于本典型区是遵循生态和经济的协调可持续发展原则，因此将生态保护目标和经济发展目标的权重都取值为 0.5。具体的配置过程如下。

1. 决策变量

根据遥感影像的地面分辨率特征，结合流域土地资源特点及研究需要，设置林地、草地、耕地、水域、建设用地及未利用地作为决策变量，分别用 X_0，X_1，X_2，X_3，X_4，X_5 表示。

2. 目标函数

以实现流域水土资源系统生态服务价值的最大化以及经济效益的最大化为目标，构建函数，模型表达为

$$\max h(x) = \sum_{i=0}^{5} 0.5 a_i x_i + \sum_{i=0}^{5} 0.5 b_i x_i \tag{8-6}$$

式中，$\max h(x)$ 代表土地资源系统最大化的生态系统服务价值和经济效益；a_i 和 b_i 分别为各类土地资源单位面积的生态服务价值和经济收益（表 8-10），其中 a_i 主要参考中国陆地生态系统生态资产，b_i 来源于研究区各市县的统计年鉴。

表 8-10 千河流域土地资源生态价值与经济收益

生态、经济价值	耕地	林地	草地	建设用地	水域	未利用地
单位面积土地资源的生态效益[万元（a·km²）]	1.09	2.18	1.35	0.54	0.7	0.03
单位面积土地资源的经济收益[万元（a·km²）]	30.16	38.22	32.74	249.66	1.64	0.57

3. 约束条件

根据千河流域土地适宜性与土地承载力现状，按照生态保护目标和经济发展目标双重优化的原则，综合考虑各项土地利用约束条件，构建约束方程。模型表达为

$$\otimes(A)X_i \leqslant (=, \geqslant) p; \ X_i \geqslant 0 \tag{8-7}$$

$$\text{其中，} \ \otimes(A) = \begin{vmatrix} \otimes_{11} \times \otimes_{12} \cdots \otimes_{1n} \\ \otimes_{21} \times \otimes_{21} \cdots \otimes_{2n} \\ \vdots \\ \otimes_{m1} \otimes_{m2} \cdots \otimes_{mm} \end{vmatrix} = \begin{vmatrix} \otimes(a_{11}) \otimes(a_{12}) \cdots \otimes(a_{1n}) \\ \otimes(a_{21}) \otimes(a_{22}) \cdots \otimes(a_{2n}) \\ \vdots \\ \otimes(a_{m1}) \otimes(a_{m2}) \cdots \otimes(a_{mn}) \end{vmatrix} \tag{8-8}$$

式中，$\otimes(A)$ 为约束条件的系数矩阵；A 为 $\otimes(A)$ 的白化矩阵；$\otimes_{ij} \in [\underline{a_{ij}}, \overline{a_{ij}}]$，$\underline{a_{ij}}$ 和 $\overline{a_{ij}}$ 分别为 $\otimes_{ij}$ 的下限值和上限白化值；$p = [p_1, p_2, \cdots, p_m]^T$ 为约束向量。方程获得的

一组最优解，即为土地利用结构的最优组合模式。优化配置过程如下。

1）粮食产量约束

$$\otimes(a_1) \cdot g_1 \cdot X_2 \geqslant p_1$$

式中，g_1 为规划年的粮食单产；p_1 为规划年的粮食总产，可以用 GM（1，1）模型预测得到。

2）人口总量约束

农用地和建设用地承载的人口应控制在规划人口之内。

$$\otimes(a_2) \cdot (M_1 \cdot \sum X_i + M_2 \cdot \sum X_4) \leqslant p_2 \tag{8-9}$$

式中，M_1 为建设用地的平均密度；M_2 为建设用地的平均密度；X_i 为农业用地（$i=0,1,2$）；X_4 为建设用地；p_2 为规划总人口。

3）生态环境条件约束

根据不同土地利用类型生态系统服务功能价值的大小差异和研究区的实际情况，为了确保流域的生态安全，到 2020 年研究区林地、草地和水域面积应比现状值大，即要不断推行植树造林活动，进一步响应国家退耕还林还草政策，所以林地面积 X_0、草地面积 X_1 和水域面积 X_3 需要满足以下约束条件：

$$\otimes(a_3) \cdot X_0 \geqslant p_2 \tag{8-10}$$

式中，p_2 为流域林地面积。

$$\otimes(a_4) \cdot X_1 \geqslant p_4 \tag{8-11}$$

式中，p_4 为流域水土流失治理目标下草地的规划发展面积。牧草地具有防风抗旱等生态功能，可以适当地发展其面积。

$$\otimes(a_5) \cdot X_3 \geqslant p_5 \tag{8-12}$$

式中，p_5 为流域水域面积。

4）经济持续发展约束

因为研究区千河流域处在国家规划建设的"关中-天水经济区"，为了满足研究区社会经济发展对土地资源的需求，在确保区域生态安全的前提条件下，保障地区经济的可持续发展，故建设用地面积应大于现状值；未利用地面积应小于现状值，以满足各行各业对土地资源的需求，则建设用地 X_4 与未利用地 X_5 应满足以下约束条件。

$$\otimes(a_6) \cdot X_4 \geqslant p_6 \tag{8-13}$$

式中，p_6 为流域建设用地面积。

$$\otimes(a_6) \cdot X_5 \leqslant p_7 \tag{8-14}$$

式中，p_7 为流域未利用地面积。本着土地资源集约高效利用的原则，研究区的未利用地应有所减少。

5）土地资源总面积约束

$$X_0 + X_1 + X_2 + X_3 + X_4 + X_5 = p_8 \qquad (8\text{-}15)$$

式中，p_8 为流域总面积。各种土地利用类型的面积之和应等于千河流域的总面积。

6）数学模型要求约束

满足 $X_i \geqslant 0$ 　($i = 0, 1, 2, 3, 4, 5$)

4. 土地利用数量优化方案

因为在灰色线性规划模型中，约束条件的系数取值是灰区间而不是绝对数，既可按照灰区间上限取值，又可依据灰区间下限取值，还能取灰数区间中的任意值，这样就使得灰色线性规划模型较为灵活，弹性较强，可以使优化方案较客观，且能根据社会经济、生态环境发展变化状况及时对模型参数作出调整，很好满足模型要求。根据研究区生态保护目标和经济发展目标，设置不同的约束条件系数对灰色线性规划模型进行求解，得到千河流域土地利用数量与结构的三种优化方案（表 8-11）。

表 8-11　千河流域 2020 年土地利用数量控制与结构优化方案

	建设用地/km²	林地/km²	水域/km²	耕地/km²	草地/km²	未利用地/km²	面积合计/km²	生态系统服务价值/亿元	土地系统经济收益/亿元
方案 1	28.06	884.13	53.03	1076.41	1425.56	0.06	3467.25	0.5077	12.0021
方案 2	40.53	787.46	53.03	1189.22	1396.99	0.02	3467.25	0.4958	12.1907
方案 3	34.46	853.05	53.03	1125.17	1401.51	0.03	3467.25	0.5034	12.1114

根据各种方案配置的结果可以看出：

优化方案 1 着重强调生态环境保护，目的在保持千河流域社会经济稳定增长的同时加大流域生态环境建设，最大限度地提高千河流域生态系统服务功能价值。方案 1 必须严格贯彻"退耕还林还草"政策，同时必须严格控制流域各区县人口数量，实行严格的计划生育政策。另外还要加快农业产业结构调整，提高农业生产科技含量，确保粮食单产稳中有升。在方案 1 的情况下，流域内部生态系统服务功能保护良好，生态环境水平较高，但这种优化方案仅是一种较为理想的以生态环境建设为主的方案，它的实施在很大程度上取决于科技水平的进步与人口数量的严格控制，实现起来难度较大。

优化方案 2 充分发展经济建设，不十分关注生态环境，经济效益在三个方案中最高，但在三个方案中生态系统服务功能价值最低。在这种情况下，建设用地增长迅速，耕地被大量侵占，应该退耕还林还草的耕地没有退耕，生态安全面临巨大威胁，与优化初衷协调生态效益与经济效益不完全一致。

优化方案 3 是一种经济效益与生态效益同时兼顾的情况，在这种情况下，社会经济得到很大的发展，同时生态系统服务功能价值得到很大的提高，人口数量被控制在合理的范围之内，农业科技水平得到不小的进步，这种情况与客观实际更为接近，实现起来可行性较大，因而选择该方案作为千河流域土地土地利用数量与结构优化方案。

8.4　优化方案的空间配置

土地利用空间优化配置的方案与技术框架主要是面向优化目标，根据空间数据、属性数据，由 GIS 和灰色线性规划模型协调实现。许多研究中都试图集成土地优化配置的组成部分，包括土地适宜性评价、土地供需、约束性条件等，如本书第 7 章所采用的由瓦赫宁根大学开发的 CLUE-S 模型，在晋东南经济区和延河流域下游段进行了试验，并取得了较好的效果。为了对不同研究方案进行对比分析，本章根据前面研究的结果，以土地利用现状作为基础，以土地适宜性评价结果作为配置的根本依据，参考 CA-Markov 模型的预测和灰色线性规划的结果，以专家知识和相关研究成果作为参考，构建研究区土地利用优化配置的另外一种方案。本方案土地空间优化配置的框架如图 8-14 所示。

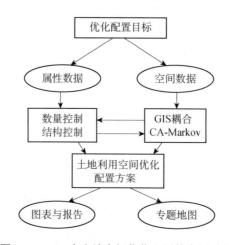

图 8-14　GIS 在土地空间优化配置的应用过程

基于 GIS 的典型区土地优化配置的方案的思路体现在以下几个方面。

（1）以土地适宜性评价结果生成适宜区内土地利用类型的不同等级的空间配置单元；

（2）土地利用类型空间属性的赋予，即明确不同土地利用类型与空间配置单元的对应关系；

（3）以灰色线性规划的结果为各种土地利用类型提供面积约束；

（4）遵循空间配置原则，将数量配置的结果分配到空间上，本书中采取的是对各种地类的斑块的调整实现；

（5）对土地优化空间配置的结果进行制图，以可视化形式展示，并利用其属性数据生成相应的图表和报告。

8.4.1　模型应用空间域的界定

在对土地利用优化进行空间配置之前，需要对主要地类的空间范围进行界定，主要地类的空间分布不会发生较大改变，如林地主要分布在秦岭北麓山地区，耕地主要分布在关中平原地区，而城市建设用地中大面积的建设用地斑块由于在短期内不会发生较大的改变，特殊用地类型的范围，采用的是 CA-Markov 模型预测的结果，通过以该种模型预测的城市建设用地、水域作为土地优化配置的现状。对预测的结果中的林地面积保持不变，在此基础上，对位于不适宜耕作区域的耕地进行转换，使其转换到林地或者草地。

8.4.2　优化方案的空间布置

优化方案空间布置就是依据一定的原则，应用 GIS 的技术手段将数量配置的结果分配到空间上，本书所依据的两个典型研究区土地利用空间优化配置的原则包括以下几个方面。

（1）以土地适宜性评价结果作为基本的配置原则。空间上体现为：耕地主要分布在研究区的平原、台塬以及其他河流的河谷、河漫滩等区域，林地和草地主要配置在坡地和土壤质地较差、水源不是很充足的地区。

（2）土地配置的过程中应考虑土地利用现状，尽量减少土地利用类型调整时的面积，而根据优化方案需要调整的部分，同一土地利用类型应连成片，以方便管理和经营，并且对于提高林地和草地的生态系统服务价值都具有较大的作用。

（3）森林公园和自然保护区内的土地利用格局一般保持不变，研究区的秦岭北麓和渭河、黄河湿地等分布着多个自然保护区（图 8-15），对于研究区的生态环境具有重要的作用，因此原有的格局应该保持不变。

（4）土地配置的优先顺序，首先对耕地进行配置，调整处于不适宜空间位置的耕地，其次调整林地和草地。

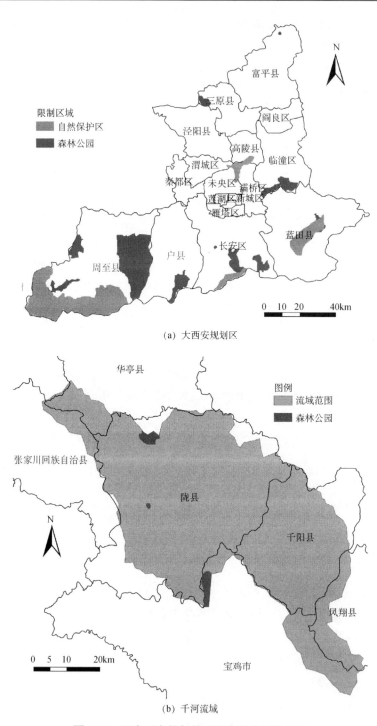

(a) 大西安规划区

(b) 千河流域

图 8-15　研究区自然保护区和森林公园的分布

　　按照所建立的研究区土地空间优化配置原则，运用 GIS 的方法对各种地类进行调整，其调整过程为：首先基于 CA-Markov 模型预测的土地利用变化图，统计出各种地类的预测面积，得到两个典型研究区的土地利用空间优化配置结果模拟图（图 8-16，图 8-17）。

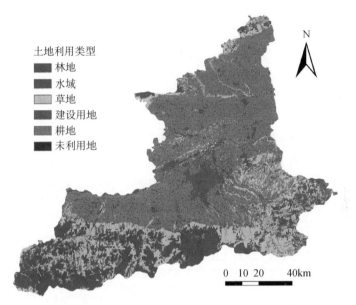

图 8-16　大西安规划区土地优化配置结果的模拟图

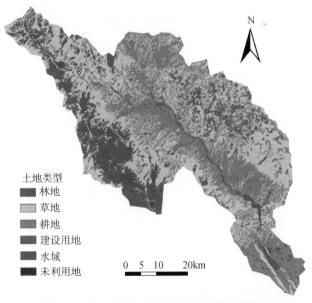

图 8-17　千河流域土地优化配置结果的模拟图

进而根据两个典型研究区土地利用空间优化配置结果,结合大西安规划区及千河流域土地适宜性评价结果,分别对处于不适宜区域的主要地类斑块进行调整。以研究区的耕地为例,其中大西安规划区耕地的调整主要位于秦岭山地北麓,包括周至县、户县和长安区的南部及蓝天县的部分区域,此外在三原县及富平县的北部边界地带也有少量需要进一步调整的耕地。从调整类型上看,主要是将不适合耕地分布的区位根据土地适宜性类型调整成林地或草地,如图 8-18(a)所示。而千河流域需要调整的耕地主要位于集中在流域东南部的千阳县,包括千阳县中部、东北部以及西南部靠近宝鸡市辖区的位置。凤翔县与千阳县交界地带的耕地也需要进行调整,此外流域中上游的陇县也有部分耕地需要调整的区域,如图 8-18(b)所示。

经过数量控制、结构优化及空间配置后,大西安规划区及千河流域所得出的各种土地利用类型面积大小及比例见表 8-12 和表 8-13,由其结果可以发现,虽然优化前后两个研究区不同地类的数量及结构有所不同,但其主要地类变化趋势大体一致,基本上耕地面积和未利用地面积将减少,而林地、草地和建设用地的面积将增加,同时水域呈增加态势。

表 8-12 大西安规划区优化配置前后各种土地利用面积对比(单位: km²)

	林地	草地	耕地	水域	建设用地	未利用地	面积合计
现状	3 080.53	2 323.11	6 347.80	193.13	1 216.01	2.72	13 163.3
优化后	3 272.27	2 544.09	5 398.19	289.57	1 657.33	1.85	13 163.3

表 8-13 千河流域优化配置前后各种土地利用面积对比(单位: km²)

	建设用地	林地	水域	耕地	草地	未利用地	面积合计
现状	22.90	731.42	51.16	1 299.71	1 361.97	0.08	3 467.25
优化后	34.46	853.05	53.03	1 125.17	1 401.51	0.03	3 467.25

8.5 本章小结

本章首先基于对黄土高原南部地区的两个典型区——大西安规划区和千河流域的土地利用系统分析的基础上,采用多因子的综合评价方法对研究区主要土地类型的适宜性进行评价,并在 IDRISI 软件的支持下,利用其提供的 MCE 模块创建土地利用适宜性空间分布图;继而运用 CA-Markov 模型对两个研究区的土地利用变化进行预测研究,并将预测的结果以空间分布的形式展现,通过灰色线性规划模型(GLP),对研究区 2020 年的土地利用格局进行数量上的优化调配,并设定不同情境方案下的研究区土地利用数量结构,最后通过多层次的土地利用优化方案，对两个研究区的土地利用进行优化调配模拟，研究结果体现在以下几个方面。

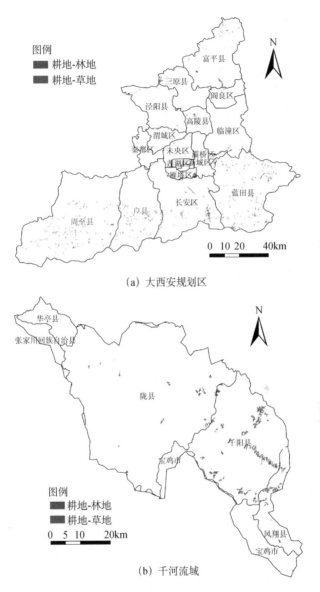

(a) 大西安规划区

(b) 千河流域

图 8-18　研究区需调整的耕地斑块及分布

　　(1) 两个典型研究区，特别是大西安规划区对于各种土地利用类型具有高度的兼容性，因此在对该区域的土地进行规划时，应该根据需要，考虑土地优先利用的原则，对土地类型在该区域进行依次规划。

（2）利用地理信息系统（GIS）的多要素加权叠加分析与多标准评价（MCE）相结合的方法，通过 Logistic_AHP 耦合模型确定评价因子及评价指标体系，对上述两个典型区不同土地利用类型的适宜性进行综合评价，减少评价过程中的主观影响程度。

（3）本章选取基于流域单元的千河流域与基于都市经济区的大西安规划区，通过采用土地利用配置的空间模拟模型和数量配置模型相结合的方法对两个典型区的土地利用进行优化配置模拟，模拟的结果对黄土高原南部地区整体及其内部不同类型区域的土地利用均具有一定的前瞻性和指导价值。

第9章　结论与讨论

本书在黄土高原综合自然指数分区研究的基础上，以黄土高原南部地区及其内部典型区为研究对象，通过野外实地调查，采用遥感（RS）技术和地理信息系统（GIS）集成技术与数理模型、空间统计分析等方法，在 LUCC 理论、土地优化配置理论、空间分析理论和数理统计等理论支持下，利用黄土高原南部地区1980~2010 年 30 年跨度的 TM 影像遥感解译结果，在不同的时空尺度上分析黄土高原南部地区及其典型区土地利用的时空差异性特征；并将空间抽样方法与Binary Logistic 回归模型相结合，在分析不同研究区土地利用特征尺度的基础上，对黄土高原南部地区及四个典型区不同土地利用类型及其影响因素之间的关系作定量分析；进而根据不同类别典型区土地利用存在的问题，构建土地承载力评测模型，从定性与定量的角度对每个典型区的土地承载力进行动态测评，以揭示不同人口、粮食产量及土地资源消费水平下，土地承载力水平的时间变化与空间分布；最后针对基于流域单元与基于都市经济区的两类不同典型区，提出将灰色线性规划模型（GLP）分别与 CLUE-S 模型及 CA-Markov 模型相耦合的两种方案，结合土地适宜性评价研究，在对不同典型区土地利用进行数量控制与结构优化的基础上，利用两种方案将优化结果配置到空间单元上。通过不同典型区不同方案的研究实验和对比，以实现土地资源系统生态服务价值和经济收益之和最大化为目标的面向生态的土地资源优化配置方案。

9.1　主　要　结　论

（1）黄土高原南部地区土地利用类型比较完全，耕地比重最大，各个时期所占比重均大于 40%，草地、林地次之。从总体上看，黄土高原南部地区 30 年来（1980~2010 年）各土地利用类型的面积都有所变化，其中耕地和未利用地呈现减少趋势，其他各类土地利用类型的面积均呈现增加趋势，建设用地增长趋势最为明显。从数量上看，研究时段耕地面积共减少 1 477.087 3km²，所占比例由 1980 年的 44.69%减少到 2010 年的 44.03%；研究时段建设用地面积累计增加 1 275.734 2km²，所占比例由 1980 年的 1.59%增加到 2010 年的 2.16%，30 年来平均每年增长 42.52km²；草地增加的面积仅次于建设用地，30 年来累计增加 170.595 1km²。从结构上看，研究区土地利用类型变化最大的是耕地，其次是建设用地和草地，变化贡献率分别为 48.73%、42.09%和 5.63%，其他三类土地利用类型林地、未利用地和水域的变化较小，变化贡献率总共为 3.55%。以上结果反映出在黄土高原南部地区土地利用结构变化中起主导作用的土地利用类型是耕地，建设用地和草地次之。

土地利用转移矩阵的分析结果表明，30 年间黄土高原南部地区土地利用变化最为剧烈的是耕地，从数量变化上看，有 2 577.72km² 耕地转移为其他类别，其中转移为建设用地的面积最多，达到 1 157.07km²；其次是转移为草地，转移面积为852.93km²。建设用地的扩张、生态脆弱区退耕还林还草政策实施、农业产业结构调整是导致耕地面积减少的主要原因。从空间分布上看，耕地变化较为剧烈的区域主要分布在陕西关中平原、山西汾河谷地和豫西北地区。建设用地 30 年间有较明显的增加态势，面积累计增加了 1 275.73km²。由 2010 年建设用地的数量结构可知，耕地转移为建设用地最多，占到 2010 年建设用地总面积的 23.95%；其次是草地，面积为 80.05km²。研究区建设用地面积增加区域小于耕地面积减少区域，说明此时段有相当部分耕地转移为林地和草地，可见研究区退耕还林还草（特别是还草）成效较明显。从空间分布上看转为建设用地较剧烈的区域除了前述的陕西关中平原都市经济区外，还主要集中分布在甘肃省和陕西省交界地带；河南省境内建设用地变化较为剧烈的区域主要分布在洛阳市、孟津县、巩县及偃师县等区域；山西省境内建设用地变化较为剧烈的区域主要分布在晋城市、长治县、长治市等区县。

从选取的两类典型区的土地利用变化的情况分析可以看出，在研究时段内，各个典型区的土地利用变化总体上都是呈现耕地面积减少，建设用地面积增加的趋势，但是耕地减少的原因不尽相同，基于流域单元的两个典型区耕地面积减少主要是在生态环境建设的政策（如退耕还林还草）主导下的结果，其次是由于建设用地的扩展，如延河流域下游段耕地面积从研究期初的 1 818.193 2km²，到 2010年减少到了 1 739.503 7km²，总面积接近于同期草地面积。减少的耕地按面积大小依次流向林地、草地和建设用地，耕地流向林地的面积为 40.983 2km²，转为草地的面积为 36.851km²。而千河流域减少的耕地按面积大小依次流向草地、建设用地和林地，从 1996～2010 年耕地流向草地的面积为 34.34km²，转为建设用地的面积为 6.07km²。相比之下，两个都市经济区耕地面积的减少主要是建设用地的增长速度较快造成的。其中，晋东南经济区耕地总面积到 2010 年从期初的 10 329.35km²减少到 10 183.79km²，减少的耕地主要流向建设用地及林地，从 2000～2010 年耕地流向建设用地的面积达到 93.87 km²，占期初耕地面积的 0.91%，流向林地的面积为 28.29km²。而大西安规划区耕地总面积由研究期初的 6 429.96km²，减少到 2010

年的 6 347.80km²。减少的耕地按面积大小依次流向建设用地、草地及林地，从 2000~2010 年耕地流向建设用地的面积达到了 101.04km²，而流向林地及草地的面积分别为 82.18km²和 39.64km²，占期初耕地面积的 1.28%和 0.62%。

（2）土地利用与影响因素定量分析显示，影响黄土高原南部地区耕地分布的自然因素主要有高程、坡度和坡向，人文因素包括距县城中心的距离、人口密度和地均 GDP，这些因素中坡度的影响最大，其次是高程和人口密度；影响林地分布的因素主要是坡度和坡向，坡度影响最大，坡向次之；草地的分布受坡度和人口密度的影响较大；影响研究区内水域分布的主要因素为高程、坡度和人口密度；建设用地的分布与坡度呈显著负相关，说明在坡度平缓的区域容易形成建设用地聚集区。综合以上分析结果可以发现，影响黄土高原南部地区不同土地利用类型的自然和人文因素相对集中，主要包括地形坡度和人口密度，这说明该区域土地利用的人为干扰较强烈，人类活动是研究区土地资源和土地生态系统变化速率不断加快的重要因素，而自然因素中的地形坡度也是影响该区土地利用的重要因子，不同土地利用类型，特别是农业用地和城镇建设用地与坡度呈明显的负相关，说明地形坡度是土地开发与利用的限制条件。

对于不同典型区来说，其各土地利用类型发生概率与空间分布影响较大的因子都是坡度，基本上与各典型区的林地和草地呈正相关关系，而与其他地类如耕地、建设用地及水域均呈负相关关系。另外，对于晋东南经济区和延河流域来说，人口密度是其土地利用变化贡献率较大的影响因子。千河流域各土地利用类型发生概率与空间分布影响较大的因子除坡度以外还包括温度条件，包括平均气温和≥10℃积温，特别是研究区的建设用地，温度条件主要对研究区建设用地的气候适宜性进行限制。

（3）基于典型区的土地承载力时空变化测评结果显示，在 2000~2010 年，对于不同典型区各个区县的超载地区来说，有的是稳中有降，有的是日益严重，而对于盈余地区，有的是承载力水平有所下降，有的富余地区渐趋富余。但总体来讲，四个典型区各个区县土地承载力都呈现出两极分化的趋势，虽然两极分化的程度有差异，但总的趋势是一致的，说明研究区整体土地承载力水平下降，需要借助于高效合理、科学的土地优化配置来提高土地承载力。对于整个研究区两极分化的情况，应当保证在土地承载力富余地区经济稳定发展的情况下，将富余地区的粮食外调给土地承载力超载的地区，实现整个区域的土地承载力平衡。

（4）基于 CLUE-S 模型面向生态的优化配置方案研究显示，模拟的两个典型区 Kappa 系数值均较高，其中晋东南经济区为 0.801 6,延河流域下游段为 0.773 7,典型区中晋东南经济区模拟的效果比延河流域下游段要好。从基于 GLP 模型优化后的土地利用需求数量与结构及 CLUE-S 模型模拟的晋东南经济区与延河流域

2011～2020 年的土地利用空间配置可以明显地看出，两个典型区的建设用地均明显增加，耕地均表现为减少，其中晋东南经济区建设用地增加得要多一些，这说明此区域经济发展和城市化建设潜力要大于延河流域下游段。两个典型区水域面积都呈现微量的增加；林地面积和草地面积都有不同程度的增加，主要是由于植树造林及退耕还林还草政策发挥了显著的成效，生态环境得以改善。

（5）基于土地适宜性和 CA-Markov 模型相结合的优化配置方案研究显示，两个典型研究区土地利用现状中的主要地类斑块需要进行调整，其中大西安规划区耕地的调整主要位于秦岭山地北麓，包括周至县、户县和长安区的南部及蓝天县的部分区域，此外在三原县及富平县的北部边界地带也有少量需要进一步调整的耕地。从调整类型上看，主要是将不适合耕地分布的区位根据土地适宜性类型调整成林地或草地。千河流域需要调整的耕地主要集中在流域东南部的千阳县，包括千阳县中部、东北部及西南部靠近宝鸡市辖区的位置。凤翔县与千阳县交界地带的耕地也需要进行调整，此外流域中上游的陇县也有部分耕地需要调整的区域。

（6）通过典型区不同土地优化配置方案的实验和对比发现，基于 CLUE-S 模型的配置方案对黄土高原南部地区的都市经济区拟合效果较好，其空间模拟结果的 Kappa 系数分别为 0.801 6（晋东南经济区）和 0.790 2（大西安规划区），而 CA-Markov 模型针对研究区流域单元效果较好，其 Kappa 系数延河流域为 0.795 1，千河流域达到 0.806 9（表 9-1），两套方案针对各自典型区空间模拟效果的 Kappa 系数均高于 0.79。方案一由于 CLUE-S 模型输入参数对研究尺度限制，主要表现为研究区范围（幅度）与栅格数据分辨率（粒度）两个方面，使其针对黄土高原南部地区的都市经济区这类范围较大的区域有较好的模型运算效果，而对于研究区的流域单元模拟效果低于方案二中的 CA-Markov 模型。此外，基于 CLUE-S 模型的方案一针对土地利用类型丰富且变化较为复杂的研究区域，其自动化运算能力较好，可以提供长时间序列的模拟结果；而基于 CA-Markov 模型的方案二不受研究范围的限制，数据分辨率越高其运算效果越好，同时此方案便于对土地利用空间配置进行人工干预与调整，对研究区特别是都市经济区的土地利用规划与决策具有重要的实践指导意义。

表 9-1　基于不同方案的典型区空间模拟结果 Kappa 系数检验

	晋东南经济区	大西安规划区	延河流域	千河流域
配置方案一（CLUE-S）	0.801 6	0.790 2	0.773 7	0.764 6
配置方案二（CA-MARKOV）	0.757 0	0.771 4	0.795 1	0.806 9

9.2　创　新　点

（1）本书以小网格推算模型为理论基础，采用因子分析对主导因子进行提取并结合植被、土壤及侵蚀特征，获得黄土高原主导气象要素关于经纬度和高度的数学模型以及用于分区研究的综合指数模型，以此对黄土高原进行自然区域划分，然后运用方差分析对划分结果进行检验。在完成黄土高原综合指数分区的基础上，提出基于自然区划与行政单元相结合的黄土高原南部地区的范围界线。

（2）以黄土高原南部地区为研究对象，系统、全面地分析过去 30 年间的土地利用变化过程，并采取对典型地区土地利用对比分析的方法，剖析黄土高原南部范围内不同自然环境和社会经济发展水平下四个典型区的土地利用变化特点及时空差异。

（3）将空间抽样方法引入到 Binary Logistic 回归分析中，对研究区不同土地利用类型特征尺度、时空差异及其影响因素进行定量分析，有效避免了土地利用类型空间自相关的影响，尝试构建基于空间约束性 Logistic 回归分析土地利用变化及其影响因素关系的新方案。

（4）针对基于流域单元与基于都市经济区的两类不同典型区，提出将灰色线性规划模型（GLP）分别与 CLUE-S 模型及 CA-Markov 模型相耦合的两种方案，结合土地适宜性评价研究，在对不同典型区土地利用进行数量控制与结构优化的基础上，利用两种方案将优化结果配置到空间单元上。通过不同典型区不同方案的研究实验和对比，以实现土地资源系统生态服务价值和经济收益之和最大化为目标的面向生态的土地资源优化配置方案，为土地资源开发利用、生态环境保护和社会经济发展提供统一的研究思路。

9.3　问　题　讨　论

（1）RS 与 GIS 技术为大范围的土地利用变化研究提供了技术支撑，但遥感影像解译的精度会对土地利用变化格局与过程研究产生一定的影响，在本书实际工作过程中，由于研究区范围较大致使需要处理的遥感影像数据量较大（每期 18 景），部分区域由于同期遥感影像质量问题其解译精度会受到影响，另外由于受到遥感影像分辨率的影响，区域的土地利用类型只到一级分类，研究尺度需进一步缩小。

（2）本书在进行土地利用及其影响因素定量分析过程中所涉及的自然和人文

因素较多，如 GDP、人口密度、气温和降水等，而这些参数本身是随时间而变动的，它们的取值一方面来源于统计数据，另一方面来自基于统计数据的空间插值，由此会存在一定的偏差。另外，影响研究区域土地利用变化的影响因素构成比较复杂，特别是一些人文因素的间接贡献率较难明确，一些人文因素（如政策等）的空间量化也有待于进一步深入研究。

（3）尺度是地理现象与过程固有的属性，有关尺度问题的研究包括尺度概念、尺度分析和尺度推绎等内容，涉及地理事物的本征尺度与表征尺度、空间尺度和时间尺度等很多方面，本书在尺度选择过程中利用数学模型分析不同研究区的特征尺度，涉及不同研究空间幅度下的粒度分析问题，下一步需开展时间尺度及尺度推绎研究。

（4）土地利用优化空间配置是本书的难点部分，基于 GLUE-S 模型的优化方案可以自动生成长时间序列的空间配置结果，而基于 CA-Markov 模型的方案便于对配置结果进行实践调整。但基于 GLUE-S 模型目前可以进行实验研究受到模型输入参数尺度的限制，需要从模型机理与数学方法上进行改进，而基于 CA-Markov 模型的土地利用空间模拟涉及众多影响因素，因此 CA 模型基于对影响因素的选择、评价与组合的转移规则设计是有待突破的难点。另外，针对不同研究区域的土地利用系统，尤其是大范围或土地利用变化复杂的区域，操作更为简便的集成优化模型，效果更加可靠的综合配置方案还有待进一步建立。

参 考 文 献

[1] 蔡运龙, 李双成, 方修琦. 自然地理学研究前沿. 地理学报, 2009, 64（11）：1363～1374

[2] 刘彦随, 杨子生. 我国土地资源学研究新进展及其展望. 自然资源学报, 2008, 23（2）：353～360

[3] 符涂斌, 严中伟. 全球变化与我国未来的生存环境. 北京:气象出版社, 1996

[4] 张惠远, 王仰麟. 土地资源利用的景观生态优化方法. 地学前缘, 2000, 7（增刊）：112～120

[5] 李秀彬. 全球环境变化研究的核心领域. 地理学报, 1996, 51（6）：553～558

[6] 刘彦随. 中国土地可持续利用论. 北京:科学出版社, 2008, 3

[7] 陈梅英, 郑荣宝, 王朝晖. 土地资源优化配置研究进展与展望. 热带地理, 2009, 29（5）：466～471

[8] IGBP/HDP. Land use and land cover change science/research plan. IGB Rep, 1995

[9] 胡业翠, 刘彦随, 邓旭升.土地利用/覆被变化与土地资源优化配置的相关分析.地理科学进展, 2004, 23（2）：51～57

[10] 罗鼎, 许月卿, 邵晓梅等. 土地利用空间优化配置研究进展与展望. 地理科学进展, 2009, 28（5）：791～797

[11] 杨朔, 李肚平. 关中地区城市化过程中土地利用问题研究. 中国土地科学, 2009, 23（7）：79～80

[12] 徐源, Sidle RC. 黄土丘陵区燕沟流域土地利用变化与优化调控. 地理学报, 2001, 56（6）：658～665

[13] 蔡运龙. 土地利用/土地覆被变化研究:寻求新的综合途径. 地理研究, 2001, 20（6）：645～652

[14] 王秀兰, 包玉海. 土地利用动态变化研究方法探讨. 地球科学进展, 1999, 18（1）：81～87

[15] 史培军, 宫鹏, 李晓兵等. 土地利用/覆盖变化研究的方法与实践. 北京：科学出版社, 2000

[16] 摆万奇, 白书琴. 土地利用和覆盖变化在全球变化研究中的地位与作用. 地理研究与开发, 1999, 18（4）：14～16

[17] 郑新奇. 城市土地优化配置与集约利用评价:理论、方法、技术、实证.北京：科学出版社, 2004

[18] 周诚. 土地经济学. 北京:农业出版社, 1989, 57～59

[19] 刘荣霞, 薛安, 韩鹏. 土地利用结构优化方法述评. 北京大学学报（自然科学版）, 2005, 41（4）：655～662

[20] 刘彦随. 区域土地利用优化配置. 北京:学苑出版社, 1999, 187.

[21] 吕春艳, 王静, 何挺等. 土地资源优化配置模型研究现状及发展趋势. 水土保持通报, 2006, 26（2）：21～26

[22] 葛全胜, 赵名茶, 郑景云. 20 世纪中国土地利用变化研究. 地理学报, 2000, 55（6）：151～160

[23] 刘纪远. 中国资源环境遥感宏观调查与动态研究.北京：中国科学技术出版社, 1996, 15～22

[24] 史培军. 人地系统动力学研究的现状与展望. 地学前缘, 1997, 4（1-2）：201～202

[25] 倪绍祥, 谭少华. 近年来我国土地利用/覆被变化研究的进展. 土地覆被变化及其环境效应学术会议著作集, 2002, 2～15

[26] Wang S Q, Zhou Y, Dong Y H, Yang L Z. Design and applications of land resources and ecological environment information system . Pedosphere, 2002, 12(4): 373

[27] Baskin Y. Global change:ecologists put some life into models of a changing wold.Science, 1993, 256: 1694～1696

[28] 黎夏, 叶嘉安. 地理模拟系统:元胞自动机与多智能体. 北京：科学出版社, 2007, 9.

[29] 郭丽英. 陕北农牧交错区土地利用景观动态与优化途径研究. 西安：陕西师范大学博士学位论文, 2008

[30] 蔡文, 石勇. 可拓学的科学意义与未来发展. 哈尔滨工业大学学报, 2006, 38（7）：1079～1086

[31] 张光宇. 土地资源优化配置的物元模型. 系统工程理论与实践, 1998, 1：108～112

[32] 吴传钧. 人地关系地域系统的理论研究及调控. 云南师范大学学报（哲学社会科学版）, 2008, 40（2）：1～3

[33] 贾俊平. 统计学基础. 北京：中国人民大学出版社，2010

[34] Clarke K C, Hoppen S, Gaydos L A self-modifying cellular automation model of historical urbanization in the san francisco bay area. Environment and Planning B：Planning and Design, 1997, 24：247～261

[35] 黄庆旭，何春阳，史培军等. 城市扩展多尺度驱动机制分析——以北京为例.经济地理，2009, 29（5）：714～721

[36] 耿红，王泽民. 基于灰色线性规划的土地利用结构优化研究. 中国农学通报，2006, 22（9）：435～437

[37] 黄庆旭，史培军，何春阳. 中国北方未来干旱化情景下的土地利用变化模拟. 地理学报，2006, 61（12）：1299～1310

[38] 王武科，李同升，徐冬平. 基于SD模型的渭河流域关中地区水资源调度系统优化. 资源科学，2008, 30（7）：983～989

[39] 刘小平，黎夏. 基于多智能体系统的空间决策行为及土地利用格局演变的模拟. 中国科学（D辑），2006, 36（11）：1027～1036

[40] 薛领，杨开忠. 复杂性科学理论与区域空间演化模拟研究. 地理研究，2002, 21(1): 79～88

[41] 刘荣霞. 土地利用结构优化方法述评. 北京大学学报(自然科学版)，2005, 41（4）：655～662

[42] 郑宇，胡业翠，刘彦随等. 山东省土地适宜性空间分析及其优化配置研究. 农业工程学报，2005, 21（2）：60～65

[43] 吕春艳，王静，何挺等. 土地资源优化配置模型研究现状及发展趋势. 水土保持通报，2006, 26（2）：21～26

[44] Wang X H, Yu S, Huang G H. Land allocation based on integrated GIS-optimization modeling at a watershed level. Landscape and Urban Planning, 2004, 66: 61～74

[45] 龚建周，夏北成，刘彦随. 基于遥感影像的广州市植被覆盖度内部结构与时空变化. 生态学报，2010, 30（20）：5626～5634

[46] 王劲峰，李连发，葛咏等. 地理信息空间分析的理论体系探讨. 地理学报，2000, 55（1）：92～95

[47] 郭斌.基于RS、GIS的城市土地利用变化与生态安全评价研究. 西安：陕西师范大学硕士学位论文，2007

[48] 李连发，王劲峰. 地理数据空间抽样模型. 自然科学进展，2002, 12（5）：545～547

[49] 杨永崇，郭岚. 实用土地信息系统. 北京：测绘出版社，2009

[50] Lee W T. The Face of the Earth as Seen from the Air: A Study in the Application of Air Plane Photography to Geography. New York: American Geographical Society, Special Publication，1992

[51] 史培军，宫鹏. 土地利用/覆盖变化研究的方法与实践. 北京：科学出版社，2000

[52] 邹彦岐，乔丽. 国内外土地利用研究综述. 甘肃农业，2008, 7：51

[53] 杨李娜. 咸阳市土地利用变化的动态分析及驱动力研究. 西安：西北大学硕士学位论文，2009

[54] Turner Ⅱ BL, Skole D, Sanderson S. Land-use and Land—Cover change Science/ Research plan.IGBP Report, 35(7):340

[55] 武桂贞. 河北省海岸带土地利用变化驱动力的定量研究. 石家庄：河北师范大学硕士学位论文，2008

[56] Edward H，Ziegler Jr.城市分区与土地规划:打造美国的大型都市. 国外城市规划，2005, 20（3）：60～63

[57] Sadeghi S H R, Jalili K, Nikkami D. Land use optimization in watershed scale. Land Use Policy, 2009,(26):186～193

[58] Huda A S.Optimal land-use allocation in central Sudan. Forest Policy and Economics, 2006, (8):10～21

[59] 李晓敏. 东海岛土地利用变化及影响因素分析. 呼和浩特：内蒙古师范大学硕士学位论文，2008

[60] 刘胜，陈田，张文忠. 沿海地区城市土地利用扩展的时空模式. 北京：商务印书馆

[61] 蔡本玮. 城镇土地利用变化及其驱动力分析——以蓬莱市为例. 北京：中国地质大学（北京）硕士学位论文，2008

[62] 罗鼎，许月卿，邵晓梅等. 土地利用优化配置研究进展与展望. 地理科学进展，2009, 28（5）：791～797

[63] 刘彦随. 山地土地类型的结构分析与优化利用——以陕西秦岭山地为例. 地理学报, 2001, 56 (4): 426~436

[64] 何书金, 李秀彬, 朱会义等. 黄河三角洲土地持续利用优化分析. 地理科学进展, 2001, 20 (4): 313~323

[65] 陈玉福, 王业侨, 姚德明. 海南城乡土地利用差异及其优化策略探讨. 资源科学, 2007, 29 (6): 133~137

[66] 傅瓦利, 谢德体. 三峡库区开县土地利用空间优化配置及其生态经济效益的比较研究. 经济地理, 2006, 26 (1): 133~136

[67] 韦仕川, 吴次芳, 杨杨等. 中国东部沿海经济发达地区土地资源空间优化配置研究——以浙江省为例. 技术经济, 2008, 27 (1): 18~23

[68] 苏伟, 陈云浩, 武永峰等. 生态安全条件下的土地利用格局优化模拟研究——以中国北方农牧交错带为例. 自然科学进展, 2006, 16 (2): 207~214

[69] 金志丰, 陈雯, 孙伟等. 基于土地开发适宜性分区的土地空间配置——以宿迁市区为例. 中国土地科学, 2008, 22 (9): 43~50

[70] 赵筱青, 王海波, 杨树华等. 基于 GIS 支持下的土地资源空间格局生态优化. 生态学报, 2009, 29 (9): 4892~4901

[71] 刘艳芳, 李兴林, 龚红波. 基于遗传算法的土地利用结构优化研究. 武汉大学学报 (信息科学版), 2005, 30 (4): 288~292

[72] 任奎, 周生路, 张红富等. 基于精明增长理念的区域土地利用结构优化配置——以江苏宜兴市为例. 资源科学, 2008, 30 (6): 912~918

[73] 汤洁, 毛子龙, 王晨野等. 基于碳平衡的区域土地利用结构优化——以吉林省通榆县为例. 资源科学, 2009, 31 (1): 130~135

[74] 牛继强, 徐丰. 基于 RS 与生态绿当量的土地利用结构优化研究. 信阳师范学院学报, 2009, 22 (3): 410~413

[75] 张英, 张红旗, 倪东英. 农业土地利用优化配置系统的研建. 资源科学, 2009, 31 (12): 2055~2064

[76] 刘彦随, 刘玉, 翟荣新. 中国农村空心化的地理学研究与整治实践. 地理学报, 2009, 64 (10): 1193~1202

[77] 徐昔保, 杨桂山, 张建明. 兰州市城市土地利用优化研究. 武汉大学学报 (信息科学版): 2009, 34 (7): 878~881

[78] 伍光和, 蔡云龙. 综合自然地理学. 北京:高等教育出版社, 2006

[79] 刘胤汉. 关于"中国自然区划问题"的意见. 地理学报, 1962, 28 (2): 169~174

[80] 景贵和. 试论自然区划的几个基本问题. 地理学报, 1962, 28 (3): 241~249

[81] 王希平, 赵慧颖. 内蒙古呼伦贝尔市林牧农业气候资源与区划. 北京: 气象出版社, 2006

[82] 方红, 田峰, 张超等. GIS 小网格技术在湘西烟草种植精细化区划中的应用. 安徽农学通报, 2007, 13 (3): 49~50

[83] 涂方旭, 况雪源. 应用小网格气候分析方法制作广西柑橘气候区划. 广西农业科学, 2002, (6): 295~298

[84] 苏永秀, 李政, 秦亮曦等. 3S 技术在南宁市荔枝优化布局中的应用. 生态学杂志, 2010, 29 (1): 187~192

[85] 郝慧梅, 任志远. 基于栅格数据的陕西省人居环境自然适宜性测评. 地理学报, 2009, 64 (4): 498~505

[86] 封志明, 唐焰, 杨艳昭等. 基于 GIS 的中国人居环境指数模型的建立与应用. 地理学报, 2008, 63 (12): 1327~1336

[87] 张荣华, 刘霞, 姚孝友. 桐柏大别山区土壤侵蚀特征分析. 水土保持研究, 2010, 17 (1): 24~30

[88] 沙晋明, 史舟, 王人潮等. 东南山区土壤遥感监测的图像处理及分类. 水土保持学报, 2000, 14 (1): 38~47

[89] 罗亚, 徐建华, 岳文泽. 植被指数在城市绿地信息提取中的比较研究. 遥感技术与应用, 2006, 21 (3): 213~219

[90] 岳文泽. 基于遥感影像的城市景观格局及其热环境效应研究. 北京:科学出版社, 2008

[91] 唐义, 李新然. 基于主成分分析的云南省粮食可持续发展能力评价及政策选择. 云南农业大学学报 (社会科

学版），2009，3（3）：27～29

[92] 王静. 土地资源遥感监测与评价方法. 北京：科学出版社，2006

[93] 何春阳，陈晋，陈云浩等. 土地利用/覆盖变化混合动态监测方法研. 自然资源学报，2001，16（3）：255～262

[94] 杜新远，戚浩平，孙永军. ETM+影像实地遥感信息提取的最佳波段选择——以扎陵湖、鄂陵湖地区为例. 北京：第二届全国国土资源遥感技术应用交流会，2006，99～101.

[95] 吴文波，刘正纲. 一种基于地物波谱特征的最佳组合选取方法. 测绘工程，2007，16（6）：22～24

[96] 牛波，杨士剑，王金亮. 植被遥感信息提取的最佳波段选择——以云岭中部山区为例. 云南地理环境研究，2004，16（2）：18～21

[97] 王培忠，严卫东，边辉等. 提取蚀变信息时 TM 影像的最佳波段组合研究. 地球科学与环境学报，2010，32（2）：173～175

[98] 申玲. 南部县升钟水库库区景观格局与优化对策研究. 雅安：四川农业大学硕士学位论文，2009

[99] 侯钰荣. 塔里木河流域景观格局及其时空变化的遥感定量研究. 乌鲁木齐：新疆农业大学硕士学位论文，2008

[100] 田维渊. 雅安市生态环境遥感动态监测及景观格局变化分析. 成都：成都理工大学硕士学位论文，2009

[101] Tokola T, Lfman S, Erkkil A. Relative calibration of Multitemporal Landsat Data for Forest Cover Change Detection. Remote Sensing of Environment, 1999, (68): 1～11

[102] 何宇华，谢俊奇，孙毅. FAO/UNEP 土地覆被分类系统及其借鉴. 自然资源学报，2001，16（3）：255～262

[103] 刘纪远，庄大方，张增祥等. 中国土地利用时空数据平台建设及其支持下的相关研究. 地球信息科学，2002，3：3～7

[104] 陈曦. 中国干旱区土地利用与土地覆被变化. 北京：科学出版社，2008

[105] 邬建国. 景观生态学——格局、过程、尺度与等级. 北京：高等教育出版社，2000

[106] 谢花林. 环鄱阳湖地区农业经济空间差异分析——基于探索性空间数据分析（ESDA）方法. 农业现代化研究，2010，31（3）：299～303

[107] Forman R T T, Godron M. Landscape Ecology. New York: John Wiley & Sons, 1986

[108] Xiao D N. The development and perspective of contemporary landscape ecology. In: Xiao D N (ed). Progress in Landscape Ecology. Changsha: Hunan Science and Technology Press, 1999, 1～7

[109] 胡震峰. 土地利用与景观格局动态变化研究. 科技情报开发与经济，2003，13（12）：143～145

[110] Forman R T T. Land Mosaics: The Ecology of Landscapes and Regions. Cambridge: Cambridge University Press, 1995

[111] Turner M G. Landscape ecology: the effect of pattern on process. Annual Review of Ecology and Systematics, 1989，20: 171～197

[112] Wu JG，Hobbs R. Key issues and research priorities in landscape ecology: An idiosyncratic synthesis. Landscape Ecology, 2002, 17: 355～365

[113] 俞孔坚. 生物保护的景观生态安全格局. 生态学报，1999，19（1）：8～15

[114] Pontius RG, Schneider LC. Land=USE change model validation by an ROC method for the ipswich watershed, Massachusetts, USA. Agriculture Ecosystems and Environment, 2001, 85: 239～248

[115] 龙花楼，李秀斌. 长江沿线样带土地利用格局及其影响因子分析. 地理学报，2001，56（4）：407～416

[116] 邓祥征. 太仆寺旗土地利用时空格局的动态模拟. 地理研究，2004，23（2）：147～156

[117] 张永民. 科尔沁沙地及其周围地区土地利用变化的情景分析. 自然资源学报，2004，19（1）：29～37

[118] 刘庆凤，刘吉平，宋开山等. 基于 CLUE-S 模型的别拉红河流域土地利用变化模拟. 东北林业大学学报，2010，38（1）：64～73

[119] 王济川，郭志刚. Logistic 回归模型. 方法与应用. 北京：高等教育出版社，2001

[120] 威廉·福格特. 生存之路. 张子美译. 北京：商务印书馆，1981

[121] 世界自然保护同盟，联合国环境规划署，世界野生生物基金会. 保护地球——可持续生存战略. 北京：中国环境科学出版社，1992

[122] 国务院煤电油运和抢险抗灾应急指挥中心. 关于抢险抗灾工作及灾后重建安排的报告. 人民日报，2008-2-20

[123] 陈百明. 国外土地资源承载能力研究评述. 自然资源译丛，1987，（2）：12～19

[124] 黄宁生，匡耀求. 广东相对资源承载力与可持续发展问题. 经济地理，2000，（2）：52～56

[125] 刘兆德，虞孝感. 长江流域相对资源承载力与可持续发展研究. 长江流域资源与环境，2002，（1）：10～15

[126] 王星，李蜀庆. 土地承载力研究及思考. 环境科学与管理，2007，32（11）：50～52

[127] 胡恒觉，高旺盛，黄高宝. 甘肃省土地生产力与承载力. 北京：中国科学技术出版社，1992

[128] 陈念平. 土地资源承载力若干问题浅析. 自然资源学报，1989，4（4）：372～380

[129] 李会. 渭北黄土台塬区水土资源优化配置与潜力开发. 西安：陕西师范大学硕士学位论文，2012

[130] 王浩. 面向生态的西北地区水资源合理配置问题研究. 水利水电技术，2006，37（1）：9～14

[131] 王顺久，张欣莉，倪长键等. 水资源优化配置原理及方法. 北京：中国水利水电出版社，2007

[132] 朱艳莉，李越群，廖和平. 基于灰色线性规划的土地利用结构优化研究. 西南师范大学学报（自然科学版），2009，34（2）：97～102

[133] 摆万奇，张永民，阎建忠等. 大渡河上游地区土地利用动态模拟分析. 地理研究，2005，24（2）：206～212

[134] Verburg P H, deKoning G H J, Kok K, Veldkamp A, Bouma J. A spatial explicit allocation procedure for modelling the pattern of land use change based upon actual land use. Ecological Modelling, 1999, 116: 45～61

[135] Verburg P H, Soepboer W, Limpiada R, Espaldon M V O, Sharifa M, Veldkamp A. Land use change modelling at te regional scale: the CLUE-S model. Environmental Management, 2002, 30: 391～405

[136] Verburg P H, Veldkamp A. Projecting land use transitions at forest fringes in the Philippines at two spatial scales. Landscape Ecology, 2004, 19(1): 77～98

[137] 张永民，赵士洞，Verburg P H. 科尔沁沙地及其周围土地利用变化的情景分析. 自然资源学报，2004，19（1）：29～38

[138] Balzter H, Braun P W, köhler W. Cellular automata models for vegetation dynamics. Ecological Modelling, 1998, 107: 113～125

[139] Engelen G, White R, Uljee I, Drazan P. Using cellular automata for integrated modelling of socio-environmental system. Environmental Monitoring and assessment, 1995, 34: 203～214

[140] Wu F. Simulating urban encroachment on rural land with fuzzy-logic-controlled cellular automata in a geographical information system. Journal of Environmental Management, 1998, 53: 293～308

[141] Lambity E F, Rounsevell M D A, Geist H J. Are agricultural land-use models able to predict changes in land～use intensity. Agriculture Ecosystems and Environment, 2000, 82: 321～331

[142] Tunrer II B L, Meyer W B, Skole D L. Global land use and cover change. Towards an Integrated Program of Study Ambio, 1994, 23(1): 91

[143] 朱文泉，张锦水，潘耀忠. 中国陆地生态系统生态资产测量及其动态变化分析. 应用生态学报，2007，18（3）：586～593

[144] 潭道发，叶树华. 陕西土地资源. 西安：陕西人民出版社，359

[145] 摆万奇，张永民，阎建忠等. 大渡河上游地区土地利用动态模拟分析. 地理研究，2005，24（2）：206～211

[146] 彭建. 喀斯特生态脆弱区土地利用/覆盖变化研究: 贵州猫跳河流域案例. 北京: 科学出版社, 2008

[147] 蔡玉梅, 刘彦随, 宇振荣等. 土地利用变化空间模拟的进展——CLUE-S 模型及其应用. 地理科学进展, 2004, 23 (4): 63~71

[148] 刘彦随. 土地利用优化配置中系列模型的应用——以乐清市为例. 地理科学进展, 1999, 18 (1): 26~31

[149] 蔡玉梅, 董祚继, 邓红蒂. FAO 土地利用规划研究进展评述. 地理科学进展, 2005, 24 (1): 70~78

[150] 吴次芳, 王建弟, 许红卫等. 城市土地资源分类评价及其土地优化配置的关系. 自然资源学报, 1995, 10 (2): 158~164

[151] 欧阳志云, 王如松. 生态位适宜度模型及其在土地利用适宜性评价中的应用. 生态学报, 1996, 16 (2): 113~119

[152] 李希灿, 王静, 邵晓梅. 模糊数学方法在中国土地资源评价中的应用进展. 地理科学进展, 2009, 28 (3): 409~416

[153] 王雅秋, 郑宝源. 生态适宜度的模糊数学综合评价. 福建环境, 1998, 15 (3): 7~13

[154] 胡小华, 陆诗雷, 骆昌鑫. GIS 支持的多目标土地适宜性评价. 中国土地科学, 1995, 9 (5): 33~37

[155] 刘耀林, 刘艳芳, 夏早发. 模糊综合评判在土地适宜性评价中的应用研究. 武汉测绘科技大学学报, 1995, 20 (1): 71~75

[156] Liu Y F, Jiao L M. The Application of BP networks to land suitability evaluation. Geo-Spatial Information Science, 2002, 5(1): 55~61

[157] 杨小雄, 刘耀林, 王晓红. 基于约束条件的元胞自动机土地利用规划布局模型. 武汉大学学报 (信息科学版), 2007, 32 (12): 1164~1167

[158] 陈文倩, 张晶, 常占强. 基于 GIS 的广东横琴地区土地适宜性评价. 首都师范大学学报 (自然科学版), 2008, 29 (2): 85~89

[159] 丁建中, 陈逸, 陈雯. 基于生态-经济分析的泰州空间开发适宜性分区研究. 地理科学, 2008, 28 (6): 842~848

[160] 史同广, 郑国强, 王智勇. 中国土地适宜性评价研究进展. 地理科学进展, 2007, 26 (2): 106~115

[161] 郑新奇. 城市土地优化配置与集约利用. 北京: 科学出版社, 2004

[162] 宗跃光. 城市建设用地生态适宜性评价的潜力-限制性分析——以大连城市化区为例. 地理研究, 2007, 26 (6): 1117~1126

[163] 熊利亚. 基于地理元胞自动机的土地利用变化研究. 资源科学, 2005, 27 (4): 38~43

[164] 柯长青, 欧阳晓莹. 基于元胞自动机模型的城市空间变化模拟研究进展. 南京大学学报 (自然科学版), 2006, 42 (1): 103~110

[165] 蔡玉梅, 刘彦随, 宇振荣等. 土地利用变化空间模拟的进展——CLUE-S 模型及其应用. 地理科学进展, 2004, 23 (4): 63~71

[166] 郑新奇. 城市土地优化配置与集约利用. 北京: 科学出版社, 2004

[167] 邱炳文. 基于多目标决策和 CA 模型的土地利用变化预测模型及其应用. 地理学报, 2008, 63 (2): 165~174

[168] 何瑞珍, 闫东峰, 张敬东. 基于马尔可夫模型的郑州市土地利用动态变化预测. 中国农学通报, 2006, 22 (9): 435~437

[169] 姚华荣, 吴绍宏, 曹明明等. 区域水土资源的空间优化配置. 资源科学, 2004, 26 (1): 99~106

[170] 潭道发, 叶树华. 陕西土地资源. 西安: 陕西人民出版社, 359

[171] 杨宗岳. 强化关中加工工业基地的开发[EB/OL]. http://www.ssim.gov.cn:8081/initRkxCommonThreePageList.do?method=initRkxCommonThreePageList&columnId=748&articleId=87678&uType=&navigatePic

附　　录

空间抽样模块脚本界面及代码（部分）：

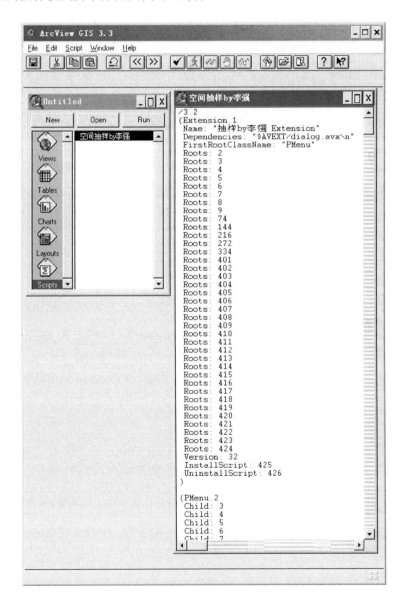

```
ArcView GIS 3.3                                            _ □ ×

File  Edit  Script  Window  Help

空间抽样by李强                                              _ ⧉ ×

 Child: 7
 Child: 8
 Label: "Ch.1"
)

(Choice.3
 Label: "Sampling Locations: random points"
 Click: "Sample.OpenDialog1"
 Shortcut: "Keys.None"
)

(Choice.4
 Label: "Sampling Locations: Systematic"
 Click: "Sample.OpenDialog2"
 Shortcut: "Keys.None"
)

(Choice.5
 Label: "Sampling Locations: Systematic-random"
 Click: "Sample.OpenDialog3"
 Shortcut: "Keys.None"
)

(Choice.6
 Label: "Sampling Features: Random"
 Click: "Sample.OpenDialog4"
 Shortcut: "Keys.None"
)

(Choice.7
 Label: "Sampling Features: Regular/Systematic"
 Click: "Sample.OpenDialog5"
 Shortcut: "Keys.None"
)

(Choice.8
 Label: "Sampling Features: Stratified"
 Click: "Sample.OpenDialog6"
 Shortcut: "Keys.None"
)

(DEd.9
 Name: "Dialog1.1"
 CreationDate: "Friday, January 31, 2003 09:54:08"
 GUIName: "DialogEditor"
 Win: 10
 CSMgr: 11
 DocExts: 13
 DocExts: 14
 Graphics: 15
 Dpy: 43
 Dialog: 46
 DialogExtent: 73
 Compiled: 1
)
```

```
ArcView GIS 3.3                                    _ □ ×
 File  Edit  Script  Window  Help
 [🖫] [✂][📋][📋] [↩] [≪][≫] [✔][✗][⚙][🖐][🔧] [⚙][📂][🔍] [?][▶?]

 空间抽样by李强                                      _ 🗗 ×
(DocWin.10
 Owner: 9
 X: 200
 Y: 45
 W: 698
 H: 455
)

(CSMgr.11
 Client: 12
)

(CSClient.12
 Client: 13
 ReqName: "ClientNfy"
)

(PanMgr.13
 Doc: 9
)

(DocAct.14
 Doc: 9
)

(GList.15
 Child: 16
 Child: 19
 Child: 22
 Child: 25
 Child: 28
 Child: 31
 Child: 34
 Child: 39
 Dpy: 43
 FormatNumb: 45
)

(GCtrl.16
 Name: "aTextLabel3"
 Bounds: 17
 ControlConstraints: 0x55
 Control: 18
 Editable: 1
)

(RectD.17
 Left: 1.22916666666667
 Top: 3.10416666666667
 Right: 3.72916666666667
 Bottom: 2.90625000000000
)

(TextLabel.18
 InternalName: "aTextLabel3"
 UseGraphicNfy: 1
```

编　后　记

　　《博士后文库》(以下简称《文库》)是汇集自然科学领域博士后研究人员优秀学术成果的系列丛书。《文库》致力于打造专属于博士后学术创新的旗舰品牌,营造博士后百花齐放的学术氛围,提升博士后优秀成果的学术和社会影响力。

　　《文库》出版资助工作开展以来,得到了全国博士后管委会办公室、中国博士后科学基金会、中国科学院、科学出版社等有关单位领导的大力支持,众多热心博士后事业的专家学者给予积极的建议,工作人员做了大量艰苦细致的工作。在此,我们一并表示感谢!

《博士后文库》编委会